ジェンダーから見た日本史

歴史を読み替える

久留島典子・長野ひろ子・長志珠絵 編

大月書店

はしがき──『歴史を読み替える』の企画趣旨

◆**なぜ，歴史を読み替えねばならないか？**　歴史は，ジェンダー視点から読み替えられなければならない。それは，歴史学のなかの「ジェンダー・バイアス（ジェンダーにもとづく偏り・偏見）」を発見し，歴史学を書き換えるための試みにほかならない。

　歴史学は，けっしてジェンダー中立な学問として成立したわけではない。近代科学としての歴史学は，法学や経済学と同様，19世紀ヨーロッパで確立した。当時，学問は男性の領域とみなされ，歴史学の研究対象もまた，国内政治や国際関係，経済活動などのいわゆる「公的領域」に限られていた。その結果，政治史（事件史）中心の歴史学では，登場人物はほとんど男性政治家に限られてしまい，「高尚な文化」として選抜された哲学・文学・芸術のみで語られる文化史は，政治史以上に男性に偏ったものとなった。他の地域で語られ，書かれてきた歴史もまた，権力を握っていたのが多くは男性であったことを反映して，その社会の主流の男性の目線で，男性の活躍を述べたものがほとんどだった。そして，その影響を受けた歴史教科書や通史には，女性や主流でない男性に関する記述は非常に少ないのである。

　いったい，歴史のなかで女性はどこにいったのだろう。セクシュアル・マイノリティの人びとや非主流の男性はどこにいったのだろう。彼女ら彼らは何もせず，何も生み出さなかったのであろうか。そうではない。従来の歴史学が，無意味として切り捨ててきたもの，評価に値しないとみなしてきたものをつぶさに検証してみると，そこには豊かな歴史の営みと文化，激しい権力闘争があった。女性と男性の対抗協力関係が，歴史を動かしたこともまれではない。

　ジェンダー視点から歴史を読み替えるとは，過去の歴史学の成果を否定するものではない。むしろ，従来の歴史学の成果をいっそう実りあるものにして，歴史の全体像を描くために，ジェンダー視点が不可欠なのである。

◆**『歴史を読み替える』の企画趣旨**　『歴史を読み替える』全2巻（ジェンダーから見た世界史／ジェンダーから見た日本史）の企画は，2009年12月に開催された日本学術会議公開シンポジウム「歴史教育とジェンダー」を機にスタートした。このシンポジウムでは，確かに日本のジェンダー史研究は大きな発展を遂げているが，それらの成果は，高校や大学の教育現場で十分に活用されていないことが明らかになった（長野

ひろ子・姫岡とし子編『歴史教育とジェンダー——教科書からサブカルチャーまで』青弓社，2011年）。その過程で，私たちは，政治史中心の歴史を学んできた人に，ジェンダー史の成果をわかりやすく解説するテキストが不在であることを痛感したのである。

　このため，私たちは「比較ジェンダー史研究会」（科学研究費（B）「歴史教育におけるジェンダー視点の導入に関する比較研究と教材の収集及び体系化」2012～2014年度）を結成して共同研究を進めてきた。本書は，その成果の一部である。

　本書の刊行にあたり，多くの方々に執筆のご協力をいただいた。いずれも，日本を代表するジェンダー史に造詣（ぞうけい）の深い研究者の方々である。心より感謝申し上げたい。本書では，史料や年表などの情報を掲載して読者に便宜をはかるようにしたが，割り付けや校正には想像以上の時間と苦労を要した。それらはすべて大月書店編集部の角田三佳さんのご尽力に負う。編集の最終責任はもとよりわれわれ編者一同にあるが，彼女の綿密なチェックがあったからこそ，本書は無事完成したといえる。角田さんにも心から感謝申し上げたい。

　なお，本書刊行にあわせて，「比較ジェンダー史研究会」のＨＰを用意した（http://ch-gender.sakura.ne.jp/wp/）。本書に盛りこむことができなかった史料・資料や図版のほか，研究会の成果などを提供している。随時更新しているので，本書とあわせて利用していただきたい。

　本書は，歴史教育におけるジェンダー主流化の一里塚である。本来なら，ジェンダー視点から，時代区分や地域区分の見直しを含めて，歴史学の構想自体の読み替えをも提案すべきであろうが，残念ながら，現時点ではそこまでは到達していない。しかし，高等学校の歴史教科書のほぼ全域をカバーする本書は，類書をみないジェンダー史の概説書である。高校や大学の歴史教育の場で活用されるだけでなく，歴史好きな多くの方々に気軽な読み物として手にとっていただきたい。

2014年5月

　　　　　編者一同
　　　　　世界史　三成美保・姫岡とし子・小浜正子
　　　　　日本史　久留島典子・長野ひろ子・長志珠絵

『歴史を読み替える　ジェンダーから見た日本史』をお読みいただく前に

本書は，以下の原則に従って執筆されています。ご利用にあたって，ご参照ください。

(1) 全体の構成
①全体として，一般的な高校歴史教科書を参考に章立てをおこなった。
②本書は，序章を含め全11章からなり，各章の特徴は以下のとおりである。
　a) 序章では，日本における女性史・ジェンダー史研究の現状ならびにジェンダーの視点から日本の歴史を読み替えるという本書の意図を簡潔に述べた。
　b) 第1章では，ジェンダー史射程から見た日本の課題を，論点として提示した。
　c) 第2章以下の各章は，「概説」「各論」「特論」の3種の節から構成される。
　　1)「概説」では，各章の全体を見通すための概論を中心とするが，各節で言及できなかった問題を補遺的に論じる場合もある。また章ごとの年表をつけた。
　　2)「各論」では，原則として，左頁に本文（解説），右頁に史料・資料・図版を配した。本文中に挿入した❶・❷・❸…と対応させている。
　　3)「特論」では，重要なトピックについて時代を超えて論じている。
　d) すべての節は「見開き2頁」を1単位とし，見やすく，補助教材として利用しやすいよう配慮した。
③各論（本文+史・資料の見開き2頁分）の執筆者名は，本文末尾に（ ）で記した。

(2) 記述方法について
①各節のタイトル
　a) 教科書 には，高校日本史教科書の関連項目をあげた。ただし，通時代的に叙述された「特論」①・④・⑥については，記載を省略した。
　b) ☞ には，本書のうち，関連性の高い節を3箇所選んで提示した。
②史料の引用は，【史料】として明記している。必要に応じて【解説】をつけた。また，読みやすく書き改めたところもある。
③参考文献は，各節ごとに3点程度あげているほか，本書全体にかかわる文献を中心に巻末に主要参考文献一覧を掲載している。
④人名や地名などの固有名詞の表記は，原則として，高校日本史教科書に従った。しかし，研究成果を反映して，執筆者の判断に従い，教科書以外の表記を用いた場合もある。
⑤年代は原則として西暦で示し，必要な場合には日本年号も括弧に記した。1872（明治5）年以前は，西暦と日本暦には1か月前後の違いがあるが，年月はすべて日本暦をもとにし，西暦に換算しなかった。
⑥索引は，ジェンダー史において重要な項目を中心に作成した。

目　次

はしがき──『歴史を読み替える』の企画趣旨　2
『歴史を読み替える　ジェンダーから見た日本史』をお読みいただく前に　4
序章　ジェンダー史研究の展開と本書の試み　10

第1章──ジェンダー史の射程から見た日本の課題

1-1　論点①　女性政策／ジェンダー政策と女性労働法制　16
1-2　論点②　メディアとジェンダー　18
1-3　論点③　グローバル化とジェンダー　20
1-4　論点④　少子化とジェンダー　22
1-5　論点⑤　男女共同参画社会基本法と現代日本　24

第2章──原始社会の生活と文化

2-1　概説①　先史時代の人びとと暮らし　28
2-2　縄文時代の分業とジェンダー　30

第3章──農耕の普及と社会の変化

3-1　概説②　農耕社会の成立と大陸文化の摂取　34
3-2　邪馬台国の男女　36
3-3　古墳に葬られた女性首長　38
3-4　ジェンダー視点から見た大陸・半島との交流　40

第4章──律令国家の形成

4-1　概説③　中国の統治システムの導入とジェンダー　44
4-2　中国の男性支配原理と日本の律令制　46
4-3　平城京と女帝の時代　48
4-4　双系的な家族・親族の結びつき　50
4-5　平安前期の宮廷と地方社会の女　52
4-6　国分寺・国分尼寺の並立とその後　54
4-7　特論①　衣服の変化──舶来・男女・身分　56

第5章──貴族政治と国風文化の発達

5-1　概説④　貴族社会とジェンダー　60
5-2　摂関政治と皇后・中宮・国母　62
5-3　紫式部『源氏物語』と清少納言『枕草子』　64
5-4　和歌集とジェンダー　66
5-5　武士団のジェンダー　68

- 5-6　院政と父権　70
- 5-7　絵巻物とジェンダー　72
- 5-8　白拍子・遊女の世界——芸能と売買春　74
- 5-9　特論②　暮らしぶりの変化　76

第6章　中世社会の成立と文化

- 6-1　概説⑤　中世社会とジェンダー　80
- 6-2　鎌倉時代のジェンダーの仕組み　82
- 6-3　北条政子と女性政治家たち——後家・母の権力　84
- 6-4　嫁入婚と夫婦　86
- 6-5　地頭・御家人の女性たち　88
- 6-6　モンゴルの襲来後の社会とジェンダー　90
- 6-7　中世仏教とジェンダー　92
- 6-8　貴族・武士・寺院社会と男色　94
- 6-9　女性不浄観——血穢・血盆経信仰　96
- 6-10　村の女房座　98
- 6-11　中世の生活・生産とジェンダー　100
- 6-12　職人歌合の女たち（大原女・桂女・金融業者）　102
- 6-13　公家の女性たち　104
- 6-14　戦乱と女性　106
- 6-15　天下統一とジェンダー　108
- 6-16　異国の人びとが見た日本のジェンダー　110
- 6-17　阿国歌舞伎と若衆歌舞伎　112
- 6-18　特論③　東アジアのなかの琉球　114

第7章　幕藩体制の確立と庶民文化

- 7-1　概説⑥　近世社会とジェンダー　118
- 7-2　幕藩政治システムとジェンダー　120
- 7-3　大奥・奥の女中たち　122
- 7-4　儒教思想とジェンダー　124
- 7-5　家の主と村のジェンダー　126
- 7-6　幕藩法とジェンダー　128
- 7-7　百姓一揆・騒動と女性　130
- 7-8　若者組と村社会　132
- 7-9　「家」経営体とジェンダー分業　134

7-10　近世の雇用労働——雇用形態・賃金・セクシュアリティ　136

7-11　都市のジェンダー　138

7-12　衣料生産と女性　140

7-13　語られ描かれる女性たち　142

7-14　江戸の遊女と公娼制　144

7-15　犯罪と女性　146

7-16　自己表現する女性たち　148

7-17　寺子屋へ通う女子　150

7-18　幕末維新期の政治運動と女性　152

7-19　特論④　アイヌ民族と北方地域　154

第8章　近代国家の成立

8-1　概説⑦　近代国家の成立とジェンダー　158

8-2　文明のまなざしとジェンダー　160

8-3　徴兵制とマスキュリニティ　162

8-4　岩倉使節団と初の女子留学生　164

8-5　官営富岡製糸場と工女たち　166

8-6　民権運動と政治世界のジェンダー化　168

8-7　明治民法の制定と伝統社会　170

8-8　皇室典範の成立と近代家族規範　172

8-9　日本資本主義と女工　174

8-10　石炭産業の発展と女性労働　176

8-11　近代公娼制度と廃娼運動　178

8-12　「からゆきさん」と植民地公娼制度　180

8-13　近代文化とジェンダー・バイアス　182

8-14　村の女児にとっての「学ぶ」こと　184

8-15　対外戦争とメディア・銃後の社会　186

8-16　特論⑤　都市空間とジェンダー　188

第9章　二つの世界大戦と日本

9-1　概説⑧　帝国日本とジェンダー　192

9-2　青鞜と女性たち　194

9-3　婦人参政権運動と男子「普通」選挙法の成立　196

9-4　婦人矯風会とキリスト教　198

9-5　女子中等教育の要請と職業婦人　200

9-6　主婦の成立と消費文化　　202
9-7　震災と女性　　204
9-8　韓国併合と移住する人びと　　206
9-9　帝国と女性労働　　208
9-10　沖縄と海外移民——差別との闘い　　210
9-11　産児調節から産児報国へ　　212
9-12　銃後の女性たち　　214
9-13　本土女性と農業　　216
9-14　日本軍「慰安婦」とアジアの女たち　　218
9-15　沖縄戦とジェンダー——戦場の女性たち　　220
9-16　満州移民と引き揚げ経験　　222
9-17　特論⑥　性と生殖　　224

第10章──現代日本と世界

10-1　概説⑨　現代日本とジェンダー　　228
10-2　ベアテ・シロタと日本国憲法24条　　230
10-3　民法・刑法改正とジェンダー・バイアスの残存　　232
10-4　占領と性・地域　　234
10-5　戦後復興と在日朝鮮人　　236
10-6　高度経済成長と国民生活の変化——大衆消費社会の成立　　238
10-7　売春防止法の成立と性売買の多様化　　240
10-8　最初の公害病＝水俣病　　242
10-9　米軍基地と性暴力——沖縄における犯罪をとおして　　244
10-10　反核運動とジェンダー　　246
10-11　三ちゃん農業　　248
10-12　ウーマン・リブとフェミニズム　　250
10-13　核家族と専業主婦　　252
10-14　大学の「マスプロ化」と女子大生　　254
10-15　女性の職場進出と差別　　256
10-16　特論⑦　大震災と女性　　258

主要参考文献　　261
索引　　269

序章　ジェンダー史研究の展開と本書の試み

◆**日本のジェンダー史研究と発信力**　本書は，ジェンダーの視点から歴史を読み替えようという野心的な取り組みの日本史編である。日本のジェンダー史研究は，21世紀に入りようやく多彩な研究成果を積み重ねてきたが，現在もメインストリームとは離れた周縁的位置におかれている。また，ジェンダー史研究がこれまで社会に向けてきちんと発信され，国民の歴史意識や歴史認識の醸成に役立ってきたのだろうかといえば，いささか心許ない。いまこそ，学界や日本社会一般へのジェンダー史研究の発信力を増していくことが求められている。さらに，日本のジェンダー格差が他の先進諸国に比し際立って開いているのはなぜなのか，この深刻な問いに答え，その克服の道筋を探る意味でも，歴史的視座からのジェンダー・アプローチが不可欠である。

◆**在野の学問としての日本女性史**　時系列的にいえば，欧米諸国や日本において，ジェンダー史研究に先駆けて登場したのが女性史研究である。とくに日本の場合，女性史研究の歴史は長く，すでに1970年代頃には，マルクス主義歴史学にもとづく解放的女性史，日常の暮らしを重視する生活史的女性史，いわゆる草の根からの地域女性史等々いくつかの研究潮流も生まれており，それら大半を担ったのは在野の女性研究者たちであった。これは，欧米の「新しい女性史」が主として大学というアカデミズムを基盤として急速に発展していったのとは顕著な違いであった。

◆**日本女性史とアカデミズム**　1980年代に入ると日本女性史に新たな動きが出てくる。1982年の『日本女性史』全5巻（女性史総合研究会編，東京大学出版会）の刊行がそれである。それまで在野の学問として展開しそのため孤立しがちであった女性史を歴史学のなかに位置づけ，女性史そのものの発展をはかるとともに歴史学をも充実させようというこの企ては，女性史のアカデミズム進出の契機となり日本女性史の評価を高めることに結びついた。そこにおいて，これまでの歴史学における女性不在という歴史認識のあり方を批判し，各時代における女性の地位，性別役割分担などを，社会構造との関連において考察すべきだと主張したのである。他方，曲がり角にさしかかった歴史学のほうにも変化が顕れていた。社会史や民衆史の登場であり，ここで女性の可視化がなされていった。

◆**ジェンダー史の展開と歴史認識**　日本の歴史家とくに日本女性史研究者がジェ

ンダー概念に関心を示しはじめるのは1990年代後半以降のことである。今世紀に入ると日本のジェンダー史研究も着実に研究成果を積み重ねるようになってきた。2004年には,「人類の歴史にかかわる諸学問領域をジェンダーの視点から研究し,その普及をはかること」を目的にジェンダー史学会が設立された。この学会の創立は,ジェンダー史研究を志す者たちを学際的に結集したことで,ジェンダー史研究の発展をうながす役割をはたしている。

　ジェンダー史研究においては,ジェンダーが歴史的社会的にいかに構築されたのかというジェンダーの可変性とそのメカニズムの解明は必須の課題となり,同時にそれは従来の歴史認識を脱構築することを意味していた。すなわち,ジェンダー史研究では,主体も対象も目的も男性という性を「普遍＝人間」とみなし,女性を「他者」として排除することで構築された近代市民社会の「知」を脱構築し,あらたな「知」の創造をめざす。従来の歴史家は,実際には男性の経験や行動様式を扱いながら,それを一方の性にのみあてはまる経験や行動としてではなく,性別を超えた普遍的人間の「一般史」として歴史叙述をおこなってきた。このような歴史認識においては,女性は,〈人間／男性〉という観念で代表され一般化された概念のなかに包摂されると同時に,つねにそれとは異なるものとして特殊化され不可視化されてしまう。現在,学際性・国際性をおびたジェンダー史研究の展開のなかで,欧米を中心にマスキュリニティ・男性史がさかんになっているが,そこでは,男性をある特定のジェンダーに属する者としてその行動や経験における特殊性を問うことになる。これまで普遍性を体現していた男性は,ここでは「男性」というジェンダーに規定された性として認識され相対化されるのである。この点だけからいっても,ジェンダー史が,これまでの歴史認識のあり方を根底から覆し歴史を読み替えようとしていることは明白であろう。

　◆**日本女性史・ジェンダー史研究の成果と日本史教科書**　では,日本女性史やジェンダー史研究の成果は,教育とくに教科書に的確に反映され生かされてきたのだろうか。女性史・ジェンダー史の成果を教育現場に届けたいというのは研究者共通の願いであるが,残念ながらその成果はきわめて部分的・限定的にしか取り入れられていないのが現状である。ジェンダー史研究がある程度活気を呈してきた現在でも,日本史教科書での女性人物の登場は,「極少」という表現がぴったりするほどわずかであり,断片的記述に陥っている。教科書のなかで女性たちが特定の項目にゲットー化される傾向が見られるのも気がかりである。さらに,公的・政治的領域

で活躍した女性たち，そして何よりも人身売買の対象とされた女性たちは依然として隠蔽されたままなのである。ハードルが高いとはいえ，学界や社会において，ジェンダー視点を織りこんだ歴史教科書があたりまえとみなされる状況を地道に醸成していくことが肝要であろう。

◆**ジェンダーの視点から歴史を読み替える試み**　本書は，ジェンダーの視点から日本の歴史を読み替えようという試みである。以下に，方法論やトピックにおいてとくに重視した諸要素を提示しておきたい。

第一に，政治，あるいは公領域におけるジェンダーの変容過程とその特質の解明である。日本の歴史のなかで女性たちが公領域や政治の世界で権力を行使するなどして活躍していた時期は長い。従来の歴史学では，女性たちの居場所は私領域であることが自明とされ，公的・政治的領域に存在するのは，例外的・偶然的として片づけられるか，時には不在とみなされてきた。本書では，公領域や政治の世界に女性主体を構造的に位置づけ，その歴史的意味を明らかにしていく。

第二に，家父長制成立以後，前近代のみならず近現代にいたるまで家父長制は存続し，それぞれの段階に応じた物質的基盤をもつとのフェミニズムの見解をふまえ，各時期のジェンダーの特徴を明確化していく。とくに，前近代社会の家（イエ）は，生産・所有の機能をもつ経営体として社会組織の基礎を形成しており，「家」経営体における富（資源）と権力（権威）の配分をめぐるジェンダーの特質を具体的に明らかにすることは必須である。同時に近代社会において，中産階級や労働者階級その他の世帯におけるジェンダー秩序の具体相を詳らかにすることも重要な課題となろう。

第三に，セクシュアリティや生殖に関し，歴史学に不可欠の学術的課題としてその多様な姿を明らかにすることである。これまで，セクシュアリティや生殖は，身体にかかわる自然の営みとみなされ，歴史学の枠外におかれることが通例であった。しかしながら，セクシュアリティや生殖は，いずれの地域いずれの時代においても国家や社会において管理され規範化され，そこに「性や生殖のポリティクス」が機能していたことは疑問の余地がない。したがって，その解明はきわめて重要であるが，従来の歴史学ではほぼ不可視の状態にあったと見てよい。しかもわずかに可視化された場合でも，それは特殊化され極小化され周縁化された。性の商品化や性的マイノリティ，あるいは中絶の是非などが政治・社会問題として大きく報じられるグローバル化された現代社会にあって，日本でも政治的・社会的・文化的文脈においてセクシュアリティや生殖の歴史的変容の詳細を解き明かしていくことが求めら

れている。

　第四に，マスキュリニティあるいは男性史研究の促進である。日本におけるマスキュリニティ・男性史研究は欧米等に比しまだ緒に就いたばかりといってよい。前述したように，これまでの歴史学では，男性＝人間であり，男性が普遍性を体現する一方で，女性は他者として特殊化されてきた。マスキュリニティあるいは男性史研究の登場によって，これまで普遍性を体現していた男性を，ジェンダーに規定された「男性」として再定義することで，その行動や経験における特殊性や社会的構築のあり方を問い直していきたい。

　第五に，地政学的かつグローバルな視点から差異化され変容する日本のジェンダーを明らかにしていくことである。蝦夷地（北海道）や琉球（沖縄）を引き合いに出すまでもなく，日本という国家領域は固定・確定された空間ではなく歴史的変遷を遂げながら今日にいたったものである。揺れ動く国境線（面）という空間的特質をおびつつ，前近代においては，東アジアの国際情勢に規定された日本のジェンダー秩序の構築がなされ，近代には，帝国主義日本の植民地主義や欧米のオリエンタリズムが加わりジェンダー秩序にも大きな影響を与えることになる。交差し絡みあう空間的構図を精緻かつ正確に描くことをめざしたい。

　第六に，表象・表現そしてメディアに関するジェンダー分析があげられる。文学・美術・写真・新聞・放送・映画・広告・アニメーション等々，これまでの言説・視覚文化は男性中心に構築・再生産されてきた。作品の創作・表現・鑑賞・評価を通じて男性の視線が圧倒的優位にあり，ジェンダーの非対称性が厳然と存在してきたといえるだろう。本書は，それらを生み出す社会システムも含めた歴史的考察をおこなうものである。

　第七に，災害・紛争・戦争についてジェンダーの視点から切りこんでいくことである。2011年3月11日に起こった東日本大震災がたんなる自然災害ではなく，多くの人為的要素を含んでいたことは周知の事実である。日本の諸地域で歴史上生起した災害や紛争そして対外戦争にかかわるジェンダー分析を，喫緊の課題として追究していきたい。

　以上，日本の各時代のジェンダーのありよう，変化とその要因（因果関係）を多様な切り口から構造的・包括的に把握することで，日本の歴史を読み替え学術の再構築をはかりたい。（長野）

第 1 章

ジェンダー史の射程から見た日本の課題

1-1　論点①　女性政策／ジェンダー政策と女性労働法制

教科書　現代の日本と社会　☞1-4, 1-5, 10-15

◆**女性政策／ジェンダー政策の展開**　戦後日本の「女性政策／ジェンダー政策」は，国際社会におけるジェンダー主流化の進展と深くかかわっている。日本の女性政策は，4期に分けることができる。(1)黎明期（1947～75）。名実ともに女性政策の推進母体となる労働省婦人少年局が設置された（1947）。(2)草創期（1975～85）。女性問題に取り組む本部機構として，総理府（現・内閣府）に「婦人問題企画推進本部」が設置された（1975）。同本部により，「世界行動計画」（第1回世界女性会議で採択）にならって，女性と子どもに限定した「国内行動計画」（1977）がまとめられた。(3)国際化期（1985～99）。女性差別撤廃条約の批准（1985）を機に，はじめて男女平等の視点から国内法制が見直された。国籍法の改正❶，男女雇用機会均等法の制定，家庭科教育の変革❷が進む。「新国内行動計画」（1987）には男女平等の視点が入り，「男女共同参画2000年プラン」（1996）につながる。また，「婦人問題企画推進本部」が「男女共同参画推進本部」へと拡充改組された（1994）。「ジェンダー主流化」を提唱した第4回世界女性会議（北京会議1995）は，国・自治体・NGOなどを担い手とする女性政策の発展に大きな影響を与えた。(4)女性政策からジェンダー政策への転換期（1999以降）。男女共同参画社会基本法（1999）によって，包括的なジェンダー平等の実現に向けた法制が確立する。しかし，日本のジェンダー主流化は著しく停滞しており，女性労働法制には不備が目立つ。

◆**女性労働法制の不備**　オイル・ショック（1973）後，経済発展を期待できなくなった日本は，「国家（社会保障）―企業（日本型雇用慣行）―家族」のスクラム体制を強化することによって経済危機を乗り越えようとした（日本型福祉社会）❸。安価な女性労働力を失いたくない企業と女性の家庭責任を維持したい政府の思惑が一致し，労働のジェンダー・バイアスは克服されなかった。均等法（1985）は，1970年代の差別禁止判例を受けて定年・退職・解雇等を禁止したものの，募集・採用，配置・昇進については罰則のない「努力義務」にとどめた。パートタイム労働法（1993）でも同様にひとまず法律を成立させ，後年の改正を期すという手法がとられた。弊害は大きく，共働き世帯が専業主婦世帯を上回ったあとも女性のM字型就労は変わらず，いまなお女性管理職の比率はきわめて低い。女性労働者における非正規雇用者の比率は上昇し，正規―非正規の賃金格差も拡大している❹。（三成）

❶国籍法の改正

旧国籍法は父系血統主義（国籍法2条2「出生の時に父が日本国民であるとき」）をとっていた。このため，沖縄が本土復帰（1972）したのち，多くの無国籍児が生まれた。日本国籍の母とアメリカ国籍（出生地主義をとる）の父のあいだに生まれた子には，国籍がなかったためである。1984年改正により，父母両系主義（「出生の時に父又は母が日本国民であるとき」）に変更された。2008年，日本在住の東南アジア女性と日本人男性のあいだに生まれた子の国籍を争う訴訟で最高裁違憲判決が出たのを受け，婚外子は両親の結婚による準正を待たずとも，父の認知だけで日本国籍を得ることができるよう改正された（第3条）。

❷家庭科教育とその変化

1947年，教育基本法が制定されて，民主主義教育がはじまる。学校教育法とともに新学制が発足し，男女共学が開始された。民主的家庭建設のために，あらたに「家庭科」が設けられる。家庭科は，女子のみに家事・裁縫を履修させていた戦前の教育を改め，小学校では男女必修，中学では男女別選択必修，高校では男女別選択履修とされた。しかし，1958年，中学で「技術（男子）／家庭（女子）」という性別分業的な科目配置に変更された。女子の大学進学率が上昇するにつれ，家庭科履修者が減少したことに家庭科教育界で危機感が募り，1960年，高校で家庭科が「女子のみ必修」とされた。しかし，高校家庭科の「女子のみ必修」は女性差別撤廃条約に反するとされ，1989年，男女共修（必修）に改められた。

❸【史料】自民党政策研修叢書「日本型福祉社会」(1979)

「日本型の福祉社会は，個人に自由で安全な生活を保障するさまざまなシステムからなる。そのようなシステムの主なものは，1. 個人が所属する（あるいは形成する）家庭，2. 個人が所属する企業（または所得の源泉となる職業），3. 市場を通じて利用できる各種のリスク対処システム（保険など），4. 最後に国が用意する社会保障制度である。すなわち，高度福祉社会は，個人の生活を支えるに足る安定した家庭と企業を前提として，それを(3)によって補完し，最終的な生活安全保障を国家が提供する，という形をとるものである。そこで重要なのは，まず家庭基盤の充実と企業の安定と成長，ひいては経済の安定と成長を維持することである。これに失敗して経済が活力を失い，企業や家庭が痩せ細っていく存立が困難になっていく中で国が個人に手厚い保護を加えるという行き方は「福祉病」への道であるといわなければならない。今日，大多数の日本人は右の(1)〜(4)の安全保障のシステムに支えられて「それほど悪くない人生」を送ることができる。(1)〜(4)のシステムには基本的な欠陥はないと見てよい。今後は高齢化の進行に応じて，これらのシステムに必要な手直しを加えていけばよいであろう」。

【解説】 共働き世帯は1990年代に専業主婦世帯を上回り，以後，差は開いている。なお，男性は各年代をつうじて正規雇用が多いが，非正規雇用は若年層で多い。女性はM字型雇用で，中高年層ほど非正規雇用が増える。また，男性正社員の賃金を100としたとき，女性正社員の賃金は70，非正規雇用女性の賃金は変化せずほぼ40，派遣労働の条件緩和にともなって非正規雇用男性の賃金は急速に下降している（『平成25年度版男女共同参画白書』）。

❹資金総額男女比の国際比較

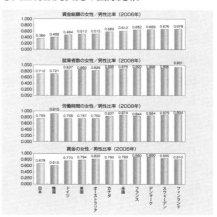

出典：『男女共同参画白書』平成22年版，第1-特-12図。

参考文献　大沢真理編『21世紀の女性政策と男女共同参画社会基本法（改訂版）』ぎょうせい，2002／横山文野『戦後日本の女性政策』勁草書房，2002／浅倉むつ子『均等法の新世界——二重基準から共通基準へ』有斐閣，1999

1-2 論点② メディアとジェンダー

教科書 現代の日本と世界 ☞8-15, 10-12, 10-16

◆**メディアのジェンダー史**　メディアとは「媒体」を意味し，人と人とのあいだを媒介するコミュニケーション手段の総称である。新聞やテレビをはじめとするマスメディアだけでなく，個人が制作した作品（美術やマンガ・映画なども含む）や，博物館のような文化施設の展示も，誰かが何かを伝えるための媒体であるという意味では広くメディアと位置づけることができる。メディアは人間同士の媒介物であるためコミュニケーションを円滑にはかる一方で，媒介によってトラブルを生む可能性をつねにはらみ，情報の送受信をめぐるジェンダー関係や情報化された内容のジェンダー秩序において，これまで多くの問題が指摘されてきている❶。

◆**イメージの非対称性**　メディアのジェンダー研究の中心にあるのは，イメージの非対称性である。女性像や男性像の描かれ方や語られ方の差異は，たんに現実社会を反映しているのではなく，制作者によってそれが誰であるのかを描き分けることによって生まれている。そこでは，そのイメージが生まれた社会背景や歴史や思想が大きな影響を与えている。具体的には女性像を「美の規範」と強く結びつけることや，ステレオタイプな性別役割を誇張するなど，メディアはいくつかの典型化の力がはたらく場となっている❷。現代社会においては，こうしたイメージ生成の過程を知ることにより，メディアに描かれたイメージを鵜呑みにするのではなく，受容者が主体的にイメージを「読む」ことによって，批判的・客観的にメディアと向きあうことが必要とされている❸。

◆**メディアのつくり手とジェンダー**　メディアをつくる側はより多くの意思を発信する力をもつことから，歴史的には多くのメディアのつくり手が男性中心であった。メディアのつくり手のジェンダーもまた非対称であった。近現代をつうじて女性がメディアのつくり手側の中心にいたことは少ないが，雑誌『青鞜』にはじまり，ウーマン・リブのミニコミ誌，1980年代以降のZINE（ジン）（自主制作の小冊子）文化など女性による文化発信がおこなわれてきた❹。マスメディアでもつくり手の側に多くの女性が参入し，女性の視点が生かされるようになってきたが，他の産業と同様に現在もなお意思決定権をもつ場でのジェンダー格差は残っている。とくにマスメディアは発信者に対して受容者層が多大であり公共性が高いことから，つくり手のジェンダー平等への意識化がつねに重要な課題となっている。（山崎）

❶ ジェンダー視点によるメディア研究

ジェンダー視点によるメディア研究は1970年代から北米を中心に広がり，1980年代以降，日本でもさかんにおこなわれてきた。対象となるメディアは多岐にわたり，それぞれのメディアの特徴に応じて多様な研究が展開されてきた。消費文化における広告やキャンペーン，テレビドラマや映画などの物語映像，新聞やニュース番組などの報道，雑誌やマンガなどの出版物，美術やデザインなどの芸術のほかに，近年ではインターネットや携帯・スマートフォンなどの電子メディアまで，いずれもメディア研究の分析対象とされている。そのなかでジェンダー問題は新しいメディアの誕生とともに，つねに意識されつづける必要がある。

❷ 視覚文化におけるジェンダーの非対称性

視覚文化のなかでは，描く側の男性／描かれる側の女性という関係性が一定の力をもってきた。また，描かれた女性像が強い「美の規範」のもとにおかれてきたことも，ジェンダーの非対称性を表している。1985年，ゲリラガールズという匿名の女性アーティスト集団が，美術界における性の不均衡に対して批判的な作品の発表をはじめた。「女性は裸にならないとメトロポリタン美術館に入れないの？」という作品は，アングルの『グランド・オダリスク』のパロディを使い，美術館の近代美術部門の4％しか女性作家がいないのに，ヌードの76％が女性であるという実態を示した。この作品は発信者や制作者，それらを評価する仕組みが男性優位であることと，「裸体」と「美」と「女性」を強く結びつける規範が美術界に内在していることを強く批判している。

©Guerrilla Girls www.guerrillagirls.com

❸ イメージを「読む」こと

現在の日本では，義務教育期間にイメージを読解する知識や技能を学ぶことはほとんどない。その背景には，視覚文化教育の場となるべき美術教育が実技中心であり，美術科教員養成の段階でもイメージ解釈に関する教育が十分になされない状況がある。イメージの感性的・感覚的受容が許容されている教育空間では，さらにイメージがジェンダーの問題をはらむことを考えることは困難である。

メディア文化が多様化・大量化する現代社会では，意識的かつ主体的にイメージを「読む」ことが，双方向的なメディア受容の第一段階となる。メディア文化と関連性のある領域——美術科教育，音楽科教育，社会科教育，国語科教育など——では，主体的なメディア受容者育成のために領域横断的なメディア・リテラシー教育の実践が必要であり，今後のメディア文化の担い手を育成することが必須となる。

❹ 女性たちがつくるメディア

メディア文化の多くは男性中心に構築されてきたが，そのなかでも女性たちが情報や意思の発信を試みてきた事例は存在する。日本では1911年9月から平塚らいてうを中心に『青鞜』が52冊発行された。1946年8月には「女たちの手による女たちの新聞」として『婦人民主新聞』が発行された。1970年代にはウーマン・リブの活動のなかで多くのミニコミ誌が発行され，現在，国立女性教育会館（NWEC）では「日本女性のミニコミデータベース」が開設され，それらの軌跡を追うことができる。また，現在のネット文化のなかでは，「女性と女性の活動をつなぐポータルサイト」として2009年に「ウィメンズ・アクション・ネットワーク（WAN）」が設立され，女性のための情報提供とネットワークづくり，さらにはメディアを通じた女性たちの活動支援をおこなっている。

参考文献　鈴木みどり編『Study guide メディア・リテラシー　ジェンダー編』リベルタ出版，2003／池田忍・小林緑編『ジェンダー史叢書4　視覚表象と音楽』明石書店，2010／国広陽子・東京女子大学女性学研究所編『メディアとジェンダー』勁草書房，2012／田中東子『メディア文化とジェンダーの政治学——第三波フェミニズムの視点から』世界思想社，2012／諸橋泰樹『メディアリテラシーとジェンダー——構成された情報とつくられる性のイメージ』現代書館，2009

1-3　論点③　グローバル化とジェンダー

教科書　現代の日本と世界　☞1-1, 9-10, 10-7

◆**グローバル化と人々の移動**　グローバル化は，人・物・金そして情報など地球規模での移動を加速させ，「移民の女性化」も進行している（『世界史編』15-9参照）。日本での数値を見ると，2012年の外国人入国者は917万余人，日本人出国者は1849万余人となり，1985年との比較ではそれぞれ約4倍，約3.7倍と大幅に増大した（法務省「外国人入国者数・日本人出国者数の推移」）。

◆**国際結婚（異文化結婚）の増加**　この間，国際結婚も急激に増加した。日本の国際結婚は1970年には5546件であったが，2010年には3万207件と5倍以上の伸びを示している。また，1970年代初めまで妻が日本人で夫が外国人の夫婦が優位を占めていた状況が逆転し，夫が日本人で妻が外国人というカップルが急速に増加したこともわかる❶。「夫日本・妻外国」の場合の妻の国籍を見ると，9割近くがアジア諸国である❷。ここには，1980年代半ば以降，日本農村の「嫁不足」解消のため，業者の斡旋などによりアジア諸国から来日した多くの女性たちも含まれる。この「アジアからの花嫁」をめぐる問題はマスメディアでも少なからず取り上げられた❸。

◆**少子高齢化社会と外国人ケア労働者**　少子高齢化と人口減少が同時進行しつつある日本では，外国人労働者も着実に増えてきた。男女比で見ると，1993年では，男女比は2対1となっていたが，2006年には男性が53％となり，女性労働者との差がかなり縮まってきている（中村二朗ほか『日本の外国人労働力』日本経済新聞出版社，2009：35頁）。近年，政府は，ケア労働者の慢性的不足に対応するため，アジア諸国から看護師や介護福祉士を受け入れることをはじめた。2国間の経済連携協定（EPA）にもとづき，2008年にインドネシア，2009年にはフィリピンからの受け入れがはじまり，2012年にはベトナムからの受け入れも決定している。ただ，この政策は，日本でのケア労働の「低位階層化」や労働市場の不安定化を招く恐れ，外国人労働者の多くが国家試験に合格できなかったり，合格しても日本になじめず帰国してしまうなど，多くの問題点をかかえている。

◆**グローバル化の闇としての人身売買**　グローバル化のなかで，日本は，人身売買や性労働の受入国として非難されている❹。日本政府の対応は遅れがちで，2002年にはアメリカの国務省から，取り組みが最も遅れている国として名ざしで批判さ

れた❺。近年ようやく政府も重い腰を上げ法的枠組みが整えられはじめた。しかし、まだ人身売買防止の世界水準には、いたっていない。（羽場）

❶夫妻の国籍別に見た婚姻件数の年次推移

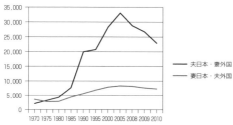

出典）厚生労働省「人口動態統計年報　夫婦の国籍別にみた婚姻件数の推移」より作成。

❷夫妻の国籍別に見た婚姻件数

図1　夫日本・妻外国の婚姻件数（2010年）

図2　妻日本・夫外国の婚姻件数（2010年）

出典）厚生労働省「人口動態統計年報　夫婦の国籍別にみた婚姻件数の推移」より作成。

❸アジアからの花嫁

彼女たちのなかには、不慣れな土地で家族や近隣社会との対人関係に悩み、強い疎外感や孤独感を抱く場合も見られた。時には、偽装結婚など不法に入国した「花嫁」もいた。

❹人身売買・性労働の受入国＝日本

日本はもともと、女性出稼ぎ労働の送り出し国であった。19世紀中葉以降には、農村の若い女性たちが、東アジアや東南アジア、とくに中国、香港、フィリピン、タイ、インドネシアに送られ、娼婦として性労働に従事し、「からゆきさん」と呼ばれた。しかし1970年代以降、日本の経済成長にともない、送り出し国から受入国へと変化し、日本に入ってくる女性労働者は「ジャパ行きさん」と呼ばれるようになった（8-12, 9-14を参照）。

❺なぜ日本は批判されるのか

日本の人身売買が批判されるのには四つの原因があるとされる。一つは、冷戦終焉後の人権意識の高まりである。第二は、社会主義国の崩壊によりマフィアが絡んだ「白人奴隷」の激増が「21世紀の奴隷制度」として注目を浴びるようになるなかで、日本もその流入先となったことである。第三は、日本における歴史的な日本軍「慰安婦」問題の対策の遅れである。第四に、被害者たちが各地で殺人を犯したり殺されたりし、司法レベルで弁護士などが声を上げはじめたことである（日本軍「慰安婦」については、9-14参照）。

参考文献　羽場久美子「世界史の周辺におけるジェンダー」長野ひろ子・姫岡とし子編『歴史教育とジェンダー——教科書からサブカルチャーまで』青弓社、2011／羽場久美子「グローバリゼーションとトラフィッキング——EU・日本に見る実態と戦略」『年報政治学』2010／丹野清人『越境する雇用システムと外国人労働者』東京大学出版会、2007／久場嬉子編著『介護・家事労働者の国際移動——エスニシティ・ジェンダー・ケア労働の交差』日本評論社、2007／京都YWCA・ART編『人身売買と受入大国ニッポン——その実態と法的課題』明石書店、2001

1-4　論点④　少子化とジェンダー

[教科書] 現代の日本と世界　☞1-3, 9-11, 9-17

◆**少子社会への転換**　第二次世界大戦後のベビーブームののち、優生保護法による中絶の合法化や家族計画普及運動の結果、出生率は急降下し、「夫婦あたり子どもは2人」が標準化した。その後多少の増減はあるものの、1970年代前半まで合計特殊出生率（TFR）は人口置換水準である2.1前後で推移した。しかし1970年代後半から徐々に低下がはじまり、1990年には前年のTFRが1.57となったことが報道されて「1.57ショック」が流行語となった。急速な少子高齢化社会への突入に危機感を抱いた国は「少子化社会対策基本法」(2003)の制定や育児休業制度の導入・拡充などの少子化対策を打ち出したが、その後も低下傾向は続き、2011年のTFRは1.39で、先進諸国のなかでも最も低いグループに含まれる❶。

◆**少子化の要因**　出生率低下の要因としては、かつてのような労働力や老後の保障としての子どもへの期待が減ったことに加え、晩婚化・非婚化の進行があげられてきた。日本では欧米に比べて出産は婚姻内でという規範が強く、婚外出産を忌避する傾向があるため、晩婚化と非婚率の上昇はそのまま出生率の低下につながりやすい。と同時に、結婚しても子どもがいない、あるいは1人しかいない夫婦の割合が増加しており、夫婦の出生行動や出生意欲にも変化が見られる。

◆**性別役割意識と「出産コスト」**　子どもの出生には男女両性がかかわっているが、「男は仕事、女は家事育児」という性別役割規範が根強く存在する日本では、社会的にも個人のレベルでも、妊娠・出産だけでなくその後の育児の負担も女性がおもに担うべきものという意識が強い。その一方で、女性の高学歴化や社会進出にともない、とくに若い世代の女性のあいだには性別役割にとらわれない結婚や家族のあり方を望む傾向が見られるが、それに比して男性は従来どおりの結婚観・家族観をもちつづけている場合が多く、男女間に意識のずれが生じやすい。また企業社会のシステムも、たとえ男性が希望しても家事や育児に時間を割きにくい構造になっている❷。こうした状況のもとでは、とくに女性にとって結婚や出産は個人としての生き方や仕事での自己実現を阻むコストやリスクの高い選択と感じられ、結婚の先延ばしや出産回避に結びつきやすいと考えられる。したがって少子化傾向の緩和のためには、仕事と育児の両立支援策の充実だけでなく、性別役割分業を前提とする社会システムや意識自体の見直しが求められる。　(荻野)

1-4 論点④ 少子化とジェンダー

❶日本における出生率の変化（1947〜2010年）

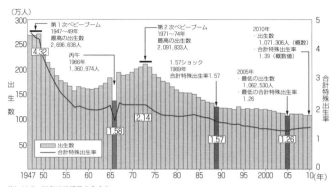

注）1947〜72年は沖縄県を含まない。
出典：辻村『代理母問題を考える』：16頁。

❷6歳未満児のいる夫の家事／育児関連時間（1日あたり）

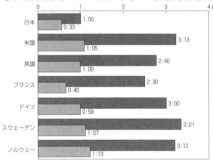

注）1. Eurostat "How Europeans Spend Their Time: Everyday Life of Women and Men"（2004），Bureau of Labor Statistics of the U.S. "America Time-Use Survey Summary"（2006）および総務省「社会生活基本調査」（平成18年）より作成。
2. 日本の数値は、「夫婦と子どもの世帯」に限定した夫の時間である。
出典：『平成24年版男女共同参画白書』内閣府，2012：83頁。

不妊と生殖補助医療　少子化の一方で近年注目を集めているのが、不妊治療をめぐる問題である。子どもがほしいのに妊娠できない、いわゆる「不妊症」のカップルは8〜10組に1組といわれ、女性は男性に比べて、卵子の老化など年齢が生殖能力に影響しやすいため、晩婚化も不妊の要因の一つとされる。不妊治療に頼る人が増えた結果、体外受精や顕微授精などの生殖補助技術によって生まれる子は現在年に約3万人、全体の3％程度を占めるようになった。さらに、第三者から提供された精子や卵子を用いたり、受精卵を第三者の女性の子宮に入れて妊娠・出産を代行してもらう代理出産の利用を希望する人が、海外でこれらの技術を用いて子どもを得るケースも増えており、生まれる子の法的親子関係をはじめ、こうした技術の利用を「治療」としてどこまで認めるかをめぐって多くの問題や議論が生じている。

参考文献　目黒依子・西岡八郎編『少子化のジェンダー分析』勁草書房，2004／河合蘭『未妊──「産む」と決められない』NHK出版，2006／辻村みよ子『代理母問題を考える』岩波ジュニア新書，2012

1-5 論点⑤　男女共同参画社会基本法と現代日本

教科書　現代の日本と世界　☞1-1, 1-3, 10-15

◆**男女共同参画社会基本法**　1999年，男女共同参画社会基本法が成立した。同法の公式英訳は The Basic Act for Gender-Equal Society（ジェンダー平等社会基本法），担当機関の内閣府男女共同参画局は Gender Equality Bureau Office（ジェンダー平等局）という。前文は，「男女共同社会の実現を二十一世紀の我が国社会を決定する最重要課題」と謳う❶。同法は，国の責務として「積極的改善措置（ポジティブ・アクション）」❷を含む施策の策定・実施を義務づけている（8条）。これに合わせ，5年ごとに男女共同参画基本計画が策定されている（第3次計画，2010）。

◆**親密関係に介入する法**　近代法は「法は家庭に入らず（民事不介入）」という原則に立ち，家族員は家父長の懲戒権にゆだねられてきた。しかし，欧米社会では1970年代以降，事態が変わる。ドメスティック・バイオレンスを禁止する法が登場し，夫婦間強姦は犯罪とみなされるようになった。これに対し，日本の法整備は著しく遅れた。男女共同参画社会基本法の成立を受けてようやく，警察が「民事不介入の原則」を見直し（1999），児童虐待防止法（2000），ストーカー規制法（2000），DV防止法❸（2001），高齢者虐待防止法（2005）の制定が相次ぐ。これらは，夫婦や親子などの親密関係に介入する新しいタイプの法である。いずれも被害当事者やNPOなどの要望を反映しつつ，数年ごとに改正されているが，国際社会の動向に照らすと，なお不十分な点も多い。

◆**女性差別撤廃委員会による審議**　女性差別撤廃条約の締約国は，定期的にレポートを提出し，女性差別撤廃委員会（CEDAW）による審議を受けなければならない。日本政府はこれまで6回レポートを提出し，4回の審議を受けている❹。審議の結果，CEDAWから総括所見が出される。そこで示された勧告は，日本の法改正にも大きな影響を与えてきた。たとえば男女雇用機会均等法は，1997年改正で採用・昇進などの努力義務規定を禁止規定に変更し，セクシュアル・ハラスメント規定を盛りこんだ。しかし，同改正は「ワーク・ライフ・バランス」や労働時間短縮に向けた国際的動向に合わせるというよりも，女性を男性並みに働かせるという傾向を有していた。また，1990年代より顕著になっていた人身取引については，2005年にようやく人身売買罪が刑法に新設された。日本軍「慰安婦」問題や家族法改正は，CEDAWから再三の指摘を受けているにもかかわらず，対応が進んでいない。(三成)

1-5 論点⑤ 男女共同参画社会基本法と現代日本

❶【史料】男女共同参画社会基本法（1999）：前文

「我が国においては，日本国憲法に個人の尊重と法の下の平等がうたわれ，男女平等の実現に向けた様々な取組が，国際社会における取組とも連動しつつ，着実に進められてきたが，なお一層の努力が必要とされている。一方，少子高齢化の進展，国内経済活動の成熟化等我が国の社会経済情勢の急速な変化に対応していく上で，男女が，互いにその人権を尊重しつつ責任も分かち合い，性別にかかわりなく，その個性と能力を十分に発揮することができる男女共同参画社会の実現は，緊要な課題となっている。……男女共同参画社会の実現を二十一世紀の我が国社会を決定する最重要課題と位置付け，社会のあらゆる分野において，男女共同参画社会の形成の促進に関する施策の推進を図っていくことが重要である。ここに，男女共同参画社会の形成についての基本理念を明らかにしてその方向を示し，将来に向かって国，地方公共団体及び国民の男女共同参画社会の形成に関する取組を総合的かつ計画的に推進するため，この法律を制定する」。

❷ポジティブ・アクション

ポジティブ・アクションには，クォータ制（割当制や交互名簿制など），タイムゴール方式，女性支援策などのタイプがある。第3次男女共同参画基本計画(2010)では，公務員を中心に一定年度までに女性比率を上げるなどのタイムゴール方式が明示された。諸外国では議席配分について法律や政党の自主策によってクォータ制が導入されており，女性議員比率が急速に高まっている。

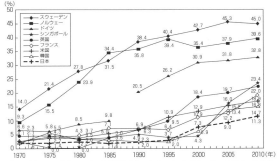

日本と諸外国の国会議員に占める女性割合の推移

注）下院または一院制における女性議員割合。ドイツは1985年までは，西ドイツの数字。
出典）IPU資料より作成『2012年度版男女共同参画白書』。

❸ DV防止法

内閣府調査(2012)によれば，DV被害経験がある女性は3人に1人，同男性は6人に1人。DV防止法はDV行為を処罰する法ではなく，加害者更生措置も規定しておらず，裁判所が保護命令（退去命令・接近禁止命令）を発して被害者を加害者から一定期間引き離すにとどまる。逃げたあとの生活設計がたたず，また報復を恐れて保護命令を求めない被害者も多い。加害者・被害者がともにDVを自覚していないこともある。

❹ CEDAWによる審議

夫姓98％や再婚禁止規定（妻のみ6か月），婚外子相続差別規定などは再三指摘されており，第4回審議(2009)では民法改正が強く求められた。日本軍「慰安婦」への対応，強姦罪の改正なども求められている。婚外子相続差別規定は，2013年9月の最高裁違憲決定を受けて撤廃された。

レポート審議	主な指摘事項	日本の対応
第1回審議 (1988年)	・夫姓98％の是正 ・再婚禁止期間（6ヶ月）の是正 ・育児休業制度の導入	・1991年育児休業法制定
第2回審議 (1991年)	・均等法の充実 ・戦時慰安婦問題への対応	・1997年均等法改正
第3回審議 (2003年)	・間接差別の導入 ・DV法改正 ・戦時慰安婦問題への対応 ・人身売買への対応 ・女性参画の促進 ・婚外子差別の是正	・2004年／2007年DV法改正 ・2005年第2次男女共同参画基本計画での数値目標設定 ・2005年人身売買罪新設（刑法） ・2005年間接差別新設（均等法）
第4回審議 (2009年)	・2003年勧告への対応は「不十分であり遺憾」 ・民法改正（夫婦同姓・婚姻適齢の改正）は「直ちに行動を」	・2010年第3次男女共同参画基本計画での数値目標設定

出典）三成ほか『ジェンダー法学入門』257頁。

参考文献 ジェンダー法学会編『講座 ジェンダーと法（1）』日本加除出版，2012／辻村みよ子編『世界のポジティブ・アクションと男女共同参画』東北大学出版会，2004／辻村みよ子ほか編『男女共同参画のために――政策提言』東北大学出版会，2008／三成美保ほか『ジェンダー法学入門』法律文化社，2011

第2章

原始社会の生活と文化

2-1　概説①　先史時代の人びとと暮らし

教科書　日本の旧石器文化　☞2-2, 3-1, 3-3

◆**人類の出現と日本列島**　地球上にはじめて人類が現れたのは，いまから約500万年前，地質年代でいう新生代第3紀鮮新世（500〜200万年前）と考えられている。人類は，第4紀更新世（200〜1万年前）をつうじて猿人・原人・旧人・新人の順に進化してきた。更新世は氷河時代とも呼ばれ，寒冷な氷期と比較的温暖な間氷期が交互に数回おとずれた。氷期には海面が100m以上も下がって，日本列島は北と南で大陸と地続きになり，北からはマンモスやヘラジカ，南からはナウマンゾウやオオツノジカがやってきた。こうした大型獣を追い，人類も日本列島に移動してきたとされている。この時代の化石人骨として，静岡県の浜北人や沖縄県の港川人などが発見されている。

◆**男女の分業のはじまりは子育てのための分業**　ヒトの女性の腰骨・産道はヒトの大脳化に見合った生物としての進化を遂げていないため，ヒトの新生児は脳が未熟な状態で生まれ，1人で立って歩けるように育つまで比較的長い時間を要する。こういった未熟な状態で生まれてくる動物の一種である鳥類はペアで子育てをすることが知られている。ヒトの場合，自力で母親にしがみつくこともできない新生児をかかえるばかりでなく，授乳もおこなう母親は体力，運動能力がきわめて低くなり，十分な食料を確保することが困難な場合もある。そこで，ほ乳中の母親が飢えることがないように，ヒトは男女のペアより大きな集団で生活し，食物を分配することで集団の存続をはかる戦略を選択した。これが，ヒトの集団・家族・社会分業のはじまりと考えられる。

かつては男女の生物学的差異による分業の成立こそ，女性の劣位，世界史的敗北とみなす考えもあったが，集団で食料獲得と次世代の育成を分担しておこなう戦略は必ずしも女性の劣位を決定的にしたものではなかった。

◆**集団での狩猟採集から定住へ**　日本の旧石器時代は，石器以外の出土品がほとんど発見されていないため，石器製作の技

七日市遺跡出土の石斧やナイフ（兵庫県立考古博物館）

2-1 概説① 先史時代の人びとと暮らし

法・石器使用痕等を中心に研究が進み，石器を使用した人びとの具体的な社会像についてはなかなか描かれてこなかった。したがって，この時代の男女の分業や社会的地位の差については，まだまだ想像の域を出ない。

```
              年　表
10万年前　日本列島に人類の痕跡
 3万年前　旧石器時代（岩宿遺跡等）
前14000頃　縄文時代のはじまり
前3000頃　縄文時代前期（鳥浜貝塚等）
前2000頃　縄文時代中期
前1000頃　縄文時代後期
前300前　弥生時代はじまる（稲作の定着）
```

石器を用いた狩猟法の研究から人びとが集団で狩りをおこない，時にはヒトよりはるかに大きなマンモスを沼に追いつめて捕獲することもあったと推定されている。槍を持ち獲物を追いつめる狩人は，男性として復元される場合が多い。男性より体格も小さく，妊娠・出産を担う女性は男性よりも行動半径が制限される期間も長い。のちの時代の狩猟採集生活をおこなう人びとの例から推定すると，女性は比較的小さい獲物の狩りや採集活動に従事していたものと思われる。

石器のなかには，土掘りに使用されたと考えられるものも存在しており，芋などを採取して食料にしたとも考えられる。ただし，植物性食料が大いに活用されるようになるのは，煮炊きに用いる土器の出現以降である。

狩猟の獲物を求めて移動を続ける集団は，生まれ育つ子どもの数も限られ，人口はあまり変化しなかったと考えられる。定住によっ

集団でナウマン象を狩る人びと（兵庫県立考古博物館 テーマ展示室）

て人口が増加して集団規模が拡大し，石器や土器をつくる技術も進化し，文化が発展していく。それは日本では縄文時代のことである。（菱田）

参考文献　都出比呂志・佐原眞編『古代史の論点2　女と男，家と村』小学館，2006／木村有紀「初期人類の行動戦略研究概説」『動物考古学』第7号，1996／M.エーレンバーグ（河合訳）『先史時代の女性——ジェンダー考古学事始め』河出書房新社，1997

2-2 縄文時代の分業とジェンダー

教科書 縄文時代の社会と文化　☞2-1, 3-1, 3-3

◆**狩猟採集の時代**　縄文時代は晩期に稲作がはじまるとされているが，その大半は「狩猟採集」の時代であった。とはいうものの，三内丸山遺跡など大規模な縄文集落を支えていたのは，クリやドングリなどの植物食料であり，また各地で縄文時代の典型的な遺跡として知られる貝塚に見られるように貝類なども多く摂取しており，食生活における比重は狩猟よりむしろ採集に重きがあった。縄文時代に発明された土器によって植物性食料の煮炊きが可能になったことにより，食料として活用できる資源の範囲も広まり，食料供給は安定し，集団の規模が大きくなったり，新しい集団が増えたりして人口が増える余地が出てきた。そして，この時点でも，社会における男女の地位の差は比較的小さかったと考えられる。

◆**縄文カレンダー**　縄文時代の食料採集活動は四季の変化と深くかかわっていた。シカやイノシシの狩猟は秋から冬，ドングリ・クリなどの木の実は秋，貝は春など，季節にあった食料獲得の知識は生活に必須のものであった。あるいはまた，ドングリやトチは食べるにあたってあく抜きなど加工の技術が必要であり，そうした知識は集団の存続にとって貴重なものだったと考えられる。自然を克服しようとする農業の開始以前の社会において，自然の恵みをより活用するために，知識が集積され，多彩なアプローチが試みられたものと思われる。こうしたなかで，食料採集や道具づくりの分業がおこなわれるようになり，女性は土器とカゴや網代・編布などの編み物づくり，男性は石器や木製品づくりをおこない，人びとの暮らしに必要なさまざまな道具がつくりだされていたと考えられている。

◆**土偶の語るもの**　縄文時代の祭祀にかかわる代表的な遺物（残された道具）としては，多くは女性をかたどった土製の人形である「土偶」と男性器を石でかたどった「石棒」がある。それらの祭祀具の物語るメッセージにはさまざまな解釈があるが，土器装飾に描かれた男性と女性の和合したイメージの例など，性にかかわる表現を示す遺物の例も多く，男女の性差や生殖儀礼が共同体の祭祀のなかで強く意識されていたことがうかがえる。土偶は初期には性差の不明瞭な「ひとがた」であったが，のちに乳房など女性を明確に表現するようになり，妊娠状態を示すものも現れる。そのため，母性を象徴するもの，女神の像ないし，豊穣・多産のシンボルなどの諸説がある❶。ただ，土偶は壊されて発見されることも多く，安産祈願の「か

たしろ」と考える意見もあり、土偶にこめられた祈りは時代や地域によってさまざまであったと考えられる。

◆**縄文社会での女性の地位**　縄文時代は、日々の食料採集に追われる社会ではなく、複雑な模様で装飾された土器をつくったり、大規模な集落や巨大な建物やストーンサークルを築いたりする文化をもつ高度に進化した社会であった❷。そして、装身具をもつ者もたない者といった人びとの階層の分化も認められるようになり、埋葬時の副葬品に男女の性差による区別が見られる場合もある。一部の男性のみがもつ権威を示す鹿角製腰飾りという副葬品も知られており、貝輪は成人女性と一緒に発見されることが多い。その一方で、福岡県芦屋町山鹿貝塚では、サメの歯のイヤリング2個、緑色大珠1個、貝（タマキガイ）の腕輪19個をつけ、鹿角2本を添えて葬られた女性がいた。発掘調査の報告者は、大珠をもった女性は占い師兼女族長であったとしている。他の女性も全員貝の腕輪をはめており、さらに耳飾り、足飾りをつけている人もあり、この集落での女性の地位の高さを物語っている。またのちの時代に見られるように、武器を副葬する習慣は顕著ではない。おそらく集団間の争いや武力を掌握する男性リーダーもこの時代にはまだ存在していなかったものと思われる。こうしたことから縄文社会全般としては、男性優位のジェンダーの格差が萌芽しつつも、一部に女性の権威者も見られる状況であったと考えられる。（菱田）

❷**縄文時代のさまざまな土器、石器、土偶**

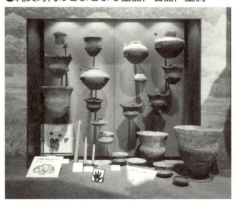

（兵庫県立考古博物館　テーマ展示室）

❶**土偶**（縄文のビーナス）

（茅野市尖石縄文考古館所蔵）

参考文献　小林達雄『縄文人の世界』朝日新聞, 1996／小山修三『縄文学への道』日本放送協会, 1996／能登健『列島の考古学　縄文時代』河出書房新社, 2011

第3章

農耕の普及と社会の変化

3-1　概説② 農耕社会の成立と大陸文化の摂取

教科書 農耕社会の形成と大陸文化の摂取　☞3-2, 3-3, 3-4

◆**耕作する男女**　弥生時代には稲作が中国大陸・朝鮮半島から伝わり，本格的な食料生産がはじまる。開墾・耕起から種まき・草取り・稲刈り・脱穀までの一連の農作業は，男女が分担・協力する集団労働としておこなわれた。脱穀はおもに女性がおこなったらしい❶。中国には「男耕女織（「夫耕婦績」）」という言葉があり，生産活動における男女の分業観念は明確だった。皇帝が男性労働＝農耕，皇后が女性労働＝養蚕の模範を示す親耕親蚕（桑）儀礼も，紀元前よりおこなわれていた。日本ではそうした性別の社会的労働規範は乏しく，奈良時代に一度，天皇（女）と貴族たちにより同様の儀礼の真似事がおこなわれたが，定着しなかった。労働規範を象徴的に映し出す伊勢神宮などの農耕儀礼でも，8世紀末に神宮が提出した書き上げに「酒作物忌父（男）に忌鍬採らしめて，大神の御刀代田耕し始め……」（『皇大神宮儀式帳』），「菅裁物忌（女）湯鍬持て，東向耕し佃り……」（『止由気宮儀式帳』）とあるように，田に鍬を入れるのも男と女の一方に限定されなかった。

◆**糸をつむぎ，機を織る**　弥生時代の織物は，一部で絹もあるが，多くは植物性の麻である。麻糸をつむぎ，布に織り上げるための多様な道具が各地から出土している。弥生時代の原始機は，織手の腰から足先まで縦糸を輪状にして引っ張り，そこに横糸を通す仕組みだった❷。織り上がった布は，腰幅で，腰から足先までの2倍の長さとなる。『魏志』倭人伝に記す「貫頭衣」は，この布を二枚横に並べ（頭の部分を開けて）縫い合わせたらしい。古墳時代には，広幅で縦糸の長さを調節できる地機や複雑な織りのできる高機が，渡来人によって伝えられる。日常生活のなかで糸をつむぎ機を織ったのは，おもに女性だった。伝承では，渡来の機織技術者にも女性がいるが，朝廷の高級織物工房では男性が働くようになっていく。

◆**戦いのなかの男女**　農耕の普及は生産力を高め，集団の結合を強めるとともに，蓄積された富と土地をめぐって集団間の争いがはじまり，殺傷用の武器が生まれる。戦死者には男性が多いが，長崎県根獅子遺跡のように，頭に銅鏃を打ちこまれた女性の例もある。弥生時代は，集団をあげての戦いだった。古墳時代には，政治権力の形成にともない，朝鮮半島への出兵もしきりにおこなわれ，軍事の重要性が社会的な男性優位の基礎を形作っていく。ただし，律令軍制の成立まで，戦場には「将軍の妻」をはじめ，女性もいるのが常態だったらしい。　　　（義江）

❶銅鐸絵画に描かれた脱穀作業と魚釣り

弥生時代の青銅製祭器である銅鐸には、象徴的な絵画を描いたものがある。兵庫県桜ヶ丘遺跡の5号銅鐸（下図．桜ヶ丘銅鐸．銅戈調査委員会『桜ヶ丘銅鐸．銅戈調査報告書』1972）には、2人の女性（△の頭）が向かいあって立ち、竪杵・竪臼で脱穀をする様子が描かれる（右下区画の絵）。この形態の竪杵・竪臼は古墳時代の遺跡からも出土する。後世の横杵に比べて、竪杵はあまり体力を要さない。左上区画の絵は、男性（○の頭）が釣り糸用の枠をもち、泳ぐ魚もいて、魚釣りの様子を描いたものらしい。

年　表
前4世紀頃　北部九州から水稲耕作の普及・定着。弥生文化成立
前1世紀頃　朝鮮半島から伝えられた銅鐸・銅剣・銅矛などが大型化した青銅器祭器の広がり
紀元前後　倭人社会は百余国に分かれ、朝鮮半島におかれた前漢の楽浪郡に遣使
1～2世紀　倭の王が中国の後漢に朝貢
239　邪馬台国女王卑弥呼、魏に朝貢し、「親魏倭王」に任じられる
3世紀後半頃　卑弥呼が死に大きな塚が築かれる。この頃、銅鐸祭器終焉
前方後円墳が西日本を中心に出現。やがて東日本まで拡大
素焼きの土師器が畿内でつくられはじめ、各地に普及
4世紀～　朝鮮半島で高句麗・百済・新羅が国家形成
391　倭の朝鮮半島出兵（高句麗広開土王碑）
5世紀　倭の五王が中国南朝にあいついで朝貢
471　稲荷山古墳出土鉄剣に「ワカタケル大王」（雄略）
478　倭王武（雄略天皇にあたる）の上表。宋皇帝より「安東大将軍倭王」に任じられる
5～6世紀　鉄器・須恵器・機織り等の技術が大陸・半島から伝えられ、渡来人の技術者を組織化
豪族の男女が王宮に出仕する伴・部の仕組みも整う
古墳に人物・動物埴輪等を並べ、儀礼表現
6世紀前半　百済から仏教が公式に伝えられる。善信尼ら、百済へ留学
群集墳が盛んにつくられるようになる

❷輪状式原始機

国内での出土遺物と、現在も同様の織機を使用する民族例を参考にした、東村純子による原始機の復元。織手の腰と足で張力を調節する。織り上がった布の幅と丈は、織手の腰幅と足の長さに制約される。

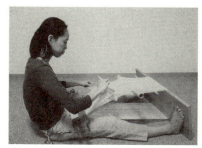

（守山弥生織りの会，東村純子作成，魚津知克撮影）

参考文献　関口裕子「日本古代の戦争と女性」『日本家族史論集13　民族・戦争と家族』吉川弘文館，2003（初出1997）／東村純子『考古学からみた古代日本の紡織』六一書房，2011／義江明子「女性史からみた日本古代の村と後宮」『唐代史研究』6，2003

3-2 邪馬台国の男女

教科書 小国の分立と邪馬台国　☞3-3, 3-4, 4-1

◆**小国の男女首長**　『魏志』倭人伝によると，2世紀の終わり頃，倭国では小国どうしの争いが続いたが，卑弥呼を「共に立て」て王とし，争いはおさまった。30余りの小国からなる邪馬台国連合の誕生である。8世紀にまとめられた「肥前国風土記」には，遠い昔の出来事として，ヤマトの勢力に抵抗して皆殺しにされた「土蜘蛛八十女（大勢の小女性首長）」の物語を伝える。卑弥呼とほぼ同時代の九州地方の小首長墓では，そのほぼ半数が女性という例もある❶。男女の首長たちが勢力を争うなかから，盟主とするにふさわしい王として卑弥呼が選ばれたのだろう。

◆**倭王卑弥呼の政治**　卑弥呼は，朝鮮半島における中国勢力の衰退・交替の情勢を見て，魏の皇帝に使いを送り，「親魏倭王」の称号を得た。中国皇帝の権威を背景に，「倭王」として近隣の敵対勢力に対する優位を占めようとする，機敏な外交である。倭人伝には「男弟有り，国を佐け治む（佐治国）」とあるが，これは弟に政治の実権をゆだねたということではない。有力者が王の政治を補佐することは，卑弥呼に限らず，その後も続く倭国の伝統的な政治システムだった。埼玉県の稲荷山古墳から出土した5世紀の鉄剣銘文でも，ワカタケル大王（『日本書紀』の雄略天皇）に仕えた豪族ヲワケは，「吾，天下を左け治む（左治天下）」と誇らしく記している。卑弥呼は，対外的にも対内的にも優れた統率力を発揮した王だった。卑弥呼が死ぬと大きな塚が築かれた。最初の大型前方後円墳である箸墓❷をそれにあてる説がある。

◆**政治集会に集う男女**　邪馬台国の「会同（政治集会）」には，男女が参加し，席次の区別なく着席したという。当時の高句麗（朝鮮半島北部の国）の「会同」では，王と臣下が厳格な身分序列に従って着席した（『魏志』東夷伝）。それと比べると，3世紀の倭国は身分差や男女差のはるかに少ない社会だった。卑弥呼だけが特別の事情で女王に祭り上げられたのではなく，男女が政治集会に集い，男女の首長がいるなかで，歴史に記録される偉大な王卑弥呼が生まれたのである。政治集会に男女が集う倭の社会の特徴は，姿を変えつつ，国家体制確立後の8世紀にも見られた。奈良時代の村々では，春秋の農耕儀礼のあとに宴会が開かれたが，そこには村の男女全員が参加して，その場で「国家法」が告げられたという。(義江)

3-2 邪馬台国の男女

❶弥生の女性首長墓

佐賀県二塚山(ふたつかやま)遺跡は，弥生前期末〜後期後半頃の約250年間に営まれた墓地である。250基ほどの甕棺墓(かめかんぼ)・土壙墓(どこうぼ)・石棺墓のなかに，鏡・貝輪などの副葬品をもち，首長墓と見られるものが9例ある。そのうちの4例が成人女性である。なかでも76号甕棺墓は壮年の女性（右上写真）で，中国製の鏡（右中央写真）が棺外に副葬されていた（七田忠昭ほか『二塚山』佐賀県教育委員会，1979）。

❷【史料】箸墓に葬られた"女"

「（ヤマトトトヒモモソヒメ命）心の裏に密(ひそか)に異(あや)しぶ。明くるを待ちて櫛笥(くしげ)を見れば，遂に美麗(うるわ)しき小蛇有り。其の長さ大さ衣紐(きぬひも)の如し。則ち驚きて叫啼(おたけ)ぶ。時に大神(おおみわ)恥ぢて……大虚(おおぞら)を践みて，御諸山(みもろやま)に登ります。爰(ここ)にヤマトトトヒメ命仰ぎ見て，悔いて急居(つきう)。則ち箸(はし)に陰(ほと)を撞(つ)きて薨(かむあが)りましぬ。乃(すなわ)ち大市(おおち)に葬りまつる。故(かれ)，時人(ときのひと)，其の墓を号(なづ)けて，箸墓(はしのみはか)と謂(い)ふ」（『日本書紀』崇神天皇10年9月条）。

【解説】モモソヒメは三輪山の神の妻となり，夜だけ来る神に「顔を見たい」といった。翌朝，櫛箱のなかに小蛇を見つけたヒメが驚き叫んだので，神は怒って山に戻っていった。ヒメは後悔して座ったとたんに，箸がホト（性器）に刺さって死に，大市（現在の桜井市北部）に葬られた。その墓を箸墓という。

奈良盆地東南部の三輪山西麓には，初期ヤマト王権の王墓と見られる大型前方後円墳が集中する。3世紀中葉の箸墓(はしはか)（右下写真）が最も古く，墳丘長280mは当時最大で，傑出した規模である。『日本書紀』崇神天皇条は，箸墓には崇神の大叔母にあたるヤマトトトヒモモソヒメが葬られたと伝える。近年，箸墓の被葬者を卑弥呼と見る説がさかんである。その当否は別として，箸墓がヤマト王権の始祖墓に相当する規模と古さであることは間違いない。そこに"女"を葬ったと『書紀』が記すことには，あらためて注目すべきだろう。

（佐賀県教育委員会提供）

（佐賀県教育委員会提供）

| 明治40年代に転換した卑弥呼像 | 明治前期まで，「卑弥呼は神秘的巫女で政治は男弟にゆだねた」とする解釈は成立していなかった。日清・日露の2度の戦争を経た1910年，「卑弥呼が女王として推戴せられしは其資質の英明勇武(えいめいゆうぶ)なるにあらずして，神祇(じんぎ)に奉待(ほうし)し其意を伝達するに適したる性質を具備せしが故(ゆえ)なり」（白鳥庫吉(しらとりくらきち)）との説が，はじめて学界に登場する。そこには，男性君主明治天皇の像が色濃く反映している。これ以前には，那珂通世(なかみちよ)が，「（卑弥呼が）国人に畏服(いふく)せられたるは，其の英略あるが為のみにはあらで，此の（女性首長が多数いて重んじられる）風俗ありしにもよるべし」（『外交繹史』）と述べていた。ことさらに卑弥呼の「英明勇武」を否定する白鳥説は，女性首長の存在と卑弥呼の「英略」を認める先行学説をあえて否定して，唱えられたのである。それにともなって，倭人伝では中国から見た未開の王（男女）の習俗を表すものだった「鬼道(きどう)を事とし能(よ)く衆を惑(まど)わす」という記述が，巫女の表象とみなされるようになり，民族学の原始女子シャーマン説とも相まって，次第に卑弥呼と「男弟」を典型とみなす聖俗二元論が定着する。|

（桜井市教育委員会所蔵）

参考文献　佐伯有清編『邪馬台国基本論文集（Ⅰ）』創元社，1981／佐伯有清『魏志倭人伝を読む（上・下）』吉川弘文館，2000／仁藤敦史『卑弥呼と台与——倭国の女王たち』山川出版社，2009／義江明子『つくられた卑弥呼——〈女〉の創出と国家』ちくま新書，2005

3-3　古墳に葬られた女性首長

教科書　古墳の成立と発展　☞3-1, 3-2, 4-3

◆**地域連合の盟主**　3世紀後半から7世紀にかけて，列島各地に古墳がつくられた。ヤマト王権を中心とする広域政治連合の首長に共通の墓制である。人骨から性別・年齢を判定できる例はそう多くはないが，それを整理すると九州から東北地方南部まで，女性の埋葬が確認できる。古墳時代前期には，各地域で最大規模の盟主墳も含めて，女性の単独首長や複数首長のなかの主要な1人が女性という埋葬例が見られる。盟主墳の場所は時期ごとに各地域のなかで移動しており，首長の地位はまだ世襲とはなっていない。そうしたなかで，列島各地に大小の女性首長がいたのである。8世紀の地誌「豊後国風土記」に昔の「処の長」と記される速津媛の伝承❶には，かつての女性大首長の面影がうかがえる。5世紀後半以降，大古墳での女性首長埋葬例は確認できないが，小古墳での女性埋葬は続く。

◆**生産と軍事**　5世紀後半頃を境に，古墳の副葬品が変化する。多量の銅鏡や玉，腕輪形石製品，農工具などに代わって，鉄製の武器・武具，馬具などの割合が高くなる。古墳時代前期の首長は男女ともに，生産と呪術をつかさどるリーダーだったが，後期の首長は軍事指揮者としての性格を強めていき，女性大首長は減少するのである。倭の五王の1人武が478年に中国皇帝に送った上表文では，「父祖以来，甲冑を身にまとって，東・西・海北の国々を平らげた」と誇っている。この頃から，村落上層を葬ったと見られる群集墳でも，武器・武具の副葬が目立ってくる❷。外征を含む大規模軍事行動と軍事組織の形成が，社会的な男性優位へのきっかけになったことを示唆する。

◆**ヤマト王権への奉仕**　古墳時代後期の6世紀には，豪族を組織して王権に貢納・奉仕させる部の制度が整ってくる。国造・伴造等として地域支配権を認められた中小豪族の一族の男女が，ヤマト王権の大王および有力王族やキサキの宮に出仕し，近侍者として奉仕した。これによって貢納品や労働力が王権のもとに集められる一方，地方豪族の側でも，王族やキサキ・有力中央豪族との絆を強めて，自らの支配力を強化していった。『日本書紀』『古事記』の出仕伝承には，一族のなかで兄と妹，父と娘などがそろって，あるいは交替で仕えたという話が見られる❸。女性の出仕を人質として，あるいは大王への性的奉仕者とのみ見るこれまでの見方は，全面的な見直しが必要だろう。　　　　　　　　　　　　　　　　(義江)

❶【史料】速津媛の領域支配

「速見の郡。……此の村に女人あり。名を速津媛といいて、その処の長たりき。すなわち、天皇の行幸を聞きて、親自ら迎え奉りて、奏言ししく「この山に大きなる磐窟あり、名を鼠の磐窟といい、土蜘蛛二人住めり。……」ここに、天皇、兵を遣りて、その要害を遮て、悉に誅い滅したまいき。これに因りて、名を速津媛の国と曰いき」（岩波日本古典文学大系『風土記』369-370頁）。

【解説】はるか昔、「景行天皇」が九州地方に征討にやってきたとき、村の首長だった速津媛がすすんで天皇を出迎え、抵抗勢力が立て籠もる場所を密告した。その功績で一国の支配権を認められた、という話である（土蜘蛛は、抵抗勢力に対する蔑称）。速見郡という8世紀の郡名が速津国という昔の国名に由来することを述べた地名起源説話で、史実ではないが、女性大首長の存在とその支配権の公認を語る伝承が、朝廷に提出した地誌に記録されたのである。

❷兵士の群集墳

奈良県宇陀郡の後出古墳群は、5世紀後半から6世紀前半に築かれた約30墓の円墳からなる群集墳である。直径7〜18mという小規模円墳だが、埋葬施設が確認された墓のすべてに豊富な武器が副葬されていた。甲冑3領のほか、ほぼすべてに鉄鏃（鉄製の矢じり）が見られ、男性兵士を葬った墳墓群と考えられる。

❸【史料】髪長媛の出仕

「日向の諸県君牛、朝廷に仕えて年すでに老い、仕うること能わず。よりて、致仕りて本土に退り、すなわち己が女髪長媛を貢上る」（応神13年条。小学館日本古典文学全集『日本書紀』481頁）。

【解説】日向国（宮崎県）の豪族諸県君一族では、引退する父（牛）にかわって娘（髪長媛）が出仕したという伝承である。大王に近侍する地位と、王権と豪族をつなぐ人的紐帯の両面で、男女は共通の役割を果たしたことがわかる。8世紀の律令制下では、地方豪族の3分の2は一族の男子を兵衛、3分の1は女子を采女として出仕させる制度になる。兵衛は護衛、采女は食膳奉仕を職務とし、ともに一族の地位向上に貢献した。

> **人物埴輪の女子** 古墳時代中期以降、近畿地方を中心に人物埴輪が墳丘に並べられるようになり、東日本にも普及していく。人物埴輪は種類ごとに一定の規則をもって配置され、被葬者への奉仕の様子を表していると考えられる。武器をもった男子埴輪は護衛、肩巾状の布をまとい手を掲げた女子埴輪は食膳奉仕の姿を表す。博物館の展示などでは、女子埴輪は一律に「巫女」と説明されることも多いが、根拠は乏しい（右写真）。

綿貫観音山古墳出土埴輪（群馬県立博物館提供・文化庁所蔵）

参考文献　今井堯「古墳時代前期における女性の地位」総合女性史研究会編『日本女性史論集2　政治と女性』吉川弘文館、1997／塚田良道『人物埴輪の文化史的研究』雄山閣、2007／清家章『古墳時代の埋葬原理と親族構造』大阪大学出版会、2010／伊集院葉子「髪長媛伝承の「喚」──地方豪族の仕奉と王権」『続日本紀研究』400号、2013

3-4 ジェンダー視点から見た大陸・半島との交流

教科書 大陸文化の摂取 ☞3-1, 4-1, 4-2

◆**大陸文化の摂取とジェンダー**　鉄器・機織(はたお)り❶などの生産技術，漢字・儒教・仏教などの文化・思想は，おもに朝鮮半島からの渡来人によって倭に伝えられた。5世紀末以降，中国との直接の交渉はしばらく途絶え，朝鮮諸国との交流が大陸文化摂取の窓口となる。漢字の訓みや習字手本，儒教の典籍なども，朝鮮諸国で受容〜定着したものが伝来した場合が少なくない。儒教も仏教も，教えの内部には男尊女卑の思想を含むが，それらは倭社会の内部にすぐには浸透しなかった。7世紀初の遣隋使の派遣によって中国仏教の本格的摂取がはじまり，8世紀初には律令法制を体系的に中国から取り入れて，女性排除を原則とする官僚制支配の骨格が定まる。これらはやがて，社会的な男女差に結びついていく。

◆**軍事・外交交渉と女性**　4世紀以来，倭国は，高句麗(こうくり)・百済(くだら)・新羅(しらぎ)と，半島南部の小国（いわゆる「任那(みまな)」）の支配や鉄資源の確保をめぐって軍事的衝突を繰り返し，他方では複雑な同盟・外交交渉を繰り広げていく。そうした軍事・外交にも女性は関与した❷。遠征軍には，「将軍の妻」の同行や緊急時の指揮代行を伝える話が少なくない❸。602年の新羅征討計画の際にも，将軍当麻皇子(たいまのみこ)は同行した妻が明石で亡くなったため，征討を中止して帰京した（『日本書紀』推古10年2月条）。妻の同行は，任務遂行のために必須だったのである。661年の百済救援軍派遣のさいに見られた，斉明(さいめい)天皇（在位655〜661）以下，朝廷の男女王族をあげての従軍，その途次での相つぐ出産は，こうした形態での外征軍派遣の最後のものだった。徴兵制にもとづく統一国家軍制の整う7世紀末以降，女性の軍事関与はなくなる。

◆**漢字の手習いと『論語』**　文字を学ぶためのテキストも，朝鮮半島からもたらされたらしい。伝承では，応神(おうじん)天皇の時代に『論語』10巻と『千字文(せんじもん)』（手習いテキスト）1巻が百済から伝わったとされる（『古事記』応神天皇条）。『論語』の一部を習書した7世紀後半から8世紀前半頃の木簡が，都や地方の役所関連遺跡から見つかっている。徳島市観音寺遺跡の7世紀半ばの木簡には，「子曰　学而(がくじ)習時……」という，『論語』学而篇の冒頭部分が記されていた❹。役人をめざす男性豪族層を中心に，律令文書行政の前提となる漢字学習がかなり進んでいた状況が知られる。こうしたところから，識字能力における男女差は次第に広がっていったと思われるが，奈良時代の都には，漢字で公的書類を書く庶民女性もいた❺。（義江）

❶【史料】機織りを伝えた渡来女性

「百済の王，縫衣工女を貢る。真毛津と曰う。是，今の来目衣縫の始祖なり」（『日本書紀』応神14年2月条）／「身狭村主青，呉国の使と共に，呉の献れる手末才伎（手工芸技術者），漢織・呉織および衣縫の兄媛・弟媛等を将て，住吉津に泊まる。……漢織・呉織の衣縫は，是，飛鳥衣縫部・伊勢衣縫部が先（先祖）なり」（『同』雄略37年2月条・41年2月是月条）。

【解説】伝承によれば，百済（朝鮮）や呉（中国南朝）から来た女性たちが最新の織成技術をわが国に伝え，朝廷の組織する技術者集団の祖となったという。

❷【史料】外交案件で問責仲介役を務めた「夫人」

「大伴大連金村，住吉の宅に居りて，疾を称して朝らず。天皇，青海夫人勾子を遣して，慰問わしむること慇懃なり。大連，怖射りて曰さく，……。乃ち鞍馬を以ちて使に贈り，厚く相資け敬う。青海夫人，実に依に顕し奏す」（『日本書紀』欽明元年9月己卯条）。

【解説】「任那」の百済への割譲をめぐって，天皇の使者となった「青海夫人勾子」は，領土喪失の非難をあびた豪族大伴金村を問いただした。金村は釈明とともに勾子にお礼の飾馬を贈り，罪なきを得た。

❸【史料】夫を鼓舞した「将軍の妻」

「（将軍は）垣を踰えて逃げんとす。……方名君の妻歎きて曰く「懐きかな，蝦夷の為に殺されんとすること」という。……親から夫の剣を佩りて，十の弓を張りて，女人数十に令して弦を鳴らしむ。既にして夫更に起ちて，杖を取りて進む……」（『日本書紀』舒明天皇九年是歳条）。

【解説】蝦夷との戦いで，将軍上毛野君形名は敵に囲まれ逃げようとするが，妻は夫の剣を身につけて女性たちを鼓舞し，夫をふるいたたせた。

❹地方の役所から出土した『論語』木簡

阿波国府址と推定される観音寺遺跡から出土した角柱状の木簡（右写真，徳島県立埋蔵文化財総合センター所蔵）。韓国でも，よく似た形態の角材に『論語』の一節を記した同時期の木簡が発見されている。

❺【史料】書類を漢字で書いた母

「課戸主秦小宅牧床，年参拾捌　母韓人智努女，年陸拾　男秦小宅虫麻呂，年捌……天平五年七月十一日　文進智努女」（『天平5年右京計帳』『大日本古文書』巻1：486頁）。

【解説】計帳（課税のための台帳）の作成にあたり，名前・年齢等の申告書類を，38歳の戸主ではなく60歳の母智努女が書いて役所に提出した。「韓人」姓なので，渡来系だろう。

参考文献　田中史生「渡来人と王権・地域」『日本の時代史2　倭国と東アジア』吉川弘文館，2002／三上喜孝「習書木簡からみた文字文化受容の問題」『日本古代の文字と地方社会』吉川弘文館，2013／義江明子「古代社会の戦争と女性」西村汎子編『戦争・暴力と女性1　戦の中の女たち』吉川弘文館，2004

子曰　学而習時不孤□乎□自朋遠方来亦時楽乎人不知亦不慍

第4章

律令国家の形成

4-1　概説③　中国の統治システムの導入とジェンダー

教科書　東アジア文化の影響と律令制度の成立　☞3-1, 4-2, 5-1

◆**世襲王権の成立と女帝**　6世紀以降、世襲王権❶が形成される。6〜7世紀は、朝鮮三国（高句麗・百済・新羅）と競いつつ、倭国が国家体制づくりに邁進した激動期である。ヤマト王権の半島における軍事力は、三国の勢いに押されて後退していく。王には、5世紀に必要とされた直接的な軍事指揮能力よりも、血統的条件、熟達した経験、豪族たちを率いる人格的資質が求められた。7世紀末までの倭王の即位年齢は、40歳前後以上である❷。この条件のもと、7世紀には先王の血を引き、キサキとしての統治経験をもつ、統率力のある年長女性が次々に即位する。6世紀末即位の推古からはじまり、皇極（642〜645）＝斉明（655〜661）、持統（687〜696）、元明（707〜714）、元正（715〜723）、孝謙（749〜757）＝称徳（764〜770）と、古代の女帝は8世紀後半までに8代6名を数える。同じ時期の男帝は、舒明（629〜641）、孝徳（645〜654）、天智（662〜671）、天武（672〜686）、文武（697〜706）、聖武（724〜748）、淳仁（758〜763）の7名で、男女はほぼ半々である❸。

◆**東アジアの激動と遣隋使・遣唐使**
589年の隋による中国統一は、周辺地域に強大な影響を及ぼす。仏教は、中国では統治思想としての意味をもち、周辺諸国も中国に対して競って仏教受容を示そうとした。607年、推古は小野妹子を隋に派遣し、煬帝を「海西の菩薩天子」と称え、仏法を学ぶことを願った。唐にも630年に遣唐使を送り、中国の法制・思想・文化を取り入れた。仏教伝来当初の6世紀、最初に出家し、百済に留学した

年　表	
603（推古11）	冠位十二階制定
607（推古15）	小野妹子を隋に派遣。翌年、妹子とともに隋使裴世清来日、小墾田宮に迎える
630（舒明元）	第1回遣唐使派遣
645（皇極4）	大化改新（蘇我蝦夷・入鹿滅亡）。譲位した皇極に「皇祖母尊」号奉呈
661（斉明7）	百済救援軍を率いた斉明、筑紫で没し、天智称制
663（天智2）	白村江で唐・新羅軍に大敗。多数の百済遺民、倭国に亡命
670（天智9）	庚午年籍で初の全国的な戸籍作成
672（天武元）	壬申の乱で天武勝利
686（朱鳥元）	天武の没後、ただちに持統が称制
689（持統3）	飛鳥浄御原令施行
690（持統4）	庚寅年籍で男女を年齢区分して記載。成人男子による徴兵制
694（持統8）	初の中国式都城である藤原京に遷都
697（文武元）	持統、文武に譲位し、「並び坐して」統治
701（大宝元）	中国の法典をモデルに大宝律令完成。持統、初の太上天皇になる。継続的年号開始
710（和銅3）	元明、平城京遷都
729（天平元）	長屋王の変ののち、藤原光明子、皇后となる
720（養老4）	『日本書紀』完成。初代神武以来の父系皇位継承次第が確定
724（神亀元）	元正、聖武に譲位し、ひきつづき後見
743（天平15）	墾田永年私財法。大仏造立の詔
757（天平宝字元）	養老律令施行。その後長く国家の基本法典となる
764（天平宝字8）	孝謙上皇、淳仁を廃位
794（延暦13）	平安京遷都

のは善信尼ら3人の尼だったが，整った官僚制をもつ中国への正式の外交使節に女が加わる余地はなかった。遣隋使・遣唐使には学問僧が同行し，帰国後は朝廷のブレーンとして活躍した。中央集権の国家体制は，7世紀後半～8世紀をつうじて完成に向かう。同時に，そこに基本原理として内在する父系・男性優位の理念も，法制をつうじて徐々に社会全体に浸透していった。770年の称徳天皇の死で，古代女帝の歴史は終わりをつげる。

◆飛鳥の宮都から藤原京・平城京へ　7世紀初の推古の小墾田宮を北端にして，以降，奈良盆地南部の飛鳥には歴代の宮が次々に営まれ，7世紀後半には宮都の様相を備える。小墾田宮と飛鳥諸宮をつなぐ場所には，斉明によって壮大な迎賓施設がつくられた（石神遺跡）。条坊を備えた最初の中国的都城藤原京は，天武のときに造営がはじまり，持統で完成した。701（大宝元）年正月の朝賀の儀は藤原宮大極殿でおこなわれ，『続日本紀』はこれを「文物の儀，是に備れり」と記す。707年に即位した元明天皇は，平城京に遷都し，そこで本格的な律令政治を展開する。小墾（治）田宮は，平安初まで国家的重要施設として保持された。（義江）

---

❶【史料】世襲王権の成立
（欽明から推古）「右五天皇，他人を雑える無く天下を治すなり」（『上宮聖徳法王帝説』）。

【解説】6世紀初，地方から勢力を拡大した継体は，それまでのシステムにそって実力で王位についた。その子欽明のあとは，欽明の男女子孫が濃密な近親婚を重ねながら続いて即位し，世襲王権を形成していった（系図参照）。それは「他人を雑える無く」と特記される大きな変化だった。

❷【史料】即位年齢
「余，幼年く識浅くして，未だ政事に閑ず。山田皇后，明かに百揆に閑いたまへり」（『日本書紀』欽明即位前紀）。

【解説】31歳の欽明天皇は即位にあたって，自分は幼く経験不足で，先帝の皇后こそ政治に精通しているとして，いったんは辞退した。王には年齢と経験が必要で，男女差よりも重要視されていたのである。当時，王となるには31歳でも「幼年」だったことがわかる。

❸ 6～8世紀の女帝と男帝

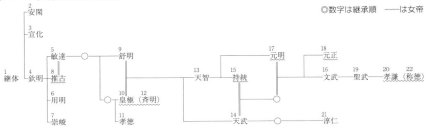

参考文献　小澤毅『日本古代宮都構造の研究』青木書店，2003／河上麻由子『古代アジア世界の対外交渉と仏教』山川出版社，2011／仁藤敦史『女帝の世紀──皇位継承と政争』角川選書，2006

4-2 中国の男性支配原理と日本の律令制

教科書 律令体制の成立　☞4-1, 4-3, 4-5

◆戸籍とジェンダー記号　663年の白村江敗戦後に初の全国的戸籍である庚午年籍(670)、672年の壬申の乱後に飛鳥浄御原令にもとづく庚寅年籍(690)がつくられた❶。戸籍・計帳は、統一的租税制度、徴兵実施のための基礎台帳である。戸籍上の女の名前は、例外なく「＊＊女／売(メ)」だが、戸籍以外の史料では「メ」がないことも多く、名前だけでは男女の区別は困難である。律令制のもと、女は租税負担で男とは異なる扱いを受け、徴兵されない。女の名前につけられた「メ」は、一人ひとりの性別(セックス)を判定して戸籍に記載し、それを公的負担の男女区分(ジェンダー)に転換する、ジェンダー記号だったのである。

◆官僚制と女官　701年の大宝律令で、二官八省と後宮十二司の機構が整う。後宮十二司は中国唐の制度がモデルだが、実態は違う。唐ではキサキたちや低い階層の女性・女奴隷が、男官とは空間的機能的に区別された閉鎖的後宮で、皇帝の家の女主である皇后に仕えた。皇帝の命令を外部に取り次ぐのは宦官(生殖機能のない男性)である。日本では、皇后・キサキたちは独自の宮をもち、内裏内居住がはじまるのは8世紀末以降である。女官は、貴族豪族女性が一族を代表して、天皇に仕える。「男女が並び仕えるのが道理だ」(聖武天皇の言葉)との理念のもと、「百官男女」が儀式に参列した。男女が同じ職務を一緒におこなう「共労」も各処で見られた。和訓の共通する男女の官司名も少なくない。律令制導入以前には男女で官司が分かれていなかったのだろう❷。宦官はおらず、天皇の言葉の取次は女官の役目だった。

◆民衆男女の負担　一般民衆は「公民男女」として、さまざまな負担を負った。庸・調(布製品や特産物の貢納)と雑徭(一定日数の労働)は成人男性に課されるが、女性も調庸製品の製作や採集を担い、官舎修理などの強制労働にも駆り出された。50戸から2人が送られる男性仕丁は、官司内の雑用や道路整備などに駆使されたが、女丁も国単位で徴発され、宮廷内の雑用や天皇供御の精米労働などに従事した❸。男性家長を公的負担責任者とする中国式の制度の陰に、部民制以来の男女による集団的奉仕の伝統がうかがえる。一律の給田も、中国では成人男性および夫を失い寡婦となった女性だけが対象だが、日本では、男女6歳以上に口分田が支給された。稲を貸し付ける出挙も、中国は成人男性と寡婦だけなのに対して、日本では男女が貸し付け対象だった。中国のような夫を代表とする夫婦単位の小家族経営が、日本で

は未成立だったからである。(義江)

❶戸籍の男女名

庚寅年籍の関連史料が2012年に福岡県太宰府市から出土した。戸口変動を記録した木簡の上半部で、男女別に列記され、男には「兵士」「政丁」等の負担区分記載がある。女の名には一律に「女」の語尾がつく(右図)。現存する大宝2年の戸籍には「小㞍」と「小㞍メ」、「猪手」と「猪手メ」などがいて、「メ」がなければ完全に男女同名で区別できない。

❷後宮十二司(尚・典・掌の三等官と女孺・采女よりなる。五位以上は貴族相当)

司　名	おもな職掌	共職/共労の男官	奈良〜平安初の女官例
内侍司(ないしのつかさ)	天皇の命令取次	内記(うちのしるすつかさ)・侍従(じじゅう)	尚　侍従三位大野仲仟
蔵司(くらのつかさ)	神璽等の管理	内蔵寮(うちのくらのつかさ)	尚　蔵従三位阿部古美奈
書司(ふみのつかさ)	書籍・楽器等の管理	図書寮(ずしょりょう)	尚　書従五位下奈良女王
薬司(くすりのつかさ)	天皇の薬供進	内薬司(うちのくすりのつかさ)	尚　薬従五位上多治比亮子
兵司(つわもののつかさ)	兵器の管理	内兵庫(うちのつわもののつかさ)	尚　兵外従五位下榎本直子
闈司(みかどのつかさ)	宮門のカギ管理	監物(おろしものつかさ)・典鑰(かぎのつかさ)	尚　闈従四位下秋篠朝臣室子
殿司(とのもりのつかさ)	天皇の身辺雑具管理	主殿寮(しゅでんりょう)	尚　殿従四位下和家吉
掃司(かにもりのつかさ)	行事の場の設営	内掃部司(うちのかにもりのつかさ)	尚　掃従五位上美濃真玉虫
水司(もいとりのつかさ)	飲料や粥の供進	主水司(もいとりのつかさ)	尚　水従五位上坂本氏子
膳司(かしわでのつかさ)	天皇食膳の供進	内膳司(うちのかしわでのつかさ)	掌　膳従五位下壬生小家主
酒司(さけのつかさ)	御酒の醸造管理	造酒司(さけのつかさ)	典　酒従五位下路清子
縫司(ぬいとののつかさ)	衣服の縫製	縫殿寮(ぬいどののつかさ)・縫部司(ぬいべのつかさ)	尚　縫従三位藤原諸姉

❸【史料】女丁の宮廷労働

「凡そ仕丁(おおよそしちょう)は、五十戸ごとに二人……女丁は、大国(たいこく)は四人、上国(じょうこく)は三人、中国(ちゅうこく)は二人、下国(げこく)は一人」(『律令』賦役令(ぶやくりょう)仕丁条)。

「(天皇の食事は)女孺、女丁を率いて内膳司(うちのかしわでのつかさ)に向かい、司とともに料理し、日別(ひごと)に供す」(『延喜式(えんぎしき)』大膳式(だいぜんしき))。

【解説】全国で約8000人の仕丁に対し、女丁は約100人。宮中でおもに天皇・神事にかかわる精米・縫製・造酒等をおこなった。中国では精米は女奴隷の苦役だが、日本では公民女性の代表的労働であり、女丁の働きをそれを天皇に捧げる象徴的意味があった。

参考文献　伊集院葉子「女性の「排除」と「包摂」」総合女性史学会編『官僚制と女性』吉川弘文館、2013／関口裕二「古代における日本と中国の所有・家族形態の相違について」『日本古代家族史の研究（上）』塙書房、2004／須田春子『律令制女性史研究』千代田書房、1978／文珠正子「令制宮人の一特質について」『阡陵』(関西大学) 1992／義江明子「女丁の意義」阿部猛編『日本社会における王権と封建』東京堂出版、1997／同『つくられた卑弥呼』ちくま新書、2005

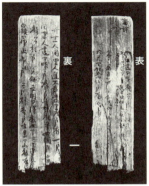

(太宰府市教育委員会提供)

［表］
「嶋評(しまのこおり)」
戸主建ア身麻呂戸又附去建　ア□×
政丁次得□□□□×
□□兵士次伊支麻呂政丁次□□×
川ア里占ア赤足戸有□□×
占ア恵□□□□□×
小子之母占ア真□女老女之子得□□×
穴凡ア加奈代戸有附□□×
□□□□□□占ア×

［裏］
「嶋□」
并十一人同里人進大武建ア成戸有同里人建ア咋有戸主妹夜ア同戸　ア□×
麻呂損ア　又依去同ア得麻女丁女同里白髪ア伊止布戸　　　ア□×
二戸別本戸主麻呂ア小麻呂□×

※は木簡がそこで折れ、下半部は不明であることを示す

4-3　平城京と女帝の時代

教科書　平城京の時代　☞4-5, 4-6, 5-2

◆**最初の太上天皇持統**　飛鳥浄御原令施行（689年），藤原京遷都（694年）によって中央集権体制の基礎を固めた持統は，697年，孫の文武に譲位した。15歳の文武には，豊かな統治経験をもつ祖母持統の後見が不可欠だった。701年に完成した大宝律令にもとづき，持統は最初の太上天皇となって，文武と「並び坐して」天下を治めた。これより以前，645年に弟の孝徳に史上初の譲位をした皇極は，「皇祖母尊」の号を奉呈されてその後も王権中枢に位置し，孝徳の死後は重祚して斉明天皇となった。持統以後も，元明・元正・聖武・孝謙と，奈良時代の男女の天皇は，早世した文武，廃帝淳仁を除いて，いずれも太上天皇となって次代の天皇を補佐❶した。新たな国家体制のもとで王権を強化するには，上下の親密な親族関係にある複数最高権力者（擬制を含む「母子」関係が最適）の協力が必要だったのである。両者が疎遠だった孝謙と淳仁の場合には，孝謙上皇が貴族層の支持を得て淳仁天皇を廃し，重祚した（称徳天皇）。

◆**光明皇后と藤原氏**　藤原不比等と県犬養橘三千代❷の娘である光明皇后は，仏教を深く信仰し，聖武の国分寺・国分尼寺政策にも大きな影響を与えた。光明の皇后宮職（のち紫微中台）は，藤原氏が権力を握るうえでの重要拠点となった。不比等の息子4人が相継いで病没したあとは，光明の異父兄である橘諸兄，ついで光明の信頼を得た藤原仲麻呂（恵美押勝）が政権を担った。聖武の退位後，光明は皇太后として，太上天皇に準じる立場で娘の孝謙天皇を後見した。光明皇太后が760年に没するとまもなく，孝謙と淳仁・仲麻呂との対立が露わになり，仲麻呂は764年の乱で敗死する。自己の皇統維持のためには有力貴族の支えが必要であり，光明は王権と藤原氏をつなぐ要の役割をはたした。

◆**孝謙の仏教国家構想**　752年，聖武太上天皇・光明皇太后・孝謙天皇は，東大寺大仏の開眼供養に文武百官を率いて参列し，のち，唐から来日した鑑真より授戒した。天皇自身が「三宝の奴（仏に仕える身）」となって，仏教の力で国家をまとめようとしたのである。尼天皇として重祚した称徳は，道鏡を法王に任じ，共治体制をめざした。道鏡の天皇擁立は宇佐八幡の神託❸によってはばまれ，称徳の没後は，称徳の「遺詔」に名を借りて，天智の孫で，聖武の娘を妻とする光仁が貴族層に擁立された。6世紀に成立した世襲王権は，国家構想と皇位継承方式の模索をともな

いつつ，数々の政変を経て，8世紀末にようやく確立したのである。（義江）

❶【史料】太上天皇（上皇）の政治的権能
「太上天皇，参河国に幸す。諸国をして今年の田租を出すなからしむ」（『続日本紀』大宝2年10月甲辰条）。

【解説】日本の律令法では，中国の太上皇とは異なり，太上天皇は天皇と等しい政治的権能をもつ。太上天皇持統は，地方行幸をおこない，詔を発して，大宝律令の浸透に努めた。奈良時代にはおおむね，目上の尊属である太上天皇が目下の天皇を補佐する関係が順調に機能したが，平安初期の平城上皇と弟嵯峨天皇は決定的に対立し，「二所朝廷」の混乱を招いた。以後，上皇は内裏外に退居し，子の天皇に対しては父権をもつため，君主権は天皇に一元化された。

❷【史料】県犬養橘三千代
「葛城が親母，贈従一位県犬養橘宿禰，上は浄御原朝廷を歴て，下は藤原大宮に逮ぶまで，君に事えて命を致す……願わくは，橘宿禰の姓を賜り，先帝（元明）の厚命を戴き，橘氏の殊名を流えん……」（『続日本紀』天平8年11月丙戌条）。

【解説】天武朝以降歴代の天皇に仕えた県犬養三千代は，長年の忠誠により元明天皇から橘姓を賜った。三千代の死後，先夫美努王とのあいだの子葛城王は，王族の地位をすてて母姓を継いだ。三千代は，後世に続く名族橘氏の実質的始祖といえる。娘の光明皇后は，不比等・三千代夫妻の邸宅を受け継ぎ，そこを総国分尼寺＝大和国法華寺とした。

❸【史料】宇佐八幡神託事件
「我が国家開闢けてより以来，君臣定りぬ。臣を以て君とすることは，未だあらず。天つ日嗣は必ず皇緒を立てよ」（『続日本紀』神護景雲3年9月条）。

【解説】769年，和気清麻呂が宇佐八幡の神託をもたらし，道鏡を皇位につける企ては頓挫した。『日本書紀』の記す万世一系のフィクションは，ここでようやく貴族支配層の共通規範となったのである。神託の「皇嗣」はこの段階では男女を含むが，明治の皇室典範制定の過程で，「皇統は男系に限る」ことの歴史的根拠へと読み替えられた。

興福寺の阿修羅像 興福寺国宝館の阿修羅像は，もとは，光明が母三千代の追善供養のために建てた興福寺西金堂のなかにあり，本尊釈迦如来を囲む群像の一つだった。たびたびの火災でも幸いに焼失を免れ，天平彫刻の素晴らしさを現在に伝える。西金堂は近世後期の火災のあと再建されず，現在は「西金堂址」の石碑だけが建つ。興福寺は藤原氏の氏寺といわれるが，奈良時代半ばまでは，不比等と三千代夫妻の冥福と2人に関係の深い天皇たちの安寧を祈願する寺だった。鎌倉時代に描かれ

〈金子啓明『もっと知りたい興福寺の仏たち』東京美術，2009：13頁〉

（小川晴暘／Wikimedia Commons）

た『興福寺曼荼羅図』の西金堂部分には，釈迦三尊を中心に四天王，十大弟子などが群像で描かれ，8本の手をもつ特徴的な阿修羅像も左後方に見える。いまや国民的な人気を誇る阿修羅像だが，その背景には三千代の仏教信仰，そして母に寄せた光明皇后の深い想いのあることを知る人は少ない。

参考文献　春名宏昭「太上天皇制の成立」『史学雑誌』99‐2，1990／義江明子『県犬養橘三千代』吉川弘文館，2009／義江明子『古代王権論——神話・歴史感覚・ジェンダー』岩波書店，2011／義江明子『天武天皇と持統天皇』山川出版社，2014／吉川真司「天皇家と藤原氏」『岩波講座日本通史　5』岩波書店，1995

4-4 双系的な家族・親族の結びつき

教科書 平城京の時代　☞5-1, 5-9, 6-4

◆**ツマドヒ婚の男女**　8世紀頃まで，男女は結婚しても当分のあいだは一緒には住まないことが普通だった。同居する場合にも夫方・妻方のどちらに住むかは決まっていなかった。男女が，相手（これをツマという）に求愛・求婚の呼びかけ（トヒ／ヨバヒ）❶をして，相手が合意すれば，特別の儀式はなくすぐに夫婦の性関係がはじまる（ミアヒ）❷。夜行って朝帰る通い婚である。男性の通いが多いが，女性の通いもあった。理由もなく3か月間往き来しないと，法的に離婚とみなされた。女が，訪ねて来た男を家のなかに入れない，というかたちで離婚の意思表示をする場合もあった。結婚・離婚が容易で，夫婦関係の絆は弱い。それというのも，貴族豪族ならば夫と妻が各自の政治的地位にともなう収入や相続財産をもち，庶民ならばそれぞれの村や親族の助けあいによって暮らしていたので，経済的に結婚生活に依存する面が少なかったからである。子どもは母方で育つことが多く，母子の日常的絆は強かった。

◆**父方母方をたどる古代の系譜**　古代の系譜は，「娶いて生む児」という表現で，両親とそのそれぞれの祖の名前を数世代にわたって記載した。女と男が出会って子が生まれる，というツマドヒ婚に対応した系譜形式である。『古事記』や「山上碑」❸など，7世紀末まではこの形式が一般的だった。同父同母の子どもたちが1グループとなり，男女区別なく生まれた順に実名で記載される。父が同じでも，母が違えば別グループである。「子は父に配けよ」という法令（「男女の法」）が出されて，8世紀以降は，同母異母を区別せず，まず男子，次に女子の名前を記載する父系の系譜形式に移りかわってゆく。中世以降に一般化する父系系譜では，もはや娘は記載されない。有力な家に嫁いだ娘だけは「女子」と書かれるが，名前はない。父系の血筋が重視され，結婚も家と家の結びつきになるからである。

◆**貧窮母子の発生**　8世紀の終わり頃から，土地・財産の私有拡大の動きが進むと，それまでの村・親族の助けあいの仕組みは弱まっていく。そうしたなかで，旧来の流動的な婚姻関係のもとにあった女性が，誰からも扶助を得られず貧窮のままに取り残される，という事態が生まれた。9世紀初にまとめられた仏教説話集『日本霊異記』には，老いた貧しい母を顧みない息子や娘（上23・24），7人の子を産みながら夫の扶助もなく食べ物にことかく女性（上13）などの話が見られる。一方で，

安定した妻の座を得た女性は，夫とともに家の経営を担い，子どもを産み育て，出世した子どもに老後の養育を頼ることになるのである。（義江）

---

❶【史料】「ヨバヒ」に出かけた男神

「此の八千矛神，高志国の沼河比売を婚わんとして，幸行でましし時，その沼河比売の家に到りて，歌いたまいしく，「八千矛の　神の命は　八島国　妻枕きかねて　遠遠し　高志国に賢し女を有りと聞かして　麗し女を有りと聞こして　さヨバヒにあり立たし　ヨバヒにあり通わせ……」。ここにその沼河比売，未だ戸を開かずて，内より歌いけらく……その夜は合わずて，明日の夜，御合したまいき」（『古事記』上巻）。

【解説】　ツマを求めてはるばると高志国へ旅立った八千矛神は，沼河比売の家の戸口に立ち，歌で求愛したが，比売はすぐには戸を開けず，2人は翌晩に結ばれた（ミアヒ）。ツマドヒもヨバヒも求愛の呼びかけ（ヨバフ）だが，ツマドヒは求婚（トフ）に重点があり，結婚後の訪問（トフ）も含む。ヨバヒは，民衆のあいだでは中世〜近世にも続くが，女が男の家に嫁入る儀式婚が主流になると，「夜這い」の字をあてて野卑な風習とされ，近代には禁止された。

❷【史料】「ミアヒ」して島を生んだ女神

「イサナギ命，先に「あなにやし愛ヲトメを」と言い，後にイザナミ命「あなにやし愛ヲトコを」と言いき。かく言い竟えて御合して，生める子は淡道之穂之狭別島……」（『古事記』上巻）。

【解説】　イザナギ・イザナミは，「なんと良い女よ」「なんと良い男よ」と呼びかけあって「御合」し，島々を生んだという。国土創生を語る国生み神話である。

❸【史料】「娶いて生む児」の系譜

「辛巳歳集月三日記す。佐野三家と定め賜う健守命の孫，黒売刀自，此，新川臣の児，斯多々弥足尼の孫，大児臣に娶いて生む児，長利僧。母の為に記し定める文なり。放光寺僧」（群馬県高崎市「山上碑」。国史跡）。

【解説】　「辛巳」は681（天武10）年。地方豪族の男女が結婚し，生まれた子が僧となって，母のためにこの石碑を建て，母方と父方の系譜を刻んだ。発掘によって，放光寺（山王廃寺）は巨大な石製鴟尾（屋根の両端の飾り）をもつ立派な寺だったことが確認された。

（高崎市教育委員会提供）

（佐野三家の管掌者に定められた）健守命の……子孫の黒売刀自
（新川臣の児である）斯多々弥足尼の……子孫の大児臣
娶
生
長利
（系譜に表された関係）

> **家族に包摂されない「女」**　中国の律令法では，「女」は未婚，「婦」は既婚の女性を意味する。女性は，父のもとにあるムスメか，夫のもとにいるツマ（または夫を亡くした寡婦）のかたちでしか，社会的に存在しない。つまり，家族関係に包摂されない女性は想定されておらず，つねに父か夫の支配・保護のもとにあるとみなされた。それに対して日本の律令法では，独立した権利をもつ「女（オンナ）」が，口分田の給付や女官の待遇など，条文のあちこちに顔をのぞかせる。ツマドヒではじまり簡単に別れる流動的な婚姻形態のもとでは，中国のように未婚か既婚かで女性の社会的立場が決定的に異なるとする法規範は，取り入れようがなかったのである。

参考文献　梅村恵子『家族の古代史——恋愛・結婚・子育て』吉川弘文館，2007／小林茂文『周縁の古代史——王権と性・子ども・境界』有精堂出版，1994／義江明子『日本古代系譜様式論』吉川弘文館，2000／同『古代女性史への招待——"妹の力"を超えて』吉川弘文館，2004

4-5 平安前期の宮廷と地方社会の女

教科書　平安朝廷の形成　☞5-1, 5-2, 5-3

◆**皇后のいる内裏**　8世紀末以降9世紀にかけて，まず皇后，ついでその他のキサキたちの内裏（だいり）居住がはじまり，7世紀以前からの慣習だったキサキたちの独立性は大幅に失われた。それまでは天皇と女官のいた区画に，キサキたちのための殿舎がたちならびはじめることが，平城宮〜平安宮の発掘によって確認されている。ただし内裏内に永住するのではなく，内裏の殿舎と京内の自邸とを適宜行き来した。子どもは母方で生み育てられ，このことが，国母（こくも）（天皇の生母）と摂関（多くは国母の父・兄）が権力を握る，次の時代の摂関政治につながってゆく。

　天皇に奉仕する女官組織だった律令後宮十二司の機能は，内侍司（ないしのつかさ）（→内侍所（ないしどころ））❶に集約され，他の諸司は次第に衰退した。個々のキサキに仕える私的女房の時代のはじまりであり，そのなかから摂関期の清少納言や紫式部が生まれる。

◆**村人を指揮する里刀自**　743年の墾田永年私財法を経て，8世紀後半から9世紀になると，農民間の貧富の差が広がる。共同体的助けあいの仕組みが壊れ，上層農民は，自らの私的経営を展開して富の蓄積をめざす。村には，農作業などで村人の労働指揮をする女性がいて，里刀自（さととじ）❷と呼ばれた。律令地方行政組織の末端責任者である男性里長（さとおさ／りちょう）（郷長（ごうちょう））とは別に，サトの統率者としての役割を担った半公的女性である。『日本霊異記（にほんりょういき）』には，酒造り❸や高利貸しで富豪女性へと成長した刀自たちの姿が見える。彼女たちはその半ば公的な立場を活用して，同階層の男性と同様に，自らの経営を展開していったのである。

◆**かな文字と女手**　漢字の一字一音で和語を表記する音仮名は，奈良時代には楷書（かいしょ）・行書（ぎょうしょ）で書かれた。それが次第になめらかな草書（そうしょ）となり，平安前期には平仮名が誕生する。2011年，9世紀半ばの右大臣藤原良相（ふじわらのよしみ）邸跡から，連綿（れんめん）（つづけ書き）の平仮名を記した墨書土器が多数出土した❹。平仮名は，男女共通の場で，和語を自由に表現する工夫として生まれた。中国文化を規範とする公的世界の漢字＝真名（まな）に対して，和語の表記は仮名（かな）とされ，そのなかでも，楷書・行書の音仮名を「男手（おとこで）」，やわらかい曲線で連綿の平仮名を「女手（おんなで）」と呼んだのである。他方で，漢籍・漢詩文の世界も女に閉ざされていたわけではなく，優れた女性は賞讃された。「なでふ女が真名書（まながき）は読む」と紫式部が同僚の女房たちから非難される（『紫式部日記』）のは，まだのちのことである。（義江）

4-5 平安前期の宮廷と地方社会の女

❶【史料】内侍所
「掌侍春淵朝臣冷子，所司に召し仰す宣旨は，典侍の宣に准えて奉行せよ」(『類聚符宣抄』6，仁和2〔886〕年宣旨)。

【解説】 内侍司は，天皇に近侍する男官の蔵人所設置と前後して，平安初期以降は内侍所となる。その職掌は，天皇の言葉の取次，賢所(アマテラスの形代とされる神鏡，温明殿内に安置された)の守護などである。長官・次官である尚侍・典侍は，次第に天皇のキサキや乳母のつく名誉的地位となり，三等官である掌侍＝内侍が内侍所の実務を担った。

❷【史料】里刀自
「郡，符し，里刀自・手古丸……合せて卅四人。右，田人，今月三日を以て上りて職田に面わせ，殖えしめんが為に，麗参すべきこと……」(いわき市荒田目条里遺跡2号木簡)。(右写真は木簡の表で，郡符の前半)。

【解説】 郡司が「里刀自」に対して，男女の村人を率いて田植えに参上するよう命じた，9世紀半ば頃の木簡。刀自は豪族層女性の古くからの尊称で，村(サト)を統括する里刀自や一族を率いる家刀自，寺で女性労働を指揮する寺刀自などがいた。8世紀前半にも「里刀自」と書かれた土器が見つかっている。

❸【史料】酒造りと刀自・杜氏
「紀伊国名草郡三上村の人，……薬料の物を岡田村主姑女が家に寄せ，酒を作り利を息す。……大娘(姑女)は酒を作る家主……」(『日本霊異記』中32話)。

【解説】 古代の村では，精米や酒造りは女性の仕事だった。村人から福利厚生資金のための酒造りを請け負った姑女は，「酒を作る家主」(経営責任者)である。宮中の造酒司には酒カメが「邑自神」として祀られていた。酒造技術の進歩等で，近世には寒期出稼ぎ労働の男性「杜氏」が一般化し，女性は排除されていく。

(いわき市教育委員会提供)

❹成立期の平仮名が書かれた土器
JR本線の二条駅西側，平安京の朱雀大路に沿う場所に藤原良相の邸宅跡があり，そこから平仮名を記した9世紀後半の墨書土器が多数見つかった。良相の姉順子(807～871)は仁明天皇の女御で文徳天皇の生母である。池と釣殿の跡も発掘され，土器はその周辺から出土した。この邸宅には清和天皇(文徳の子)が行幸し，皇太后順子の御所ともなった。男女貴族の集う文化サロンで連綿の平仮名が誕生する状況が，明らかにされつつある。

(京都市埋蔵文化研究所提供)

漢詩をつくる斎王 嵯峨天皇の娘有智子内親王は，平安初期の女性漢詩人として知られる。弘仁元(810)年4歳で，賀茂社に奉仕する初代斎王となり，25歳までの22年間を務めた。有智子は『史記』等の漢籍にも明るく，17歳のときには，斎院(斎王の居所)に行幸した父嵯峨天皇の前で「春日山荘詩」を詠んだ。天皇は「爺くも文章を以ちて邦家を著はす」と激賞し，漢文に一生を捧げよと励まして，文人召料の禄を与えた(『続日本後紀』承和4〔847〕年10月戊午条有智子薨伝)。有智子の漢詩は『経国集』に収載されている。

参考文献 石川九楊『ひらがなの美学』新潮社，2007／鈴木景二「平安時代の仮名の出土資料」『歴史と地理』665，2013／所京子『平安朝「所・後院・俗別当」の研究』勉誠出版，2004／所京子『斎王和歌文学の史的研究』国書刊行会，1989／橋本義則「「後宮」の成立」村井康彦編『公家と武家』思文閣出版，1995／義江明子『日本古代女性史論』吉川弘文館，2007

4-6 国分寺・国分尼寺の並立とその後

教科書 国家仏教の展開 ☞6-1, 6-7, 6-9

◆**倭国最初の出家者と寺**　仏教は百済経由で6世紀前半に伝来したが，僧のほかに6世紀後半には尼が百済から派遣されたこともあった。そして『日本書紀』は，倭国最初の出家者は渡来人司馬達等の娘の嶋（善信尼）ら女性であり，さらに最初の百済留学者もこれらの尼であったと記している。倭国で尼が僧よりも先に成立した理由を，独自の神観念を基礎に異国の神として仏を受容し，神意を託宣によって媒介する巫女として尼を理解したためと解釈する説がある。しかしこの時期はすでに中国や朝鮮半島で，尼が経典読誦や教学研究をおこなう専門的宗教者の地位を確立しており，この影響を受けて倭国の尼が誕生したことも重視すべきであろう。善信尼らの修行した豊浦寺が倭国初の仏教施設であり，僧寺の飛鳥寺よりも早く造営された。7世紀以降も多くの尼が活動し，また僧寺と尼寺は，法隆寺と中宮寺などのように隣接して造営される場合が多かった。

◆**奈良期の尼の活躍**　8世紀には多くの尼が僧と一緒に法会に参加し，公的な役割を担っていた。このような国家公認の官尼となるためには，必修経典の『最勝王経』『法華経』や陀羅尼経典類などを音読・訓読する能力，また声のよさなどが求められた。出家前から師主僧尼の指導のもとで修行を積み，習得した能力は試験によって評価された。「正倉院文書」には男性よりも高い評価を得た女性の例も多く見える❶。また「二条大路木簡」には，宮などの仏事担当組織の可能性がある大弁司・器司・堂司・飯司・海藻司に尼名と僧名を記した736年頃の木簡が見え，全体の監督統括を尼が担っていた例もある❷。この時期には仏教に帰依する民間の女性も増加した。たとえば行基が指導した社会事業に多くの女性が参加し，畿内各地に僧院と尼院のセットで建立された道場を拠点に活動した例もある。

◆**僧と尼の格差**　741年，聖武天皇が諸国に国分寺を建立したときも，光明子（701～760）の意向もあり僧寺と尼寺が併設された。しかし僧寺のみに塔があり，定員は僧寺20名に対して尼寺10名で，経営のための土地領有規模などにも格差が広がっていった。また当時多くの尼が活躍したものの，実際には僧と尼の地位格差があった。僧尼令では，原則として尼は僧と同じ扱いをされているが，これは対等というより，男性の僧を基準としつつ，尼でも問題がない条文の場合であった。そして日本では僧尼の管理統制をおこなう僧綱は男性だけの組織で，基本的に尼は僧の管

理下におかれた。これは律令官人社会のなかで，男性が女性の宮人を管理下においたことと類似の構造であった。なお尼として即位した称徳天皇（在位764〜770）の時代は尼が重視され，「大尼」という尼の地位・称号が存在した。しかし僧綱のような管理統制の実質的権限はともなわず，また尼位も男性の僧位制度とは切り離された独自の制度であり，いずれも古代女性天皇時代の終焉とともに消滅していった。

◆**平安期の尼と尼寺**　平安期に入ると，戒律制度でも差別があり，尼の地位は低下していった。国家公認の得度・受戒をした官尼の数や，その官尼が参加する公式の法会の機会も減少し，国家的な仏事は男性僧が担う体制が確立していった。また僧寺・尼寺のセット建立がなくなり，平安京内の東寺・西寺はともに僧寺とされた。古代建立の尼寺は，僧寺の末寺となる例が増え，なかには尼寺から僧寺に変えられた寺も出現するなど，次第に衰退した。しかし仏教を信心し，私的に尼となって活動する女性はむしろ増加していった。在俗女性が老後に出家したり，病気に際し出家したりする例，また10世紀頃から夫の死後に菩提を弔うために妻が剃髪し，後家尼として生活する例も増加した。ただしその活動の拠点は尼寺ではなく，僧寺の周辺，女人結界（女人禁制）の山麓の周辺にあった庵や院，また邸宅内の仏教施設が多かった。尼の髪型は僧と同じく本来は完全な剃髪が原則であったが，尼削ぎの有髪尼もおり，垂尼・さげ尼とも称した❸。臨終などにさいしては，正式の完全剃髪となって死を迎える場合があり，これを「僧」「法師」になると称した。ここには，女性はいったん男子とならなければ成仏できないとする「変成男子」など，経典に見える仏教女性観の影響がうかがえる。（勝浦）

❶「読誦考試歴名」に見える試験成績評価

「正倉院文書」（正倉院所蔵）

❷二条大路木簡

（奈良文化財研究所提供）

❸尼削ぎの女性

「源氏物語絵巻（模写）」（国立国会図書館所蔵）

参考文献　勝浦令子『日本古代の僧尼と社会』吉川弘文館，2000／勝浦令子『女の信心——妻が出家した時代』平凡社，1995

4-7　特論①　衣服の変化——舶来・男女・身分
☞2-2, 5-9, 7-12

　日本の衣服は，①在来と外来，②男女，③身分階層という三つの要素がからまりあって，歴史的に変化してきた。①の外来の画期は2度あり，最初の古代国家成立期には中国服，次の明治維新期には欧米服が取り入れられた。どちらも，そのときの国家がめざした文明モデルである。②は，在来服が男女共通形態なのに対して，外来服は中国服も欧米服も男女の違いが明確だった。③は，外来服は支配層から取り入れられたので，身分階層の違いが生まれる。庶民は，朝廷に仕えるための公服を除けば，在来服を改良して着つづけた。

　◆**弥生時代の貫頭衣**（から小袖へ）　貫頭衣(かんとうい)は，腰幅の布を左右に並べて縫い合わせた，膝丈の一部式（上下で分かれない）服である。その前を開き，着丈を伸ばし，袖をつけると，現在の和服の原型（小袖）ができる。現在の浴衣を思いうかべればわかるように，男女で形の違いはない。

　◆**古墳時代に生まれた男女の違い**　6〜7世紀になると，中国北方・朝鮮半島系の服が支配層から取り入れられる。古墳の人物埴輪(はにわ)や天寿国繡帳の人物像❶に見るように，男は上着と袴，女は上着と裳(も)（巻きスカート）という男女別形態の上下二部式で，在来服とはまったく異なる。襟(えり)元がしまり，細い筒袖で，寒い季候風土に適した服である。推古朝の服制を経て，中国唐を手本に制定された奈良時代の朝廷の公服も，男女別・二部式・筒袖❷という基本形態は変わらなかった。

　◆**平安時代の貴族装束へ**　平安中期になると，貴族男女の装いはゆったりと大型化する。袖は丈も長さもたっぷりした大袖(おおそで)である。女性は，襟の詰まった上着をとりさり，長く後ろに引いた裳でゆるく束ねた垂れ襟の間着(あいぎ)に下着の袴，男性は下襲(したがさね)の裾(きょ)が長く後ろに伸びるなど，見た目の変化は大きいが，男女別，上下二部式の基本構成は引きつがれている（5-9参照）。貴族階層では，これが伝統服として定着した。寒い冬には何枚も着重ね，暑い夏には単衣(ひとえ)と下袴だけでくつろいだのである。

　◆**武士と庶民の小袖**　貫頭衣系統の庶民の服も，時代をおって次第に美麗化・複雑化するが，一部式・小袖(こそで)・垂れ襟という基本は変わらない。武士の服装は小袖系統の服が変化したものである。小袖の基本形態は男女共通で，男性は公的場面ではその上に袴をつけた❸❹。女性の服は，江戸時代を通じて次第に，幅広の帯，振り袖，長い裾(すそ)というように動きにくい形に変わっていく。中世〜近世の庶民の労働着

からは，単純な在来服の構造がよくわかる。

◆**天皇・皇后の洋装化**　明治維新で，日本は中国から欧米へと国家モデルを変え，天皇の服も洋服に改められた。当時のヨーロッパ君主の例にならい軍服である❺。近代的夫婦像を演出するために，やや遅れて皇后の正装も洋装化してスカート姿になった❻。上着とズボンの男性服は，軍人・官員の制服からはじまり，兵隊服を通じても広まっていくが，女性の洋装が日常着として定着するには長い道のりを要した。男女共通のパンツルックの普及は，ごく最近のことである。（義江）

---

❶上着と袴の男性（左）・上着と裳の女性

「天寿国繍帳」（Wikimedia Commons）

❷詰襟，筒袖の男装？女性（8世紀末頃）

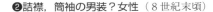

髪を結いあげ，丈の長い男性的袍（上着）を着ている。仏事関連の板絵らしい。

山持遺跡出土2号板絵（島根県教育庁埋蔵文化財センター提供）

❸小袖腰巻姿の浅井長政夫人像

（持明院所蔵／Wikimedia Commons）

❹小袖に肩衣袴の織田信長像

（狩野元秀作，長興寺所蔵／Wikimedia Commons）

❺軍服を着た明治天皇

（Wikimedia Commons）

❻ドレスで正装した皇后美子

（Wikimedia Commons）

参考文献　佐多芳彦「日本の女性は何を着てきたか」『日本女性史大辞典』吉川弘文館，2007／高田倭男『服装の歴史』中央公論社，1995／『木簡研究』30，2008／『山持遺跡 Vol.5（6区）』島根県教育委員会，2009

第5章

貴族政治と国風文化の発達

5-1 概説④　貴族社会とジェンダー

[教科書] 貴族文化と国風文化　☞5-2, 5-3, 5-6

◆律令制の再編　渡来人を母に、天智天皇の孫を父にもつ桓武天皇は、8世紀までの天武天皇の子孫とは違った王朝を確立するためもあり、長岡京・平安京に遷都した。東北地方の「蝦夷」征討のため大軍を送り、軍事力を強化したが、軍事と都の造作のために民衆が疲弊し、両方とも中止した。また、諸氏に氏の系譜書である本系帳を提出させ、政治的職掌の父系継承を強化した。血統の女系排除の本格的開始である❶。律令制の再編をめざした嵯峨天皇は、兄平城上皇が尚侍藤原薬子と兄仲成とともに起こした乱❷のなかで、朝廷の機密保持のために、男性による蔵人所をおくなど律令規定以外の役所（令外官）を新設した。男女が対等に近く王権に仕奉する伝統的体制が変容し、政治は男官、生活は女官というジェンダー役割が実質的にはじまる。女性は政務の公的場に関与できず、国家的意思決定の場から排除されはじめた。

◆貴族社会と政治　藤原北家は、この蔵人頭の地位を活用して天皇に密着した。そして9歳の清和天皇が即位すると国母皇太后藤原明子の父藤原良房は、摂政となり国母の殿舎で執務し天皇を補佐して権力を掌握した❸。また、養子の基経は妹高子の皇子陽成天皇の実質的な関白になった。平安時代は結婚儀式や同居も含め妻方両親の援助が主で、子どもは母方で養育されたから、天皇は母方親族と密接だった。10世紀になると国母の父や兄弟が幼少の天皇の摂政として政治を代行し、元服すると関白になり政治を後見した。基経の子孫は、娘を天皇と結婚させ、皇子を天皇にすることで外戚となり摂政・関白に就任したので、藤原氏が摂関を世襲するようになった。国政を担う公卿には、天皇子孫の源氏と外戚の藤原氏が就任するようになり上層貴族として定着した。10世紀以降、地方政治は国司に請け負わせる王朝国家体制が成立していたので、中下級貴族は地方の国司や、官職への補任を求め、その官職を家業として世襲するようになった。

◆家の成立　皇位が父から子へと父系的に継承される原理が定着するのは9世紀であり、まず天皇家（王家）がはじまる。10世紀には、朝廷の官職や地方官の役職を家業として父子で世襲する家が貴族や下級官僚、地方豪族層にも広まる。政治力を行使し収入源である帝位や官職に就けない女性は、基本的に家を形成することができず、非対称なジェンダー構造がつくられる。ただし、国母の政治力や正妻の家

統括力❹などがあり，女性の役割がいまだ重要な社会だった。(服藤)

❶父系制の定着

天皇の母方祖先を外祖父母のように外戚と認識することは，9世紀初頭にはじまる。父母双方をほぼ対等に扱う系譜意識が，父方は「内」母方は「外」とする父系意識に変質したことを示す。系譜意識からの母方排除のはじまりである。

❷平城太上天皇の変

弘仁元年(810)，平城上皇と対立した嵯峨天皇は，平城上皇が平城京遷都を宣言すると，上皇に寵愛され，天皇や上皇による命令書を発給する尚侍に就いていた薬子を罷免し，兄藤原仲成を射殺した。上皇と薬子たちは東国で再起をはかろうとするが，天皇側の軍隊に阻止され，上皇は出家，薬子は毒を飲み自死した。この乱は，天皇の位を降りた太上天皇（上皇）と天皇とが同等な権限をもつ日本の律令制が原因であった。なお嵯峨天皇は譲位すると内裏から退去して隠棲した。以後，上皇はけっして内裏に入ることができず，天皇だけが唯一の権力者になり，二所朝廷の出現はなくなった。

また女性に責任を転嫁した戦前の皇国史観にもとづく「薬子の変」呼称が，近年「平城太上天皇の変」と書き換えられるようになった。

❸藤原家と天皇

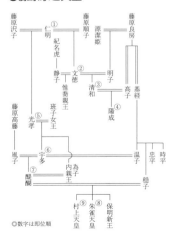

◎数字は即位順

年表

781（天応元）	桓武天皇即位（～806）
784（延暦3）	長岡京に遷都
794（延暦13）	平安京に遷都
810（弘仁元）	平城太上天皇の変。蔵人所の設置
842（承和9）	承和の変
866（貞観8）	応天門の変・藤原良房摂政となる
884（元慶8）	藤原基経関白となる
894（寛平6）	遣唐使の派遣廃止
923（延長元）	藤原穏子皇后
935（承平5）	承平・天慶の乱（～941）
969（安和2）	安和の変・左大臣源高明大宰府に左遷
986（寛和2）	一条天皇即位
1000（長保2）	彰子中宮・皇后定子没
1008（寛弘5）	一条天皇中宮彰子，敦成親王（後一条天皇）出産。『源氏物語』
1016（長和5）	藤原道長，後一条天皇の摂政
1051（永承6）	前九年合戦（～62）
1083（永保3）	後三年合戦（～87）
1086（応徳3）	白河上皇，院政を開始
1129（大治4）	鳥羽院政開始
1156（保元元）	保元の乱
1159（平治元）	平治の乱
1161（応保元）	暲子内親王に二条天皇准母として八条院宣下
1181（養和元）	平清盛没
1185（文治元）	平氏滅亡。源頼朝守護地頭任命権獲得

❹正妻の家統括

藤原明衡（あきひら）が11世紀中頃に著した『新猿楽記』には，従者・女房・下人等の家構成員を統括し，衣服や食料のみならず家の財産管理も含めた家政全般を統括する妻の役割が活写されている。

参考文献　服藤早苗『家成立史の研究――祖先祭祀・女・子ども』校倉書房，1991／高橋秀樹『日本中世の家と親族』吉川弘文館，1996／服藤早苗『平安朝　女性のライフサイクル』吉川弘文館，1998／大口勇次郎・成田龍一・服藤早苗編『ジェンダー史』山川出版社，2014

5-2 摂関政治と皇后・中宮・国母

教科書 貴族社会と摂関政治 ☞5-3, 5-4, 5-6

◆**摂関政治** 藤原良房は，858（天安2）年に幼少の清和天皇が即位し866（貞観8）年，応天門の変が起こると，天皇の外祖父として摂政に任じられ，養子の基経は884（元慶8）年に光孝天皇の関白となった。では，なぜ天皇の外祖父が天皇の政治を代行したり後見することができたのだろうか。良房の女，清和天皇の国母女御藤原明子は，清和天皇が即位すると天皇大権を代行する権限をもつ皇太后にのぼった❶。嵯峨上皇以降，天皇の位を降りた上皇は内裏に入れなかったが，国母は内裏に入り天皇を補佐できた。摂政や関白は，国母の殿舎や近くの殿舎に執務室をもち，国母の意向を受け政治をおこなった。外戚が摂関に任じられるのは，国母の天皇大権代行にちなむものと考えられる。10世紀以降の摂関も，すべて同様である。

◆**皇后・中宮** 8世紀には天皇と共同統治をおこない元旦朝賀儀に天皇と並んで賀を受け，内裏外に独立した宮殿を構えていた皇后は，8世紀末には天皇の正妻として内裏内に居住するようになり，独立性が弱まる。9世紀には正月2日に他のキサキを含め全女官から賀を受ける皇后朝賀儀がはじまり，後宮女性のトップに君臨した。天皇は男性官人を率い公的政治，皇后は女官を率い天皇の私的生活，とのジェンダー役割がはじまる。しかし，皇后を立てない天皇も多く，皇后殿舎の常寧殿は国母や儀式の殿舎となる。1000（長保2）年には道長女彰子が一条天皇の正妻として中宮になり，すでに皇后だった道隆女定子と一天皇二后並立がはじまる。さらに，1091（寛治5）年には堀河天皇の姉媞子内親王が天皇養母として中宮に立てられ，皇后・中宮は天皇とは配偶関係のない場合も多くなった❷。

◆**国母** 9世紀に中国の皇帝と皇后にならって家内の役割分担が導入されるが定着せず，むしろ国母が皇后や皇太后にのぼり，天皇を補佐する。日本では妻役割より母役割のほうが尊重され権限を行使した。10世紀，8歳で即位した朱雀天皇の国母皇后藤原穏子は，つねに天皇と同殿し，行幸でも同輿し，天皇を補佐した。弟村上天皇への譲位を促し，天皇の配偶者決定や皇太子決定に絶大な発言権を行使した。一条天皇の国母東三条院詮子など，国母が天皇に密着し，家内部の人事のみならず政務も後見した。11世紀の一条天皇中宮，後一条天皇・後朱雀天皇の国母彰子は❸，一条天皇亡きあと，63年にわたり，天皇家の家長的存在として君臨し，道長子孫の摂関就任を定着させた。9世紀以降は，実質的に女帝はいなくなるが，父権の代行

としての国母の政治的権限は大きなものがあった。(服藤)

❶ 天皇大権の代行

中国では皇后・皇太后・太皇太后だけだったが、日本の律令では皇太妃・皇太夫人・太皇太妃・太皇太夫人の四員が追加規定された。皇がつく身位は天皇権代行をおこなう資格があったとされている。

❷ 中宮・皇后表

天皇	即位年	皇后	立后年	皇后父	皇后母	備考
村上	946(天慶9)	藤原安子	958(天徳2)	藤原師輔	藤原盛子	
冷泉	967(康保4)	昌子内親王	967(康保4)	朱雀天皇	熙子女王	
円融	969(安和2)	藤原媓子	973(天延2)	藤原兼通	昭子女王	979没
		藤原遵子	982(天元5)	藤原頼忠	厳子女王	
花山	984(永観2)					
一条	986(寛和2)	藤原定子	990(正暦元)	藤原道隆	髙階貴子	皇后
		藤原彰子	1000(長保2)	藤原道長	源倫子	中宮
三条	1011(寛弘8)	藤原妍子	1012(長和元)	藤原道長	源倫子	中宮
		藤原娍子	1012(長和元)	藤原済時	源延光女	皇后
後一条	1016(長和5)	藤原威子	1018(寛仁2)	藤原道長	源倫子	中宮
後朱雀	1036(長元9)	禎子内親王	1037(長暦元)	三条天皇	藤原妍子	中宮→皇后
		藤原嫄子	1037(長暦元)	敦康親王(頼通養女)	具平親王女	中宮
後冷泉	1045(寛徳2)	章子内親王	1046(永承元)	後一条天皇	藤原威子	中宮
		藤原寛子	1051(永承6)	藤原頼通	藤原祇子	皇后→中宮
		藤原歓子	1068(治暦4)	藤原教通	藤原公任女	皇后
後三条	1068(治暦4)	馨子内親王	1069(延久元)	後一条天皇	藤原威子	中宮
白河	1072(延久4)	藤原賢子	1074(永保元)	源顕房(師実養女)	源隆子	中宮
堀河	1086(応徳3)	媞子内親王	1091(寛治5)	白河天皇	藤原賢子	准母皇后
		篤子内親王	1093(寛治7)	後三条天皇	藤原茂子	中宮
鳥羽	1107(嘉祥2)	令子内親王	1107(嘉祥4)	白河天皇	藤原賢子	准母皇后
		藤原璋子	1118(元永元)	藤原公実	藤原光子	中宮
崇徳	1123(保安4)	藤原聖子	1130(大治5)	藤原忠通	藤原宗子	中宮
近衛	1141(永治元)	藤原多子	1150(久安6)	藤原公能(頼長養女)	藤原豪子	皇后
		藤原呈子	1150(久安6)	藤原伊通(忠通養女)	藤原公実女	中宮
後白河	1155(久寿2)	藤原忻子	1156(保元元)	藤原公能	藤原豪子	皇后
二条	1158(保元3)	姝子内親王	1159(平治元)	鳥羽天皇	藤原得子	中宮
		藤原育子	1162(応保2)	藤原実能(忠通養女)	源俊子	中宮
六条	1165(永万元)					
高倉	1168(仁安3)	平徳子	1172(承安2)	平清盛	平時子	中宮
安徳	1180(治承4)	亮子内親王	1182(寿永元)	後白河天皇	藤原成子	准母皇后

❸ 紫式部から「白氏文集」を学ぶ中宮彰子

天皇に入内するキサキたちは、男性貴族と同様の漢籍を学び政治的洞察力を養っていた。

「紫式部日記絵巻」
(平田久編・藤原信実筆『大師会図録』1912, 国立国会図書館所)

[参考文献] 橋本義則『平安宮成立史の研究』服藤早苗監修『歴史のなかの皇女たち』小学館, 2002／服藤早苗『平安王朝社会のジェンダー——家・王権・性愛』校倉書房, 2005

5-3 紫式部『源氏物語』と清少納言『枕草子』

教科書 国風文化　☞5-2, 5-4, 7-3

◆**女房・女官出仕**　9世紀以降，男性は貴族も下級官人層も朝廷に出仕し氏や家の格に応じた役職に就いた。9世紀前期までは皇親女性も朝廷に出仕していたが，9世紀後期以降，トップ貴族層から出仕が忌避(き ひ)されるようになった。一方，中下級貴族の女性は，官吏の任命権に深くかかわる朝廷や摂関家，あるいはキサキらに女房として出仕し，父や兄弟，親族の出世に寄与した。そのために，幼少より，和歌や管弦，漢籍などを学び，知性と教養を身につけた。また，下級官人層出身女性たちは女官として朝廷に，さらに従女・下仕(しもつかえ)・雑仕女(ぞうしめ)・などとして貴族家に出仕することで貴族と庶民の文化交流や流布に大きな役割をはたした。

◆**男手と女手**　8世紀末には文字を記すさい字音を借りた万葉仮名が主として使われていたが，9世紀には草書体にした仮名❶が誕生し使用されはじめる。公的文書や男性日記に使用する漢字を真名(ま な)＝男手，私的文書や物語に使用する平仮名を仮名＝女手と称した。男性は両方を使用することができた。9世紀には嵯峨(さ が)天皇の皇女有智子内親王(う ち こ)❷などの優れた漢詩人女性が出たが，平安中期になると女性は現世から離れた仏教的写経以外，表向きは男手を使用せず，しかも知らないふりさえした。しかし，実際には貴族女性たちは漢籍を学び，漢字を書くことができたから，まさにセックスを示す言葉ではなく，役割・範疇を表すジェンダー概念の男手・女手が平安時代に使用されたのである❸。女・子ども用とされた仮名は，しかし，和文の言い回しを文字化することができ，さらに表意文字ではないゆえに一つの言葉で二つの意味を表す掛詞(かけことば)や，関係ある言葉を連想する縁語(えんご)の技法を駆使でき，物語や随筆を誕生させ，世界的な不朽の名作が女性たちの手で生まれた。

◆**紫式部と清少納言**　一条天皇の皇后定子(ていし)には清少納言が，中宮彰子(しょうし)には紫式部が女房として仕えた。定子が1000（長保2）年に亡くなった翌年の1001（長保3）年頃，紫式部は夫藤原宣孝(のぶたか)没後に『源氏物語』を執筆しはじめた。それが宮中で人気を博すると，藤原道長にスカウトされ，彰子の家庭教師的女房として出仕したので，清少納言とは，朝廷内でのライバル関係ではなかった。しかし，『紫式部日記』には清少納言批判も書かれており，互いに意識しあっていたようである。2人に共通するのは，最初の夫と実質的な離婚後に女房出仕し，宮廷貴族の生活を題材にした点で，両者ともに一夫多妻批判や男女が対等に社会的役割を分担できない憤りを行

間に記している。男女が対等に生きる社会を希求した最初の女性たちかもしれない。
(服藤)

❶仮名文字の成り立ち

(歴史教育者協議会・全国歴史教師の会『向いあう日本と韓国・朝鮮の歴史』青木書店, 2006)

❷有智子内親王（807〜847）

810（弘仁元）年、4歳で京都の鎮護神賀茂社に仕える斎院の初代斎王として22年間務めた。豊かな文才があり父嵯峨天皇は漢詩に感嘆し「文人召料」を有智子に賜与した。漢詩は『経国集』などに10首残されている。

❸男が書いても女手

「男もすなる日記といふものを，女もしてみむ，とて，するなり」は，男の紀貫之が，仮名で書いた『土佐日記』の書き出しである。男性は，外国語である漢字＝男手で，公的な政務や儀式や日記

有智子内親王墓（663 highland/Wikimedia Commons）

を記し，女性は日本語としてつくられた仮名＝女手で私的な個人的な出来事や感情を記す，とされていたので，紀貫之は，女に仮託して日記を書いた。男が女手を書いたのである。男は男手も女手も書いた。しかし，女性が男手を書くのは，表面上はいけないことと考えられており，漢籍を読み書くことができた紫式部も清少納言も，書けない振りをしなければならなかった。不平等で差別的な非対称なジェンダー構造ができていた。もっとも『枕草子』や『源氏物語』には漢籍のエピソードがちりばめられている。

> 女房出仕 「平凡な結婚をして人妻となり，将来の希望もなく，ただまじめに，夫のわずかな出世を幸福と心得て夢みているような女性は，うっとうしくてつまらぬ人のように思いやられて感心できない。やはり，相当な身分のある家庭の子女などには，宮中に奉公して，社会の様子も十分見聞きさせ，習得させてやりたい。
> 　宮仕えする女性を軽薄でよくないことのように思ったり，言ったりする男性がいるがそんな男はまことににくらしい。たしかに宮中でお仕えしていると，天皇皇后はじめ公卿や殿上人や身分の低い男女まで直接顔を合わせることになるが，男性だって宮中でお仕えしている以上同じではないか。宮仕えの経験のある妻が，典侍になって時折参内して天皇に会えるのも名誉なことではないか」。
> 　清少納言の『枕草子』の一節である。いまに通じる発言ではなかろうか。

参考文献　後藤祥子ほか編『はじめて学ぶ日本女性文学史　古典編』ミネルヴァ書房，2003／秋澤亙・川村裕子編『王朝文化を学ぶ人のために』世界思想社，2010／千野香織「日本美術のジェンダー」『千野香織著作集』ブリュッケ，2010

5-4　和歌集とジェンダー

[教科書] 国風文化　☞5-2, 5-3, 5-7

◆**和歌集**　914(延喜14)年頃,紀貫之らの撰になる最初の勅撰和歌集『古今和歌集』には,伊勢22首・小野小町18首を合わせても女性による和歌は作者明記の歌の1割程度である。女手と呼ばれる仮名文字の誕生により和歌が急速に広まっても,勅撰和歌集での女性作家は多くはなかった。しかし,10世紀中頃成立の『後撰和歌集』では,後宮の梨壺で撰集作業がおこなわれ,日常生活や恋愛に題材を求めた編集方針だったこともあり,後宮女房の和歌が多く選ばれている。以後,和歌は後宮生活の会話や恋愛の道具として高度に文芸性を高めていく。私的な女手として公から排除された仮名を駆使して自己の内面を見つめ和歌を詠んだ女性たちは,『伊勢集』や『本院侍従集』などの自撰・他撰の「私家集」を遺している❶。そして11世紀後半成立の第四勅撰集『後拾遺和歌集』では,和泉式部・相模・赤染衛門と入集歌数の上位三位までが女性であり,宮廷に集う洗練された女房たちの知性と感性の最高の輝きを見せた。

◆**和歌とジェンダー**　男が歌を詠みかけ,女が切り返すという詠歌形式が,男歌と女歌だとされるが,男手・女手のみならず,男歌・女歌もまさにジェンダーである。たとえば,『蜻蛉日記』の作者は夫藤原兼家や息子道綱の代詠をし,男歌を詠んだ。女が詠んでも男歌である。また,作者は道綱を出産したのちに,積極的な贈歌,能動的な歌を多く詠んでいる。さらに,百人一首❷「みかきもり衛士のたく火の」で知られる大中臣能宣の大中臣家は和歌の家柄とされるが,それは伊勢大輔をはじめ康資王母など多くの女性たちの卓越した歌才が評価されたたためであり,女性たちが和歌の家を担ったのである。父系継承される家が成立しても,女性たちの存在が必要不可欠だった。

◆**『蜻蛉日記』と歌集**　『大鏡』に美貌で「きはめたる和歌の上手」と評価される歌人だった作者は,藤原兼家と結婚してからの21年間の生活を,歌をちりばめつつ回想する,自らを主人公とした仮名の日記文学のジャンルを独自に作り上げた。脱男性的な日記文学の誕生である。私家集よりも詞書きを多くして自己語り的な日記文学を開拓したのは,自分から離れていった前夫藤原兼家の名誉に回収されてしまうことを拒否したのだともされている❸。一方,1072(延久4)年に息子成尋が宋に渡ったのち,80歳を過ぎた母は,遠い異国の息子を慕う愛執の罪障の消滅と,

極楽往生を願い『成尋母集(じょうじんははのしゅう)』をまとめる。まさに，自分史をたどる歌集であるが，この歌集も詞書が多く，『蜻蛉日記』と同様な仮名日記文学の一つともいえる。男性の歌集は政治的な自己顕示が多いが，女性たちは，生活に根ざした自己を見つめる歌集を遺した。（服藤）

---

❶「私家集」

　天皇や上皇の命によって編纂された「勅撰集」に対し，個人の歌を集めたものを「私家集」という。宇多天皇の后藤原温子に仕え，多くの殿上人と交流し，宇多天皇の寵愛を受け皇子を産んだ伊勢の歌集『伊勢集』は，「いづれの御時かありけむ，大宮す所ときこえる御つぼねに，大和に親ある人さぶらひけり」ではじまるのが本来の姿とされている。『源氏物語』の冒頭文「いづれの御時にか女御更衣あまたさぶらひたまひける中に……」と似かよっている。紫式部は『伊勢集』を取り入れている，といわれる。『伊勢集』は，伊勢没後，伊勢の歌をもとに物語化して改編された後人の手になる歌集である。仮名の和歌から，仮名物語へと，女性たちは文学を発展させていったのである。

❷百人一首

　藤原定家(ていか)が13世紀初頭に宇都宮蓮生の依頼で小倉山荘の襖の装飾のために選んだ百首が「小倉百人一首」である。男性79名，女性21名の詠み手によるものであるが，女性は10〜11世紀の平安中期の人物が一番多い。宮廷で女房たちが最も活躍した時代である。

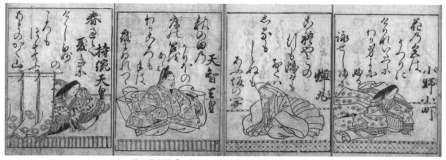

菱川師宣画『小倉百人一首』（国立国会図書館所蔵）

❸女性による文学の誕生

　日常的な風景や自然を鋭い観察力で分析し，和歌ではなく散文で記し，随筆を創設したのは清少納言であり，『枕草子』はその作品である。紫式部もそれまでの男性作家による古物語を克服して，新たな女性物語作家をめざし『源氏物語』を書きあげた。また，宮廷女房たちによって，はじめての仮名で歴史を紡ぐ『栄花物語』も創作された。現代に続く多くの文学ジャンルは，女性たちの創造である。

参考文献　河添房江『性と文化の源氏物語――書く女の誕生』筑摩書房，1998／阿木津英編『短歌のジェンダー』本阿弥書房，2003

5-5 武士団のジェンダー

教科書 荘園と武士団の成長 ☞6-1, 6-2, 6-14

◆**荘園と領主** 810（弘仁元）年の明記をもつ藤原宮跡から出土した木簡には荘園の決算報告書が書かれており、山田女が田主だったとされている。8～9世紀の初期荘園では、女性開墾主も存在していた。10世紀後半以降は、臨時雑役などを免除されて領域を開発したり、荒廃した公田を再開発した領主たちは、役職を活用して農民を動員する在庁官人の場合が多く、男性が主だった。開発領主は税の負担等を逃れるために領家と呼ばれる中央有力貴族に領地を寄進する場合もあった。領家は本家と呼ばれるより有力な上層貴族や皇族に寄進した。また本家はその所領を核に広大な土地を荘園化するなどし、院領、女院領、寺社領等が増加した。女房たちも仕える主から贈与されたり、相続等により領家職を所有した。さらに院政期、とりわけ鳥羽院の時代には、院の周辺や大寺院に荘園が寄進され、不輸・不入権を獲得し、独立性が高まった。荘園の抗争に武士を活用するようになり、武士が朝廷へ接近し中央に進出するようになる。また、女院や国母には本家として荘園が集まった❶。しかし、どの層においても男性所領の比率が圧倒的に多かった。

◆**武士団と棟梁** 10世紀前後に関東で地方豪族や有力農民が武装して群党蜂起が起こると、中下級貴族が鎮圧のために派遣された。そのなかには、現地で豪族の婿となる者もいて、子孫が在地に留住し子孫を増やしていった。

935（承平5）年、一族内の争いをきっかけに、常陸・下野・上野の国府を襲撃して関東を制圧して新皇と自称した平将門の乱を平定した藤原秀郷・平貞盛・源経基の子孫は、中央と各地に拠点をもつ軍事貴族として武士の家を確立した。たとえば藤原秀郷は将門の乱平定により従四位下下野守となり、祖父・父ともに下野国の在地領主の娘と結婚し子孫を増やした。また、源経基を祖とする清和源氏の源頼信は、11世紀前半の平忠常の乱を平定し、平貞盛の曾孫直方の婿となり息子義家・義綱らをもうけ、子孫に所領や鎌倉の屋敷や伝統的権威を継承させた。これがのちに子孫の頼朝の鎌倉幕府の基盤となる。父方からは軍事貴族としての血統を、母方からは領地や権威などの地盤を継承し、大きな勢力を築いていく。当時の「婿取婚」や父母双方の系を重んじる伝統が背景にあった❷。父母双方の有力親族を中心に、一族や郎党などの従者を武士団に組織して主従関係を強め、12世紀には武家の棟梁としての地位を固めていった。武士団では、母方・妻方親族や女性も重視された。

5-5 武士団のジェンダー

◆戦乱のジェンダー　平将門の乱を描いた『将門記』には、将門によって歩兵としてかり出された農民の家が500余家も焼き払われ、「男女ハ火ノ為ニ薪トナリ」と記されている。また敵対する側も百姓たちの家屋をすっかり焼き払っている。当時の合戦では、焼土作戦により家屋や財産が消滅し、男性兵士だけでなく非戦闘員や生活基盤そのものもつねに犠牲になった。同時期の藤原純友の乱を記した『純友追討記』によれば、追討使小野好古が純友軍の船を焼き、あるいは奪った結果、海に入水した男女はおびただしい数にのぼったという。一方、前九年の役（1051～62）ののちに書かれた『陸奥話記』には、楼の上に雑女数十人が上がって敵軍を挑発するごとく歌を唱った、とある。源頼義・義家たちと安倍氏との戦いに、兵の妻子のみならず、村落の老若男女や一族女性の相当数がともに闘ってもいる。安倍則任の妻は3歳の息子と自死しており、夫とともに殉死することが貞淑な妻像との認識も生まれていた。しかし、「城中美女数十人」を「軍仕に賜う」ともあり、性的被害も想定される。もっとも女性は捕虜になっても処罰されないことが一般的で、戦闘死した一族の供養を担った。生き延びることも重要な仕事だったのである❸。（服藤）

---

❶荘園承認の手続き
　鳥羽院の皇后だった待賢門院は、藤原永範から私領寄進を受けると、遠江国に使いを出し、土地調査をおこなって四至を確定し、正式の証明書を作成する立券をおこない、報告するよう命じた。現地では、女院の使者と遠江国の使者（在庁官人）と荘園の下司によって土地調査がなされ、立券が完了した報告書がつくられ、四隅には榜示が打たれ、領域が確定された。この手続きを立荘手続きという。このような立荘は、中央の天皇・摂関・女院のような限られた中央権力のみが命じることができた。従来は寄進の連鎖によって荘園が成立することが一般的とされていたが、近年ではこのような中央権力者が、荘園候補地に文書を発給することによって正式に荘園として承認される立荘も重要だったとされるようになった。女院は中央権力者であり、荘園が集まったのである。

❷婿取婚
　平安時代は基本的に婿取婚だった。父親同士や女の父と男とのあいだで結婚が合意されると、陰陽師が選んだ日の夜、新郎が行列を整え新婦の邸宅にやってきて共寝をし、翌朝帰宅した。3日目の夜に、新郎と新婦が三日夜餅を食し、露顕と呼ばれる宴会がおこなわれ、翌日から新郎は新婦宅で同居した。一定期間が過ぎると、夫は子どもと妻を連れて新居に移った。この妻方居住を経た独立居住と呼ばれる婚姻居住形態は、貴族だけでなく豪族層も同様だった。『今昔物語集』巻26第17話は、芥川龍之介の「芋粥」の原拠であるが、軍事貴族の鎮守府将軍藤原利仁が越前国敦賀の権勢と財力をもつ豪族の婿となり、富み栄えた話である。

❸捕虜の役目
　息子安徳天皇は入水して果てたのに、平清盛の娘建礼門院徳子は、助けられ生き延びたことが『平家物語』等で批判されているが、平家一門の供養が大きな任務だったことが指摘されている。

参考文献　西村汎子編『戦争・暴力と女性1　戦の中の女たち』吉川弘文館, 2004

5-6 院政と父権

教科書 院政と平氏の台頭 ☞5-2, 6-1, 6-5

◆**院政** 白河天皇は、父後三条院の遺言を無視して、実子堀河天皇に位を譲り、皇位継承の系統を確保し、政治の実権を握った。そして、次第に国政一般が院の命令の院宣でおこなわれるようになった。堀河天皇が亡くなると孫で5歳の鳥羽天皇を即位させ、本格的な院政をはじめ、治天の君（政務の実権を握った上皇）として君臨した。譲位し息子や孫を即位させた院は、王家（天皇家）の家長として権限を強化した。院政とは、白河・鳥羽・後白河三代の時代をさすことが多い。一方、天皇の母である国母女院も親権を保持しており、父院が不在のときは国母女院が天皇を補佐した❶。院には、近臣として外戚や后妃や乳母の一族、あるいは寵愛を得た貴族❷が集まり、一国の支配権を得る知行国主に任命され、豊かな経済力で院を支えた。また、荘園も院の周辺に集まった。

美福門院（安楽寿院所蔵／Usiwakamaru/ Wikimedia Commons）

とりわけ、鳥羽院は政治力と経済力を掌握したが、近衛天皇の国母美福門院も、鳥羽院没後、後白河天皇から守仁親王（二条）への譲位を信西と2人のみで決定するなど、政治権力を発揮した。

◆**家と権門** 王家の家長の院が政権を掌握する院政の背景には、朝廷官司を特定の家が請け負う家業の成立があった。たとえば、陰陽道の賀茂・安倍氏、医療の丹波氏などで、父は息子たちに業務を伝授し、子孫が家業となった職務を世襲的に継承した。皇位継承の家系である王家の成立もその一つである。このようななかで皇位継承者を王家の家長である院が決定できるようになった。鳥羽天皇の外戚ではない藤原忠実が摂政になり、摂関の地位も家業として継承されることが固定化する。また、摂関家や貴族家への奉仕者や地方の在庁官人等も同様で、家業として継承されるようになった。もっとも、家業の継承は、生得的長男嫡子ではなく多様な継承形態であった。一方、朝廷や摂関家に仕える女房や女官・雑仕女などの女性の職務も娘や姪に継承されていき、いわば女房・女官・雑仕女等の家が成立していた。このような請負職務は、官職に所属する所領等の経済的特権が結びついていた。家長

の妻は，財産管理のみならず，従者・下人等の家構成員や，食料・衣料など家内を統轄する重要な役割を担った。夫没後は，後家として夫の役目を代行する権限をもち，家業を継承した息子たちを後見した。

◆乳母・乳父　天皇を幼少から養育した複数の乳母は養君が即位すると後宮の実質的統括者の典侍となり三位，ときには二位に叙され，天皇の准外戚として権勢を誇った。乳母とは，本来は生母に変わり授乳する女性をさすが，院政期になると授乳するのは貴族層より下位女性が任じられ乳人と呼ばれた。乳母は養育や後見が任務となり，天皇の乳母などは即位後に追加的に選ばれる場合もあった。また，養育した男性も乳父と呼ばれ，乳母子・乳父子とともに天皇や院の近臣として官位が上昇し，院分国と呼ばれる知行国の国司となったり，院が本家の荘園の領家に任命するなど，経済的に裕福になった。白河院乳母二位藤原親子の息子藤原顕季は院の乳母子近臣として巨万の富を得て造営・造寺の功を積み，子の長実・家保や孫の鳥羽院近臣家成，曾孫の後白河院の近臣隆季らの子孫も繁栄した。『後三年合戦絵詞』には，藤原家衡乳父千任が養君の首を踏まなかった絵が描かれているが，貴族や武士層でも乳母・乳父一族との主従関係が重要な要素になった。（服藤）

❶建礼門院徳子
　安徳天皇の母建礼門院は，『平家物語』では，あまり存在感がなく，壇ノ浦では入水したものの自分だけが助かるという，いわば無能で愚かな女性として描写され，そのイメージで小説なども書かれてきた。しかし，最近，実際の史料に即した建礼門院像が検討されるようになり，夫高倉院が不在のときは国母たる建礼門院が代行をはたしたことを明らかにしている。院と女院はともに院政を運営したのである。

❷院の近臣
　慈円著『愚管抄』には，鳥羽院が藤原家成を寵愛し，「天下の事，すべて家成が決定する」と人びとが驚いたと記されている。家成は鳥羽院の男色相手だった。当時，男性貴族には同性との性愛が浸透しており，政治を左右したとされる。

皇女八条院に荘園が集まったのはなぜか　院政期になると国母ではない后や独身内親王が女院となり天皇家を支えることが多くなった。鳥羽院の寵姫美福門院所生の未婚皇女八条院は，天皇候補にものぼった近衛天皇同母姉で，父母から多くの荘園を与えられ，200か所以上も所有していた。八条院領には多くの御願寺が含まれていたが，女院は天皇家の父祖の菩提を弔う役割があったためで，御願寺領は，追善供養の費用にあてられた。八条院領は，天皇家領として伝領されていく。

参考文献　五味文彦『院政期社会の研究』山川出版社，1984／野村育世『家族史としての女院論』校倉書房，2006／田端泰子『乳母の力——歴史を支えた女たち』吉川弘文館，2005／栗山圭子『中世王家の成立と院政』吉川弘文館，2012／服藤早苗編『『平家物語』の時代を生きた女性たち』小径社，2013

5-7　絵巻物とジェンダー

教科書　院政と平氏の台頭　☞5-3, 5-4, 5-6

◆**絵巻物**　詞書と絵を交互に書きながら時間や場面を展開させる絵巻物が院政期に成立し，発展した。『源氏物語』を題材に貴族の生活を描いた『源氏物語絵巻』，応天門の変を描いた『伴大納言絵詞』，長者伝説を描写した『信貴山縁起絵巻』，朝廷の年中行事を描いた『年中行事絵巻』などがあり，当時の朝廷貴族から庶民までの，衣装や生活をうかがうことができる。扇紙に描かれた『扇面古写経』には庶民女性の労働する姿が描かれている。絵巻物は，文字史料にはないさまざまな情報が凝縮されており，貴重な史資料であり，多くの分析がなされてきた。また，教科書や一般書などにも多くの絵巻の場面が，読者にイメージを与えるべく載せられている。しかし，近年の美術史研究やジェンダー分析の進展により，それらを描かせ，享受してきた男性中心の文化構造が解明され，描写された姿が当時の実態をありのままに忠実に写したものと考えてはいけない，と指摘されている。確かに，年中行事や貴族男性の肖像画などを見ると，朝廷と貴族文化の権威が視覚的に表現されており，注文主であり鑑賞者である貴族男性が，見て所有して満足する文化が強調されている。

◆**誰が何のために**　たとえば，『源氏物語絵巻』横笛巻では，髪を耳にはさみ授乳している源氏の第一子夕霧の正妻雲居雁が，嫉妬して立ち上がって夫の手紙を奪い取ろうとする姿が描かれているが，物語本文には立ち上がった叙述はない。髪を耳にはさむ行為や授乳のみならず嫉妬する姿は，貴族の妻として反理想的に描写されており，絵画を鑑賞する貴族たち，とりわけ若い貴族女性への教訓とされたことが指摘されている。摂関期には女絵❶が登場するが，男性中心的な宮廷風恋愛の固定的型が描かれ，恋愛等における女らしさの規範を可視的に表現している。まさに，男性貴族たちが女性を鑑賞者として描かせたビジュアルな教訓書である。その延長線上に絵巻物が成立したのである。13世紀成立の『男衾三郎絵巻』は武士の生活の具体例として教科書にも頻繁に登場する。しかし，貴族風な吉見二郎と美しい妻，武芸に励む田舎武士の弟男衾三郎と醜い妻を対比的に描き分けており❷，見る者が田舎武士や醜い女を嘲笑するように描写されている。さらに，左右相違した甲冑描写などで武士全体を貶めており，ゆえに，醜い妻は，醜い女性的身体だけでなく，粗野で無知な鎌倉武士出身者として二重に貶められているのである。下級貴族の注

文主が，男性性体現者である鎌倉武士への恐怖や優越性を描かせ，見ることで政治的な劣勢を忘却し溜飲を下げたものと考えられている。

◆**描かれ，見られる男女**　絵巻では，貴族男女は「引目鉤鼻(ひきめかぎばな)」の描法で描かれ，個別の美醜や感情などの表情はまったく表現されていなかった。一方，庶民や武士層は，男女ともに目鼻立ちを誇張し，表情豊かに，しかも粗野で卑俗な雰囲気で描かれる。身分差がリアルに表象されており，庶民女性たちは二重の差別構造で描かれており，見られることでさらに差別される。たとえば，12世紀後半の『伴大納言絵詞』の庶民男性は目も口も大きくグロテスクに，出納の妻の姿はちぎれた薄い髪を耳にかけ，はねた眉や小鼻が描かれており，貴族男女の「引目鉤鼻」とはまったく相違する。周辺に配置された男女も同様な役割をもたされている。さらに，『平治物語絵巻』等の合戦絵には，高貴な貴族層が描かれることは少なく，武士を見下す貴族層の眼差しがうかがえ，戦闘の犠牲者としての女房たちのあらわな乳房や乱れた裾からのぞくすねなど，見る鑑賞者男性貴族の性的な快楽の対象として描かれていることが指摘されている。〈服藤〉

---

❶**女絵と男絵**
　平安時代の文献には「男絵」「女絵」という用語が見られる。たとえば『栄花物語』には，後冷泉(こうれいぜい)天皇に入内した藤原教通女歓子(かんし)が，「男絵など，絵師恥ずかしう書かせ給ふ」と描写されている。女の歓子は男絵が上手だったのである。また，女絵は貴族男女を，家屋やその周辺に配し描いた小品画であったと考えられている。

❷『男衾三郎絵巻』

貴族風な吉見二郎と妻は美しく優雅に描かれる。(「男衾三郎絵詞」東京国立博物館所蔵，Image: TNM Image Archives)

醜男の男衾三郎と妻。「丈は七尺ばかり，髪は縮みあがりて……」と詞書にあるとおり，縮れ毛，大きな目，天狗鼻，醜女に描かれる。(「男衾三郎絵詞」東京国立博物館所蔵，Image: TNM Image Archives)

参考文献　池田忍『日本絵画の女性像──ジェンダー美術史の視点から』筑摩書房，1998／千野香織『千野香織著作集』ブリュッケ，2010／稲本万里子「描かれた出産」服藤早苗・小嶋菜温子編『生育儀礼の歴史と文化──子どもとジェンダー』森話社，2003

5-8　白拍子・遊女の世界──芸能と売買春

教科書　院政と平氏の台頭　☞5-6, 6-8, 7-14

◆**遊女・傀儡子と今様**　10世紀以降になると都と諸国の国衙や荘園を往来する貴族や豪族・庶民が多くなった。交通の要衝に宿泊施設がつくられはじめると，富裕な貴族や豪族層を客として芸能を披露しつつ酒宴に侍り共寝もする女性芸能者たちが出現する。淀川の山崎や江口・神崎，琵琶湖の唐崎等の津や，瀬戸内海の室津等の水辺には船に乗り客を待つ遊女が，東海道の青墓や赤坂宿などの陸上の宿駅には傀儡子がおり，往来の貴族や豪族層を客として，当時の流行歌ともいうべき今様を謡い，夜の共寝の売春もおこなった。

　12世紀になると都の上皇や貴族層も今様を謡うようになる。とりわけ，後白河院は，高齢の青墓の傀儡子乙前を師として今様を伝授され，芸能に堪能な近臣や遊女・傀儡子・女房・雑仕女等を集め，日夜今様にあけくれ，『梁塵秘抄』を編んだ❶。

◆**白拍子**　白拍子とは，鼓や鉦の拍子のみの伴奏で歌い舞う芸能のことで，院政期になると男性貴族が朝廷で舞い，寺院では稚児が舞っていた。12世紀中頃になると，藤原憲通（信西）が考案したとされる男装して舞う女性の白拍子が都に登場する。源頼朝に追討される弟義経の妾静や，『平家物語』祇王巻では，平清盛のもとにいた祇王・祇女や仏御前などの白拍子の物語が記され，語られている。もっとも，この祇王巻はのちに創作された物語で事実ではない，とされている。後鳥羽院は，淀川に面した別殿の水無瀬殿で白拍子や遊女を集めて，頻繁に宴をおこなった。貴族から庶民までの芸能で女性の舞が新しく登場したのである。院政期から鎌倉初期にかけては，これらの芸能女性はけっして蔑視されておらず，上皇や貴族層の子どもをもうける場合も多かった❷。1221（承久3）年の承久の乱の直接の原因の一つは，後鳥羽院寵愛の白拍子亀菊親族の所領をめぐる抗争だった。

◆**芸能と売買春**　13世紀になると，傀儡子は遊女とも呼ばれ，白拍子も含めて，傾城との呼称も使われるようになった。流通経済の発展にともなって，海上交通や街道の宿場が整備されると大きな宿には遊女（傾城）がおり，芸能よりも売春を業とするようになっていく。上皇や貴族層との宴は少なくなり，次第に蔑視されていくようになる。とりわけ，14世紀の南北朝期頃から，京都や鎌倉等の都市に大小の傾城屋が営まれるようになった。当初は遊女長者などの女性が経営主だったが，15

世紀頃から，遊女（傾城）宿を経営する主は男性になりはじめ，16世紀後期には確実に売春的側面が大きくなり，男性が経営主となっていく。（服藤）

---

❶『梁塵秘抄』
　後白河院が流行していた今様を『梁塵秘抄』として編むにいたったいきさつが『梁塵秘抄口伝集』に詳しく記されている。後白河院は，院政期に新しい軍事貴族や地方の在地領主の台頭に呼応して民衆文化を取り入れ権威化しようとした。遊女・傀儡子の女性芸能者は，民衆文化を定着させる役割をはたしたのである。

❷芸能女性たちを母にもつ皇族・貴族
　後白河院には，母親が江口遊女丹波局の承仁法親王，後鳥羽院には，母親が白拍子石の熙子内親王，舞女の覚誉・道縁・道伊，左大臣公継には，母親が舞女夜叉女の太政大臣実基，太政大臣公経には，母親が舞女の権大納言実藤，など13世紀初頭までは芸能者を母とする子どもが多く見られる。

13世紀中頃の白拍子（『鶴岡放生会職人歌合』前田育徳会所蔵）

16世紀初頭の白拍子（『七拾一番歌合』国立国会図書館所蔵）

参考文献　網野善彦『中世の非人と遊女』明石書店，2005／後藤紀彦「遊女と朝廷・貴族」『週刊朝日百科　日本の歴史，中世Ⅰ　遊女・傀儡・白拍子』朝日新聞社，1986／服藤早苗『古代・中世の芸能と買売春』明石書店，2012

76　第5章　貴族政治と国風文化の発達

5-9　特論②　暮らしぶりの変化
教科書 国風文化　☞4-4, 4-7, 6-4

◆**衣装の変化**　10世紀前後から，成人貴族男性は元服すると頭髪を切りそろえ頭頂で髻をつくり，冠を着けた。朝廷での公服は，下襲の裾を長くのばし，袍の袖口を広くゆったりとした束帯装束や布袴・衣冠があり，位や役職により色や素材が規定されており，私服には直衣・狩衣などの区別があった。天皇から許可を得た公卿は私服で参内できるなど，公私の区別や身分差が顕著になっていった。下級官人や庶民男性も，大人になると頭髪をまとめ帽子をかぶった。また，成人男性は大人の名前をつけ，名乗った。しかし，牛飼や小舎人などの職に就く男性や奴的下人は帽子をかぶることができず，童姿・童名のままだった。一方，貴族女性は，家のなかで着る袿を重ねる日常着が基本で，朝廷での儀式のさいや主に仕える女房は，その上に袖がない唐衣と後ろに引く裳を着けた唐衣裳装束を着た❶。庶民女性は，大人になると短い裳の褶を着けたが，貴族も庶民も，后や女御，公的に朝廷に出仕する女房や女官，あるいは朝廷から位階を贈与される女性等しか大人の名を名乗らなかった。全階層で男性は公と私の区別が，女性は私のみ，との差異があり，男女の非対称で差別的ジェンダー構造が，服飾や名前で表象されていた。しかし，染色や裁縫は女性の役割で，色・素材・袖幅に変化をつけるなど，新しいデザインを工夫し，高温多湿な日本の夏に適応した新しい衣装を創意工夫したのは主として女性であった。

◆**居住空間**　平安貴族は，中央に寝殿，東西や北に対屋，南庭に池をもつ寝殿造様式の邸宅に住んでいた。邸宅面積や門様式などに位階や官職に対応した細かい等差が決められており，板敷き床は間仕切りがなく，儀式のさいには几帳や屏風で仕切って使用する，いわば公的空間でもあった。寝殿の北面に私的生活空間が設けられることが多く，同居の正妻を北方と呼ぶ背景でもある❷。寝室内の塗籠・納戸は，夫婦の寝室のみならず財産保管の空間でもあり，正妻が管理した。南面の儀式空間は男性，北面や塗籠は女性，とのジェンダー秩序が成立していた。対屋は，娘夫妻が結婚当初から一定期間生活しており，「婿取婚」の婚姻形態に対応した住まいだった。平安中期までは，新婚夫妻は妻方の家屋で妻の両親と同居して生活したが，院政期になると当初から妻方で用意した邸宅に新婚夫婦が同居し，一定期間が過ぎると夫方の邸宅に移住することが多かった。庶民層の家屋は掘っ立て柱建築で，さ

ほど長持ちしなかったこともあり、夫妻と未婚子が居住する小家屋だった。

◆**食事や宴**　平安時代の食事は、朝10時頃と午後4時頃の1日2回だった。貴族たちの儀式では必ず宴があり、海産物の珍味が多かったが、殺生を忌み獣肉は避けられていた❸。一方、庶民層は鹿や猪などの獣類や鳥の肉食が多かった。朝廷儀式では公的な場面では奉仕する女房以外は排除されたが、宴の後半の無礼講的時間には女房たちも参加した。貴族邸宅でおこなわれる着袴や元服・裳着・結婚式などの人生儀礼でさえも、母や妻、女房たちは簾のなかでの参加であるが、後半の祝賀の歌合などでは、順に盃を受けて歌を詠んでいる。もっとも、皇后等の女性主催の宴や歌合も多く、そこでは女性たちが飲食する遊宴がともなった。時には、天皇の居住空間の清涼殿の裏側に炉を出し、殿上人たちが食料を一品持ち寄り、料理をして遊ぶ一種物もおこなわれた。貴族層も含め、動物性食料の調理は男性が、植物性食料の調理は女性が分担していたことが明らかになっている。庶民層では、春夏の祭祀等の年中行事には老若男女が一堂に集う宴が向かった。（服藤）

❶束帯と女房装束

『三十六歌仙』（国立国会図書館所蔵）

❷寝殿造のなかの女の空間・男の空間

　寝殿造は、儀式を開催するために宮殿の儀礼用建築をモデルに建てられた。普段、寝殿は基本的に家族男女が共有する空間であり、主夫妻は寝殿の母屋を寝室とした。儀式は南庭を利用しておこなわれ、基本的に男性が中心で女性の空間や参加はなかった。女性たちが活躍する空間はもっぱら屋敷の北面に設けられた。

❸平安貴族の食事

（歴史公園えさし藤原の郷所蔵）

参考文献　木村茂光編『平安京　くらしと風景』東京堂出版、1994／増田美子編『日本衣服史』吉川弘文館、2010／小沢朝江・水沼淑子『日本住居史』吉川弘文館、2006／川本重雄「寝殿造の中の女性の空間」『歴博』151、2008／小町谷照彦・倉田実編『王朝文学文化歴史大事典』笠間書院、2011

第6章

中世社会の成立と文化

6-1　概説⑤　中世社会とジェンダー

教科書　武家社会の形成と中世文化　☞6-2, 6-3, 6-5

◆**武士の家と女性**　11世紀の院政期になると，中央の武官貴族と地方の有力領主層が結びついて形成された武士団が中央政治にも大きな影響力をもちはじめた。地方領主層が任命される郷司職のような地位は世襲されるようになり，武士も，貴族層（公家）と同じく父系的な家を形成した。しかし戦闘による不安定な状況にさらされることの多い武士の家では，家の存続をはかるために，広く一門・一族が結集するばかりでなく，母方や妻方など姻族との結びつきも重視された。女子は，婚姻によって複数の武士の家を結びつける重要な役割をはたし，その立場は公家とは異なっていたといえる。

◆**武家政権の成立**　やがて本格的な武士の政権である鎌倉幕府が生まれたが，鎌倉時代前半の武家では，嫁入婚をおこない，夫居住地での同居は公家より早かったとさえいわれる。しかし，原則として女子も所領を譲られ，幕府から補任される地頭には女性もいた。鎌倉幕府の定めた御成敗式目などによれば，武家は夫婦別財で，妻は自己の相続所領を自身で知行していたし，子のいない女性は養子をとって所領を譲ることもできた。親権は父母ともに強く，とくに夫亡きあとの後家は強い権限をもっていた。

しかし，所領の分散化を防ぐなどの目的で，嫡子単独相続が広がると，次第に女子の相続所領を，死後は生家の惣領に返還する「一期分」に限定する，あるいは女子にはわずかな扶持を与えるにとどめるなどの動きが進み，武家における女性の地位は次第に変化していった。

◆**「家」の広がり**　中世の初めより，土地台帳に登録される百姓名は，ほとんどが男性であり，惣村の代表者なども男性で占められていた。一方，同じ庶民層でも都市の職人・商人では，業種によっては女性名が多く史料に見え，座といった組織の代表者が女性という例もある。これは荘園といった土地制度の枠組みのなかで，百姓の地位は，早くから官職と同様，上位権力により政治的に編成され，男性中心の原則がつらぬかれたのに対し，商人・職人の編成は，必ずしも一律ではなく多様であったことを示している。したがって，政治的編成と庶民層の家の実態とは区別して考えるべきで，百姓が商人・職人に比して早くから父系的な家を形成したとは必ずしもいえない。しかし，中世をつうじて，庶民層においても夫婦を中心に次第

に父系的な家が形成され，戦国時代には，そうした家からなる共同体によって運営される村や町が各地に現れてきたことは確かで，それが近世につながっていく。

◆**宗教・芸能とジェンダー**　中世は神仏混淆した仏教が広く社会に浸透し，寺社が強い宗教的権威と政治的権力を有していた時代である。有力な寺社は，原則として女性を排除した寺院社会を形成し，公家・武家と結びついて荘園支配など世俗的な権力を行使した。また有力寺社は，天皇家や将軍家，上層公家・武家の嫡男以外の男子が，家督争いを避けるために出家させられる場でもあった。同様に，そうした最上層の家に生まれた女子が，不婚のまま一生を送る格の高い尼寺も存在した。父系直系を規範とする家継承を維持し，それを基盤とする政治秩序を守るための装置としても機能していたのである。

宗教勢力は，同時に階層を越えて人びとの観念・心性に大きな影響を及ぼした。女性の身を不浄とする言説が，しばしば僧たちによって説かれ，社会に流布したが，それは女性自身によっても，身の穢れや罪障観念として内面化され，より熱心な信仰に向かう者もいた。寺社への寄附者には女性名が多く，そこに個人として寄付をおこなう女性の意思と，女性が処分自由な財産を有していたことも確認できる。

なお，宗教的な要素も含む多様な芸能は，中世前期では主として女性によって担われたが，次第に能楽のように男性芸能者が主流を占めるようになる。　　　（久留島）

年表

1185（文治元）	源頼朝が守護地頭任命権を獲得
1192（建久3）	源頼朝が征夷大将軍となる
1219（承久元）	源実朝殺され，この後，北条政子が実質的に執政
1221（承久3）	承久の乱
1232（貞永元）	御成敗式目の制定
1274（文永11）	元軍九州に来襲（文永の役）
1281（弘安4）	元軍再度来襲（弘安の役）
1333（元弘3）	鎌倉幕府滅亡
1334（建武元）	後醍醐天皇による親政始まる
1338（暦応元，延元3）	足利尊氏が征夷大将軍になる
1350（観応元，正平5）	観応の擾乱（〜52）
1352（文和元，正平7）	広義門院，院政を始める（〜57）
1378（永和4，天授4）	足利義満，室町殿を造営する
1392（明徳3）	南北朝の合一
1401（応永8）	足利義満，第1回遣明船派遣
1428（正長元）	正長の徳政一揆
1467（応仁元）	応仁の乱始まる
1476（文明8）	この頃，日野富子，9代将軍足利義尚に代わり執政（〜83頃）
1485（文明17）	山城の国一揆
1493（明応2）	細川政元，将軍を廃し，新将軍を立てる（明応の政変）
	北条早雲，伊豆の堀越公方を滅ぼす
1526（大永6）	今川氏親死去し，室寿桂尼の文書発給始まる
1549（天文18）	ザビエル，キリスト教を伝える
1568（永禄11）	織田信長，足利尊氏を奉じて京都に入る
1573（天正元）	室町幕府滅亡
1590（天正18）	豊臣秀吉全国を統一
1592（文禄元）	秀吉朝鮮を侵略（文禄の役，1597慶長の役）

参考文献　女性史総合研究会編『日本女性史2　中世』東京大学出版会，1982／同『日本女性生活史2　中世』東京大学出版会，1990／脇田晴子『日本中世女性史の研究——性別役割分担と母性・家政・性愛』東京大学出版会，1992／西口順子『中世の女性と仏教』法蔵館，2006／高橋秀樹「中世の家と女性」『岩波講座日本歴史　第7巻中世2』2014／大口勇次郎・服藤早苗・成田龍一編『ジェンダー史』山川出版社，2014

6-2　鎌倉幕府のジェンダーの仕組み

教科書　鎌倉幕府の成立　☞6-3, 6-5, 6-13

◆守護は男，地頭は男女　平治の乱ののち，伊豆国に流されていた源頼朝は，伊豆国の豪族北条時政の婿となり東国武士たちの支持を得て，反平氏の旗を掲げて挙兵し，鎌倉に入った。1185年には平氏一門を滅ぼした。頼朝が北条氏の婿となったのは，時政の娘北条政子と恋に落ちたからであり，そこには，父の反対を押し切って自分の意志で頼朝との結婚を決めた政子の積極的な行動があった。

　1185年，頼朝は後白河法皇に迫り，諸国に守護，荘園・公領に地頭を任命する権利や，兵糧米を徴収する権利，国衙の在庁官人に対する命令権を得た。守護は国ごとに東国の有力御家人が任命されたが，すべて男性に限られた。一方，地頭には御家人一般が任命され，荘園・公領の年貢の徴収や治安維持にあたったが，男女を問わなかった。

　1192年，頼朝は征夷大将軍に任命された。令外の官である征夷大将軍は男性のみの官職であった。また，幕府のおいた政所，侍所，問注所の長官，役人はすべて男性であり，役人を男性に限定する方針は公家政権と変わらなかった。

◆御家人の親族結合　頼朝と主従関係を結んだ武士を御家人という。御家人は，将軍から本領安堵・新恩給与の御恩を受けるかわりに，幕府の公事・軍役を勤め，幕府のために戦うなどの奉公をした。幕府への奉公は，惣領制という親族結合を単位としておこなわれた。惣領制とは，惣領（宗家の嫡子）が兄弟姉妹などを率いて，親族が寄り合って幕府への奉公をする制度である。そこには，しばしば，婿や外孫の参加も見られた。また，惣領が後家や，少数だが女子の場合もあった。所領の相続は，両親から子どもたち（兄弟姉妹）へ分割相続された。嫡子とは，長男がなるのが一般的であるが，あくまでも親が決めるものであった。分割相続と公事・軍役の寄合勤仕が，惣領制の基盤である。家と親族結合の安定には，後家の力，母の力が不可欠であった。

◆公家法と異なる幕府法のジェンダー　1221年の承久の乱で朝廷を破った幕府では，1232年，北条泰時によって御成敗式目（貞永式目）❶が制定された。泰時自身が述べているように，この式目には，律令の流れを汲む公家法とは異なる部分が多く，それは武家の慣習を成文化した条文であった。式目の条文のなかにも「律令では許されていないけれども」「明法家（朝廷の法律担当者）は異論があるだろうが」これは

武家の慣習だから式目に定める、といった文言が見られる。これらの文言は、「所領を女子に譲与したあとに不和となった場合、その親は所領を悔返し（取り戻し）てよい」（第18条）、「女性が養子をとって所領を譲ってもよい」（第23条）など、ジェンダーにかかわる部分に特徴的に見られる。幕府法が、公家法との違いを最も鋭く主張したのは、ジェンダーに関する事柄であった。それだけ、律令以来の公家法の大系は、実際の慣習と異なっていたわけである。（野村）

❶【史料】「御成敗式目」

一 所領を女子に譲り与ふるの後、不和の儀あるによってその親悔い還すや否やの事（第18条）

右、男女の号異なるといへども、父母の恩これ同じ。ここに法家の倫申す旨ありといへども、女子はすなはち悔い返さざるの文を憑みて、不孝の罪業を憚るべからず。父母また敵対の論に及ぶを察して、所領を女子に譲るべからざるか。親子義絶の起こりなり。教令違犯の基なり。女子もし向背の儀あらば、父母よろしく進退の意に任すべし。これによって、女子は譲状を全うせんがために忠孝の節を竭し、父母は撫育を施さんがために慈愛の思ひを均しうせんものか。

一 女人養子の事（23条）

右、法意の如くばこれを許さずといへども、大将家御時以来当世に至るまで、その子なきの女人ら所領を養子に譲り与ふる事、不易の法勝計すべからず。しかのみならず都鄙の例先蹤これ多し。評議の処もっとも信用に足るか。

【注】（1）京都の明法家。律令の流れを汲む公家法を司る人びと。（2）女子が悔い返されないと思って親不孝の罪を犯すことをいう。（3）親が、女子と争いが起こるだろうと思って女子に所領を譲らないことをいう。（4）親の教えに違反する。（5）親の教えにそむくこと。（6）親の意志で所領を処分すること。（7）男女子に等しく与える。（8）律令の流れを汲む公家法。（9）右大将頼朝。（10）定まった法。（11）あげて数えることができない。（12）都や地方の例。（13）先例。

【大意】

一 所領を女子に譲り与えたのち、不和になったとして、その親が所領を取り戻せるかどうか、ということ（第18条）

男女の肩書が異なっていても、父母の恩は同じである。ここで、京都の明法家の方々は言い分があろうが、女子は親が取り戻せないという法を頼りに親不孝の罪を平気で犯すであろうし、父母は女子が敵対することを予測して、女子に所領を譲らないこともあろう。親子断絶の元である。親の教えに子が背く元である。女子がもし親に背くことがあれば、所領は父母の意思に任せるべきである。これによって、女子は譲状を保持するために忠孝を尽くし、父母は子を大事に育み導くために慈愛の思いを男女の子どもに平等に分け与えるであろう。

一 女人養子のこと（第23条）

これは、律令法では許してこなかったが、頼朝公以来現在にいたるまで、子どものない女人などが所領を養子に与えることは、定まった慣習法としていくらも見られることである。そればかりではなく、都市でも在地でも多くの先例がある。評議の結果は、最も信頼できよう。

鶴岡八幡宮（神奈川県鎌倉市）。源頼朝が鎌倉の中心に建てた源氏の氏神。ここから海に向かう若宮大路は、政子が長男頼家を妊娠中、安産を祈願して御家人らに直線道路に直させた。石段の脇には、源実朝の遺児公暁が源実朝を殺害したさいに隠れたという伝説の大銀杏があるが、2010年3月10日に倒れた。写真はその当日に撮影したもの。（筆者撮影）

参考文献 五味文彦「女性所領と家」女性史総合研究会編『日本女性史2 中世』東京大学出版会、1982／笠松宏至ほか『中世政治社会思想（上）』岩波書店、1972

6-3 北条政子と女性政治家たち──後家・母の権力

教科書 武士の社会　☞5-2, 6-4, 6-5

◆**鎌倉幕府の4代将軍**　鎌倉幕府の将軍は、①源頼朝、②源頼家、③源実朝と続いたが、1219年、実朝が頼家の遺児公暁に暗殺され、源氏三代は滅びた。次期将軍として、摂関家から藤原頼経が鎌倉に招かれたが、幼少のため、実際の将軍の役は、頼朝の後家で頼家・実朝の母である北条政子（1157〜1225）が務めた。鎌倉時代から南北朝期にかけて編纂された『吾妻鏡』『鎌倉年代記』『武家年代記』などの書物はいずれも、歴代将軍を、頼朝・頼家・実朝・政子・頼経……と数えている。近代には政子は将軍に数えられていないが、鎌倉時代には4代将軍とされていたのである。その執政期は「二位家の御時」と呼ばれ、実朝の死から政子自身の死にいたる期間（1219〜25）である。政子は征夷大将軍という官職に任命されていないが、1218年、朝廷より従二位に叙せられており、生前の頼朝と同等の位を得ていた。

北条政子像（安養院所蔵、江戸時代）

◆**頼朝の後家**　将軍家御台所であった政子は、頼朝の死後、後家となったときから、若き新将軍の母として将軍の後見役を担うようになっていた。御家人たちは、所領の安堵を政子に求めてきた。後世、尼将軍と呼ばれる政子の権力は、当時の武家社会一般に見られた後家の権限にもとづくものであった。

◆**女人入眼の日本国**　実朝に子どもが生まれないので、政子たちは皇子を迎えて将軍にしようと画策した。政子は上洛し、後鳥羽上皇の女房として権力をもつ卿二位（藤原兼子）と会見した。慈円はその様子を、「女人入眼の日本国いよいよまことなりけり」と評した（『愚管抄』）。慈円は、日本の歴史では重要な局面に女性が出てきて活躍すると考え、それを「女人入眼」という言葉で表現した。しかし、後鳥羽上皇の反対によって皇子の将軍は実現せず、摂関家の九条道家の子で、源義朝（頼朝の父）の血を母系を介して引く藤原頼経が選ばれたのであった（頼経の曾祖母の父が源義朝である）。頼経の御台所（正室）には、源頼家の娘の竹御所が配された。

◆**承久の乱**　後鳥羽上皇は、1221年、幕府打倒の兵をあげた。政子は、動揺する御家人たちの前で頼朝の恩を説いたので、御家人らは幕府のために戦うことを決意した。その後、政子の弟である執権北条義時邸にて軍議がおこなわれたが、上皇の

軍を迎え撃つか，進軍して戦うかで意見が分かれ，両論が政子に報告されると，政子は進軍を決断，将軍として大権を行使した。承久の乱は幕府の勝利に終わり，幕府の力が朝廷を凌駕することになったのである。(野村)

広義門院の院政　広義門院(1292〜1357，本名は藤原寧子，西園寺公衡の娘)は南北朝期の女院である。持明院統の後伏見天皇のキサキで，光厳・光明の2天皇の生母である。1352年，内乱のなかで南朝方が光厳・光明と孫の崇光の3上皇を拉致すると，足利義詮らは広義門院に「御政務」を依頼。広義門院は幕府の無力をなじって固辞したが，最終的に引き受け，病没するまでの5年間，治天の君として院政をおこなった。後家，母として政治の表に立つのは，政子と同様である。

応仁の乱と日野富子　室町時代の1467年，応仁の乱が起こった。そのとき，将軍後継者問題も発生した。将軍足利義政の御台所で，一方の候補者足利義尚の母である日野富子(1440〜1496)は，従来，我が子かわいさに応仁の乱の原因をつくったといわれてきたが，近年ではむしろ，巧みな外交手腕で乱を収拾したとされる。将軍である夫や子にかわって政治的な判断を下す行動は，御台所の権限に由来するものである。右写真は日野富子像(宝鏡寺所蔵／Wikimedia Commons)。

戦国大名・今川家の寿桂尼　戦国時代，駿河の戦国大名今川家に，寿桂尼(?〜1568)という戦国大名がいた。公家の出身で今川氏親に嫁ぎ，氏輝・義元を産んだ彼女は，夫の死後，寿桂尼と名乗り，若い氏輝にかわって領国を支配し，氏輝死後は反対派と争って義元に家督を継がせた。彼女の発行した印判状には「帰(とつぐ)」の印が押されている。後家で母という立場で政治の表に立った「最後の中世女性政治家」ともいうべき人物である。

狩野川の流れと伊豆国北条(静岡県伊豆の国市韮山)。北条政子の故郷。源頼朝は平治の乱後，この地の蛭が小島に流されていた。(筆者撮影)

蛭が小島(静岡県伊豆の国市韮山)。源頼朝はこの地に流されていた。いまでは頼朝・政子の銅像が立つ。(筆者撮影)

参考文献　野村育世『北条政子――尼将軍の時代』吉川弘文館，2000／今谷明『室町の王権――足利義満の王権簒奪計画』中公新書，1990／脇田晴子『中世に生きる女たち』岩波新書，1995／同『日本中世女性史の研究――性別役割分担と母性・家政・性愛』東京大学出版会，1992

6-4　嫁入婚と夫婦

教科書 武士の社会　☞4-4, 5-9, 7-5

◆**婿取婚から嫁入婚へ**　平安時代の半ばに主流であった婿取婚は，平安時代末期になると次第に嫁入婚に変わっていく。鎌倉時代に入ると，女性のほうが夫の家に嫁に行く嫁入りの形式がとられるようになった。夫婦は，夫方の邸宅に住みこむが，夫の両親とは同居はしない。夫の両親は，息子が結婚すると，息子に新居をあてがうか，自分たちが他所に移るかのどちらかを選択した。南北朝期以後になると，貴族の家では別の邸宅を建てることは難しくなり，同一敷地内に別棟を建てて息子夫婦を住まわせるようになった。つまり，二世代同居のはじまりであるが，一つ屋根の下に住むわけではないので厳密にいえば，同居ではなく，また調理も別であった。

◆**夫婦は縁友**　院政期には，夫婦は一生連れ添うもの，といった考えが生まれてきた。配偶者は，文書のうえで互いに「縁友（えんとも）」「縁共（えんとも）」と称しあっている。これは，仏縁あって友となったという意味である。夫婦の理想形が，一夫一妻の生涯にわたる同居，双方の財産の持ち寄り経営，出産と子育てを経て死後はともに極楽往生して「一つ蓮の上に生まれる」ことを祈るものとなった。「夫婦は二世の契り」といった言葉もつくられた。それを実践した夫婦も多かったものの，貴族や武家では，一夫一婦多妾である場合が多かった。

　安定的な結婚制度のなかで，家の妻の役割が高まった❶。御成敗式目（ごせいばいしきもく）は，そうした家婦の役割を「家中の雑事，所領の成敗」と称している。

　夫が死ぬと，妻は後家として家長の役割を引き継いだ。夫の遺した所領を管理し，子どもたちに分割相続させ，子どもたちを指揮した。こうした後家の権限は，妻の権限の延長でもあったが，後家になると公的社会的に家の代表者として認められた。また，夫の死後，妻は自分の座敷に居ながら出家して尼となり，夫の菩提を弔うことが慣例となった。

◆**夫婦の姓と名字**　結婚に際して，夫婦の姓はどのようになったのか。姓とは，源平藤橘などの氏の名であり，これは，結婚しても変わることはなかった。したがって，夫婦は別姓であった。日本では，古代から江戸時代まで，夫婦はそれぞれ実家の姓を名乗った。一方，中世には，姓とは別に名字（苗字）がつくられた。名字とは，たとえば下野国（しもつけのくに）の足利に土着する源氏ならば足利家，伊豆国の北条に土着する平氏ならば北条家，あるいは京都九条に邸宅をかまえる藤原氏ならば九条家とい

ったように，居住地の地名を家の名としたものであり，居所が変われば名字も変わりやすかった。ここに，結婚によって夫方の家に移ったとき，妻の呼称に夫方の居所の名，すなわち名字がつけられる場合が出てきた。一例をあげれば，摂関家の九条道家は，同じ摂関家である近衛兼経の北政所（正妻）となった娘の仁子を「近衛北政所」と称している（『九条家文書』建長2〔1250〕年11月）。また，信濃国の御家人中野氏の尼せんこうが，子どもたちに所領を譲った文書では，娘たちを「大井田女子」「井上女子」「つのかわの女子」と呼んでおり，それぞれの婚家先の地名であると思われる（『市河文書』正応4〔1291〕年6月23日）。これらは，嫁入婚の開始によって，妻が夫方の地名すなわち名字で呼ばれるようになる早い時期の例である。(野村)

---

❶絵巻物に見る一家の「主婦」

　左は，銅細工師の家の妻。囲炉裏のそば，家の奥に座を占めて，あれこれ家人に指図をしている。右は貴族の家の夫婦と使用人たち。これら一家の「主婦」は，いずれも，四角い箱，檜物の小櫃を脇息としてもたれかかって座っている。これが「主婦」を象徴するスタイルだったのであろう。なかには何か家の大事なものが入っていたのであろう（なお，「主婦」とは近代の用語であるが，ここではほかに適切な語がないため便宜的に用いている）。

銅細工師の家　（「松崎天神縁起」，鎌倉時代，防府天満宮所蔵）

貴族の家　（「石山寺縁起」，鎌倉時代，「石山寺縁起」国立国会図書館所蔵）

参考文献　高橋秀樹『中世の家と性』山川出版社，2004／勝浦令子『女の信心――妻が出家した時代』平凡社，1995／坂田聡『苗字と名前の歴史』吉川弘文館，2006

6-5 地頭・御家人の女性たち

教科書 武士の社会　☞6-2, 6-3, 6-6

◆**武士の生活**　武士たちは，先祖以来相伝してきた土地や，新たに幕府から与えられた土地に住み，河川の近くの小高い土地に館をかまえた。館の中心には，壁に覆われた密閉性の高い塗籠という部屋があり，家の大切なものを管理する納戸であるとともに，主人夫婦の寝室でもあった。塗籠は，家長の妻が管理した。

　館の周囲には，堀，溝や塀がめぐらされ，敵の襲来に備えた。館の周辺には，直営地が設けられ，下人や所領内の農民を使った耕作がなされた。畠地の耕作には下女が多く従事していた。さらにその周辺には，農民たちが耕す所領が広がっていた。御家人は地頭になり，農民から年貢を徴収して国衙や荘園領主におさめ，加徴米などの収入を得た。一方，御家人たちは鎌倉にも館をかまえ，都市生活者としての顔ももつようになった。

◆**分割相続と女性所領**　所領は，父母から男女の子どもたちに分割相続された。とはいっても，均分相続ではない。親は，子どもたちのなかから１人の嫡子を立て，家の中心的な所領と多くの財産を譲った。社会慣習としては，嫡子には長男が立てられるのが一般的であったが，決定権は親にあり，長男に問題がある場合はほかの子を立て，少数だが女子を嫡子とした例もある。次子以下の所領は嫡子よりも少なく，全体として女子は男子より少ない。ただし，女子のなかでは，長女が嫡女として，多くの所領を譲られた。男子も女子も，これらの所領を自分の意思で処分し，子どもたちに相伝させることができた。親は，１度譲った所領を取り戻す悔返し権をもっていた。

◆**後家の力**　父親が所領を処分せず死んだ場合は，後家となった母が子どもたちに分割譲与し，監督をした。御家人の家では，後家が惣領として，一族に号令をかけて公事を勤めることがあった。武士の家は，後家の力がなくては存続できなかったのであり，後家の力は強かった。北条政子の活躍も，このような後家の権限にもとづくものであった。

◆**女子の所領がつなぐ親族結合**　御家人は，本宗家の家長である惣領のもとに親族が結集して，幕府の公事・軍役（大番役，鎌倉番役など）を寄合勤仕した。これを惣領制という。そこには，しばしば，婿や外孫（娘の子）が含まれていた。武士の親族結合は，女性の所領を媒介として姻族をも含むものであった。また，武士たちは婚

姻を通じてネットワークをつくった。

◆**乳母がつなぐ縁**　当時の公家や武家では，子どもが生まれると乳母（めのと）をおく習慣があった。乳母といっても授乳する女性だけではなく，授乳しない乳母夫婦もあって，その子の後見役となった。乳母の実子は乳母子（めのとご）といい，固い主従関係で結ばれた。たとえば，源頼朝の乳母は，摩摩尼（ままのあま），寒川尼（さむかわのあま），山内尼（やまのうちのあま），比企尼（ひきのあま）の4人が知られている。このうち寒川尼は，頼朝から地頭職を与えられた文書が残っている❶。寒川尼は小山政光（おやままさみつ）の妻で，この縁で小山一族が頼朝と固い主従関係を結んだ。一方，比企尼はその娘も頼朝長男頼家の乳母となっており，頼朝・頼家と比企一族との強い絆を形成した。乳母がつなぐ縁がいかに重要であったかがわかる。

◆**女性と武力**　武士は，戦さに備えて武芸の稽古に励んだ。女性は，一般には戦争に兵として動員されることはなかったが，『吾妻鏡』には越後城（じょう）氏の反乱で奮戦した板額（はんがく）の話が記されているし，物語の世界ではあるが『平家物語』には女武者の巴（ともえ）が登場する❷。戦争ではない日常的な紛争解決の場では，所領の知行をする女性が家来や郎党を使って暴力を行使することが見られた。（野村）

❶「**源頼朝下文（くだしぶみ）**」（皆川文書）
　源頼朝が乳母の寒川尼（小山七郎朝光母）に下野国寒河郡并阿志土郷の地頭職を与えた文書。女性の地頭はめずらしくなかった。

（文化庁所蔵）

❷**近代の浮世絵に描かれた巴御前**

（楊洲周延作，1899年／Wikimedia Commons）

|参考文献|　田端泰子『乳母の力──歴史を支えた女たち』吉川弘文館，2005／石井進『中世武士団』小学館，1974／保立道久『中世の愛と従属──絵巻の中の肉体』平凡社，1986

6-6 モンゴル襲来後の社会とジェンダー

教科書 蒙古襲来と幕府の衰退　☞6-14, 6-16, 6-18

◆**モンゴルの世紀**　13世紀ユーラシアは，モンゴル民族が大帝国を築いた時代である。東アジアでは，クビライ・カンが金を滅ぼして元を建国し，高麗を服属させ，日本に朝貢をうながした。執権北条時宗はこれを拒否，使者を斬るなど強硬な態度をとったが，外交努力はしなかった。クビライは1274年（文永の役），1281年（弘安の役）の2度にわたって日本に遠征，博多湾に侵攻した（元寇）。幕府軍は苦戦を強いられたが，元軍は高麗や南宋の兵の寄せ集めで士気に乏しく，暴風雨もあって北九州を侵しただけで敗退した。クビライは，3度目の遠征を計画したが，ジャワでも暴風雨の被害を受け，さらに，ベトナム，チャンパとの戦闘に苦戦するなかで死去し，3度目の日本遠征はなかった。

◆**臨戦態勢のなかでのジェンダー政策の転換**　鎌倉幕府は，文永の役ののち，九州の御家人に石築地役を課して博多湾に石塁を築き（元寇防塁），異国警固番役を課して北九州の防衛にあたらせた❶。弘安の役の5年後の1286年，幕府は九州の御家人にあてて，異国警固番役が終わるまでは所領を女子に譲ってはならないという法を出した❷。これまで，鎌倉幕府が女性への所領譲与を制限したことはなく，臨戦態勢のなかでのジェンダー政策の大転換であった。

◆**一族内婚と女子一期分**　御家人たちは，分割相続の繰り返しによる所領の狭小化に加え，対モンゴル戦争で恩賞をもらえず，次第に困窮した。幕府のジェンダー政策転換の影響もあり，父系一族の結束を固めることと，女性の相続権を制限することで危機を回避しようとした。女子の所領を一族内にとどめておく努力がなされ，女子を一族内の男性と結婚させたり，一族のなかから女子に養子をとったりした。さらに女子一期分が普及した。女子一期分とは，女子に譲った所領は，女子の一生のあいだは女子のものだが，死後は実家に返させるというもので，あらかじめ惣領の嫡子などを未来領主に定めておくのである。一期分は，13世紀後半から武士社会に広く普及していき，女子は自分の所領を子に伝えることができなくなった。鎌倉時代後期に現れる一門評定は，父系一族の男性が結集して所領を管理するもので，女性，母系，姻族を排除するものであった。

◆**悪党結合**　鎌倉時代末期の社会に悪党と呼ばれる人びとが登場した。悪党とは新興武士や商工業者・荘民などの集団が，荘園に乱入したり，城郭をかまえるなど

して，既存の秩序を無視し，破壊する行動をとった。悪党の集団は，父系だけではなく，姻族や母系を含めた横に広がる親類結合をなしていた。

◆**鎌倉幕府の滅亡と南北朝の内乱**　1333年，後醍醐天皇は鎌倉幕府を滅ぼした。北条氏の男性たちは鎌倉で自害したが，北条高時の母である覚海円成（安達氏）は，後醍醐天皇から伊豆北条宅の継承と上総国の荘園一か所の継承を認められ，親類の女性たちを連れて北条に帰り，夢窓疎石を開山に円成寺という尼寺を建立し，拠り所とした。

　建武の新政が破綻して，1336年から1392年まで南北朝の内乱が続き，日本中で戦いや人の移動が続き，社会は大きく変動した。武士のなかには，一期分からさらに嫡子単独相続へと移行し，女子にまったく所領を譲らなくなった家もある。1336年，足利尊氏が制定した「建武式目」第１条には，「権門と女性および禅律僧が政治に口を出すことを禁止する」と書かれており，室町幕府のジェンダー政策が示された。しかし，実際には，一期分や化粧料というかたちで，女性に所領を譲ることは続いたし，日野富子のような女性の政治家も登場したのである。（野村）

---

❶「**竹崎季長絵詞**」
（「蒙古襲来絵詞」）
　御家人役としてつくられた石築地はいまも博多湾岸に残る。この絵巻物は，筑後国御家人竹崎季

石築地に座る武士たち（Wikimedia Commons）

長が幕府に恩賞を要求するために作成させたものであるが，全編をとおして女性が１人も描かれていないホモソーシャルな絵巻物。

❷【**史料**】鎮西御家人の所領譲与に関する法
一　鎮西御家人の所領の事　　弘安九・七・二十五
　　異国警固落居せざらんの程は，女子に譲るべからず。男子なくば，親類をもって養子となし，これに譲るべし（追加法596条）。

> **覚山志道と東慶寺**　覚山志道（1252〜1306）は，鎌倉幕府の重臣安達義景の娘であり，数え年10歳で11歳の北条時宗と結婚し，堀内殿と呼ばれた。夫は1268年に若くして執権に就任。２人のあいだにのちの執権北条貞時が誕生した1271年，クビライ・カンが国号を元と改めていた。当時の鎌倉には，元に圧迫された南宋から来た禅僧が多く，時宗は無学祖元を招いて円覚寺を建立した。２度のモンゴル襲来を終えた1284年，時宗は34歳で死去するが，臨終にさいし無学祖元を戒師として出家をし，妻もともに出家をした。ここに覚山志道禅尼が誕生した。覚山志道は円覚寺の隣に尼寺東慶寺を建立し，以後，寺での修行と弟子の養成，禅僧らとの交流に生涯を尽くした。伝えによれば，鏡を見ているとき悟りに達したという。江戸時代，東慶寺は女性が駆けこむと離婚ができる縁切寺となった。

参考文献　後藤みち子『中世公家の家と女性』吉川弘文館，2002／笠松宏至ほか『中世政治社会思想（上）』岩波書店，1972

6-7 中世仏教とジェンダー

教科書　鎌倉時代の社会と文化　☞4-6，6-8，6-9

◆**中世高僧の仏教女性観**　『法華経』に見える龍女成仏の話のなかには，女性は梵天王，帝釈，魔王，転輪聖王，仏身の五つになれない「五障」の身とする説に対し，鋭い知恵をもった8歳の龍女が「変成男子」し，成仏したことを示したと説いている。このような女性観を前提に法華信仰や阿弥陀信仰による救済を説く女人成仏論や女人往生論は，すでに平安時代では教義的には常識的なものであった。そして鎌倉時代では，浄土宗の祖師法然❶は，積極的には「変成男子」説を語らず，浄土真宗の祖師親鸞も「変成男子」による女人成仏の本願や，女性を「五障」の身と記した以上の言及がない。ただし，いずれの教団もその後の伝道では，罪深い女性を阿弥陀仏が救済すると説く論理から自由ではなかった。曹洞宗の祖師道元は，日本に女人結界が存在することを厳しく批判し，また得道・得法が問題で男女の差異は問題ではないと論じたが，「変成男子」を前提とする伝統的な仏教女性観ももっていた。日蓮宗の祖師日蓮は，『法華経』は「五障三従」の女性を成仏させることができると，積極的に女人成仏を主張した。なお女性は父・夫・息子に従う存在とする「三従」は儒教女性観としても流布した。西大寺流真言律宗の叡尊の弟子惣持は尼や女性に女人の重業を救うためとして，『仏説転女身経』の出版を勧進した。華厳宗の明恵も晩年に女人の転五障を論じ，光明真言を唱えることを勧めた。

◆**女性の仏教女性観**　女性のなかには，「変成男子」などの教義をそのまま受け入れ，信心を固める者もいた。たとえば13世紀後半に，尼が母の供養のために勧進活動して造立した伝香寺地蔵像の胎内に五障の女身を転じて男子となることを祈願した願文が見える。ただし中世前期にすべての女性が「五障三従」「変成男子」説に縛られていたとは必ずしもいえない。女性が自らこのことに言及している史料は，貴族女性や尼の願文に見られるが，全体的にはそれほど多く残ってはいない。女性の本音や生活感覚として，どれだけ深刻に受けとめられていたか疑問であり，一般女性たちは女身を必ずしも否定的にとらえていたわけではなかった。たとえば鎌倉時代の願文などでは，祈願内容に男女の差は少なく，罪業観の影響も少なかった。とくに女性が「龍女成仏」を女人成仏の範とした現存史料はなく，寄進状には「貧女の一灯」の文言が多く，これが女性たちに広く受容された。そして実際に在地女性が女性罪業観を受容したのは中世後期の室町時代からとされている。

◆**中世の尼と尼寺**　鎌倉時代になると，家に居住する尼がさらに増加した。しかし一方で多くの戦乱のなかで未亡人となった女性が出家して尼寺で活動する例も増加した。たとえば承久の乱で，後鳥羽院側に属して戦死または処刑された貴族や武士の妻たちが，明恵を慕って高山寺の周辺に集まり出家し，尼寺の善妙寺を建立した。また禅宗・真言律宗・浄土宗・時宗などの教団に所属する尼も増加し，これらの尼寺や道場・庵も多く建立されるようになった。ただし現実は僧や僧寺の管理下におかれる存在であった。尼寺が最も多く建立されたのが禅宗で，曹洞宗の了然尼は強い意思をもって仏道修行をした尼として道元に評価されていた。また臨済宗では無学祖元の弟子で，景愛寺開祖と伝えられた無外如大が著名な尼である。真言律宗では，法華寺など古代尼寺が復興され，戒律を厳守し，また社会救済活動の一翼を担う尼が多くなった。鎌倉時代の法華寺には，宮廷女房出身の尼，学僧の母や娘など，僧の「家」出身の女性たちなども入寺した。真言律宗の尼のなかには，密教修行者に阿闍梨の位を許すための伝法灌頂を受けて，自らも師主として一般の人に仏縁を結ばせる結縁灌頂を授けた者もあった。逆に尼寺をもたない教団としては，教義上僧の妻帯を認めた浄土真宗がある。また寺社と結びついて諸国を遍歴し勧進活動に従事する尼も存在した。これら遍歴の尼として中世後期から近世にかけては熊野比丘尼や伊勢比丘尼などが活躍した。（勝浦）

❶**法然の教えを聞く人びと**

「法然上人伝（模写）」（国立国会図書館所蔵）

|尼寺の役割|　室町時代に京や鎌倉に臨済禅の尼寺五山が制定された。この時期には，尼寺の法灯を維持し，また子女の生活を維持するため，将軍家や天皇家・貴族の娘たちが幼年から出家することが増加した。このため尼寺の多くは宗教施設をともなう宮や御所の性格をもっていた。しかし京の尼五山として重んじられた尼寺（景愛寺・檀林寺・護念寺・恵林寺・通玄寺）も，室町幕府滅亡以前に廃絶していったものが多かった。ただし大聖寺や宝鏡寺など尼五山の住持（住職）を出す尼寺のなかには，近世以降も存続したものもあった。比丘尼御所住持が特定寺院に許された紫衣を着用する例もあり，このような尼寺のなかで宮廷文化を継承した。

|参考文献|　西口順子『中世の女性と仏教』法蔵館，2006／野村育世『仏教と女の精神史』吉川弘文館，2004／勝浦令子『古代・中世の女性と仏教』山川出版社，2003

6-8 貴族・武士・寺院社会と男色

教科書 院政の成立／鎌倉時代の社会と文化　☞5-6, 6-7, 6-17

◆**藤原頼長の日記**　保元の乱で敗れた摂関家の藤原頼長（1120～56）の日記「台記（たいき）」には，彼の男色関係が記されており，こうした男同士の性的結びつきが，当時の政治過程に大きな影響を与えたことが指摘されている。当時の日記は個人のものという以上に，子孫に残すべき記録という性格をもっていたから，若干曖昧な記述にしているとはいえ，日記に記すこと自体，男色が当時の性規範において許容されていたことを示す。頼長が生きた院政期の貴族社会では，一族一門の結合が明確となってきており，一門の結びつきを強めるために，あるいはその結合のトップである家長の地位をめぐる争いに勝つために，男色関係を結んでいく様が読みとれるという。

◆**貴族・武士と男色**　とくに当時の最高権力者である院（上皇・法皇など譲位後の天皇）に寵愛（ちょうあい）された者たちは，諸国の国司（受領（ずりょう））を歴任して経済的に富裕となったうえに高い官位を得る例が多く，保元・平治の乱における対立軸も，背景として男色関係が影響していたとされる。貴族たちの狭い世界では，親族・姻族，あるいは主従関係など，さまざまな人的関係が大きな政治的意味をもっていたが，男色関係もその一つとして，十分に考慮する必要があろう。

このように，院政期には政治の中枢部にまで大きな影響を与えた男色関係だが，その後も広く見られ，性規範上問題にされるということはなかった。とくに武家では，朋輩間や，主人と若い従者の間など，男色関係が指摘される事例は多い。一般的に男同士の絆は，性的関係か否かを区別することなく，軍事集団としての武士のあいだでは重視されたといえる。儒教的倫理観が為政者に広まっていくとされる近世初期には，「衆道（しゅどう）（男色）」禁止令が何回か出されるが，これは「無体な申しかけ（無理やりの関係強要）」の禁であり，逆に大名から一般庶民にまで広がる「衆道」の流行を示しているとされる。

◆**寺院社会と男色**　女性を不浄とし，女性との性的接触を忌避する仏教寺院では，妻帯を許された浄土真宗を除き，僧侶と稚児（ちご）との性的関係が広く見られた。

稚児とは，本来乳児や童児を表す言葉だが，寺院や公家・武家に召し使われる少年の意味ももつ。とくに中世寺院における稚児とは，本来は寺院の教育的機能から，僧に師事して修行する12，13歳から15，16歳の少年たちを意味した。その出身階層

によって上童・中童などと区別され，教学から日常作法・芸能まで教授されたうえで，僧侶となる者だけでなく，元服して俗界に戻る者もいた。とくに僧侶の性愛の対象とされたのは，公家や上層武家の子息ではない稚児たちであり，師である僧侶への絶対的服従と奉仕を強制されていた。

絵巻物などに描かれた稚児は，長い髪を束ねて化粧をし，その衣装も含めて女性と区別できない姿をしていた❶。また稚児と僧のあいだで交わされた和歌は男女の恋の歌と変わりないとされる。その意味では，稚児は女性としてのジェンダーを僧侶から強いられた存在ともいえる。このように中世の男色関係は，単純に現代的な意味での同性愛とはいえない側面をもち，両者のあいだに厳然とした従属関係のある場合も多い。（久留島）

---

❶稚児と僧侶
春日権現の神威を物語る鎌倉後期成立の「春日権現験記絵」には，当時の寺院社会の様相が詳細に描かれている。僧たちの宴会の場には，酌をする稚児が見えるが，その姿は長い髪を束ね，柄模様のある着物を着て，女性とも通じる。

「春日権現験記絵」(宮内庁三の丸尚蔵館所蔵)

|稚児と聖性| 稚児行列や稚児舞の稚児に示されるように，童（子ども）は神に近い聖なる存在とする見方がある。中世寺院で僧侶たちの性愛の対象とされた稚児の場合も，たんなる女性のかわりではなく神仏の化身であり，その性愛を神聖なものとする仏教儀礼まで存在した。稚児と僧侶との悲恋を主題とする中世の稚児物語でも，稚児は聖なる存在として描かれている。稚児を神聖とする見方は僧侶の一方的なものにすぎないが，稚児は，単純に男女に二分されるのではない，ジェンダーを超えた存在を示し，聖性もそこに由来するとの指摘もある。

参考文献　五味文彦『院政期社会の研究』山川出版社，1984／氏家幹人『武士道とエロス』講談社現代新書，1995／阿部泰郎『湯屋の皇后――中世の性と聖なるもの』名古屋大学出版会，1998／土谷恵『中世寺院の社会と芸能』吉川弘文館，2001／細川涼一『逸脱の日本中世』ちくま学芸文庫，2000／田中貴子『性愛の日本中世』ちくま学芸文庫，2004

6-9 女性不浄観——血穢・血盆経信仰

教科書 鎌倉時代の社会と文化　☞4-6, 6-7, 7-13

◆**血穢の系譜**　宗教上、産婦や月経の女性を穢れとして排除する習俗は、多くの民族に見られる。中国でも古代から血の腐臭を穢れとし、産婦に対する穢れ観があり、これが伝染すると見て、産婦を別小屋に隔離し、出産を見聞することを禁忌としたりする習俗があった。祭祀にさいして心身を清め禁忌を守り行動を慎むことを重視する宗教者が、産室に侵入すること、産婦を見ること、逆に産婦から見られること、出産によって穢れが生じている家の食事をとることを禁じていた。また産後の一定期間、産婦と小児は外出や祭祀の場へ立ち入ることを禁じられた。日本古代では、『古事記』のミヤズヒメとヤマトタケルの月経中の通婚伝承から、月経の穢れ観は希薄であったとし、またトヨタマビメの産屋伝承から出産を見ることは禁忌の対象であったが、出産の穢れ観は9世紀前半の『弘仁式』、月経の穢れ観は9世紀後半の『貞観式』まで存在しなかったとする説が多い。しかし産穢の場合、遅くとも7世紀後半から8世紀前半には、中国の儒教・道教・密教など外来信仰の影響を受けていたことは明らかである。神祇信仰にもとづく国家祭祀の大綱を定めた神祇令に見える、祭祀の前の潔斎で避けるべき「穢悪」を、738年頃成立の注釈書が「生産婦女不見の類」と注釈していた。これは『千金方』『小品方』などの中国医書、『本草集注』などの中国本草書、また密教経典に散見する産婦穢悪観や、産婦を見ること、産婦から見られるのを忌むことと共通した認識である。この8世紀の産穢認識が9世紀前半に『弘仁式』で成文化され、『貞観式』、10世紀の『延喜式』と引き継がれ、その後さらに広く流布し浸透していくようになっていったといえる。

◆**仏教の女身不浄観**　仏教教義では男性の煩悩を惑わす存在として、女性の身体を不浄としていた。この仏教の女身不浄観は初期仏典から見られたが、大乗経典、たとえば『法華経』にも、女性は身体が穢れており仏法を受け入れる器ではないとある。この「女身垢穢」はサスクリット原典にはなく、漢訳されたときに挿入されたものであったが、多くの影響を与えた。このような女身不浄観は、血穢の状態のときはもとより、それだけに限定されない恒常的な穢れとされ、男性が女身と接触することを忌避し、男性の清浄性を喪失することを防ぐ観念となっている。たとえば14世紀初頭頃に僧無住が著した『妻鏡』には、「女人の七種の科」のなかで、女身が出産や月経などによってつねに不浄であるとしている❶。これは中国唐代の僧

道宣が記した『浄心誡観法』の女人十悪を改変したものである。

◆血盆経信仰　女性が前世の罪業によって穢れ多い女身に生まれ，生前に血穢を流して犯した罪により，死後には血の池地獄に堕ちるとする血盆経信仰が中国から伝わり，中世後期の室町時代には日本でも流布するようになった。熊野比丘尼や天台宗系修験者は『血盆経』を女性の追善供養に写経したり，女性が生前からお守りにしたりすることを勧めた。とくに熊野比丘尼は「観心十界図」という曼荼羅などを携帯して諸国を遍歴し❷，絵解きをして，そこに描かれた「血の池地獄」からの救済を説いた❸。血盆経信仰は，近世には臨済宗，曹洞宗，浄土宗，真言律宗などさまざまな宗派が取り入れていった。ただし中世後期の説経節「刈萱」に見えるように，女性たちが，産穢は「夫の不浄」を代理で受けて出産するためになるのだという「代受苦」の論理で理解していた例もあった。（勝浦）

❶【史料】『妻鏡』
　「身常に不浄にして，蟲血数流出。懐妊産生けがらはしく，月水胞胎不浄なる，是を見て悪鬼は競ひ，善神は去り，愚人は愛し，智者は憎む」（『假名法語集』日本古典文学大系83，岩波書店，1964）。

❷「観心十界曼荼羅」
　血の池地獄のほとりで『血盆経』を与えて救済する如意輪観音
　　全体像（下）と部分（右下）

❸絵解きする熊野比丘尼

「熊野比丘尼絵解図」京都大坂市街図
（大阪歴史博物館所蔵）

「熊野観心十界図」（兵庫県立歴史博物館所蔵）

参考文献　勝浦令子「女性と穢れ観」『佛教史学研究』51-2，2009／野村育世『仏教と女の精神史』吉川弘文館，2004

6-10 村の女房座

教科書 民衆の台頭と室町時代の文化　☞6-11, 7-5, 7-7

◆**村堂と女性の寄進**　中世に次第に形成されていく村の共同体（惣村）は、鎮守や、神仏習合で鎮守と一体となった寺庵を精神的な結びつきの要としていた。こうした村の堂には、祭りの費用や、堂の維持・造営のために寄付（寄進）が寄せられたが、そのなかには女性名義のものも目につく❶。中世、年貢負担者として領主から公認された「名主百姓」は、圧倒的に男性が多く、女性は「後家」などごく少数で、これだけを見ると、女性は土地に対する権利をほとんどもっていなかったように思える。しかし、田畠の収益を村堂に寄付する旨の文書が残っているので、女たちも土地に対する何らかの権利を所持していたことは確かである。

　もちろん収入の手だては土地所有や農業だけではない。中世には女性が商人や職人としてしばしば現れるので、そうした農業以外の収入も、寄進する女たちの財産形成に関係していたかもしれない。

◆**女房座と娘の頭**　商業村落の一つ近江蒲生郡今堀郷は、中世惣村の代表例でもある。この今堀郷の南北朝期の史料に、正月神事の場で、それに参加できる成人男子（村人）の「座」とともに、彼らの妻たちと推測される「女房座」の記載のあることが知られている（今堀日吉神社文書）。また山城多賀郷の鎮守高神社では、鎌倉時代に、「殿原桟敷」に対して、殿原（現地有力者）の妻たちの座と考えられる「女房桟敷」があった。このように、祭りの場に村の有力者夫妻の存在が確認できるが、さらに紀伊粉川寺領東村の史料では、村に生まれ居住している娘なら、「物の頭」と呼ばれる祭礼を取り仕切る役の一つに指名されたことがわかる❷。夫婦と村生まれの少年少女が、祭礼には深くかかわっていたのである。

◆**絵系図と女性**　家族が信仰の単位になっていたことは浄土真宗の村でも変わらない。真宗仏光寺派では絵系図といって村の入信者夫婦を中心に、祖父母や孫たちまで描かれた系図が作成され、過去帳の役割ももっていたという。妻帯を認める真宗なので、女性も尼姿で描かれ、夭折した子どもたちは鮮やかな赤や花模様の着物で描かれている❸。惣村では近世に向かって、頭役夫婦のはたす役割が大きくなっていくことが指摘されているが、絵系図からもそれがうかがわれる。

◆**逃散のジェンダー**　以上の祭礼や神事・仏事は、村にとって重要な政治的場の一つだが、呵責ない支配をおこなう地頭などに抗議して、その対応策を練る村の集

会，あるいは抗議の意思表示である逃散（ちょうさん）なども，中世の村にとっては存亡をかけた政治的行動といえよう。こうした密議や抗議行動にも女性のかかわったことが指摘されており，とくに逃散のさいには，女たちは夫と行動をともにせず，家内に閉じこもるという戦術をとったとされる。つまり，家を篠で閉じた一種不可侵の聖域とし，領主から家財が差し押さえられるのを防いだというのである。有名な阿氐川荘（あてがわのしょう）百姓申状によれば，地頭による「メコトモヲイコメ，ミミヲキリハナヲソキ，カミヲキリテ，アマニナシテ（妻子どもを追いこめ，耳を切り鼻を削ぎ，髪を切りて，尼になして）」というすさまじい暴力が女性に加えられたことがわかるが，女たちは逃げるのみでなく果敢に対峙していたのである。（久留島）

---

❶【史料】女性の寄進状

寄進し奉る如法道場田畠家屋敷等の事／
合わせて家屋敷田畠といえり
在り蒲生下郡本郷内河□屋敷六条廿六里十坪四段半屋敷（下略）
右件の家屋敷田畠は，昌慶比丘尼先祖相伝の私領也，然りと雖も，父母自身現世安穏，後生善処，出離生死，頓証菩提の為，奥嶋庄内井上如法道場開山岩本坊宗覚に，寄進し奉る所実正也，（中略）。
応永九年 壬午（みずのえうま）(1402) 二月九日　比丘尼昌慶（略押）／尼拾弐（略押）（大島・奥津島神社文書）。

【解説】尼2人が父母の菩提を祈るなどの目的で，家屋敷・田畠を如法道場（写経を中心にした法華信仰のための一種の寺）に寄付した旨を記す文書。惣村として有名な近江奥島荘（現滋賀県近江八幡市）にあった村の寺（現大島・奥津島神社）に伝来した。

❷【史料】女性と「頭役」

（端裏書）「女シヤウノモノヽトウサスマシキ之事」
ヒカシノムラノムスメ，タソノニ候ハムニ，モノハトウサスヘカラス，キヤウコウニヲキ候テ，コノムネヲソムキ候トモカラアルマシク候，ヨテサタメヲク状如件。
正平廿年乙巳(1365) 十月十四日　カクネム（略押）／シヤウレム（略押）（王子神社文書）。

❸絵系図

（滋賀県蒲生郡竜王町川上光明寺所蔵）

【解説】「東村の娘，他所に候んに，物の頭差すべからず，向後におき候て，この旨を背き候輩有るまじく候，仍定め置く状件（くだん）の如し」と読める。嫁入りなどで他所に移った娘は「物の頭」になれないという規定で，今後この規定に背いてはならないとあるので，従来は他に移っても就任可能だった可能性がある。「東村の娘」という地位が，どのように確認されたのかは不明だが，村の正式な構成員である家に生まれた子どもが，ある年齢になると，その地位を承認される儀礼の存在する惣村は多い。この場合，多くは男子に限られているが，14世紀の東村では女子でもその地位を認められていたことがわかる。

参考文献　田端泰子「大名領国規範と村落女房座」女性史総合研究会編『日本女性史2　中世』東京大学出版会，1982／黒田弘子『女性からみた中世社会と法』校倉書房，2002／黒田弘子『ミミヲキリハナヲソギ——片仮名書百姓申状』吉川弘文館，1995／西口順子「中世後期仏光寺教団と村落」『講座　蓮如4』平凡社，1997

6-11 中世の生活・生産とジェンダー

教科書 民衆の台頭と室町時代の文化　☞6-10, 7-9, 7-12

◆**田植えと早乙女**　民俗行事として大田植えなどと呼ばれる賑やかな田植えの残る地方があるが，それによく似た17世紀の田植えの様子が描かれている中世末期の屏風絵がある（「月次風俗図屛風」東京国立博物館蔵）。代搔きと苗運びは男の仕事，田植えは早乙女（さおとめ）と呼ばれる女の仕事というように，明らかな性別分業が描かれている。囃（はや）す田楽の集団は男のみのようだが，食事を運ぶのは男女混じり，鳴子（なるこ）で鳥追いをしているのは子どもである。鳥追いは一人前とはみなされない者の仕事であったようだ。このように前近代は，性や年齢などによる分業が，暗黙のうちになされる社会であったといえる。田畠を刈り取ったあとの落穂拾いも，寡婦にのみ許された慣行であり，有名なミレーの絵が描くように，西欧でも同様であった点が興味深い。

◆**衣料生産と洗濯**　中世の絵巻物を見ていると，糸を紡ぐ作業は女❶，織る作業も基本的には女がしている。また裁縫仕事も女たちの仕事として描かれているものがある❷。このように，染め・織り・縫いといった衣料生産は，製糸段階も含めて女性の仕事とされていた。しかし，西陣織の高機（たかはた）などでは，男性の職工が近世には増えていくようで，性別分業には変化のあることもわかる。

衣生活関係では，洗濯も女の仕事とされており，絵巻物でも井戸で洗濯する女の姿がよく見られる。井戸の周囲で足踏み洗濯をする姿が多いが❸，水桶を傍らに置いて，たらいで洗濯する姿も描かれている❹。井戸の場面では水汲みにきた女・子どもの姿も多く見られ，生活用水の水汲みは「最大」の女性労働という指摘もある。世界的に見れば，水道設備の未整備地域では，現在でもよくある光景である。

◆**食の分業**　中世武家屋敷の台所の描写を見ると，男女どちらもいる❺。もちろん寺院の台所は男のみであり，寺院外の女性に委託していたらしい衣料生産や洗濯とは明らかに異なる。ただし他の例も含めると，まな板で魚や獣肉などを切っているのは男，煮炊きは女と，性別分業はここでも確認できそうである。さらに穀物の精白作業は，「舂女（つきめ），碓女（うすめ）（早乙女）」と並べられる，代表的な女性労働であり，2人組で竪杵と竪杵用臼を用いる女たちの姿が絵巻物にも描写されている❻。

これらの差異は，西陣織のように商品生産を契機に変化する場合もあれば，明治時代の製糸工場の女工のように，資本主義体制のなかでも継承され，女性がおこなう労働は低賃金といったあらたな現象の生じる場合もあった。（久留島）

6-11 中世の生活・生産とジェンダー

❶手すりつむを使う女

「信貴山縁起絵巻（模写）」（国立国会図書館所蔵）

❷裁縫する女たち

「石山寺縁起（模写）」（国立国会図書館所蔵）

❸足踏み洗濯する女

「信貴山縁起絵巻（模写）」（国立国会図書館所蔵）

❹洗濯する女

「石山寺縁起（模写）」（国立国会図書館所蔵）

❺武家屋敷の台所

「春日権現験記絵」（宮内庁三の丸尚蔵館所蔵）

❻竪杵を使う女

「福富草子」（白百合女子大学図書館所蔵）

参考文献　保立道久『中世の女の一生──貴族・領主・百姓・下人の女たちの運命と人生』洋泉社，2010（初版1999）／澁澤敬三・神奈川大学日本常民文化研究所編『絵巻物による日本常民生活絵引（新版）』全5巻，平凡社，1984

6-12　職人歌合の女たち（大原女・桂女・金融業者）

教科書　民衆の台頭と室町時代の文化　☞7-10, 7-11, 7-12

　『職人歌合（しょくにんうたあわせ）』は，歌人が左右に分かれて，それぞれある職業の人をテーマとして和歌を詠み，左右一首ずつを組みとして勝負する遊びである。中世におこなわれた職人歌合の和歌と判詞（はんし）（審判の判定と批評），職人の絵姿・口上が加えられた絵巻が数種類，現在まで残されている。そのなかには女性の姿も多数描かれ，当時の女性の仕事について垣間見ることができる。また描かれた女性たちの被り物や髪型・眉の形は，職業により異なっており，そうした風俗も注目される。

　◆「七十一番歌合」の女性たち　1500（明応9）年頃の製作とされる「七十一番歌合」には左右合わせて142種類の職業があげられており，このうち30数種類に女性の絵が描かれている。もちろん男女ともに従事した職業もあろうが，女性の姿が4分の1の多数におよぶのである。内訳を見ると，まず紺搔（こんかき）（藍で布を染める職人）・機織り・縫物師❶などの職人がいる。最も多く見えるのは販売に携わる女性である。柴・炭を売る大原女（おはらめ）❷，不用品売買に携わるすあい❸，また，帯・扇などの衣料・生活雑貨，魚・酒・餅・饅頭などの食料品，硫黄箒（いおうぼうき）などの日用品，化粧品を売る女性も描かれている。そのほか，巫（かんなぎ）❹・比丘尼などの宗教者，白拍子・曲舞々（くせまいまい）などの芸能者や，たち君・辻子君（ずしきみ）などの売春を職業とする人びともいる。

　◆京都近郊からの行商人たち　大原女や，独特の被り物をして鮎を売る桂女（かつらめ）などは，その名からも洛中の近くの産地から売りに来ていることがわかる。このように物売りたちは京都の近郊の産地から来る者も多かった。豆腐売りは「奈良よりのぼりて候」と口上を述べている。法論味噌（ほうろんみそ）・硫黄箒も奈良が産地とされる。髢捻（かずらひねり）（髢製作の職人。常盤の職人が有名）・樒売（しきみうり）（愛宕）・菜売（内野）・土器造（かわらけつくり）（深草）・油売（大山崎）は当時の京都市街地周辺から来た。なかでも魚売りは，14世紀はじめの公文書に「みな女商人なり」と表現されており，女性が多かったようである。桂川の鵜飼からやって来た，桂女もその一つであろう。

　◆金融業を営む女性たち　早く9世紀の『日本霊異記（にほんりょういき）』に，酒を水で薄めて売る強欲な女性が登場する。中世の商人名簿のなかには女性名もあり，酒や灰などの独占的販売権をもっていた女性もいた。とくに酒造業者は，土倉（どそう）として高利貸し・金融業も営んだ。民事裁判の史料にも，債権者として女性の名が見える。女性も独立の財産をもち，なかには高利貸しを営む者も存在したのである。（遠藤）

6-12 職人歌合の女たち(大原女・桂女・金融業者) 103

❶縫物師

縫い取り(刺繍)を施す職人。布を木枠に挟み、表に薄い紙を張ってその上に下絵を書き、五色の糸で縫い刺して鮮やかな模様を刺繍している。

ぬひ物ゑ

❷大原女

柴・炭を売る女性。京都郊外の大原や八瀬では炭焼きがさかんで、その製品を行商した。大原から来るところから大原女・小原女と称された。頭に商品を載せ、手甲脚絆姿である。

あとせば、まいりて候けるか。 小原女

❸すあい

不用品を買取り、交換、販売など売買の仲介をして中間利益を得る女性。古着などさまざまな物を扱った。「御用や候」「売り物や候」と家々を訪ね歩き「御用の尼」とも呼ばれた。市女笠に草履姿である。

御ようやさふらふ。 すあひ

❹巫

宗教者の一種で、神楽を奏して神をおろし託宣・呪術などをおこなった女性。特定の神社に属さず各地をまわる「あるき巫」もいた。手に振鈴をもち、舞う女性が描かれている。

神はやたちまふ。柚のをひ砥に。 かんなき

図版は、「七拾一番歌合」(国立国会図書館所蔵)

参考文献 『週刊朝日百科日本の歴史3 中世Ⅰ-3 遊女・傀儡・白拍子』朝日新聞社,1986/岩崎佳枝『職人歌合──中世の職人群像』平凡社,1987/網野善彦『職人歌合』平凡社,2012

104　第6章　中世社会の成立と文化

6-13　公家の女性たち
教科書　民衆の台頭と室町時代の文化　☞6-5, 7-2, 7-3

　中世の公家の女性たちもそれぞれの役割のなかで活躍していた。ここでは職業的な面について見ていく。

　◆**朝廷・幕府に仕える女性たち**　中世の朝廷には、律令制度で定められた制度とは異なるかたちに再編されてはいたが、女房制度が存在した❶。女房たちは天皇の身辺に仕え、食事や風呂の世話や、寺社への代参、儀式への参加、天皇と公家たちの間の仲介などをおこなっていた。『御湯殿上日記』という女房たちが記した業務日誌も多数残っている。正式の后妃である皇后・中宮などは南北朝時代以降、立てられなくなり、一部の女房は天皇の妻としての役割も兼ねた。

　女房たちの名や身分は、出身の身分によりおおよそ決まっていた。天皇に仕える女房たちのなかで、最も身分が高く、内部の総取締をしていたのは上﨟局・大典侍と呼ばれる女房であった。渉外関係は、勾当内侍（長橋局）という女房がいて、天皇への取次や内侍宣・女房奉書の作成❷、金銭の管理、年中行事の手配、女房・公家の人事管理などをおこなった。こうした上級の女房は朝廷から所領や商売に関する税金の権利を与えられて、収入としていたようである。中世の具体的な収入は不明だが、江戸時代には、たとえば勾当内侍には200石という高額の役料が与えられていた。

　こうした女房の制度は室町幕府、上皇や、摂関家などの公家の家にも存在した。室町幕府には佐子局や春日局などの女房がおり、代々幕府奉行人の娘が勤め、訴訟を取り次いだり政務に介入することもあった。

　では女房たちの後半生はどうだったのか。宮中等からの退出後、結婚したり（在職中から結婚している女性もいる）、他の家に仕える女性もいた。また室町時代の皇族、伏見宮貞成親王の日記には、宮邸の元女房たちが尼となり、伏見宮邸の近くなどに草庵を結んで隠居する姿が見える。

　◆**家業のなかではたす役割**　中世の公家たちは、それぞれ特定の家業を継承していることが多かった。たとえば室町時代、内蔵寮の長官山科家は天皇等の御服の作成、仕立直しを担当していた。山科家では自分の邸に「御服所」という役所をかまえ、ここで布を染め・張り・糊をつけ（板引）、裁ち、縫う、という一連の作業がおこなわれた。それぞれの作業には専門の職人がいたが、その監督をしていたのは山

科家の妻であった。南北朝時代に北畠親房が記した『職原鈔』には、「内蔵頭には、妻の出身が凡卑の人は任命しない。これは天皇の御服を担当するからである」と記されている。こうしたかたちで妻も朝廷の仕事に関与していた。

ところで山科家の場合、朝廷から御服の代金をもらい、職人たちに代を払うが、そのときに妻にも、「調料」が支払われ、妻はこれにより「御服所」を差配した。このように公家の女性も、夫とは異なる独自の所領や収入をもっていた。宣教師ルイス・フロイスが「ヨーロッパでは財産は夫婦の間で共有である。日本では各人が自分の分を所有している。時には妻が夫に高利で貸し付ける」(『日欧文化比較』)と記しているように、夫や家族に金銭を貸している事例も見られる。室町時代には夫婦は、夫の家で同居するようになっているが、婚姻儀礼では、前代より引き続き招婿婚のかたちをとる様子も見られた。墓も夫婦で異なった。(遠藤)

❶『紫式部日記絵巻』

『源氏物語』の著者紫式部の日記『紫式部日記』をもとに描かれた。図は1008(寛弘5)年の敦成親王誕生五十日のお祝いの場面。中宮彰子や女房の姿が見える(国会図書館所蔵。江戸期模写)。

❷土御門天皇女房奉書

女房奉書は、女房が天皇の仰せを伝える文章。仮名の散らし書きで書かれた。時には天皇自身が女房のふりをして書くこともあった(東京大学史料編纂所所蔵)。

参考文献　脇田晴子『日本中世女性史の研究——性別役割分担と母性・家政・性愛』東京大学出版会、1992／後藤みち子『戦国を生きた公家の妻たち』吉川弘文館、2009

6-14 戦乱と女性

[教科書] 戦国大名の登場　☞6-6, 6-16, 7-7

◆**戦乱と女性**　戦国時代と女性というと，政略結婚の悲劇など戦争の被害者としての側面が強調されることが多い。しかし，政略結婚についても家と家を結ぶ女性の役割として新たな見方が出てきているなど，戦争と女性のさまざまなかかわり方が注目されるようになってきた。中世後期の戦場に女性兵士がいたかどうかについては，史料が少なく意見は分かれているが，籠城戦では女性たちも分担して種々の働きをしていたことが，『おあむ物語』❶という近世初期の物語によって以前から指摘されていた。さらに和睦交渉に積極的にかかわっている戦国大名家の女性の例なども詳しく紹介されている。

◆**濫妨・狼藉**　一方，戦場での人の略奪が，男女問わず凄まじい状況であったことも解明されてきた。中世，寺社境内などに掲げられた木札に書かれた禁制には，「濫妨・狼藉」を禁止する条文が目につくが，当時「濫妨」とは人を含む略奪，そして狼藉が現在の乱暴の意味を表した。禁制の多くは，礼物や代価を払って入手し，ある特定の場所だけ保護してもらおうとするもので，軍隊による略奪の被害がいかに大きかったかを逆に推測させる。16世紀初め，和泉国の支配地に下っていた公家の日記に，「男女をいわず生捕り」と守護方軍隊の略奪が記されているほか，略奪はさまざまな記録に出てくる。

　その具体的な様相を示すのが，豊臣家が滅亡した大坂の陣ののち，徳島の蜂須賀家で作成された「濫妨人」帳❷である。そこには，大坂で捕らえられ，徳島に連れてこられた者たち170人が記されており，その内訳は男38人，女68人，子ども64人と女・子どもが圧倒的に多く，母子の例も目につく。そして幕府は，敵方の地である大坂から略奪・連行された人間に限り，一種の戦争奴隷としてその地にとどめて使役することを公認していた。とくに女性や少年の場合，戦場で性暴力を被ったように，異郷に連れてこられたのちも，性的に使役される者たちの多くいたことが推測される❸。こうした人びとは，出羽・奥州から九州まで全国に「ちりじりにとられけり」(『三河物語』)という状況であったが，さらに人買い商人を通じて転売され，東南アジアなど海外に売られる者も多かったことが宣教師の記録からわかる。

◆**朝鮮侵略戦と被虜人**　秀吉の朝鮮侵略では，多くの朝鮮の人びとが殺され，鼻切りのような残虐な行為を被った。人の略奪も，日本国内と同じか，それ以上に大

規模におこなわれ，老若男女，さまざまな階層・身分の人びとが日本に連行された。また日本軍とともに朝鮮に渡った人買い商人は，朝鮮の人びとを鉄砲などの代価としてポルトガル商人に売り払ったから，東南アジアやインドに奴隷として転売されていった者も多くいた。前出の「濫妨人」帳には，朝鮮から連行され，大坂船場町人の奉公人となっていた女性が1人記載されているが，20年近く下女として使役されたあげく，再び略奪されたのである。

　朝鮮はこうした人びとを被虜人と呼び，日本との和平後は，帰還政策を積極的に進めた。しかし来日した使節の記録によれば，5万人とも10万人ともいわれる被虜人に対し，帰国者は数千人と少なかった。これには，帰還したくても使役される主人から拘束されるなどの個々の事情もあったが，被虜人が散在し帰還情報自体が届きにくいなかで10年20年と時間が経過し，年少で捕えられた者たちは，故郷の記憶自体が定かではないという悲惨な状況も推測されている。とくに女性の場合は，日本の夫や子どもがいて帰国できない者も多く，さらに帰還しても離婚されるなど，女性が元の生活に復することは難しかったと指摘されている。（久留島）

❶【史料】「おあむ物語」
　「我々母人も，そのほか家中の内儀，むすめたちも，みなみな天守に居て，鉄炮玉を鋳ました．また，味かたへとった首を天守へあつめられて，それぞれに札をつけて覚えおき，さいさいくびにおはぐろを付けておじやる」
（湯沢幸吉郎校訂，岩波文庫）。

❷【史料】「大阪濫妨人並落人改帳」
（表題）「大阪濫妨人・落人改之帳　慶長廿年松平阿波守」
　濫妨人之分
　細山主水所ニこれある者
　一坊主壱人　紀州伊都郡の者，大坂農人橋筋小刀売る甚左衛門と申す者女房親類にて候故，罷り越居り申す由ニ御座候，
　一女壱人　生国大和の者，大坂町二後家にて居申す者の由候，主水内（家内）森三郎兵衛とらへ越し候
　一男子弐人　右の女せかれ，年八つ，五つ
　一女子壱人　右の女せかれ，年三つ　（下略）（阿波蜂須賀文書『大日本史料第十二編之二十』）。

❸濫妨される女性（大坂夏の陣図屏風）

（大阪城天守閣所蔵）

参考文献　高木昭作「乱世」『歴史学研究』574号，1987／藤木久志『飢餓と戦争の戦国を行く』朝日新聞社，2001／西村汎子編『戦争・暴力と女性1　戦の中の女たち』吉川弘文館，2004

6-15 天下統一とジェンダー

教科書 ヨーロッパ文化との接触と国内統一　☞6-3, 7-1, 7-2

◆**足弱差し出すべく候**　天下を統一した豊臣秀吉の出した文書には，「足弱(あしよわ)」という言葉が出てくる。「足弱」とは女・子どもなど，非戦闘員を表し，合戦で敗れ，秀吉政権に下った戦国大名たちに対し，「足弱」を差し出して上洛させるよう命じている❶。すなわち降伏のしるしとしての人質である。

　人質は，戦国時代にも降伏や和睦のさいによく見られるが，秀吉のときにはじまった，大名の妻子や有力家臣の子弟を人質として統一政権のもとに集める政策は，この後も受け継がれていく。そして大名の妻子についていえば，江戸幕府は幕末まで江戸居住を強制したのである。ここからは，天下統一後の平和が，戦国争乱終結時の軍事体制によって支えられていたことがわかる。戦争がなくなったあとも，戦闘員である武士が，政治的・社会的に特権的な地位を占め，非戦闘員は，武士でない男たちも含めて，「足弱」——女・子ども同様に位置づけられていたのである。

◆**大名正妻の役割変化**　同時に，こうした大名妻子の証人（人質）制は，これまでの武家の妻の地位を大きく変えるものとなった。武家の正妻は，鎌倉時代の北条政子に典型的に見られるように，夫とともに家の本拠地に暮らし，一族・郎党とのつながりも深く，出陣など夫の留守のさいには彼女が家の中心となりうる存在だったと指摘されている。ところが，一生涯人質として，本拠地を遠く離れて暮らすことを強制された大名の正妻には，もはやそのような役割をはたすことができなくなったのである。

◆**北政所ねね**　しかし，秀吉自身の正妻のあり方は，むしろ中世の武家の妻の役割に近かった。北政所ねね（高台院）として知られている彼女は，秀吉の配下として働く武士たちに対し，実子のようにその面倒をみ，彼らからも慕われていた。関ヶ原の合戦で，北政所が豊臣家を標榜する西軍ではなく東軍についたのも，加藤清正，福島正則といった子飼い大名たちが，徳川家康を支持したためだといわれている。北政所は，秀吉によって上洛させられた大名家妻子の処遇にも注意を払い，徳川家康の後継者秀忠とも，そうした関係を通じて懇意にし，彼女の所領は豊臣家が滅びたのちも，徳川方から没収されずに継続していく。

◆**藩祖夫婦**　この時期には，北政所ねねと同じように，変転する政治・軍事情勢を乗り切って，夫とともに自己の家を大きく興隆させた女性たちがほかにもいた。

秀吉と同じく織田信長に仕え、盟友として秀吉政権を支えた前田利家の妻まつ（芳春院）もその一人だ。若い頃から秀吉夫妻をよく知る間柄であった彼女は、広い人間関係を結んで、利家亡きあと子どもを助けて、前田家が近世大名として生き残るのに大いに貢献した。その意味では、関ヶ原の合戦後、土佐一国を与えられた山内一豊の妻は、こうした女性の代表例といえよう。彼女がめざましい才覚を種々発揮した逸話はとくに有名で、近世大名山内氏の藩祖夫婦として崇敬された。藩祖夫婦ということでは、筑後柳川の藩祖、立花宗茂・誾千世夫妻も有名である。しかもこの夫婦の場合、本来立花城支配者の地位を父から譲られたのは誾千世のほうで、宗茂は養子であったことも、戦国時代らしい様相として注目できる。こうした武家夫婦のあり方は、天下統一時のほんの一時期見られるが、前に説明したように、その後の近世社会の体制が、こうしたあり方を許さなくなる。（久留島）

---

❶【史料】「足弱」の上洛命令（豊臣秀吉朱印状［吉川家文書］）
　書状之旨、小田原に於いて披見候、出羽奥州其外津軽果迄も、百姓等刀武具䭾［狩］り、検地以下仰付られ、伊達山形初めて足弱共差し上し、御隙を明けられ候付而、会津より今日当城迄御馬を納められ候（下略）。
　　（天正十八年）八月十八日　　（秀吉朱印）
　　　　羽柴新城侍従［吉川広家］とのへ（読み下し文とした）

【解説】　小田原を本拠とする戦国大名北条氏を倒し、東国も征服した豊臣秀吉は、百姓の刀狩と検地を強力に進めていった。同時に、降伏した伊達氏には人質を差し出すよう命じて、戦闘を終結（納馬）させている。

山内一豊の妻　新井白石が18世紀初頭に編纂した『藩翰譜』では、山内一豊の妻を「さかしき人」と評し、彼女に関する逸話をいくつか載せている。自ら資金を出して夫に名馬を購入するよう勧め、その結果一豊は馬を褒められ出世した話、関ヶ原合戦で、大坂方の人質となっていた一豊の妻が夫に送った書状が決め手となり、一豊は家康方につく決心をした話などである。これらは伝説であり、事実であったかどうか史料はほとんど残されていない。また、彼ら夫婦に子はなく、一豊死後土佐一国は甥にあたる養子が継いで、一豊の直系自体は絶えている。しかし、夫婦が力を合わせて立身出世を勝ち取った戦国武士の典型像という指摘もあり、「伝説」だけではかたづけられない、この時期の夫婦のあり方を示しているといえる。

参考文献　山陽新聞社編『ねねと木下家文書』山陽新聞社、1982／田端泰子『山内一豊と千代――戦国武士の家族像』岩波新書、2005／中野等『立花宗茂』吉川弘文館、2001

6-16 異国の人びとが見た日本のジェンダー

教科書　ヨーロッパ文化との接触と国内統一　☞5-8, 6-14, 6-15

◆**宣教師の見た女性たち**　住んでいる者があたり前に享受し筆録しようとも思わない些末な事柄が、来訪者にとっては奇異であり、驚きをもって書きとめられた結果、現在は忘れられてしまったある時期のある社会の風俗を伝える貴重な資料となる。中世における、そのような記録として著名なのは、ルイス・フロイス（1532～92）の『日欧文化比較』であろう。「日本の女性は処女の純潔を少しも重んじない。それを欠いても、名誉も失わなければ結婚もできる」「日本ではしばしば妻が夫を離別する」「日本の女性は夫に知らせず好きなところに行く自由を持っている」……ルイス・フロイスが記した16世紀半ばの日本社会のこのような観察は、宣教師という彼の立場を考慮しなければならないにしても、事実としてはおおむねあたっていることは、こんにち多くの研究が証明するところである。

◆**朝鮮使節の見た女性たち**　中世日本を訪れ、記録を残した異国の人びとは、ルイス・フロイスに代表されるヨーロッパ勢力のみではもちろんなかった。たとえば倭寇に悩まされつづけた朝鮮王朝は隣国の情報を収集するのに熱心であり、日本に派遣された使節たちは帰国後、必ず日本情勢を報告した。『朝鮮王朝実録』にはしばしば彼らの報告が引用されているし、使節自身の文集に残されることもあった。

　1420（応永27）年に来日した宋希璟の手になる『老松堂日本行録』には、「日本奇事」と題し下記の記事がある。「日本は女が男の倍はいる。ゆえに路傍の店の過半に遊女がいる。淫風は甚だしく、店の女は通行人を見れば道に出て宿泊をせがみ、断られると衣を引いて店に入らせる。金を与えば昼でも従う」❶。同時代朝鮮にも遊女はいたのだから特筆するに及ばないようだが、よほどオープンに見えたのだろう❷。

◆**食い違う性の規範**　1479（文明11）年に対馬に来島した金訢の伝記には、日本人女性と密通した従者を杖罰に処したときのエピソードが載る。遠くからやってきたのだからそんなに厳しくすることはないと日本人は口々に止めたが厳罰に処したという。本記は金の事績を編んだ文集に付されたもので（『顔楽堂集』巻4「遺行」）、当然称賛されるべきこととして書かれているのだが、日本人にはいま一つ理解しがたかったことが、口々に止めたという反応からうかがえる。こうした性の規範の食い違いは、中世から近世へと続く長い日朝関係のなかで、時折、軋轢を引き起こした。

江戸初期，釜山の倭館での密通について，朝鮮王朝は厳しい態度で臨み，朝鮮側の女性および仲介者はしばしば死罪に処された。しかし日本側男性は処刑されずに対馬に戻ってしまうことが多く，国際問題に発展して，ついに1711（正徳元）年，倭館を抜け出して強姦に及んだ者は死罪，女性を誘引して和姦に及んだ者および強姦未遂の者は流罪，倭館にこっそり入ってきた女性とつうじた者はその他の罪となすとする条約（辛卯約条）が結ばれた。一方これを契機として，朝鮮側女性の処罰も，死罪から杖百のうえ流罪へと軽減されるようになった。（須田）

❶「洛中洛外図屏風（上杉本）」上京隻第四・五扇
　京・畠山辻子で客の袖をとらえ，引き込もうとする遊女（左端）。宋希璟が見たのはこのような光景であっただろう（米沢市上杉博物館所蔵，16世紀）。

❷宋希璟の見た時宗寺院の光景
　『老松堂日本行録』には，ある時宗寺院について次のような記述がある。「仏殿では，尼は西，僧は東に坐して常に念仏を唱えている。夜は経箱を間に置いて寝る。この寺の門外に住む朝鮮人に，「この寺の僧尼は仏殿の中でいつも同宿していて，しかも若い。彼らは互いに犯しあうことはないのだろうか」と聞いたところ，彼は笑いながらこう言った。「尼は妊娠したら父母の家に戻ります。産後寺に帰って仏前に臥し，三日たつとほかの尼たちがやってきて元の場所に戻らせるのです」と」。宋希璟はこのような習俗に対し善悪の判断を下さず，ただ「桑域（日本）は奇なること多し」と記している。ルイス・フロイスの記述もあわせ，異国の人びとにとって，中世日本は性に対しておおらかな社会に見えていたようだ。

　なお「遊行上人縁起絵」第3巻（山形市光明寺蔵, 17世紀）の詞書には「僧尼の両方の隔に十二の箱を置て蓋の上に白色を四五寸はかり一すぢとをされたり，是ハ火水の中路白道になそらへて男女の愛悲の煩悩をさけんか為也」とあり，箱をおいて男女の隔てとするという宋希璟の記述と一致する。

参考文献　網野善彦『中世の非人と遊女』講談社学術文庫, 2005／宋希璟（村井校注）『老松堂日本行録——朝鮮使節の見た中世日本』岩波文庫, 2000／L. フロイス（岡田訳注）『ヨーロッパ文化と日本文化』岩波文庫, 1991／村井章介ほか『倭寇と日本国王』吉川弘文館, 2010／田代和生『新・倭館——鎖国時代の日本人町』ゆまに書房, 2011

6-17 阿国歌舞伎と若衆歌舞伎

教科書　桃山文化　☞5-8, 6-8, 7-14

◆**中世芸能と女性**　中世では、神楽など宮廷儀礼の芸能、寺院における芸能、田楽や猿楽能などは男のみで演じるものとされ、一般的に専業の芸能者集団は男性と考えられていた。しかし、こうした権威づけられた芸能から目を移せば、女性芸能者は、院政期・鎌倉期の白拍子をはじめ、室町時代以降になると、「女猿楽」「女曲舞」「女房狂言」という名で記録にも多く見える。寺社修造資金調達の名目で上演するその勧進興行には、多数の人びとがつめかけ、美麗な芸能を楽しんだ。一方同じ16世紀、貴賎衆庶のあいだで大流行した風流踊❶は、素人が仮装して囃子物を奏しながら踊る芸能で、踊り手にも見物人にも女性の姿が多数見られた。

◆**おくにの登場**　こうしたなかで「出雲のおくに」は、本来少女2人組の踊である「ややこ踊」の演者として、はじめて記録に登場するが❷、その3年後の慶長5（1600）年春、京都の女院御所でおこなわれた「ややこ踊」は、別の記録では「かふきおどり」とも表現された。このとき、おくには男装して、当時京都で流行っていた異風異装の「かぶき者」に扮し、男の扮する茶屋女との戯れを、囃子に合わせた踊に小歌を交えて演じた❸。この当世風俗を取り込んだ芸能は大評判となり、おくに一座は京都北野社境内を拠点に3年間も興行を続けたほか、この趣向をまねた女性をスターとする歌舞伎や、遊女屋の経営者が遊女たちを演者に仕立てて興行する遊女歌舞伎などがつぎつぎと生まれ、京や地方で大流行した❹。

◆**女歌舞伎の禁止**　なかでも最大規模のものは遊女歌舞伎で、慶長年間、京都の遊女屋は客寄せのため、大金をつぎこんで大がかりな舞台や客席を四条河原に設け、大勢の演者と三味線など新しい楽器も取り入れて、多数の群衆を集めた。同様に町づくりが進む江戸や駿府、その他の地方都市でも遊女歌舞伎が興隆した。これに対し、幕府と諸大名は、都市の治安・風紀取締策として、遊女屋を集中させ、その郭内だけで営業を認める公娼制と遊里・遊女の囲いこみを進め、遊女歌舞伎の禁圧も強めていった。そして寛永年間には女性が舞台に上がること自体が禁止されるに及び、女歌舞伎は徐々に廃れていった。

◆**若衆歌舞伎から野郎歌舞伎へ**　中世、少年の芸能者は男色の対象としてもてはやされ、少年をスターとする芸能座は、能・狂言・曲舞など中世の多くの芸能で見られたという。こうした若衆の一座も、阿国歌舞伎の流行以後は歌舞伎を演じたが、

女芸の禁止以降はこの若衆歌舞伎が主流となった。少年芸特有の軽業（かるわざ）なども取り入れ，当時の武家・庶民も含めた男色の流行のなかで人気を博したが，遊女歌舞伎同様，幕府の風紀取締の対象として承応元（1652）年禁止された。その後，歌舞伎は，若衆美の象徴とされる前髪を剃った「野郎頭」の成人男性のみによって演じられる野郎歌舞伎となり，女方という新たな役柄も生まれ，踊から劇としての性格を強めていった。（久留島）

❶風流踊
　造り物で装飾した華やかな笠をかぶり，その周囲を揃いの衣装と道具をもった人びとが鉦（かね）や鼓（つづみ）による囃子に合わせて熱狂的に踊っている。風流は，疫神（えきじん）送りや延年（えんねん）など寺社で演じられた宗教的な芸能に発するといわれるが，中世末期では，図のように庶民の娯楽として老若男女が楽しんだ。

❷【史料】「時慶卿記（ときよしきょうき）」慶長5年7月1日条
　「近衛殿ニテ晩迄雲州ノヤヽコ跳，一人ハクニと云，菊ト云二人，其外座ノ衆男女十人計在之」。
【解説】男女10人ほどの座の一員として，「ややこ踊」を演じる「クニ」「菊」2人の少女のことが，西洞院時慶という公家の日記に記されている。

❸【史料】「当代記」慶長8年4月16日条の後
　「此頃カブキ躍（おどり）ト云う事有り，出雲国の神子（みこ）の女（名ハ国，但し好き女に非ず）出仕し，京都へ上ル，縦（たて）ハ異風ナル男ノマネヲシテ，刀・脇指・衣装以下，殊ニ異相也，彼男茶屋ノ女ヘトタハムルヽ体有難クシタリ，京ノ上下賞翫スル事斜ならず，伏見城ヘモ参上シ度々躍ル，其後学（これをまなぶ）カブキノ座イクラモ有テ，諸国エ下ル，江戸右大将秀忠公ハ見給わず」（読み下し文とした）。
【解説】出雲のくにという名の女が男装して演じる芸能が，大いに人気を博し，これを模倣した歌舞伎の座が多数現れたことがわかる。

上杉本「洛中洛外図屏風」（米沢市上杉博物館所蔵）

❹おくにの舞台

「阿国歌舞伎図」（京都国立博物館所蔵）

参考文献　小笠原恭子『出雲のおくに——その時代と芸能』中公新書，1984／服部幸雄「成立期の歌舞伎」・武井協三「若衆歌舞伎・野郎歌舞伎」『岩波講座　歌舞伎・文楽2　歌舞伎の歴史1』岩波書店，1997

6-18　特論③　東アジアのなかの琉球

教科書　倭寇と東アジアの貿易　☞9-10, 9-15, 10-9

◆**神女組織の確立**　琉球（現在の沖縄）は、14世紀後半に明とゆるやかな君臣関係を結び、明との貿易で得た物資を用いて東シナ海と南シナ海を結ぶ中継貿易をさかんにおこない繁栄した。その王国体制を確立し、国王の権威を強化した尚真王（位1477～1526）は、聞得大君を頂点として、村落の祭祀をつかさどる各地のノロ（神女）をピラミッド型に組織した官制の神女組織をつくりあげた。各神女は男性官人と同様に、国王の辞令書によって就任し、神職にともなう役地を給付され、国王の長寿・五穀豊穣・航海安全などを祈願する公的儀礼を担った❶。

◆**儒教思想の導入**　1609年、琉球は薩摩の島津氏の侵攻を受け、これに服属したが、中国との関係は続いたため、日本と中国とに「両属」する状態となった。このあらたな状態に対応すべく、琉球では17世紀後半から18世紀前半にかけて羽地朝秀・蔡温といった高官が、国家体制の改革を進めた。この改革のなかで、儒教思想が導入され❷、男性中心の倫理観が増幅されて、神女や王城に勤める女官衆は政治の表舞台から排除された。また家系も、強力な父系論理にもとづいて継承されるようになった。しかし祖先祭祀や信仰の面では女性の存在は依然大きく、婚姻や経済活動の面でも女性の地位は必ずしも低いものではなかった。

◆**働く女性たち**　女性たちはまた、社会のなかでさまざまな労働に従事した。都・首里や港町・那覇の市場では日用雑貨が取り引きされたが、その担い手はもっぱら下級士族や農民の女性であった❸。また宮古諸島・八重山諸島・久米島では租税の一部が貢布による代納とされ、役人の監督のもと、おもに女性が村の作業所で布を織った❹。租税における貢布の割合は大きく、女性たちには高い技術と重い負担が求められた。これらの布は、国王や高官らが用いたほか、中国や薩摩・幕府にも献上された。

◆**遊女**　起源は不明だが、琉球には遊女がおり、17世紀後半には王府の命で那覇に遊廓が設置された。王府は、支配階級である士族が遊女を買うことや、士族の娘が遊女となることを禁止するなど、遊女に対して「賤民」的な位置づけを与えたが、「那覇は諸船の寄港地であるため遊女をおかなければどのような支障が生じるか計りしれない」（蔡温『独物語』）として容認していた。（渡辺）

❶『おもろそうし』

　祭祀歌謡集『おもろそうし』は，王府が編纂した沖縄最古の文献である。その内容からは神女たちが王国の祭祀・儀礼で重要な役割を担い，活躍していたことがわかる。下記のように航海や海をうたった歌謡が多く含まれ，琉球における海上交通や海外貿易の重要性がうかがえる。

　　聞ゑおわもりや　京　鎌倉　交刺巴　南蛮ぎやめ　唐
　　宮古　揃へて　適はしよわれ　又　鳴響むおわもりや
　（巻七の十二）

　［訳］名高く鳴り轟くオワモリ（神女名）が〔祈れば〕，京都や鎌倉，ジャワや東南アジアまでも，中国や宮古もともに，無事に航海せよ，名高いオワモリが〔祈願すれば〕。

聞得大君御殿雲龍黄金簪（沖縄県立博物館・美術館所蔵）　簪は王府から神女に下賜される装具の一つである。この簪は，最高神女である聞得大君が用いたといわれる。

❷『御教条』

　蔡温らが1732年に発布した『御教条』は，儒教道徳にもとづく行動規範を説いたもので，琉球社会に儒教思想を広める役割をはたした。そのなかでは，孝行を基本とする家族や一族のあり方，女性の節義（貞操）の重視などが主張されている。

❸外国人の見た市場

　1719年に来琉した中国皇帝の使者・徐葆光は，「朝夕二回，市がたつ。市には男はおらず，女ばかりが市を出す」と『中山伝信録』に記した。1853, 54年に来琉したアメリカのペリー提督は「那覇の市場には，新鮮な豚肉，家禽類，魚，野菜類，それに二，三の果物が充分に供給されている。露店はふつう女が出している」（『日本遠征記』）と記している。

女集図（『中山伝信録』沖縄県立図書館所蔵。集は「市場」の意）

❹布晒の図

　布屋・苧績屋と呼ばれた織物小屋において布晒し（織った布を洗濯し，整形する作業）をおこなう様子が描かれている。貢布は男女に課税されたが，男性の布は女性より粗く，その負担も軽かった。

参考文献　那覇市企画部文化振興課編『那覇市史　通史篇1　前近代史』那覇市，1985／那覇市総務部女性室編『なは・女のあしあと――那覇女性史（前近代編）』琉球新報社事業局出版部，2001／豊見山和行編『日本の時代史18　琉球・沖縄史の世界』吉川弘文館，2003

布晒の図（「八重山蔵元絵師画稿」石垣市立八重山博物館所蔵）

第7章
幕藩体制の確立と庶民文化

7-1　概説⑥　近世社会とジェンダー

教科書　幕藩体制の展開と近世文化　　☞6-1, 7-2, 7-5

◆**家父長制的「家」と身分制社会**　近世社会の基本単位は，原則として家父長制的「家（イエ）」であり，女性は「家」を代表できない性として位置づけられ，家父長に従属して生きるのが旨とされた。支配階級である武士の家督相続は，男子に限られ女子は排除された。被支配階級である農民や町民も，家の主として田畑・屋敷を保有し経営管理にあたるのは，圧倒的に男性であった。また，幕藩制国家は強固な身分制社会であり，士農工商の各身分は社会的分業にもとづいて国家的に編成されていたが，かかる国家の制度的身分に編成されたのも，家の主としての男性のみであった。

◆**幕藩制の政治とジェンダー**　幕藩体制において，将軍家・大名家の家督相続，叙位，婚姻，出産（生），喪葬，法事などは重要な公的儀礼として幕藩制の維持・安定化に不可欠の政治的性格をおびたものであった。将軍・大名の妻子とそこに仕える女中などの女性たちは，この公的儀礼を中心に幕藩政治システムに構造的に組みこまれ，重要な公的・政治的役割をはたしていた。幕藩制国家の金冠部分をなしていた朝廷の女性も，将軍家・大名家の女性と同じく公的存在として儀礼的側面を中心に政治に関与している。さらに，東福門院（とうふくもんいん）や和宮（かずのみや）のように，朝廷と幕府の双方に影響力をもち，朝幕の政治的諸局面に関与する女性もいた。

◆**「家」経営体とジェンダー**　直系家族労働を基本とする近世の「家」経営体においては，男性が公的領域ならびに管理労働や生産労働に従事していたのに対し，女性は，生産労働・再生産労働ともに実労働を中心に配分されていた。したがって，メンバーの労働心性も一様ではなかった。家の主としての男性は，家業に責任をもち「家の永続性」を維持するために自らの主体性と勤勉性を十分に発揮することが求められた。一般的に家の主としての立場になりえなかった女性の場合，その心性は家業への主体性・勤勉性へとストレートに結びつくものではなかった。そのなかで，家の主の母（姑）は，家業や「家の永続性」への関与がある程度認められ，他の女性家族とは異なった労働心性が醸成されたと考えられる。家族労働に加え奉公人を雇用する豪農経営の奉公人賃金を見ると，男女には明確な差があり，男性が優位にあった。女性奉公人へのセクシュアル・ハラスメントも少なくなかった。

◆**売られ，語られ，描かれる女性たち**　江戸時代には，幕藩権力が一定の条件の

もとに売買春を公認する公娼制がとられた。公娼制は，代表的な幕府公認の三大遊廓（江戸の吉原，京の島原，大坂の新町），各藩の城下町，港町などにおかれた藩公認の遊廓など全国規模で展開していた。他方で幕藩権力は，非公認の遊女・遊所を厳しく取り締まった。

女性たちは，多くの言説や表象の領域で語られ描かれた。滑稽本，人情本，洒落本，草草紙などの文芸の世界から歌舞伎，浄瑠璃，浮世絵など芸術の世界まで，江戸庶民文化の多種多様なジャンルに広がっており，これらは女性を性的対象とする考え方や意識を強めるものであった。

◆**学び，自己表現する女性たち** 江戸時代には儒教思想にもとづく女訓書が広範に普及した。儒教思想の基底には男尊女卑思想があり，女性たちは女訓書を手習いの手本として学ぶことで，男尊女卑的観念や生活規範を身につけることになった。他方で女性たちはこれらの学びを通して文字を修得し，自己表現を可能とする素地を築いていくことにもなった。

年　表	
1600	関ヶ原の戦い
1603	徳川家康が征夷大将軍になり，江戸に幕府を開く
1603	阿国歌舞伎はじまる
1615	大坂夏の陣，豊臣氏滅亡
1615	武家諸法度・禁中並公家諸法度発布
1616	欧州船の寄港地を平戸・長崎に制限
1620	徳川秀忠の娘和子，後水尾天皇に入内，1623年興子内親王（のちの明正天皇）を生む
1629	紫衣事件後，後水尾天皇が譲位し，明正天皇が即位する
1637	島原の乱（〜38）
1641	平戸のオランダ商館を長崎の出島に移す（鎖国体制の完成）
1669	蝦夷地（北海道）でシャクシャインの戦いが起こる
1685	生類憐みの令
1714	幕府，大奥老女絵島らを処罰する（絵島事件）
1716	徳川吉宗，享保の改革開始（〜45）
1742	公事方御定書なる
18世紀半ば	鈴木春信により錦絵が創始され，浮世絵の黄金期を迎える
1762	女性の後桜町天皇即位（〜1770）
1767	田沼意次，側用人となる（田沼時代〜86）
1787	松平定信，寛政改革開始（〜93）
19世紀初め	井上伝により久留米絣が，鍵谷カナにより今出絣（のち伊予絣と呼ばれる）が創始される
1817	只野真葛『独考』を著す
1837	大塩の乱
1838	中山みき，天理教を開く
1841	水野忠邦，天保の改革開始（〜43）
1853	ペリー，浦賀に来航
1858	日米修好通商条約
1862	孝明天皇の妹和宮と将軍家茂の婚儀がおこなわれる（和宮降嫁）
1865	筑前の野村望東尼，姫島に流罪となる
1867	大政奉還，王政復古の大号令
1868	戊辰戦争

そのなかから，社会のあり方への根本的疑問をもち儒教批判を繰り広げた只野真葛や，歌人・平田派門人として幕末の尊攘運動にかかわった松尾多勢子のような女性も現れた。（長野）

参考文献　長野ひろ子『日本近世ジェンダー論――「家」経営体・身分・国家』吉川弘文館，2003／曽根ひろみ『娼婦と近世社会』吉川弘文館，2003／菅野則子「江戸時代における「儒教」の日本的展開」アジア女性史国際シンポジウム実行委員会編『アジア女性史――比較史の試み』明石書店，1997

7-2 幕藩政治システムとジェンダー

教科書 幕藩体制の成立　☞7-3, 7-6, 7-18

◆「表」と「奥」　幕藩制国家は，上位者優位の位階制的権力体系として構築された。それは，絶大な権力を有する将軍家・大名家に対して，自律性の脆弱な家臣団が奉公するという権力の構図をもたらし，将軍や諸大名の居城は，高い公的・政治的機能をもつ空間となった。これら公的・政治的機能をもつ江戸城や諸大名の居城にあって，将軍・大名の妻子とそれに仕える女中たちが居住し奉公していた空間は「(大)奥」と呼ばれ，男性家臣団が奉公し政治行政を執りおこなう空間としての「表」とは分離・峻別されていた。幕府の「女中法度」や「奥方条目」などでは，女中への出入規制，親族との文通規制などが徹底され，同時に女中は「万おもてむきの御用」に一切かまってはならず，「たれ人ニよらす」「相たのまれ，申上」げることも禁止された（「奥長官昵近諸士幷後宮女部定則」法制史学会編『徳川禁令考（前集3）』創文社，1959）。幕藩権力は，奥向きの女性たちが「表向き御用」すなわち幕政や藩政に関与することを厳しく制限したのである。

◆女性を不可欠とする幕藩政治システム　しかし，女性たちが公的・政治的に重要な役割を担う側面もあった。幕藩体制において，将軍家・大名家の家督相続，叙位，婚姻，出産（生），喪葬，法事などは重要な公的儀礼として位置づけられる。これらの公的儀礼は幕藩制国家支配の維持・安定化に不可欠の役割を担っており，明らかに政治的性格をおびたものであったが，そこに将軍家・大名家の女性たちが深くかかわっていたのである。このことは，将軍・大名の妻子とそこに仕える女中衆が，幕藩制国家の儀礼的側面を中心に重要な公的・政治的役割をはたしていたことを示している。なお，幕藩制国家において支配機構の金冠部分をなしていた朝廷の女性も，将軍家・大名家の女性と同じく公的存在として儀礼的側面を中心に政治に関与していた。

◆政治・政局と女性　将軍・大名の妻子とそこに仕える女中衆など一部の女性たちは，公的儀礼を中心に幕藩政治システムのなかに構造的に組みこまれていたが，それのみにとどまるものではなかった。幕府は，1620（元和6）年徳川秀忠の娘和子（東福門院）❶を後水尾天皇に入内させている。彼女が，長きにわたり朝廷と幕府の双方に影響力をもち，朝幕の政治的諸局面に関与していたことはよく知られている。また，人事面でも女性たちは力をもった。将軍家の場合で見ると，大奥の女性たち

が，将軍嗣子(しし)の決定や子女の婚姻先の選定，あるいは幕閣人事などにかかわったことは少なくないのである。(長野)

❶東福門院（1607～78）

後水尾天皇の中宮。名は和子。父は徳川2代将軍秀忠，母は御台所お江与(崇源院，浅井長政の3女)。1607(慶長12)年，江戸城で生まれる。1620(元和6)年6月，後水尾天皇の女御に定められ，入内。このとき，徳川家康の側室であった阿茶局(あちゃのつぼね)(神尾一位殿，雲光院)が母代として供奉(ぐぶ)。1623(元和9)年興子内親王(のちの明正天皇)を産み，翌年中宮に冊立(さくりつ)。以来2皇子5皇女を産むが，2皇子は夭折。1626(寛永3)年，父大御所秀忠，兄将軍家光が上洛，滞在中の二条城へ後水尾天皇の行幸に従い行啓。1629(寛永6)年11月，いわゆる紫衣(しえ)事件による後水尾天皇の譲位，興子内親王の受禅にともない，国母として院号の宣下があり東福門院を号した。東福門院は，江戸幕府を背景に朝廷内で重きをなし，朝幕関係の安定化に尽力した女性といえよう。1678(延宝6)年，72歳で死去，東福門院皇太后源和子と追号された。

東福門院像（Wikimedia Commons）

> **幕閣人事と大奥女中** 幕政を牛耳っていた老中田沼意次(たぬまおきつぐ)が解任されたのは1786(天明6)年8月のことである。11代将軍家斉(いえなり)の実父一橋治済(はるさだ)は，奥州白河藩主で8代将軍吉宗の孫にあたる松平定信を老中に推挙したいとの意向を表明，御三家もこれに同意し，幕閣へ定信推挙の申し達しがなされた。しかし，当時の幕閣は大半が田沼派で占められており定信の老中就任は容易でなく，以後1年近く田沼派，定信擁立派のあいだで権力闘争が続くことになった。この幕閣中枢を揺るがす抗争に大奥もしっかりと組みこまれていたことが知られている。たとえば，定信擁立派に属する大奥老女大崎は，市谷の尾張邸を訪れ，将軍家斉が，老中水野出羽守の意見を聞いたところ同意しないのでせっかくの話ではあるが採用できないとの意向をもち，大崎はそのことを内々に尾張家に伝えた。また家斉は，大奥老女高岳(たかおか)や滝川に対しても意見を求めている。
>
> この権力闘争に終止符を打ったのは，1787年5月に起こった江戸打ちこわしである。将軍お膝元での騒動を，御側御用取次横田筑後守が将軍家斉に報告せず，「世上唯御静謐(せじょうただごせいひつ)」と偽り，その後で打ちこわしの事実を大奥女中衆から知らされた家斉は，激怒して横田を罷免した。この横田筑後守は，田沼解任後の幕府内部にあって田沼派のかなめとして画策していた人物である。それゆえ，横田の失脚後ほどなく定信は老中首座となり，矢継ぎ早の改革に着手していった。この幕閣トップ人事に大奥女中たちは深くかかわっていたのである。

参考文献 久保貴子『徳川和子』吉川弘文館，2008／長野ひろ子「幕藩制国家の政治構造と女性」近世女性史研究会編『江戸時代の女性たち』吉川弘文館，1990／長野ひろ子「寛政の時代」林英夫編『古文書の語る日本史7』筑摩書房，1989／竹内誠「大奥老女の政治力」『図説人物日本の女性史6』小学館，1980

7-3　大奥・奥の女中たち

[教科書]　幕藩体制の成立　☞7-2, 7-6, 7-13

◆**奥の職制**　奥の職制は,「表」と同じく位階制的編成をとっていた。江戸城大奥では,御年寄衆を筆頭に多くの職階があり,このうち「呉服之間」以上が将軍に直接拝謁できる「御目見」であり,それ以下は将軍への「御目見」はかなわなかった。時期によっても異なるが,大奥の場合,女中の数は数百名を下らなかった。ミニチュア型ともいうべきが,諸藩の奥向きの職制であった。女中も,「表」の家臣同様,基本的にはそれぞれの出自や勤務年限に応じて役職を昇っていくシステムであった。

◆**奥向き女中の経済的基盤**　奥向き女中の経済的基盤は,毎年幕府や藩から支給される俸禄であった❶。大奥女中の場合,給金と扶持に加え炭,薪,湯之木,油が現物支給されている。ここで宛行われる俸禄は,「表」の男性たちとは圧倒的な差があった。権力中枢空間としての江戸城にあって,「表」の老中と「奥」の老女(御年寄)とは同格とされていたが,譜代大名の老中が,数万石から数十万石の知行であったのに比較し,老女の極小ぶりは驚異的ですらあった。また,「表」の男性たちは,家の主として知行・俸禄を宛行われており,男子に継承されるのが普通であった。しかしながら,原則として家の主たりえなかった女中衆が受ける俸禄の世襲はできず,一代限りの奉公であった。ただ,御年寄衆など高位の女中のなかには,死去のさい,養子となった甥などに相続される例が見られる。

◆**奥向きの勤め**　大奥女中は,原則として一生奉公であった。ただ,病気や高齢になると暇をもらうことができた。また,将軍代替わりはもちろん,仕えている主人の死去のさいなどにも同様に暇をもらうことができた。そのさいは,彼女たちが退職後の暮らしに困らないように褒美金(退職金)や一生扶持(年金)が支給されている❷。

江戸城大奥や諸藩奥向きへは,町方や近郊農村から上層町人や豪農の娘が奉公に上がる場合もあった。彼女たちは,武家出身の女中とは違い「御目見」以下からスタートするのが普通であり,行儀見習いとして勤め,なかには数年で親元に帰り良縁を得るケースも少なくなかった。これは,武家出身の女中などに見られる,大奥や奥でキャリアを積み出世していくというライフコースとは違うもう一つの選択肢であったともいえよう。(長野)

❶大奥役職別女中給金・扶持・諸手当一覧

役職	御切米	御合力金	扶持	炭（1か月）	薪（1か月）	湯之木（1か月）	油（1か月）	五菜銀（1か月）
	石	両	人	俵	束	束	合	匁
上臈御年寄	100	100	15	20	30	50	72	300
御年寄	50	60	10	15	20	35	42	200
小上臈	40	40	5	10	15	32	30	200
御客応答	25	40	5	6	10	19	30	124
御中臈	12	40	4	6	10	19	30	124
御錠口	20	30	5	6	10	19	30	?
表使	12	30	3	6	10	7	30	124
御右筆頭	12	30	3	6	10	7	30	124
御右筆	8	25	3	?	?	?	18	121
御錠口助	8	30	3	4	8	?	18	100
御次格	8	30	3	3	8	6	18	100
同格切手書	8	30	3	3	8	6	18	100
呉服之間頭	8	30	3	3	8	6	18	100
切手書	8	20	2	3	6	6	18	100
呉服之間	8	20	3	3	8	6	18	100
御広座敷	5	15	2	3	7	5	18	70
御三之間	5	15	2	3	7	5	18	70
御末頭	5	7	2	2	6	5	12	50
火之番頭	5	7	2	2	6	5	12	50
御使番頭	5	7	2	2	6	5	12	50
御中居	5	7	2	2	6	5	12	50
火之番	4	5	1	なし	3	2	6	15
御使番	4	5	1	なし	3	2	6	15
御半下	4	2	1	なし	3	2	6	12

出典）三田村鳶魚『御殿女中』青蛙房より作成。

❷随性院付女中の褒美金（退職金）ならびに一生扶持（年金）

名前（剃髪後）	年齢（歳）	現職時職名・名前	奉公年数（年）	褒美金（両）	一生扶持
栄寿院	53	若年寄　浦田	41	200	5人扶持
清心院	53	若年寄　多川	40	200	5人扶持
真浄院	50	若年寄　瀧尾	36	200	5人扶持
本樹院	44	若年寄　との衛	31	200	5人扶持
槙樹院	55	表使　松井	35	150	4人扶持
受教院	71	表使　蕗野	48	150	4人扶持
源信院	49	表使　増田	31	150	4人扶持
貞性院	58	表使　山野	39	150	4人扶持
妙けい	63	お末　さの	40	70	3人扶持
知かう	53	お末　さき	40	70	3人扶持
清をん	60	御持仏比丘尼	34	100	3人扶持
教しゅん	51	御持仏比丘尼	30	100	3人扶持

注）随性院は，鷹司輔信の娘，1691年，5代将軍綱吉の養女となる。
出典）『女中帳』（国立公文書館蔵）より作成。

参考文献　長野ひろ子「維新変革とジェンダー――女中のゆくえ，武士のゆくえ」長野ひろ子・松本悠子編『ジェンダー史叢書6　経済と消費社会』明石書店，2009／A. ウォルソール「大奥――政治とジェンダーの比較史的考察」桜井由幾・菅野則子・長野ひろ子編『ジェンダーで読み解く江戸時代』三省堂，2001／長野ひろ子「幕藩制国家の政治構造と女性」近世女性史研究会編『江戸時代の女性たち』吉川弘文館，1990

7-4 儒教思想とジェンダー

[教科書] 学問の興隆と元禄文化／新しい学問の形成と化政文化　☞7-12, 7-16, 7-17

◆**儒教の展開**　17世紀半ば以降，幕藩体制が確定していくにつれて学問・文化は新しい傾向を示していく。とくに，学問では，朱子学を中心とする儒学がさかんとなる。朱子学は，君臣・父子の別を中心として上下の秩序を重んじるものであり，政治や社会の仕組みづくりに有効であったため，幕府や藩に広く受け入れられた。

　林羅山（藤原惺窩の門人）は家康に用いられ，その子孫（林家）は代々儒者として幕府に仕え江戸時代の学問と教育を担っていった。このような「体制教学」としての儒学は時代の移り変わりのなかで，いろいろな問題が取り沙汰されたが，18世紀末，松平定信による寛政改革により，幕府教学の中心的位置を占めることとなる。

◆**女性と学問**　江戸時代をつうじて，「学問」は，武士層の男性によってのみ担われるものとされ，女性には不必要とされた。一般社会では，儒教の教義（儒教思想）のなかでもとくに倫理的な側面が切り離され，日常生活に有用な道徳的規範として人びとに示され，石田梅岩・大原幽学・二宮尊徳らによってやさしく説かれた。女性には，女訓書❶を通して，夫を「天」とし，夫に従うことを基本とした，三従・七去❷などの要件を盛りこんだ教えの遵守が強要された。これら儒教の規範は，主従・師弟・長幼・親子・男女・夫婦などわかりやすい言葉を対比させ，後者は，前者に絶対服従すべきであるという観念として男女を問わず，広く深く人びとの日常生活のなかに根を下ろしていった。

◆**女の生き方**　結婚が，他家へ「嫁入る」というかたちをとっていた当時，女性にとって結婚は人生の大きな節目であり，結婚後の生き方の指針として重視されたのが儒教の教えであった。それを盛りこんだ女訓書は，「嫁入り」にさいし持参されたこともあり，その教えは広範に普及していく。夫との関係，舅姑，小舅小姑との関係のあり方が具体的に示されたが，その基底には男尊女卑的思想があり，それにもとづく男女の別が強調され，女性を家に縛りつけておくという観念がつらぬかれていた。女訓書で説かれた事柄は，女性のみにとどまらず，男性をも含めて社会通念として定着していった。しかし，このような通念も，18世紀後半から19世紀に入る頃から徐々に変化していく。その変化は女性により大きく作用することとなる。

◆**女訓書の効用**　「女大学」「女今川」をはじめ多様な女訓書は，折からの教育要求とも相俟って，さまざまな工夫が凝らされ多くの版を重ねた。それらの多くは，

いわゆる「往来物」❸というかたちをとって展開浸透していく。その構成は，頁の下3分の2が本文で，大書され読み書きの手本とされた。上部の頭書には，基礎的な知識や生活のノウハウが記され，1冊で手習いの手本と生活の知恵習得の双方を手中にできるよう工夫されている。それらを反復学習することによって，知らず識らずのうちに女性が守るべきものとされた男尊女卑的観念や生活規範が女性たちに植えつけられるよう仕組まれていた。

こうした特異な観念に染まる一方，女性たちは，これらの学びを通して文字修得を掌中にすることともなった。女性たちは，体得した文字によって，自己表現を可能とする素地を着々と築いていく。（菅野）

---

❶女を教訓する書

中国生まれの女訓書は，主として女性の手によるものであり，いずれも長大で，一般に供するには不適であった。やがて，基本的な教えを軸に，日常生活のノウハウを盛りこんだ和製の女訓書が編み出されていく。

❷三従・七法

「女の道」「婦の道」「母の道」の三つ，すなわち，女は親に，婦は夫に，母は子に従うべきということ。七去は，女性がしてはいけない七つの悪事（姑に不順・子がない・淫乱・悋気・悪疾・多言・盗心）をさすが，日本の場合，「子がない」は否定されることが多かった。

❸庶民の初等教育に用いられた教科書

はじめは書翰の往返の模範例文を示したものを称していたが，江戸時代に入り，歴史・地理をはじめ日常生活に必要な知識を教える教科書がつくられるようになり，教科書一般を「往来物」と称するようになる。

和製の女訓書

おもなものに「女大学」系列と「女今川」系列のものがある。前者は，貝原益軒が述べたとされ，「夫れ女子は……」ではじまるもので，女性の嫁入り後の守るべき生活・行動規範を記したものであり，後者は，中世の今川了俊の制詞になぞらえてつくられたもので，女性の行動の禁止事項を列挙している。

山本興助著述『世界婦女往来』（1873，宝文堂）

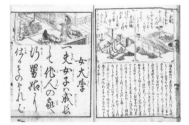

益軒貝原先生述『女大学宝箱』
（文久3，文栄堂・耕文堂蔵版）

参考文献 筧久美子「中国の女訓と日本の女訓」『日本女性史（3）』東京大学出版会 1982／菅野則子「江戸時代に於ける「儒教」の日本的展開」『アジア女性史――比較の試み』明石書店，1997／菅野則子「「女大学」考」『女大学資料集成（別巻）』大空社，2006／菅野則子「近世～近代における「女大学」の読み替え」『ジェンダー叢書3』明石書店，2010

7-5　家の主と村のジェンダー

教科書　江戸時代の社会の仕組み　☞7-8, 7-9, 7-10

◆**土地所有・相続をめぐるジェンダー**　近世社会の基本的生産単位としての「家」は，直系家族を中心とする小経営体であった。それは，中世において大経営体としての「家」に包摂されていた傍系親族や非血縁の名子・被官・下人らの，自立化へ向けての数世紀にわたる苦闘の所産として，すなわち小農自立過程として理解することができよう。この小農自立過程において経営体の土地所有・相続をめぐるジェンダーは大きく変化を遂げた。中世の「家」経営体においては，主要な生産手段である土地の所有・相続から女性が完全に排除されることはなく，女性は一般的婚姻形態となりつつあった嫁取婚のさい，生家から譲渡された土地を持参し下人を連れていくことができた。同時にそのことは，婚家での経営に家長❶である夫とともにかかわることを可能としていた。ところが，近世の小経営体での女性は，一般に婚家に土地を持参することはなくなり，その結果，婚家の経営に前代のように関与する根拠は失われてしまったのである。

◆**身分と身分主体**　「家」経営体における所有主体・経営主体としてのジェンダーの非対称性，すなわち男性の圧倒的優位性を支えかつ強化したのが，幕藩権力と村落共同体であった。幕藩制国家は強固な身分制社会であり，それぞれの身分は社会的分業にもとづいて国家的に編成されていたが，かかる国家の制度的身分に編成されたのは，家の主としての男性のみであった。女性の場合，夫が亡くなり後家として家の主となった女性でさえも，身分主体となることはできなかった。近世では，国家的に編成された身分や身分集団への組みこまれ方が，男性と女性では根本的に異なっていた。したがって，身分集団への帰属にあたって女性は身分主体たりえず，身分的に客体化されたうえで包摂されたのである。

◆**近世農村の「自治」とは**　小経営体ゆえの分散的・個別的性格からくる不安定性を補完したのが，村落の共同体的諸機能であった。村役人を中心にした百姓たちは，用水・林野の管理，入会地の共同利用，年貢の村請制，村入用（村の諸経費）の共同負担等々を，村寄合などの「自治」によって運営したのである。しかしながら，この村寄合に参加できるのは，原則的には百姓身分をもつ家の主としての男性であった。近世の「自治」は男性たちの「自治」であり，女性は埒外におかれたということができる。（長野）

❶経営主体としての家長

　家長である男性には，経営主体として大きな責任が課されていた。その最大の責務は，自らの「家」と「子孫」に，すなわち「家の永続」のために主体的・主導的にかかわることであった。この時代の農書や農民日記などを読むと，家の主のなすべきことが実に多岐にわたっていたことがわかる。まず，家の主は，朝早く起床し家内の者たちを起こし，妻子や奉公人たちに1日の仕事の割り当てをすべきとされた。奉公人を雇い自らが労働に従事しない場合でも，田畑を見回り，彼らの働きぶりをきちんと見届けることも必要であった。もちろん，そのためには彼自身が家業である農業に精通していることが前提となる。また，家の主たる者は，用事のあるとき以外はできるだけ家にいることが肝要とされ，仕事終了の確認と戸締りをおこない，夜遊びに出かけることは慎しむべきこととされた。家の主のなすべきことはこれにとどまらず，家における神事・仏事や諸行事などをしきたりどおり執りおこない，日常生活におけるさまざまな規則や諸注意を家族や奉公人に教え，守らせることも重要な任務であった。さらに，家の主の関与は，台所にも及んでいた。味噌・醤油・酢などの調味料や漬物などの製造と消費，節句そのほか特別な日の献立など，おおむねその管轄下におかれていた。なかには，御飯を炊くとき焦がしてしまうと，実質1割ほど食べられる分が減ってしまうので注意するようにと指摘をする家の主も存在した。家の主は，経営主体として家内の統括と管理をしつつ先頭に立って家業に従事すべきとされたのである。

> **後家の立場**　近世農村において女性が，「家」の主，所有主体，経営主体などの地位にあることは，ジェンダーの境界を越え男性性の領域を「侵犯」することを意味していた。夫を亡くした女性には，このような「侵犯」をせざるをえない場合が見られたが，それは必ずしも女性の立場を好転させるものではなかった。18世紀後半，駿河国A村の後家B女は，夫亡きあと，家の主として経営をおこなっていたが，本家筋のC男から種々「難渋」を申しかけられたため，領主に訴え，結果はB女の全面勝利となった。これは，訴訟に持ち込めば容易にB女側に勝利がもたらされるほどC男の無理難題が極まっていたことを物語っている。ここで，C男が種々「難渋」を申しかけるのは，B女の言葉を借りるなら，「女儀之私を相掠〆」ていたからであった。女性が家の主，所有主体，経営主体などの地位にいることは，女性性の領域に封じこめられているより「パワハラ」「セクハラ」などを受けやすく，それゆえ女性たちに緊張と不安を強いていたと見なければなるまい。

> **近世農書の書き手と読み手は男ばかりだった**　江戸時代には，全国各地で数多くの農書が著された。それが「学者の農書」であれ，「地域農書」であれすべて男性の書き手によるものであり，読み手もほとんど男性であった。なぜ男性ばかりだったのか，農書の執筆動機からある程度推測することができる。農書の大半を占める地域農書の著者は，経営主体としての立場から，自らの家の永続的繁栄を願って農書執筆を思い立っている。この「家の永続性」の具体的実現形態は，経営主体としての自らが，先祖から受け継いだ家屋敷・田畑・山林・牛馬・家
>
>
> （福島県歴史資料館所蔵）
>
> 財を守り，それを子孫に譲り渡していく一連の過程として現れるが，農書を入手し目を通した読み手もまた，家業である農業経営に責任をもつ経営主体としての男たちであった。この時代，経営に責任をもつ立場を失っていた女性たちには，農書の執筆や入手の動機も資格もなかったのである。

<u>参考文献</u>　長野ひろ子「日本近世の百姓身分とジェンダー」『経済学論纂』40巻5・6号，2000／長野ひろ子「日本近世農村の「家」経営体とジェンダー」『経済学論纂』38巻1・2号，1997／大藤修『近世農民と家・村・国家——生活史・社会史の視座から』吉川弘文館，1996

7-6 幕藩法とジェンダー

[教科書] 幕府と藩の支配体制　☞7-2, 7-15, 8-7

◆**武家の家族法とジェンダー**　幕藩法の基本は，最上位の封建領主たる幕府が制定し，大名がそれに準拠し藩法を整えていく関係となり，各藩の個別領主権は幕府法に大きく制約されることとなった。さらに，厳格な身分制を維持せねばならない国家であることによって，前代とは比較にならない多種多様な法令が出されることになった。まず，幕藩家族法の適用は，そのほとんどが支配階級である武士に向けられた。家族法の大きな柱としての家督相続では，幕藩法の原則は長男子単独相続であり，女子は排除された。実子のない場合や女子ばかりの場合は養子相続がとられたが，中世には一般的に存在した女人養子が，近世にいたると否定されてしまった。これに対し，男性は，無妻であっても養子をとることができ，享保期以後は，家督を相続しない二・三男など部屋住みの者の養子も許された。子の帰属に関しては，従来離婚前出産，離婚後出産とも双方の協議にまかせていたのに対し，中後期になると男子は必ず夫方に残し，女子は相対にまかせて幕府は介入しないこととなった。また，幕府は1759（宝暦9）年それまで禁止されていた「母出奔（しゅっぽん）いたし行衛（ゆくえ）不相知，其子」の家督相続を認める通達を出した。幕府には，近世をつうじ，なおいっそう父系重視を推し進める傾向が見られたのである。

◆**女名前人の存在**　近世半ばの享保期，幕府は大坂町方へ「女名前之事」と題する触書を出した。これによれば，女性が女名前人として家屋敷を相続する場合には公儀に願い出るべきこと，原則として1期3年間に期間を限られること，男性の代判人を選定することなどであった。ここからは，男子優先主義をとり女性を退けようとする幕府の態度を見てとることは容易である。しかしこのことは，逆に考えれば，上方諸都市を中心に，近世の経済発展やそれによる町方の変容にともない女性の家屋敷所持が可能になる状況になっていたことを示していよう。また，町方での家産相続という面においては，分割相続もかなりおこなわれ，その際女子にも相応の分与がなされていた。とりわけ京都・近江などの商家ではこうした事例が一般的に見受けられていた。

◆**庶民の結婚と離婚**　幕藩家族法の統制から大半を免れていた庶民の場合，町方を中心に女性も財産相続の対象となっていたが，家督相続はきわめてまれであり，かつ幕府の厳しい規制を受けた。婚姻でも幕府の干渉が及ぶこともあった。強引に

前夫と別れ現夫と再婚した女性，夫の横暴に耐え切れず離別した女性，妻子を捨てた夫を尋ね歩いて「其家之相続を心懸」けなかった女性など庶民といえども女性が主導権を握ることは不埒とされ，いずれも幕府の叱責を受けている。離婚についても，離縁状作成は夫の専権事項とされた。妻から離婚が請求できるのは，妻が里方から持参した諸道具を夫が無断で質入れしたり，夫が長いあいだ音信不通であったりなど例外的な場合に限られていた。しかも，妻本人ではなく，実家の父兄が願い出ることになっていた。

◆「女手形」所持の意味　近世の女性たちは，貴賤にかかわらず関所などを通過するさいには公認の手形を所持していなくてはならなかった。この女手形の主要な目的は，江戸からの「出女」の取締であり，当初「出女」とは江戸在住の大名妻女を意味していたことはよく知られている。ただ，この「出女」取締令は，江戸から遠く離れた諸藩でもおこなわれるようになった。また，鳥取藩などでは，再三にわたり女性の夜間一人歩きを禁止している。幕藩制国家の治安維持のためにおこなわれた「出女」取締ではあったが，結果的には女性全体に女手形の所持を義務づけることになった。そこには，女性が他国へ足を伸ばしたり，夜間に一人歩きをするような行動はよくないとする近世社会の考え方も与かって力があったのではないだろうか。往来する女性には，請人から申請された手形を所持しなければならないという規定が，幕藩制交通政策のなかで「出女」政策と重なりあいながら機能していたのである。（長野）

「三下り半」と縁切寺　江戸時代の庶民は，武家と異なり離婚にさいしては夫婦間に離縁状の授受が必要であった。離縁状のことを俗に「三下り半」というのは，離縁状の本文が通常3行半に記されていたからである。普通の離縁状には，離婚文言と再婚許可文言が記されており，離婚した女性が再婚するにはこの離縁状が必要不可欠であった。離縁状作成は夫の専権事項であったが，離婚にさいしては，夫側妻側双方の協議がおこなわれる場合が多かったと見られる。ただ，妻が離婚を強く望んでも夫がどうしても離婚に応じず離縁状を与えない場合，東慶寺や満徳寺などの縁切寺に駆けこんで離婚する方法があった。

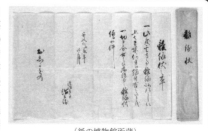

（紙の博物館所蔵）

参考文献　高木侃『三くだり半——江戸の離婚と女性たち』平凡社，1987／長野ひろ子「幕藩法と女性」女性史総合研究会編『日本女性史（3）』東京大学出版会，1982／鎌田浩『幕藩体制における武士家族法』成文堂，1970

7-7 百姓一揆・騒動と女性

教科書　幕藩体制の動揺　☞6-14, 7-5, 7-18

◆**百姓一揆・騒動と女性参加者**　百姓一揆に限っても3000を超える江戸時代の諸闘争の参加者は、大半が男性であった。近世社会において、暴力行使も含む社会秩序への公然たる抵抗は、男性的行為とされていたからである。しかし、女性の姿がまったく見られなかったわけではない。とくに、18世紀後半以降、商品経済の発展と村方・町方での矛盾の激化によって、各地の一揆・騒動に女性が登場してくる。おもに女性たちが従事していた織物生産などに藩の課税強化や専売制が実施されたりした場合、多くの女性たちが城下へ押し寄せるなどした例は少なくない。

◆**米騒動**　家族の生存にかかわるような場合も、女性は積極的に参加し食料を要求した。1787（天明7）年の大坂打ちこわしの前に女性は集団で施しを要求している。同年、尼崎藩の隣林田領では、女性たちが大庄屋宅へ押しかけ食事の無心を申しかけ、これをきっかけとして男たちも加わり、さらに町へ押しかけ城門を包囲して家臣の出入りもままならない状況に追いこんでいる。ここで打ちこわしのきっかけをつくっていたのは女性であった。1836（天保7）年、金沢では、米問屋に300人ばかりの窮民が押し寄せたが、その大半は女性であった。女性たちは、家計を直撃する米価の騰貴にはきわめて敏感であった。時代は移り、1918（大正7）年、日本全国に連鎖的に波及した米騒動の発端となったのが、北陸富山県の漁村の女性たちの行動であったことはよく知られている。

◆**一揆の陰の女性たち**　女性の一揆とのかかわりを見ると、往々にして男性とは異なった経験を有し、時間や空間もずれていることがあった。一揆の準備過程や一揆後の処理などに着目すると、そのずれが浮かび上がってくる。一揆の頭取たちが行動を起こそうとするさいには家族との葛藤が予想されるであろうし、秘密裏に蜂起を呼びかけるために、廻状をわざと女性に運ばせることもあった。夫たちが入牢しているときは、その助命・減刑嘆願に奔走しなければならなかった。夫が処刑されたのちは、悲嘆にくれるばかりでなく、早速梟首（きゅうしゅ）された首を奪い取り懇ろに回向（こう）したとする伝承は各地に存在する。数多くあったとされる女性の駕籠訴（かごそ）も、夫たちが入牢・処刑などで欠落したあとでおこなわれたものである。ここで女性の経験する一揆の過程は、男性のそれと連動しつつも同一ではないのである。

◆**自己の利害を主張する女性**　騒動に参加した女性の行動や訴状の文面から見る

と，女性は個人としてではなく家族との関係で現れることがほとんどであった。女性が登場するときは少なくとも表面上は男性のために行動しているように見える。しかし，なかには女性が自身の利害を主張する場合も見受けられた。たとえば，幕末期に関東地方のある村では，村役人が後家の営業上の「不正」に対して処分を下したが，後家は不服を申し立て逆に村役人を告発している。その後も両者は種々争ったが，後家は，とうとう江戸に出て老中への駕籠訴を断行した。江戸城での評議により両者は和解を命じられ，そのさい，村役人はお叱りを受けたが，後家への咎めはなかった。このように，公領域での女性の訴えが認められる場合もあったのである。（長野）

> **百姓一揆物語に現れる女性**　百姓一揆・騒動に関する記録の多くは，江戸期から明治期にいたる地方の知識人や指導者によって編纂され，広く流布した。男性が書いたこれら百姓一揆物語において女性はどのように描かれていたのだろうか。まず，ほとんどすべてに共通して見られるのは，女性は男性の行動に規定され従属している点である。ここで女性は男性を顕彰する話のなかに登場してくるだけである。下総の佐倉惣五郎は，藩主堀田氏の重税にあえぐ領民の窮状を代表して将軍に直訴したことで名高い人物であるが，一緒に処刑された妻おさんに関する一揆物語の記述はごくわずかである。
>
> 一揆物語において，女性は，男性には許されない感情的部分の表現を担っている場合が見られた。一揆指導者の男性が一命をなげうって村のために尽くすといったとき，その妻が一晩中泣きあかしたという叙述からは，最も厳しい死という手段を選んだ男の人間的葛藤の一面を表現し，なおかつ女の弱さと対比的に男の決意を際立たせる役割が浮かび上がってくる。
>
> 一揆物語には，あるべき女性像すなわち貞婦とは何かについてもはっきり描かれた。一揆で逮捕された男性の妻は，夫の入牢中，庭に筵をひいて就寝し，着物も着替えず髪もとかさなかった。また，ある女性は，処刑された夫の首を密かに持ち帰り回向して，夜明けとともに刑場に戻している。
>
> このように一揆物語が家父長制による女性らしさの基準によって従順な女性像をつくりあげた一方において，一揆に参加する女性は増加しつつあり，そのなかには自己の利害を主張する女性も出現していたことが知られている。

『東山桜草子』（国立国会図書館所蔵）

参考文献　堤洋子「一揆・騒擾世界の女と男」保坂智編『民衆運動史1』青木書店，2000／A.ウォルソール（長野訳）「貞女／悪女——陰にかくれた女と百姓一揆」『日米女性ジャーナル』19号，1995／保坂智「一揆・騒動と女性」『歴史評論』467号，1989

7-8 若者組と村社会

教科書 江戸時代の社会の仕組み　☞7-5, 7-10, 8-3

◆**二段階の成年式**　近世農村では、通過儀礼である成年式は普通二段階に分けておこなわれていた。第一段階が13歳頃の褌祝い、第二段階が15歳、17歳、19歳頃の元服の儀式である。褌祝いは、男女ともその身体的・性的成長に起因すると見られ、男子には褌を女子には腰布を贈る場合が多かった。第一段階が性的成熟を指標に男女対称性をもっていたのに対し、第二段階になるとその対称性は崩れてくる。まず、男子には元服の儀式が用意されていた。これは、家の重要な儀式として、親類・縁者も加わり執りおこなわれ、名前も、名づけ親を指定したうえで子ども時代とは違う名前に改められた。こうして、男子には性的成熟とは異なる社会的成熟への期待がこめられたのに対し、女子には男子の元服に匹敵するような社会的成熟への期待を意味する儀式はなかった。かわりに女子の場合、結納や婚礼の日から歯を黒く染めるお歯黒といわれる習俗があり、女子の第二段階の成年式とはこのような身体的刻印にほかならなかった。

◆**若者組の活動と村社会**　元服の儀式をすませた村の男子は、ほとんどの場合「若衆入り」「仲間入り」などと称される厳粛な儀式をへて、若者集団に加入した。この若者集団は、「若者組」「若連中」「若衆中」等々名称はさまざまであるが、村ごとに組織され、厳格な年齢階梯制をもっていた。若者集団のトップは、若者頭、若者惣代、若者世話人などと呼ばれ、近世後期には成文化された規定である「若者条目」❶を保持する場合もあった。若者集団は、芝居や相撲、操り人形など村々でおこなわれる娯楽・文化の中心的役割を担い、村社会の精神的紐帯としての氏神祭礼という公的行事においても不可欠の役割をはたしていた。また、領主や村から割り当てられた村仕事を務めた。村の若者たちは、若者集団におけるこれらの社会的・公的実践活動をつうじて自らのアイデンティティと男性性を構築していったのである。他方、村の娘たちが、男子のような整然と組織された集団に属し社会的・公的実践活動に従事するようなことはなかった❷。近世村落において、成長期のライフ・コースにおけるジェンダーの非対称性は明確であった。

◆**社会的権力としての若者組**　近世村落において社会的・公的実践活動に従事していた若者集団は、若者仲間外の人物に対しても制裁を課すなどの社会的権力を有していた。なかには、村落内のマイノリティである下女奉公人や後家などのセクシ

ュアリティを集団として管理・従属させる場合が見られた。たとえば，ある若者が他村の下女奉公人と性的関係をもちたい場合，下女が奉公する村の若者集団の了解を得る必要があった。了解なしの場合，若者集団は，その若者に「詫び状」を提出させるなどの制裁を課したのである。(長野)

❶若者条目

　組織された集団としての若者組には，当然のことながら集団的規律が求められ，違反した場合には罰則が課されたり，制裁がおこなわれたりした。近世後期には，これらを「若者条目」として成文化する若者組が現れてくる。幕末期，関東地方のある村の「若者条目」には，12か条にわたって規律や禁止事項が設けられている。日常の行動規範に関しても，さまざまな禁止事項があげられた。そこでは，喧嘩・口論，博奕・賭け勝負，飯盛女との遊興，無宿者との付合い等が禁止とされている。飯盛女とは，街道筋の旅籠屋に雇われた売春婦のことであり，無宿者とは，定まった住居も正業ももたずに浮浪していた者のことである。関東農村などでは，19世紀に入った頃から，離村した農民などが無宿者になり各地を徘徊するようになっていた。幕府は治安上問題だとして，関東取締出役をおき取締に乗り出していた。この村の若者条目の内容からは，若者たちがその影響を強く受け，なかには規律違反の逸脱行動に走る者のいたことが推測できるのである。

❷娘組・娘仲間

　江戸時代の村のなかには，成年式を終えた村の娘たちが集まって一緒に糸くりや針仕事などの手仕事をする場合があり，娘組，娘仲間などと称された。しかしながら，娘組は，若者組とは違い組織への加入儀式や仲間内の規則もほとんどなく，厳格な年齢階梯制もなかった。一村に何組も存在する場合もあった。娘組には，若者組が担っていたような村での社会的・公的実践活動が割り当てられることはなかった。

　若者組のバリエーション　民俗学のフィールドワークによれば，若者集団への加入資格や脱退時期についてはさまざまな事例が見られ，そこにはいくつかのバリエーションがあった。民俗学者の平山和彦は若者組を構造上2類型に分類している。一つは，すべての男子が加入し，結婚によって脱退するタイプ，他の一つは1軒から1人，一般には長男が加入し，脱退は結婚とは無関係に年齢によって定められているタイプである。前者は，西日本に比較的多く，後者は東日本に多く見られるという。したがって，若者組へは，村の若い男性ならすべてが加入可能であったとはいえないことになるが，逆にどのような男子なら必ず加入資格ありとされたかを考えれば，生家の跡継ぎとなるべき未婚男子は，元服後いかなるバリエーションにおいても若者組のメンバーたりえた点は重要であろう。

　若者組と青年団　青年団は，山本滝之助の運動を受けて政府の指導のもと明治末から大正初めにかけて組織されたものである。対象は，義務教育修了年齢から20歳までの男子である。農村部では，組織化にあたり近世以来の若者組を基盤とし利用・改変する場合が多かった。

参考文献　長野ひろ子「日本近世農村におけるマスキュリニティの構築とジェンダー――集団化・組織化と権力作用をめぐって」桜井由幾・菅野則子・長野ひろ子編『ジェンダーで読み解く江戸時代』三省堂，2001／多仁照廣『若者仲間の歴史』日本青年館，1984／平山和彦『青年集団史研究序説（上・下）』新泉社，1978／瀬川清子『若者と娘をめぐる民俗』未来社，1972

7-9 「家」経営体とジェンダー分業

教科書　経済と産業の発達　☞ 7-5, 7-10, 7-12

◆**「家」経営体のジェンダー分業**　直系家族労働を基本とする近世の「家」経営体ではどのようなジェンダー分業がおこなわれていたのだろうか，事例を二つ示してみよう。❶は，2世代家族で働き手が夫婦2人の場合である。ここでは，家の主である夫が村寄合の出席など「家」経営体における公的役割を担い，生産労働・再生産労働両者の管理労働に従事し，実労働では家業である農業生産に集中している。妻は，実労働としては，生産労働（家業と農閑稼ぎ）と再生産労働すべてをおこなっている。管理労働としては，日常的再生産労働のなかの家族の衣服を整える仕事などわずかであった。❷は，3世代家族で家の主，その母，妻，弟の4人が働き手の場合である。家の主である夫は，村役人としての公的役割が加わっているが，基本的には❶とほとんど変わりはない。これに対し弟の労働には，管理労働は一切見られず実労働のみ配分されている。夫の母は，衣料生産およびその販売の中心人物であると同時に，親戚や近所とのつきあいなど家での公的役割も担っている。妻は，実労働としての再生産労働が主であった。

◆**ジェンダーの非対称性とジェンダー内部の差異化**　上記二つの事例から，近世「家」経営体のジェンダー分業の特徴として以下の点を指摘できよう。第一に，公的領域ならびに管理労働における男性の優位性，第二に生産労働，とくに家業における男性労働の優位性である。第三に，女性の場合，生産労働・再生産労働ともに実労働を中心に配分されていたが，男系直系家族ゆえに存在する「姑と嫁」の差異を見てとることができる。第四に，相続人たりえなかった男子は，公的役割や管理労働から排除され実労働のみであったことである。これらは，端的には「家」経営体におけるジェンダーの非対称性とジェンダー内部の差異化ということができよう。

◆**労働心性のジェンダー化**　「家」経営体における家族の労働心性は必ずしも一様ではなかった。まず，家の主としての男性は，家業に責任をもち「家の永続性」を守るために自らの主体性と勤勉性を十分に発揮することが求められた。ただし，相続人たりえない男性家族においては，家業に包摂されないために，家の主や相続人となりえた男性と同じ心性をもつことはできなかったであろう。女性の場合，一般的に家の主として責任をもつ立場にはおかれず，その心性は，家業への主体性・勤勉性へとストレートに結びつくものではなかったろう。そのなかで，家の主の母

（姑）は，家業や「家の永続性」への関与がある程度認められていたことから，主体性・勤勉性という労働心性を醸成する可能性が存在していたということができる。
（長野）

❶ 2世代家族のジェンダー分業

		公的領域	所有主体	経営主体	家業／非家業						
					生産労働			再生産労働			
					農業		農閑稼ぎ（紡織）	世代間		日常的	
					a	b		a	b	a	b
男性	夫	○	○	○	○	○		○		○	△
女性	妻						○		○		○

注）aは管理労働，bは実労働を指す（表2も同じ）。△は不十分ながら当該労働に従事していた場合である（表2も同じ）。
出典）長野ひろ子『日本近世ジェンダー論』吉川弘文館，2003：73頁より作成。

❷ 3世代家族のジェンダー分業

		公的領域		所有主体	経営主体	家業／非家業								
						生産労働						再生産労働		
		村	「家」			山林業		農業		養蚕・糸引		世代間		日常的
						a	b	a	b	a	b	a	b	a	b
男性	夫	○	○	○	○	○	○	○	○	△		○		○	△
	夫の弟		△				○		○						△
女性	妻										○		○		○
	夫の母		△							○	○	△		△	

出典）長野ひろ子『日本近世ジェンダー論』吉川弘文館，2003：75頁より作成。

女性の「ちからわざ」に対する男性の視線 江戸時代の女訓書『女鏡秘伝書』のなかに，若い男たちがどのような女性を望むのか記述された箇所があり，彼らは，色白でたおやか，「柳に風」の女性を好むとある。したがって女訓書は，女性が「ちからわざ」をなして骨太になり指も大きく肌の柔らかみを失ってしまうのはよくないと戒めている。このような男性の視線が，働く女性の労働心性にいかなる影響を与えたか興味深いところである。

参考文献　長野ひろ子「日本近世農村の「家」経営体におけるジェンダー分業」『経済学論纂』39巻6号，1999／長野ひろ子「日本近世農村の「家」経営体における労働心性とジェンダー」『歴史評論』588号，1998／長野ひろ子「日本近世農村の「家」経営体における労働とジェンダー」『経済学論纂』38巻3・4号，1998

7-10　近世の雇用労働——雇用形態・賃金・セクシュアリティ

教科書　経済と産業の発達　☞7-5, 7-9, 7-12

◆**近世後期の豪農経営と雇用労働**　「家」経営体のなかには，家族労働に加え奉公人すなわち雇用労働を必要とする場合も見られた。とくに豪農経営では，近世後期の経済発展にともなってさまざまな雇用形態の奉公人が働くようになった。まず，男女ともに年季を決め主家に住みこんで働いたのが年季奉公人であり，男性奉公人が農業労働ほかの家業に従事したのに対し，女性奉公人は家内での労働が多かった。年季奉公人にやや遅れて出現してくるのが日割奉公人である。日割奉公では，給金は年季契約ではあるものの，月ごとの勤務日数が「1か月6日勤め」のごとく決められており，概して男女とも通いの奉公であった。日割奉公人になると，女性も男性と同じく家業である農業労働などに進出していく傾向が見られる❶。豪農経営での日雇奉公は，主として繁忙期に限られ，男女とも数日間から数十日間，農業労働などの家業に雇われるのが大半であった。

◆**男女の賃金比較**　江戸時代には，現代のような全国的賃金データそのものが存在しなかった。北関東の一個別経営の事例によると，奉公人賃金は，近世後期から幕末まで次第に上昇傾向にあったと見られる。年季奉公人男性賃金の指数を100とした場合，天保期頃までの女性指数はおよそ60から85のあいだの数値を示している。ここでは，男女差が次第に狭まってくるということではなく，時期によって上下動しているのが特徴である❷。しかし，幕末期になると男女の賃金格差に縮小傾向が現れる。北関東の豪農N家の場合，幕末期における月6日勤めの日割奉公人の男女別賃金の指数は，男性を100とした場合，女性は92となっている。これは，日割奉公人の女性たちが農業労働に大幅に進出したことによるものであろう。同じく19世紀前半のN家を例に日雇奉公人の場合を見ると，男性の賃銭が100文から150文までの幅があるのに対し，女性はいずれも100文となっている。女性の賃銭は，男性の最低賃銭と同じだったことになる❸。

◆**女性奉公人へのセクシュアル・ハラスメント**　実家や村を離れ，他人の家で働き生活していた年季奉公人，とくに女性奉公人はセクシュアル・ハラスメントに晒されることが少なくなかった。地方の豪農経営では，女の奉公人の寝起きする部屋に男衆が入ってはいけないこと，女の部屋に入っていろいろ悪さをしてはいけないこと，男女の奉公人とも田畑で仕事をしているとき，仲間の衣類をはぎとって裸に

したり悪ふざけをしないこと，男の奉公人のうち妻子のある者が心得違いをして女の奉公人に手をつけ妊娠させた場合，そのかわりの働き手を連れてくること等々の奉公人規則を定めていたことが知られる。女性奉公人の生活は，性暴力や性的嫌がらせへの脅威と背中合わせに成り立っていたのである。(長野)

❶豪農N家の日割奉公人M女の月別作業内容 (1858年)

月	作業日数	おもな作業内容
1	1	石うすひき
2	6.5	楮そひとり 草取 そばひき 小麦ひき
3	2	草取 籾ひき
4	6	茶つみ 種蒔 菜種刈 菜種もみ
5	6	田植 一番草取 麦打
6	6	一番草取 二番草取 小麦ひき 綿ひき 粟ひき
7	3.5	草取 石うすひき 小豆ひき
8	5.5	稗穂刈 草取 岡穂刈・こき 菜種蒔
9	6.5	稲刈 籾ひき 草取 麦蒔
10	6	稲刈 小麦蒔 稲こき 籾打
11	2	大根ひき 大根切干
12	2	ささとり もちつき

出典) 長野ひろ子『幕藩制国家の経済構造』吉川弘文館，1987：305頁より作成。

❷豪農N家の一季奉公人男女別平均賃金の推移

年	男子奉公人	女子奉公人
1742 (寛保2) 〜1748 (寛延元)	2両　　　　3朱	1両　2分　2朱
1784 (天明4) 〜1788 (天明8)	2両　3分	1両　3分　3朱
1789 (寛政元) 〜1794 (寛政6)	2両　2分　3朱	2両　　　　3朱
1795 (寛政7) 〜1799 (寛政11)	3両　2分　3朱	3両　　　　1朱
1800 (寛政12) 〜1802 (文化2)	3両　1分　3朱	2両　1分　1朱
1803 (文化3) 〜1811 (文化8)	3両　2分　3朱	2両　　　　1朱
1812 (文化9) 〜1816 (文化13)	3両　　　　3朱	2両　　　　2朱
1820 (文政3) 〜1823 (文政6)	4両　1分　3朱	2両　3分
1824 (文政7) 〜1827 (文政10)	3両　2分　2朱	2両　2分　3朱
1833 (天保4) 〜1837 (天保8)	2両　2分　1朱	2両

出典) 長野ひろ子「農村における女性の役割と諸相」女性史総合研究会『日本女性生活史 (3)』，東京大学出版会，1990：58頁より作成。

❸豪農N家の男女日雇奉公人賃金 (1821年)

名　前	1日あたり賃銭 (文)	作業日数	作　業　内　容
越後国 定蔵	140	17日半 (8・9月)	米つき，畑うない，刈取，菜種蒔
越後国 留次郎	140	9日半 (8・9月)	米つき，畑うない，刈取，菜種蒔
村田村 市三郎	100	4日 (10月)	駄賃，草取
向山村 庄次平	150	2日 (10月)	草刈，菜種日向立て
高野村 関蔵	100	27日 (11・12月)	籾ひき，米つき，肥ひき，打木切
下江戸村 与三郎母	100	6日 (10月)	稲こき
石塚村 女	100	5日 (10月)	稲こき

出典) 長野ひろ子『幕藩制国家の経済構造』吉川弘文館，1987：297頁より作成。

参考文献 長島淳子『幕藩制社会のジェンダー構造』校倉書房，2006／長野ひろ子「農村における女性の役割と諸相」女性史総合研究会編『日本女性生活史3』東京大学出版会，1990／長野ひろ子「近世後期女子労働の変遷と特質——常州下江戸村那珂家女子奉公人の分析を中心に」近世女性史研究会編『論集近世女性史』吉川弘文館，1986

7-11　都市のジェンダー

[教科書]　都市と交通の発達　☞6-12, 7-13, 7-17

◆**男社会だった都市の大店（おおだな）**　近世の都市は，支配の拠点であると同時に商工業の中心地としても発展した。とくに，江戸・大坂・京都の三大都市では，幕藩制全国市場の結節点として多くの大商人が店をかまえた。これら大商家の経営は同族経営が基本で，奉公人たちは普通男ばかりで構成されていた。

◆**三井越後屋**　伊勢の松坂出身で，17世紀末には三都に呉服店と両替店を開設し，幕府の呉服御用達・為替御用達にも命じられた三井越後屋❶の場合，奉公人には2系列あったが，両者とも男性のみの採用という点では変わりがなかった。基幹労働力としての子飼奉公人は，出身地や本店のおかれた京都などから10代前半の男子を子ども（丁稚（でっち））として採用し，勤務年限と仕事ぶりに応じて手代，番頭，支配人へと昇進させるシステムであった。このコースとは別に，口入屋（くちいれや）をつうじて採用されることの多かった奉公人は「中年者」と呼ばれ，台所関係の雑用に従事し昇進はなかった。また，事業全体の統括機関であった大元方（おおもとかた）は，三井同苗11家の同族男性だけで構成されており，同族の女性が経営に関与することはなかった。

◆**女性の職業と女髪結**　大店は別としても，三都には種々の職業に従事する女性たちがいた。元禄期に出版された『人倫訓蒙図彙（じんりんきんもうずい）』（朝倉治彦校註，東洋文庫519，平凡社，1990）は，京都やその周辺を中心とした商人や職人たちの図説書である。ここで，女性が描かれた職業として，巻3の作業部では，柴売女・石売女・汐汲・あま人・乳子買（ちごかい）・紙屑買・おちやない・山椒皮，巻4の商人部では，酒や❷・酢屋・粉や❸・らんじゃ粉，巻5の細工人部では，扇折・衣装人形，巻6の職之部では，白粉師・紺屋・餅師・焼餅師・風呂屋・湯熨（ゆのし）や・洗濯（せんだく）・綿摘（わたつみ）・機織・鹿子結（かのこゆい）・木綿打・足打があげられている。その多くは都市的な需要によるものであろう。

　商品経済の発展や風俗の変化のなかで新たに登場した職業もある。代金をとって女性の髪を結う女髪結は，18世紀後半に都市の女性の職業として成立した。ところが，寛政改革期の江戸では，風俗統制の一環として禁止され，天保改革期には，江戸のみならず京都・大坂でも奢侈（しゃし）禁令のなかで女髪結の禁止ならびに転業が命じられている。しかし，これ以後も女髪結は，女性たちの需要に支えられ女性の職業として定着するのである。（長野）

7-11 都市のジェンダー

❶日本橋駿河町 越後屋

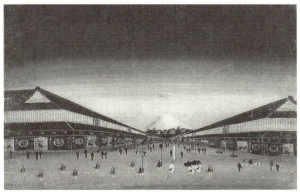

(浜松市美術館所蔵)

❷酒や

❸粉や

『人倫訓蒙図彙』(国立国会図書館所蔵)

|「相模下女」に「信濃者」| 近世の都市には多くの女性奉公人(下女)たちが働いていた。18世紀後半の江戸で生まれた文芸である川柳の作者は，御家人や上層町人の男性が大半を占めるが，彼らのまなざしは容赦なく下女たちに向けられた。その特徴は，下女を淫乱な性的存在と決めつけていること，加えて無学無知や粗暴粗野という語りが追い討ちをかけ，全体として下女への侮蔑に満ちていたことである。その記号化された表現が「相模下女」であった。この「相模下女」にはほかに階層性ならびに地政学的優劣も含意されている。江戸の地政学的優位性が「相模下女」の劣位をよりいっそう際立たせた。この階層性と地政学的優位性という面は，男性奉公人にもあてはまった。その記号化されたものが「信濃者」であり，信濃国から出てきた大飯食らいというほどの意味である。ただ，「信濃者」に関しては，多淫・無学無知・粗暴粗野の語りはない。川柳作者の男性たちの奉公人へのまなざしと語りにおいて，ジェンダーの非対称性は明らかであろう。

参考文献　西坂靖『三井越後屋奉公人の研究』東京大学出版会，2006／長野ひろ子「『誹風柳多留』のディスクール──ジェンダー・階級・身分」黒田弘子・長野ひろ子編『エスニシティ・ジェンダーからみる日本の歴史』吉川弘文館，2002／林玲子『江戸と上方──人・モノ・カネ・情報』吉川弘文館，2001／安国良一「近世京都の庶民女性」女性史総合研究会編『日本女性生活史3』東京大学出版会，1990

7-12 衣料生産と女性

教科書 経済と産業の発達 ☞7-9, 7-11, 8-5

◆**衣料生産と女性**　日本のどの時代をとってみても，女性たちは衣料生産やその周辺の仕事に従事している。近世には，商品経済の発展のなかで，農閑稼ぎとしての市場向け生産も含め，衣料生産のほとんどは女性の仕事となった。近世後期の越後地方では，女性たちが「松の内より油断なく機を織出し，人の先を争ひ，初市に出さんと励」んでいたことが知られる（日本農書全集25『粒々辛苦録』農山村漁村文化協会，1980）。また，この地方の娘たちは，5，6歳頃から機織を習ったが，それは結婚のさい，まずその腕前の良し悪しが条件にされたからであるという。男性は農業，女性は衣料生産というジェンダー分業のありようは，「男ハ農事を励，女ハ養蚕を営」（日本農書全集35『蚕飼絹篩大成』農山村漁村文化協会，1981），「田夫は外に出て田を耕し稲を作り，婦人は内に在りて苧をうみ衣を織る」（日本農書全集1『耕作噺』農山村漁村文化協会，1977）のごとく，農書の記述にも見られた。

◆**木綿生産の発展と久留米絣・伊予絣の考案**　近世前期に急速に広まった木綿栽培とそれにともなう綿織物生産の展開につれて，近世後期になると各地の機業地において女性たちが独自の技法を生み出すようになった。広範に織られていた木綿縞に加え，久留米の井上伝❶は，幾多の工夫改善を重ねて絣模様を織り出し，久留米絣の創始者となった。伊予（現愛媛県）では，鍵谷カナ❷の考案により今出絣（のち伊予絣とよばれる）が創始された。

◆**衣料生産とジェンダー言説**　この時代，衣料生産という一連の労働過程は，社会的・道徳的価値として高貴な女性も含めたすべての女性が実践すべき「徳」として位置づけられ，女性性に不可分に結びつけられていった。すなわち，儒教道徳における「婦女四徳」の一つ「婦功」である。「功とは，糸ぬひ・おうみ・わたつむぎ，すべて女のしはざをい」い，「后・夫人といえども，養蚕し，糸くり，衣服を手づからぬひ給へり，紡・績・把針のわざにたけたるは，婦女の一徳」となった。

> **皇后と養蚕**　近世の女訓書では，貴人の女性と衣料生産とのかかわりをさかんに強調した。現代の皇室では，美智子皇后が，毎年皇居内紅葉山養蚕所において，掃立て・給桑・上蔟・繭かきなど養蚕の各段階の作業をおこなっている。この様子がテレビで放映されることもある。この行事が開始されたのは，1871（明治4）年，明治天皇の皇后美子（昭憲皇太后）のときからである。ちなみに，昭和天皇以降，日本の天皇は種蒔き・田植え・刈取りなど稲作の各段階の作業をおこなっている。近代国民国家において，「男は農，女は養蚕」というジェンダー役割・規範が天皇皇后によって具現されているのである。

同時に,「福佑なる女」のなかには「ほころひ一つぬふすべしらぬも」あり嘆かわしいとの言説も頻出してくる。実際には,支配階級や町方上層などで衣料生産にかかわることを怠りがちな女性が存在したのである。また,衣をめぐる言説において「紡績も女の覚ゆべき事とはいへど,裁縫は肝要なり」と次第に「優先順位」がつけられてくるのも特徴である。都市の発展にともなって,消費生活に直結する裁縫(把針)が「女子第一のわざ」となったのであろう。(長野)

---

❶井上伝(1788〜1869)

久留米城下の米穀商平山源蔵(屋号は橋口屋)の娘。幼時より機織の稽古をはじめた。10代前半の頃,白糸を括って藍汁に浸してから括りを解いたところ白紋ができ,雪や霰が舞うような模様が織り出された。それから改良を重ねて久留米絣を創始するにいたった。21歳で城下原古賀町の井上次八と結婚,2男1女を産む。絣には「筑後久留米原古賀織屋おでん大極上御誂」の商標をつけて売り出した。結婚後も,近隣の子女数百人に技法を伝授し普及に努めている。1869(明治2)年82歳で死去。没後,1884(明治17)年には,熊本での第3回九州沖縄8県聯合共進会で,農商務大臣より追賞されている。

❷鍵谷カナ(1782〜1864)

伊予国の西垣生村の農民鍵谷清吉の娘。同村の農民小野山藤八と結婚。久留米絣にヒントを得,飛白の絣を考案したといわれる。はじめ今出絣と呼ばれたが,のち伊予絣といわれるようになった。19世紀初めに,松山の商人菊屋新助が京都西陣から絹織用のいざり機を取り寄せ,木綿織に適用できるよう改良してのち,伊予絣の生産は増大していった。この織機は伊予機と呼ばれ,1876(明治9)年からは久留米絣の製織にも使用されるようになった。

|女性独自の世界?| 著名な中世史家であった網野善彦は,歴史のひだに埋もれていた女性たちを積極的にすくい上げ,高い評価を与えたことでも知られている。網野がその根拠の一つとして指摘するのが,衣料生産においてはたした女性の役割である。網野は,前近代において養蚕から絹・綿・糸の生産まで全生産工程を担っていたのは一貫して女性であり,そこに「女性独自の世界」を形成していたとの見方をとる。確かに,日本の中世では,村の女たちの主たる仕事は,稲作,畑作などの農業より衣料生産におかれていた。しかし,古代において綾・錦などの高級絹織物の織り手は,下級役人に位置づけられていた男性であり,近世でも京都西陣などの高級絹織物生産は男性が多数を占めていた。さらに,近世前期から急速に普及した木綿作などの場合,次第に家の主の家業として位置づけられ,そこでは女性の仕事であった糸紡ぎさえも,男性が加わるようになってくる。網野は,衣料生産を女性性の本質的属性であり所与のものと理解したことから「女性独自の世界」説を提起したのであろうが,それはあたらない。前近代の衣料生産が「一貫して女性で」あったわけではなく,実際には男性もさまざまに関与していたのである。

参考文献 長野ひろ子「日本近世の衣料生産とジェンダー言説」『中央大学経済研究所年報』29号,1999/網野善彦「日本中世の桑と養蚕」神奈川大学日本常民文化研究所『歴史と民俗』14号,1997/角山幸洋「井上伝・鍵谷カナ——木綿絣の女性たち」永原慶二ほか編『講座・日本技術の社会史(別巻1)』日本評論社,1986

7-13 語られ描かれる女性たち

教科書 新しい学問の形式と化政文化　☞7-3, 7-14, 8-2

◆**語られ描かれる女性たち**　江戸時代の女性たちは，多くの言説や表象の領域で語られ描かれている。それは，滑稽本，人情本，洒落本，草双紙などの文芸の世界から歌舞伎，浄瑠璃，浮世絵など芸術の世界にいたるまで，江戸庶民文化の多種多様なジャンルに広がっていた。

◆**川柳の語り**　川柳は，18世紀後半の江戸に生まれた文芸である❶。新ジャンルとしての川柳の作者は，一般に連や組に所属し月次の句会などで修練する町人や御家人たちであり，立評者も含め大半は男性であった。男性のホモソーシャルな雰囲気が漂う空間において，女性たちは際限なく語られていたのである。江戸城の権力中枢空間において儀礼や人事などを中心に政治的役割をはたしていた大奥女中は，徹底的に性的存在として語られた❷。大方の川柳作者にとって大奥女中は，階級のうえでは上位に配置され，ジェンダーにおいては下位に配置されるという厄介な存在であり，そのことが，政治主体としての大奥女中を不可視化し，あたかも性的欲望の塊のごとく語ったゆえんであろう。また，江戸の遊廓吉原をはじめ処々において性的身体として商品化された女性は，川柳作者の男たちにより微に入り細を穿って語られた。男たちの関心は，「商品」としての遊女の品定めはもちろん買春の苦労や手順，手柄話などにあり，それはきわめて侮蔑・汚辱に満ちていた。川柳の男たちは，ホモソーシャルな絆において，モノ化された女性を飽くことなく語っていたといえよう❸。

◆**浮世絵の女性たち**　浮世絵は，江戸時代に発達した風俗画であり，江戸絵などとも称された。18世紀半ばに鈴木春信により多色摺り版画（錦絵）が創始され黄金期を迎えている。絵師たちの浮世絵の題材によく取り上げられたのが，歌舞伎芝居と遊里であり，描かれた美人画も遊女や水茶屋の看板娘などが中心であった。寛政期に活躍し美人画で頂点を極めたとされる喜多川歌麿の，現在知られている作品1900点のうち550点が江戸の遊里吉原に主題を求めたものとされている。これらは，女性を性的な対象とする考え方や意識を強めるものであり，大半は男性が楽しむものであった。男性が圧倒的多数を占める江戸の浮世絵師たちは❹，美人画を役者絵とともに重要なレパートリーとし，ときどきの世相を敏感に察知，反映させながら描き人気を得ていたのである。（長野）

7-13 語られ描かれる女性たち

❶川柳

川柳という名称は、創始者である柄井川柳の名にちなんだものである。雑俳のうち前句付から独立したものだが、柄井川柳自身が、もともとは前句付の優劣を判定する点者であった。

❷【史料】大奥女中に関する川柳の語りの例（『誹風柳多留』より）

ひょうぐ屋へ役者絵の来る長つぼね
御局の女医者とはすまぬ事
御代参ころんで帰るせわしなさ
御守殿はかげまをえらいめにあわせ

【解説】 人数の点では男性である武士よりはるかに少ない大奥女中に関して川柳での語りは意外なほど多く、なおかつそれらがセクシュアリティをめぐる言説に終始しているのが特徴である。江戸城大奥の長局に住いしていたことから、川柳での長局や御局は大奥女中を意味している。本来は、将軍息女の嫁ぎ先の住いをさす御守殿も、ここでは大奥女中一般をさしている。大奥女中は、将軍や御台所のかわりに上野寛永寺や芝増上寺へ詣でることがあったが、川柳作者は、その帰途に芝居を見物したり、ひいきの役者の絵を手に入れたり、男娼のいる「かげま茶屋」にも出入りしていると揶揄している。また、将軍以外男子禁制である大奥になぜ堕胎のための「女医者」が呼ばれるのかと皮肉っている。

喜多川歌麿「寛政三美人」（Wikimedia Commons）

❸【史料】遊女に関する川柳の語りの例（『誹風柳多留』『誹風柳多留拾遺』より）

本ぼれと見ぬいて夜具をねだる也
売れ残りごもっともなが二、三人
葉桜はすて物にする仲の町
吉原は蝶新宿は虻が舞い

【解説】 川柳では、江戸の遊廓吉原についての語りが非常に多い。遊女は、性的身体として商品化されているために、日常的に性的価値づけをされ、張見世に並んで品定めをされた。なかには、容赦なく「売れ残り」となったり、「葉桜」ゆえ、「すて物」にされたりする場合もあった。吉原での夜具は豪勢なものが使われ、馴染客が遊女に贈る習慣があった。川柳では、商品化された性の場のやりとりがしきりに語られている。また、吉原の遊女と他の場所とは、明確に序列化がなされていた。吉原が「蝶」であるとすれば田舎だった「新宿」は「虻」だというのである。遊廓は、性の商品化という媒介項をへることで、男女のセクシュアリティが支配と服従の関係になった。川柳の語りは、この女性の劣位が極まった空間を注視した。

鈴木春信「中納言朝忠（文読み）」（Wikimedia Commons）

❹江戸時代の女性絵師

大半は男性であったが、少数ながら女性絵師も存在した。彼女たちの多くは、絵師の家系に生まれ幼時から訓練を受け家業に加わることを許された者たちである。とくに、浮世絵師たちは他の伝統的諸流派に比べ女性を受け入れるのに柔軟であった。葛飾北斎は、2人の娘（辰と応為）や家族以外の女性も弟子として受け入れている。このうち娘の応為は、最も多作で有名である。近世の女性絵師たちはさまざまな流派に身をおき、男性絵師と同じくそのほとんどが伝統的な様式を踏襲しつつ創作活動をおこなっていた。

参考文献　長野ひろ子「『誹風柳多留』のディスクール—ジェンダー・階級・身分」黒田弘子・長野ひろ子編『エスニシティ・ジェンダーからみる日本の歴史』吉川弘文館、2002／塩川京子『描かれた女たち——絵巻の主婦から昭和の美人画まで』朝日新聞社、1999／P. フィスター『近世の女性画家たち——美術とジェンダー』思文閣出版、1994／朝日新聞社編『日本美術に描かれた女性たち——絵巻物・屏風絵・肖像画・浮世絵』朝日新聞社、1985

7-14 江戸の遊女と公娼制

教科書 江戸時代の社会の仕組み　☞5-8, 8-11, 8-12

◆**遊廓の成立と公娼制**　公娼制とは、公権力（幕藩権力）が、一定の条件のもとに売買春営業を公認するかわりにその利潤の一部を収奪する体制である。公娼制は、江戸時代における遊廓の出現をもって本格的に成立した。代表的な幕府公認の三大遊廓（京の島原、大坂の新町、江戸の吉原）は、17世紀半ばまでに成立した。いずれの遊廓も、市街地のはずれの一定区域を堀や土塁で囲んだ隔離された空間であり、そのなかでのみ売買春が公認されたのである。さらに18世紀以降、各藩の城下町、港町などにも、藩公認の遊所が次々に成立し、公娼制は全国規模で展開した。公娼制は、当然のことながら、非公認の遊女・遊所を厳しく取り締まり、摘発する体制でもあった。

◆**遊女**　成立期の遊廓には太夫といわれる高級遊女から切見世女郎といわれる下級遊女にいたるまで多くの遊女が存在した。とりわけ初期の高級遊女は、大名や富裕な豪商などを相手に、優れた遊芸と教養を披露した。しかし大半の遊女が性を売る娼婦としての一面をもっていたことを忘れてはならない。遊女が、「店＝見世」と呼ばれる格子のある店頭に並び、遊客がそのなかから気に入った遊女を買う様は、ショーウインドウに並べられた商品を買うのにも似ており、遊女が一個の商品として売買されることを象徴的に示していた❶。

◆**芸能社会における性差（ジェンダー）と遊廓**　遊廓の成立する背景の一つに、江戸時代初期の芸能における性差の問題があった。歌舞伎、能、浄瑠璃など主要な日本の伝統芸能が、現代にいたるまで男性によって受け継がれてきたことは周知のことである。しかし江戸時代の初期（1630年頃）までは、京都を中心に女性の芸能活動もさかんにおこなわれていた。当時、御所では女舞、女能、女歌舞伎などがさかんに催され、社殿境内や四条河原の芝居小屋では、遊女たちによる歌舞伎踊が好評を博していた。とくに遊女の歌舞伎踊は、町人はじめ武士・貴族までを夢中にさせ、その熱狂は喧嘩や争いごとの種になった。そのため幕府は、寛永6（1629）年、女歌舞伎、女舞、「男女打ち交じり」の芝居や踊りを禁じ、芝居舞台に「女人を一切出してはならない」と命じた❷。そのため、芸能の舞台から女性たちが徹底的に排除されることになった。それにともなって、歌舞伎踊を踊る遊女たちは、町はずれに放逐され遊廓内に隔離された。こうして、女性芸能の表舞台からの排除にともなって、遊女も、

遊女による歌舞伎踊も遊廓内に封じこめられ，表舞台の芸能は男性に独占されることとなったのである。(曽根)

❶格子の向こう側に並ぶ遊女と，どの遊女を買おうかと「品定め」をしている客

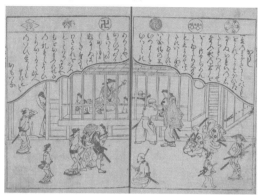

菱川師宣画『吉原恋の道引』（国立国会図書館所蔵）

❷近世の女性芸能

慶長10 (1605) 年3月	近衛氏，女房能を催す
慶長13 (1608) 年2月	京都四条で女歌舞伎が催される
慶長14 (1609) 年7月	家康，駿府で男女の踊りを催す
慶長15 (1610) 年2月	名古屋城再築につき女歌舞伎を催す
元和3 (1617) 年10月	禁中で歌舞伎踊御覧。女楽，女舞という
元和5 (1619) 年9月	内裏にて当世流布の女猿楽を召寄せる
寛永6 (1629) 年10月	女舞，女歌舞伎，女浄瑠璃など一切を禁止

「出島」と阿蘭陀行の遊女

出島とは，鎖国時代にオランダ人が居住した長崎の人工島である。当初は，ポルトガル人を隔離するための場所であったが，ポルトガル船渡航禁止以後の1641（寛永18）年，平戸のオランダ商館が移された。出島のオランダ人は自由な外出を禁じられ，日本人の出入りも制限されたが，長崎の丸山遊廓の遊女たちは出入りを許された。こうしたオランダ人の呼びこみに応じてオランダ屋敷へ行く遊女は「阿蘭陀行」「出島行」と呼ばれた。

長崎出島の表門の図（長崎歴史文化博物館所蔵） 出島は人工島であり，長崎市内への出入り口は唯一，この図に見られる表門だけであった。

参考文献　曽根ひろみ『娼婦と近世社会』吉川弘文館，2003／芸能史研究会編『日本芸能史4　中世―近世』法政大学出版局，1985／伊原敏郎『歌舞伎年表（1）』岩波書店，1956

7-15 犯罪と女性

教科書 幕藩体制の動揺　☞7-6, 7-14, 7-16

◆**「一人前の犯罪者」とは？**　江戸時代には，同じ犯罪行為に対して男女に刑罰の差を設けることがあった。たとえば，関所を通らず山越えをしたり，関所を忍び通ることは反幕的行為とされ重罪に処せられたが，公事方御定書では関所を忍び通った場合，男は「重キ追放」女は「奴(やっこ)」とされた。また，「男に被誘引(さそいひかれ)，山越いたし候女」などの文言もあり，そこからは，女性は男性に連れられて罪を犯してしまうという立法者の考え方が伝わってくる。幕府の刑事判例集である『御仕置例類集』には，1794（寛政6）年借家人のいとという女性が，同じ町内に住む善八という男性と山越えをしたが，いとが関所のあることを知らなかったという理由で「奴」より軽い「屹度叱り(きっとしかり)」に処せられている。このような例は数多い。家父長に従属して生きる女性を「あるべき姿」として位置づけていた幕府は，女性を「一人前の犯罪者」としては扱えない性とみなし，犯罪の種類によってはその法的責任も大幅に軽減することが当然とされたのである。

◆**女性犯罪の多様化**　幕藩制社会の女性は，男性に「誘引」されて犯罪を起こすものとみなされ一等罪を減ぜられるのが普通であった。しかし，18世紀後半になると，幕府は女性の仕置一般について評議をおこない，「女之御仕置弛候例有之候得共(おんなのおしおきゆるみそうろうれいこれありそうらえども)，女之御仕置男より軽く可申付(もうしつくべし)と之御定も無御座(ござなき)」（『御仕置例類集古類集』1759号）ことを明確にしたのである。これは，女性犯罪の質的変化と多様化に対応するものであった。すなわち，女性の主体的意志による犯罪が多くなってくると，それを一等減ずることは幕藩権力から見ても筋の通らないことと判断されたのである。この時期以降，女性が主体的に男性と変わりないような犯罪を犯した場合には，容赦なく同等の刑に処せられている。他方で幕府は，男女の身分秩序を固守しようと努めている。19世紀初頭，「女子の所業」を嫌い，髪を切って若衆姿で徘徊していた無宿人の女性は，殺傷沙汰を引き起こしたさい，通常より一等重い刑に処せられた。女性が男装することは「人倫を乱す」行為として処断されたのである。

◆**「密通」という「犯罪」**　江戸時代には，婚姻外の男女の性関係は「密通」として厳しく禁じられた❶。ここで最も重視されるのは，妻の貞節を犯された夫の権利であり，それは「妻妾無差別」であった。この権利は，「密通之男女」を夫が殺害しても「無紛(まぎれなき)」場合には罪に問わないほど強力なものであった。実際に，密通の

男女を殺して「無構(かまいなし)」とされた夫の例は少なくない。そこには，夫婦は主従の関係であり，妻は夫に服従し貞節を守るべきものであり，密通はそれに対する最大の反逆行為であるという幕藩権力の認識が存在していた。妻の貞節は夫が支配するものというこの考えは，夫ある女性でも，夫の了解と理由のあるときは「売女(ばいた)」に出てもよいという法令を生み出した。同時に，密通で重視されたのが身分秩序との関連である。主人の妻との密通が最も重く，男は「引廻之上獄門(ひきまわしのうえごくもん)」であった。そこでは手引をした者さえ死罪という重刑であった。娘（未婚女性）との密通でも「主人之娘」である場合は刑が加算された。幕藩制身分秩序に相反する犯罪は，一段と重刑に処したのである。（長野）

❶「公事方御定書」における密通の刑罰

密通の妻	死罪
密通の男	死罪
夫が，密通した妻とその相手を殺した場合に，密通が紛れないとき	無罪
夫が密夫を殺し，妻が存命の場合，その妻 ただし，もし密夫が逃げ去った場合には，妻は夫の心次第に申し付けてよい	死罪
妻に強引に密通を申し懸けたり，家の中に忍び込んだりした男を夫が殺した場合，申し懸けたことが明確なら	夫婦とも無罪
夫のある女へ密通の手引をした者	中追放
男と密通し，実の夫を殺した女	引廻のうえ磔
妻に夫殺しを勧めたか，または手伝った男	獄門
男と密通し，実の夫を疵付けた男	引廻のうえ獄門
主人の妻と密通した者	男は引廻のうえ獄門，女は死罪
主人の妻への密通を手引きした者	死罪
夫のある女を強姦した者 ただし大勢で強姦した場合，首謀者は獄門，他は重追放	死罪
密通に関する刑罰は，妻と妾に一切の区別なし	
養母，養娘ならびに嫁と密通した者	男女ともに獄門
姉妹伯母姪と密通した者	男女とも遠国非人手下
主人の娘と密通した者 ただし娘は手鎖をかけ親元へ相渡す	中追放
主人の娘へ密通の手引をした者	所払
幼女を強姦し，怪我をさせた者	遠島
女を強姦した者	重追放
夫のいない女と密通し，誘引出した者	女は帰宅させ，男は手鎖
下男下女の密通	主人へ引渡す
他の家来または町人等が下女と密通し忍入った者	男は江戸払，下女は主人の心次第
夫のある女と密通した者に頼られ，女を貰懸った者	所払
夫のある女が手紙はたびたびやりとりしていたとしても，密会していないことが明らかな場合	男女とも中追放
密通した僧	寺所持仕僧の差別なく獄門

出典：『徳川禁令考（別巻）』創文社，1961より作成。

参考文献　関民子『恋愛かわらばん――江戸の男女の人生模様』はまの出版，1996／長野ひろ子「幕藩法と女性」女性史総合研究会編『日本女性史3』東京大学出版会，1982／関民子『江戸後期の女性たち』亜紀書房，1980

7-16 自己表現する女性たち

教科書 民衆文化の展開　☞7-17、7-18、8-13

◆**18世紀半ば頃の変化**　日本社会のおいて、18世紀半ばは、いろいろな点で大きな転換の時期であった。それまで、学問とりわけ漢文の学びは、女性には許されず「女には学問はいらない」ということが当然のこととされ、むしろ学才をもたないことが女の徳とされていた。

　そんななかにあって疑問を抱く女性も少なくなかった。18世紀に入る頃からの国学の発達とも相まって、女性たちが自らの思いを表現するような場面が増えていく。表現の内容・仕方・きっかけは多様であるが、そのような事態を実現せしめるにいたった根底には、女訓書に学んだりして身につけた文字修得の成果があった。

◆**社会のあり方への疑問**　小さい頃から学識ある父、その幅広い交流関係のなかで成長した只野真葛（1763〜1825）は、次第に自分の思いと自分をとりまく状況とのズレに疑問を抱くようになっていく。小さい頃から、持ち前の感性で、多くの事柄を吸収していった彼女にとって大きな転機となったのは、結婚であった。自らの意思に反し、納得できないまま強行に推し進められてしまった結婚。それは、彼女のそれまでの生活を一変させ、承伏できない生き方に彼女を縛りつけていく。

　生活の不満は、社会への疑問となり、それらの思いを書き記していく。その代表が『独考』❶である。何ゆえ人に従わねばならないのかという大きな疑問に直面した真葛は、自らの生活のなかでの疑問を昇華させ、女性をとりまく支配思想としての儒教批判に立ちいたった。

◆**「主婦」の立場から**　旗本の家に生まれ、30代で旗本井関親興の後妻として再嫁した井関隆子（1785〜1844）は、42歳で夫に先立たれたのち、本格的に古典・国学を学ぶ。政治・社会・風俗など広汎な問題関心をもつ彼女は、1840年（56歳）から5年間の記録を遺した（『井関隆子日記』）。天保改革の開始から、水野忠邦失脚までの政局を、自分の意見を交えつつ綴った。正面切った批判はないが、女性のあり方へのひそかな不満が盛りこまれている。年中行事の支度など「うるさし」「はかなし」と思うようなこともしなくてはならないと述べ、武士社会の日常生活のなかの理不尽さ、それを維持していかなければならないという発言は、隆子をとりまく状況に対するささやかな抵抗でもあった。

◆**日常生活を淡々と記す**　さらには、下級藩士の妻として生涯を地方都市に生き

た川井小梅（1840〜89）も幕末から明治にかけて日記を記した（『小梅日記』）。衣食住に関する事柄，冠婚葬祭，娯楽，交際など日常生活や当時の世相を「主婦」の立場から綴った。また，紀州藩の家中の有様，安政の大獄，和宮降嫁の問題などにも言及するなど政局への関心を記してもいる。

真葛・隆子・小梅，いずれも18世紀半ば以降に生きた女性，しかも武家の女性たちであったことが共通している。そうしたなかにあって，日常生活を詳細に綴った『日知録』を遺した紀州の町家の妻沼野みね（1771〜1828）の存在も忘れてはならない。

◆文人として　国学・和歌・俳諧・書画などの知識技能を身につけ自らの私情を吐露する者も少なからず見られる。絹問屋の妻として生きた羽鳥一紅（1724〜95）は，俳人としても知られるが，1783年の浅間山噴火前後の様子を見聞，鋭い観察力で当時の状況を綴った記録文学『文月浅間記』を遺した。

旅に出ることの少なかった女性たちのなかにあって出羽山形より上野館林へ国替えとなった秋元家の家臣の妻（出羽藩士の女）山田音羽子（1795〜1877）の存在も注目される。彼女は，旅先で出会った女性たちの装束や振る舞いなどをつぶさに観察，狂歌を交え，かつ，画を添えた道中記（一名「お国替絵巻」）を仕立て上げた。

◆政治への関心　幕末ともなると，激動する社会・政治情勢に少なくない関心をもち，それを書きとめる女性もいた。米沢藩士甘糟継成（1832〜69）の妹春女は，1866年4月から12月までのわずか9か月の記録『塵塚日記』にめまぐるしく変化していく世上の様子を書きとめた。騒動・一揆のこと，米不足について，藩政への関心，長州藩の動向，将軍に関する情報などを淡々と綴った。このとき春女は23歳であった。（菅野）

春女が描いた一家団らんの図（『甘糟備後継成遺文』より転載）

---

❶『独考』
　『赤蝦夷風説考』で知られる仙台藩医工藤平助の娘として江戸に生まれた只野真葛が1817年に著す（真葛はこれ以前に『むかしばなし』を著している）。18世紀半ばの躍動する時代状況を見聞して成長した真葛は，その体験のなかから独自の視点をもって人間・社会・思想などを論じている。とくに，支配思想としての儒教は，現実においては有効でなく，人びとに，とくに女性に苦難を強いるものであると述べる。儒教思想を是とする社会のあり方への批判であった。

参考文献　西村汎子・関口裕子・菅野則子・江刺昭子編『文学にみる日本女性の歴史』吉川弘文館，2000

7-17 寺子屋へ通う女子

教科書 民衆文化の展開　☞7-16, 8-4, 8-14

◆**寺子屋の需要拡大**　幕藩体制の基礎が確立する17世紀後半以降，社会全般に文字学習の必要性が高まる。幕府や藩は，庶民に向けて高札や触れを出し人びとを統治していこうとする。一方，庶民は，生活向上のための技術革新や生活必需品の創出流通をはかることをめざす。支配する者の立場からも生活者の立場からも文字学習は不可欠なものとなっていく。

当時，学問は武家だけがすればよく，一般庶民には不必要なものとされていたため，とくに定められた教育機関というものはなかった。しかし，時代が下るにつれ庶民の学びの場が増えていく。手習所（寺子屋）といわれるものである。手習所は，17世紀末，18世紀半ば，19世紀に入る頃と段階的にその数を増していく。そして，男女を問わず6～7歳になる頃から，4年間ほどそこで教育が施された。

◆**寺子屋での教え**　そこでの教えは，初学入門，手習い・読書・算盤・礼儀作法などであり，女児には，針・裁縫が加えられた。

はじめの頃は，手習師匠の資格や条件には無頓着であった幕府も時代が下るにつれて，手習所を庶民の「教育機関」とみなし，その役割をはっきりさせていくようになる。1843（天保14）年，幕府は手習師匠に向けた触れ❶を出し，庶民の教育機関としてのテコ入れをした。また，これと前後して女学校設立も企てられた❷。

◆**女師匠の登場**　江戸をはじめとする人口が集中する地域では，早くから女師匠の活躍する姿が見られる。1791（寛政3）年，武蔵深川に住むさよ（28歳）が幕府から孝行者であると表彰された。日頃から文読むことを好んださよは，武家奉公に出て，手習い・琴弾きの学びをさらに深めた。やがて彼女は，身につけた知識をもとに，近隣の女子を集め，読み書き，希望する者には琴も教えた。また「女之道」を説くなどし，その教えで得た収入で病気がちの両親を養った。彼女の教室の規模はわからないが，それで生計を立てていたことからすると，いちおう手習所（寺子屋）としての体をなしていたと思われる。

◆**寺子屋へ通う女子**　山川菊栄（1890～1980）『武家の女性』によると，女子も満6歳になると手習いの師匠へ弟子入りしたという。師匠は子持ちの「主婦」が多く，始終教室にいたわけではない。手本を与えられた娘たちは，草紙が真っ黒になるまで手習いをした。まず，「いろは」次いで「百人一首」「女今川」「女大学」「女庭

訓」「女孝経」といったようなものが手本とされたという。習う文字は、女の場合、ほとんど平仮名、それも変体仮名（現在使われている通常の平仮名とは異なる字体の仮名）が多かった。それらは続け字で読みにくく、また、手本の内容も、6，7歳の女子にはわからないことも多かったが、夢中で習ったという。反復していくうちに、その内容も徐々に若い児女の身心に染みこんでいったと思われる。

◆寺子屋のテキストから　手習所の師匠に向けて幕府が触れを出した背景にはそれなりの事情があった。手習所で使われたテキストの一部に次のような記述がある。

1841年に刊行された「幼今川」の頭書に「当世の女ハ、我儘の行ひのミ多く夫を尻にしき、舅姑にハ不孝につかへ、下々をあらあらしく使ひ猥なる事多く、終ニハ善らぬ事を仕出し、其家を離別して又外へ縁着しても、やハリ初の如くにて、終にハ身分をさまらず生涯かれ是おしもミくらす女多し」とある。女性の風俗の乱れを具体的に指摘、それを強調して示し、女性への戒めとして訓じた。この記述は、見方を変えれば、それまで女性たちを縛りつづけてきた事柄への抵抗と納得しうるような生き方の模索の現れでもあった。（菅野）

---

❶**手習師匠に出された触書**
　そこには、貴賤男女を問わず手習いすることは必要である、その教えを施すのが手習師匠である、師匠は手習いのみならず風俗を糺し礼儀を守らせ忠孝の教えを説くことが任務である、手習いのかたわら、高札・触書をはじめ「庭訓物、其外実語教大学小学、婦女子ハ女今川を始め女誡女孝経之類」を手本にするようにと指導している。

❷**女学校の設立**
　1837（天保8）年、風俗の乱れを糺そうとした幕府の役人奥村喜三郎は、支配下の村々に女学校を設け、女子教育の立て直しを企図した。そのさい、手習いの教科書に「女大学」「女孝経」の使用を指示している。

「寺子」「寺子屋」　起源は戦国時代にさかのぼるといわれる。戦に無縁だった僧侶はつねに書物を手にしていたので、「学文」に通じているとされ、読み書きを学びたい者は、僧侶のところ、すなわち寺に通ったことから、「寺子」「寺子屋」と呼ぶようになった。18世紀半ばには、その数は急増、教えの場は寺だけではなくなった。寛政改革時、中井竹山は、寺だけが教えの場ではない、今後は、「寺子」「寺子屋」といわないで、「手習子」「手習所」「手習師匠」と呼ぶのが妥当であろうと幕府の諮問に応えている。幕府は、この言に従って触書を出しているが、いったん定着した呼称「寺子」「寺子屋」は、そのまま現在にいたっている。

『童子専用　寺子調法記』
（嘉永5，元治2，六刻，京都青林）

参考文献　山川菊栄『武家の女性』岩波文庫，1983／菅野則子「寺子屋と女師匠――江戸から明治へ」『日本女性史論集8 教育と思想』吉川弘文館，1998

7-18 幕末維新期の政治運動と女性

教科書　幕藩体制の危機　☞7-3, 7-7, 8-6

◆**幕末維新期の政治運動と女性**　幕末維新動乱期には，少数ながら政治運動に深くかかわりをもち奔走した女性たちがいた。彼女たちは，直接的に政治活動に従事したり，ときには支援者として運動を支えたりなどしている。しかしながら，女性の政治参加が認められない状況にあって，政治運動家・活動家として彼女たちが体制変革の中心的存在となることはありえなかった。おそらく，明治維新変革に女性たちがいかなる役割をはたし，どう影響を及ぼしたのかというアプローチをするかぎり，政治運動の裾野をある程度広げた存在としてのみ登場してくるのである。それもマイナーな脇役として❶。

◆**変容し重層化するアイデンティティのなかで**　出来事（維新変革）にどう影響を与えたかということではなく，出来事が彼女にどう影響を与えたかという観点は，女性の政治運動家を従来とは異なる位相，すなわち変容し重層化するアイデンティティの流れにおいてとらえることを可能にする。たとえば，女流志士として知られる松尾多勢子❷の行動を政治的動機のみで解釈し「女丈夫」「勤王烈女」などと固定化することはせず，できるかぎり彼女の人生のあらゆる局面を検証し，歌人・妻・母・養蚕家・平田派門人・勤王家といったさまざまなアイデンティティを重層的に描き出してみることが不可欠である。信州伊那谷の豪農の家に生まれた多勢子は，歌を詠み歌会に参加し，平田派門人としての集まりにも出入りしている。そのことは，多勢子の上洛をこれまでのように勤王家として一元化するのではなく，歌人であり平田派門人としてのアイデンティティに，勤王家としてのアイデンティティが重層的に加わってくるとの解釈を可能にするのである。

◆**女性解放との関連で**　時勢に対する強い関心のもと京都での尊攘運動に接し自らも政治運動に直接かかわった代表的人物の一人が，筑前の野村望東尼❸である。彼女は，女性であるがための社会的状況を改革するという政治構想はもたなかったが，女性の政治参加の正当性を確信し実践した。支配階級に属するとはいえ，周縁的存在にすぎない女性が，政治的激動の渦に主体的に身をおいたことは，幕末における武士身分の女性の，自己解放の一つの到達点を示していたともいえよう。ただ，彼女の志士意識は，男性の志士への同一化の努力となって表れており，近代の女性解放への道へと直接に結びつくことはなかったのである。　（長野）

❶政治運動にかかわった女性群像

　明治維新史研究者の高木俊輔は，幕末期の志士・政治家を，①中央指導者型，②藩権力旋回型，③脱藩（脱郷土）中央工作型，④脱藩（脱郷土）地方工作型，⑤在村的活動家型，⑥活動支援（パトロン）型に分類した場合，烈婦・女流志士といわれ直接に政治活動に従事した女性たちは，ほとんどが③の類型に属し，その他の幕末維新期の女性の多くは⑥のパトロン型であるとする。また，女性たちの特徴としては，政治的激動のなかで奔走していても，それは政治家としてあるいは国事＝体制変革のためというよりも，同志や一族のため，夫のため，愛人のため，子どものため，という発想をそれほど出ていなかったのではないかとの見方を示している。

❷松尾多勢子（1811～94）

　信濃国伊那地方の豪農竹村家に生まれた。1829（文政12）年には豪農松尾元治と結婚，10人の子どもを産み，7人を育てあげた。若い頃より和歌を詠み，結婚後も地域の歌会に参加している。1861（文久元）年国学の平田派門人となり，翌年上洛，平田派門人，尊攘派の志士や公家たちに出会い交流した。1863年2月には，平田派国学者の起こした事件に巻きこまれ，長州藩屋敷に6週間ほど匿われたのち，5月に郷里に帰った。維新政府樹立後には，岩倉具視の依頼を受け，「客分」「留守番」として京都岩倉邸に入り岩倉家の女性たちの相談相手を務めるなどした。

❸野村望東尼（1806～67）

　筑前藩士の娘。24歳で野村貞貫と再婚し，夫とともに歌人大隈言道に入門，和歌の修練を積むことで強靱な精神を築いていく。54歳のとき夫の死により剃髪，望東尼と号した。1861（文久元）年上洛，尊攘運動に共感し帰郷後は，平野国臣ら筑前藩尊攘派に交わる。1865（慶応元）年には，筑前藩佐幕派の弾圧により捕縛され，姫島に流罪となった。1年後救出され長州に滞在するが，その地で客死した。

幕末政治と和宮(1846～77)　和宮は，幕末期にめまぐるしく転換する政局の表舞台に登場した女性である。弘化3（1846）年，仁孝天皇の第8皇女として生まれた。母は典侍橋本経子（観行院）。孝明天皇の異母妹にあたる。1851（嘉永4）年，有栖川宮熾仁親王と婚約し，1859（安政6）年には，有栖川宮に入輿が内定した。幕府では，安政の大獄ののちにとられた公武合体政策において，14代将軍徳川家茂と和宮との縁組話が持ち上がってくる。1860（万延元）年4月には，幕府から正式な奏請があり交渉がはじまった。当初，孝明天皇は請願を却下し，和宮も固辞した。しかし，孝明天皇は，攘夷を主張し10年以内の鎖港を条件に同年10月妹和宮と将軍家茂の婚姻を勅許する。熾仁親王との婚約は破棄され，和宮は，親子内親王の宣下を受け，1861（文久元）年秋，空前絶後の花嫁行列を仕立てて中山道を江戸に向かい，翌年春祝言をあげた。江戸城では，公家の慣習と大奥の習慣とのあいだで摩擦が生じ，姑にあたる天璋院（13代将軍家定御台所）との軋轢もあったが，家茂の上洛時には，武運を祈り，病気のさいには，家茂の平癒を願って御百度を踏むなどしている。1866（慶応2）年，将軍家茂の死去により，和宮は落飾し，静寛院宮と号した。王政復古，鳥羽伏見の戦いをへて幕府が崩壊したのちは，婚家である徳川家存続のために種々力を尽くしている。1877（明治10）年32歳で死去，遺言により芝増上寺に葬られた。

参考文献　辻ミチ子『和宮——後世まで清き名を残したく候』ミネルヴァ書房，2008／A. ウォルソール（菅原・田崎・高橋訳）『たをやめと明治維新——松尾多勢子の反伝記的生涯』ぺりかん社，2005／長野ひろ子「転換期のジェンダー分析について——明治維新の場合」『中央大学経済研究所年報』36号，2005／高木俊輔「草莽の女性」女性史総合研究会編『日本女性史（3）』東京大学出版会，1982／関民子『江戸後期の女性たち』亜紀書房，1980

7-19 特論④ アイヌ民族と北方地域
☞7-1, 8-1, 8-4

◆**北方の交易活動とアイヌ蜂起**　古くから津軽海峡の北ではアイヌ民族が居住し、狩猟・漁労による産物をより北方の民族や和人（日本人）と交易し、鉄製品や和製の品物・食品等を入手していた。サケ、コンブなど北海の産物は14世紀には津軽の十三湊（とさみなと）から日本海交易で京都にもたらされた。東北地方北部の争乱にともなって海を渡った武士団は、渡島半島の南部沿岸に港や館（たて）を中心にした拠点をつくり、アイヌとの交易をおこなった。函館近郊には鍛冶村が形成されており、そこでのアイヌと鍛冶職人のトラブルをきっかけにして、1457（康正2）年にはコシャマインを中心にしたアイヌの大きな蜂起が起きた（コシャマインの戦）。先住民であるアイヌと進出していった和人との軋轢が原因と考えられる戦争は、アイヌの圧倒的な勝利で推移したが、和人は和睦を装った酒宴の場でコシャマイン父子を謀殺し、終息した。その後も断続的にアイヌ蜂起は頻発した。16世紀半ばには蠣崎（かきざき）氏がアイヌと講和し（「夷狄商舶往還の法度」）、和人の領域（和人地・松前地）を設定し、交易の場を松前に限定した（城下交易体制）。

◆**江戸時代の日本とアイヌのかかわり**　蠣崎氏は松前氏に改称して、1604（慶長9）年に徳川家康からアイヌとの交易の独占権を保証され、松前藩として交易を取り仕切った。その方法は、統治が及ぶ和人地以外の蝦夷地に、アイヌが居住する河川流域をもとに「商場（あきないば）」あるいは「場所」を設定し、「商場」での交易権を藩主直轄や家臣団の知行とする制度であった（商場知行制）。定期的な交易はアイヌ社会にも活気を与えたが、地域集団同士の争いも生じさせた。1669（寛文9）年、シャクシャインが近隣の集団との抗争を対松前藩に転換し、大規模な戦いを起こした（シャクシャインの戦）。松前藩は蜂起鎮圧後、首長層に藩主への謁見を強制し、乙名（おとな）・小使（こづかい）・土産取（みやげとり）などの役蝦夷を任命して地域集団を統率させた。「場所」の設定はより奥地に進んでいき、18世紀前半頃までには多くの「場所」において和人商人が運上金を知行主に支払って交易を請け負うようになった（場所請負制）。アイヌは「場所」での労働者となった。1789（寛政元）年、道東のクナシリ・メナシ地方の若手アイヌ130人が請負商人飛騨屋の非道な経営に対し蜂起したが（クナシリ・メナシの戦）、松前藩との関係を重視する親世代の首長たちに説得され降伏した。アイヌ蜂起を記した文献には、戦いの指導者としての首長層女性の姿が見える❶。文献は和人の記

録であるが，アイヌの口承文芸にも戦う女性が普通に登場する。それはアイヌ社会の女性の地位を反映していると考えられるが，首長層の男性のみが和人の設定した支配の仕組みに組み入れられていく。「場所」での労働には男女ともに従事したが，仕事には性差があり，報酬にも格差があった。

◆**北海道の開拓とアイヌ民族**　明治政府は1869（明治2）年，蝦夷地を北海道と改称して開拓使をおいた。アイヌの民族的慣習を禁止する法令が出されたが，和人との接触が密な男性が女性より早く和人化する傾向があり，和人社会内での差別に苦しんだ。北海道を資源や食料の供給地とする開拓政策はアイヌの貧困と社会の解体をもたらした。そのような状況がとくに子どもや老人をかかえた家庭の女性に生活の負担

❶**女性首長チキリアシカイ**

（「夷酋列像伝粉本」函館市中央図書館所蔵）

をかけた。政府は1899（明治32）年，アイヌを保護する名目で差別的な北海道旧土人保護法を制定した。1920年代，アイヌは自らの生活改善を強く望み，禁酒など精神的な修養を呼びかけ，制度的な差別を廃させるために民族の組織化をはじめた。社会運動を起こした人びと，あるいは集落のリーダーとして語られるアイヌは男性であり，女性の言論は文学の面で強調され悲運のアイヌ民族の象徴となった。このことには実態というよりはジェンダーの視線がはたらいているのである。

◆**現代のアイヌ文化の尊重とジェンダー**　近代のアイヌ民族の生活の困窮は皮肉なことに女性に先祖からの生活文化を保持させたが，日本社会のなかでアイヌ民族の存在は観光対象とされるほかは無視された。1960年代から，世界的なマイノリティ復権運動にともなって先住民族アイヌとしての存在がアピールされるようになり，それまで軽視されていた民族文化が自他から尊重されるようになると，伝統文化を継承していた女性が表に現れた。1997（平成9）年には北海道旧土人保護法の撤廃と同時にアイヌ文化振興法が制定され，民族文化の重要性がさらに高まった。2020年には北海道に国立のアイヌ博物館が開館する。アイヌのジェンダーはどうなっていくのだろうか。（児島）

参考文献　海保洋子『近代北方史──アイヌ民族と女性と』三一書房，1992／児島恭子『アイヌ民族史の研究──蝦夷・アイヌ観の歴史的変遷』吉川弘文館，2003

第8章
近代国家の成立

8-1　概説⑦　近代国家の成立とジェンダー

教科書 明治維新と近代国家　☞8-2, 8-7, 8-8

　明治維新による近代国家の形成にともなって，これまでの封建制の時代とは異なるあらたなジェンダー編成がなされる。ジェンダーの廃止ではなく，ジェンダー秩序の再編である点が要点となる。「日本」というまとまりをつくりあげるなか，これまでとは異なるジェンダー秩序が求められたのである。近代国家は，「西洋近代」を選択的に摂取していくが，大きな流れとして，政治の領域から女性を排除し，公領域と私領域を分別することとなった。

　他方，人びとの動きもはじまり農村から都市へ，地域の中核都市から東京，大阪といった大都市への移動が活発となり，従来とは異なった人間関係がつくりだされる。福沢諭吉や森有礼，西周ら啓蒙知識人たちは「文明」の価値を掲げ，封建的な女性蔑視を批判した。

　だが，「文明」といったとき，男性―健常者―定住者を規準とし，これに非対称的な存在として女性―不自由者―移動者を対置していた。加えて，規準からの逸脱者，侵犯者を裁定する権限は男性が有した。封建社会とは異なる，近代のジェンダー秩序が「文明」の名のもとに編成された。

　この過程は，「こころ」と「からだ」にあらたなジェンダーの規範が折りこまれることでもある。女性の衣服をはじめ，結髪の不便や不衛生がいわれた。

　こうしたジェンダー編成の拠点になるのは，家族と軍隊，学校，工場（富岡製糸場など）であり，メディアも大きな役割をはたしていくことになる。教育面でも，学制で女子の学習がなされ，ミッションスクールや女子の留学もなされる。

　むろん，ジェンダーの再編成は，女子の就学率の低さに見られるように，いっき

社会運動と女性　1　江戸幕府に対抗する尊王攘夷運動，あるいは明治政府に対する自由民権運動，さらに初期社会主義運動などをめぐっては，歴史学のなかで豊富な研究蓄積をもつ。しかし，男性が社会運動を担うということが前提とされ，例外的に女性の参加者の名前が書きとめられるにとどまってきた。尊王攘夷運動では，野村望東尼，松尾多勢子，自由民権運動では，岸田俊子，景山英子，楠瀬喜多，そして初期社会主義者としての菅野スガや福田英子らである。こうした女性たちの参加と足跡を明らかにしたことは大きな成果である。

　だが，アン・ウォルソールが描く松尾多勢子の像は，平田国学の勤王家にとどまらず，歌人や実業家など，多様な側面をもつ女性とするとともに，尊王攘夷運動への参加が歳入ってからであることを明らかにし（『たをやめと明治維新』2005），幕末維新期のジェンダー秩序をあわせ描きだす。他の社会運動に参加をしていた女性たちにも，そうした考察がなされる必要がある。

ょに展開するのではなく、これらの拠点から徐々に行きわたっていくことになる。さらに、女性がさまざまな領野に進出するものの、看護と教育、福祉、電話交換手など、周縁的な労働であった。

　日本における近代国家のジェンダー編成を考えるときに留意しなければならないのは、特徴の把握（内容）とその評価の推移である。従来の見解では近代日本を（西欧に比べて）遅れ歪んだものと把握し「半封建性」を強調していた。そのため、ジェンダー編成も日本特殊なものとされ、半封建的な「家」での家父長が存在し、天皇制がその頂点にあるとされた。実際、当初つくられた民法は、民法典論争によって守旧的なものとなっている。

　だが、1980年頃からこうした理解に疑義が出され、日本も国民国家の一つとして考察されるようになった。ジェンダー編成も、近代的な価値のもとでの日本のもつ特徴とされ、良妻賢母主義も、現在

年　表	
1853	ペリーが浦賀に来港、翌年、日米和親条約
1858	日米修好通商条約
1868	明治へと改元、「堕胎薬」の販売を禁止
1869	津田真道「女子売買禁止の建白」提出
1872	学制発布、女子の断髪が禁止、富岡製糸場が開業
1880	集会条例
1882	群馬県会で、県下の廃娼の建議案を提出、これにともない廃娼運動が活性化
1885	『女学雑誌』創刊、明治女学校設立
1886	甲府の雨宮製糸工場で、女工たちのストライキ、東京婦人矯風会の設立
1887	広津柳浪「女子参政蜃中楼」
1889	大日本帝国憲法発布、衆議院議員選挙法によって、女性の政治参加が制限される
1890	大日本帝国議会、集会及政社法公布、女性の政治活動が全面的に禁止される、全国廃娼同盟会結成
1892	民法典論争、『家庭雑誌』創刊
1893	日本基督教婦人矯風会結成、女子教育に関する訓令
1894	「日本の花嫁」事件、日清戦争はじまる、樋口一葉『たけくらべ』
1898	民法公布
1899	高等女学校令、福沢諭吉『女大学』
1900	治安警察法
1901	『女学世界』創刊、愛国婦人会、日本女子大学校設立
1903	堺利彦『家庭雑誌』創刊、『職工事情』
1904	日露戦争はじまる
1907	福田英子『世界婦人』創刊
1908	（『家庭之友』改題）『婦人之友』
1910	韓国を植民地化、大逆事件の検挙はじまる

では日本に特殊なものではなく、世界的に共通するものとして把握される。近代におけるジェンダー編成の基底にあるのは、資本主義であり、ナショナリズムであることが共通了解となった。近代日本ジェンダー秩序の再編成も、こうした射程でとらえる必要がある。近代日本の中核にあるとされた「半封建的な「家」」も「近代家族」の一形態とみなされている。（成田）

参考文献　三成美保ほか編『ジェンダー史叢書』全8巻、明石書店、2009-11／服藤早苗・大口勇次郎・成田龍一編『ジェンダー史』山川出版社、2014／脇田晴子、S.ハンレー編『ジェンダーの日本史（上・下）』東京大学出版会、1994-95／女性史総合研究会編『日本女性史』全4巻、東京大学出版会、1982／女性史総合研究会編『日本女性生活史』全4巻、東京大学出版会、1990-91

8-2 文明のまなざしとジェンダー

教科書 明治維新と文明開化　☞8-3, 8-7, 8-8

◆**文明のまなざし**　19世紀後半，東アジアを含んだヨーロッパ列強の市場や領土の拡張競争は，あらたな異文化接触をもたらした。外交官，貿易商，旅行者ら近代世界の男性たちは，幕末維新期の日本に「文明のまなざし」を向けた。入れ墨や混浴のほか，上半身を露（あらわ）にした「ムスメ」，お歯黒の既婚女性などは，「文明国」が基準とした女性らしさとは異なる興味深い対象だった❶。そこには屋外で子どもを膝に抱いて慈しみ，凧（たこ）揚げや大道芸を子どもと楽しみ，「遊ぶ」成人男性も含まれた❷。イザベラ・バード（1831～1904）は，男らしさ，女らしさは基準ではなく，貧富の差や労働の形態が，人びとの生活の違いをもたらしていると見るが，大人／子ども，男らしさ／女らしさといったジェンダーイメージにとって，日本は興味深い，「非文明」の異文化社会だった。

◆**開化を見せる**　しかし日本の政府や知識人は「文明」化を強く求め，ジェンダーの線引きを厳密にし，「国民」形成をめざした。開化期の錦絵は断髪で髭をたくわえた洋装官吏が描かれた。文官の「非常並旅行服」（1870）や陸海軍の軍服，洋式大礼服（1871）などは男性官吏層をかたちからつくる政策であった。政府は「散髪脱刀令」（1871）を布告，維新官僚や明治天皇が率先して断髪した。

◆**身体を変える**　幕末民衆宗教には，近世には一般的だった女人禁制を批判するなど男女平等の言説が見られた。たとえば，天理教教組中山みきは小農経営に励む農民夫婦を「雄松雌松にへだてなし」ととらえ，民衆信仰の一つである富士講は信仰には男女の別はないとした。これに対し政府や知識人は，あいまいな男女の関係や同性間でのセクシュアリティを矯正対象と見た。混浴や裸体禁止など人びとの生活を規制した法令❸は，祭礼での異性装のほか，女性の断髪を禁止事項とした。さらに開化政策としての公衆衛生政策は，国家の富強を目的とした次世代の再生産をめざし，女性役割を産む性に求めた。福沢諭吉の『日本婦人論』は，日本人女性が強い子どもを産むことで将来の人種の改良をめざすとする。このため女性の身体の「健康」への自覚をうながし，体格向上をめざすことで，「好子孫（よきしそん）」を得て文明国になる，と考えた❹。文明国家をめざす政府は女性を，産む身体・産む性役割と見た。

（長）

8-2 文明のまなざしとジェンダー　161

❶【史料】ヨーロッパから来日した青年貴族や外交官の観察
　「家は通りと中庭の方向に完全に開け放たれている。……だから通りを歩けば視線はわけなく家の内側に入り込んでしまう。……人々は何も隠しはしない。この季節だと腰まで裸になって家事をしている女性が二，三見られるものだ。男たちは褌を締めただけで素っ裸のまま床に横になって煙管をふかしている」（A. ヒューブナー［市川・松本訳］『オーストリア外交官の明治維新』新人物往来社，1988）。

　「(1867年4月24日，金沢村) この土地の領主である大名の邸へ行く道を鎖している門があった。その前を通りながら，われわれは笑いを禁じ得なかった。門には若い女がひとりで門番をしていたが，ちょうどその時，敷居の上で髪をとかしていた。ところが，その女の身にまとうものといえば太陽の光線，それだけなのだ。──たらいで行水中の娘は急ぎ出てわれわれを見つめ，笑いかけ」（L. ド・ボーヴォワール［綾部訳］『ジャポン1867』有隣堂，1984）。

❷子どもと遊ぶ成人男性イメージ

「日本の元日─横浜の街路での日本の羽子板あそび」1865.7.15（『描かれた幕末明治イラストレイテッド・ロンドンニュース日本通信1853-1902』金井圓編・訳，雄松堂書店，1973: 141）

❸【史料】「違式詿違条例」（1872）
違式罪目第二十二条　裸体又ハ袒裼シ，或ハ股脛(モモハギ)ヲ露ハシ醜体ヲナス者。　第二十五　男女相撲並蛇遣ヒ其他醜体ヲ見世物ニ出ス者　第六十二条　男ニテ女粧シ，女ニテ男粧シ，或ハ奇怪ノ粉飾ヲ為シテ醜体ヲ露ス者。詿違罪目第三十九条　婦人ニテ謂(イワ)レナク断髪スル者。

❹【史料】福沢諭吉『日本婦人論』（1885）
　「人種改良のことに就ては，内外雑婚の工夫等，我輩の常に賛成する所にして──即(すなわ)ち，内の男女の体質を改良して，完全なる子孫を求むるの法なり──我輩が自力に依て人種改良を行はんとするは，先づ日本国の婦人の心を活発にして，随(したが)て其身体を強壮にし以て好子孫を求めんと欲するの工夫なり」。

参考文献　渡辺京二『逝きし世の面影』平凡社，2005／牧原憲夫『文明国をめざして』小学館，2008／宮崎ふみ子「富士山における女人禁制とその終焉」『環』12，2003／加藤周一ほか編『日本近代思想大系23　風俗・性』岩波書店，1990

8-3　徴兵制とマスキュリニティ

教科書　富国強兵への道　☞7-8, 8-7, 8-15

◆**兵役と性**　1871（明治4）年、「国民皆兵」を掲げた徴兵令が出され、大日本帝国憲法（1889）は国民の兵役義務を明記した❶。武士身分の家職だった軍役は、男性国民一般の責務とされた。しかし、兵役という新しい理念と制度はすぐには進まなかった。施行当初の徴兵令には家業の継承を重視した免除規定があり、8割の成人男性が徴兵検査すら対象外であった。18～19世紀、国民軍制度のモデルであった国民国家形成期のヨーロッパでは、女性水兵のほか、仏革命軍には女性兵士が存在した。これに対してたとえば国歌は、対外戦争をうたい、敵が「われらの」財産や女を奪いにくると兵士である男たちの危機感をあおった。兵役を国民男性の役割として自然化することは近代国民国家の課題となった。ジェンダー秩序の再編をはかった近代国民国家は、家職や身分、個体の適性ではなく、「国民」であることの義務や名誉を担う性を男性に定め、その制度化を進めた。

◆**徴兵制と性別規定**　日本の近代軍隊が外征用に組織がえをはかった1888（明治21）年、徴兵令改正は「戸主」など主要な免除規定を廃した❷。次いで免除対象であった教員や高等教育の受益者も1年志願兵制度が実質的な「国民」兵役の役割をはたし、兵営経験者の率も上がっていった。しかし近代日本の軍隊制度は、熟練兵士の養成を重視し、少数の「現役兵」を長期間拘束するなど、兵役負担は不公平だった。コストダウンを課題としたからだ。徴兵率は地域的な偏差があるものの、日清戦争以前では7～5％、明治末から大正期で20％、軍縮期をへた1930年では16％と3割を超えることはなかった。20歳の「徴兵検査合格」は男性のアイデンティティを形成したが、日中戦争以前の成人男性にとって、戦場経験はもちろん、軍隊経験も一般的ではなかった。

◆**「大人になったら」**　近代国家形成期において「国民（男性）の義務」としての兵士像や「男性らしさ」は伝統ではなくあらたな学習を必要とした。軍隊の訓練は学校教育に導入された。1885（明治18）年、森有礼文相は兵式体操を取り入れ、歩行訓練や直立姿勢、集団生活にいたる身体鍛錬がめざされた。兵役を男児の将来イメージに組みこむ工夫もなされた。日清戦後の教科書には「軍人」像が登場し、日清戦争で戦死した一ラッパ兵卒を美化した物語は、日露戦後以降国定教科書の定番となった。兵士をつくる「国民」教育のなかで、男児は自身が兵役を担う性としての

「国民」予備軍であることを，女児は「国民」を支える存在であることをそれぞれ学ぶことが求められた。(長)

❶【史料】「大日本帝国憲法」(1889)
　第十八条　日本臣民タルノ要件ハ法律ノ定ムル所ニ依ル
　第二十一条　日本臣民ハ法律ノ定ムル所ニ従ヒ兵役ノ義務ヲ有ス
❷【史料】「改正徴兵令」(1888)
　「改正徴兵令」第一章総則　第一条　日本帝国臣民にして満十七歳より満四十歳迄の男子は総て兵役に服するの義務ありとす

男児の体格向上　政府は，兵士予備軍という観点からも男児の体格向上に関心を向けた。「児童体格向上の奨励に関する訓令」(1903) をへた日露戦後に京都府でおこなわれた「体格」調査において，尋常科では「中等」が50％程度，「薄弱」は15％弱。高等小学校男児では「強健」数値が高く，「薄弱」はわずか2～4％。とくに徴兵検査に甲種合格する体格をもつ人びとは，高等小学校資格を得ることのできる，社会の中核を担う階層の人びとだった。

運動会での陣地取り競技の様子か。昭和期（向日市文化資料館提供，片山恒次氏所蔵）

兵士になること　20歳を迎える年，村の小学校などに一斉に集められた男子は，体格検査で4段階に分けられ，甲種合格が最も推奨された。徴兵検査に合格した男子のなかから，くじびきなどで選ばれた者だけが，「現役兵」として，12月1日入営となった。仕事上のキャリアや学業，個々の生活の都合は考慮されない。ただちに荷物をまとめ，郷土部隊の兵営で現役3年（陸軍）の訓練を受け除隊後も，予備役，後備役によって，戦争がはじまれば，召集を受けるなど拘束期間は長かった。

昭和15年，大津市公会堂での徴兵検査の様子（滋賀県平和祈念館所蔵，中西一雄氏提供）

参考文献　吉田裕『日本の軍隊』岩波新書，2002／原田敬一『国民軍の神話——兵士になるということ』吉川弘文館，2001／阿部恒久ほか編『男性史1　男たちの近代』日本経済評論社，2006／内田雅克『大日本帝国の「少年」と「男性性」——少年少女雑誌に見る「ウィークネス・フォビア」』明石書店，2010

8-4　岩倉使節団と初の女子留学生

教科書　明治維新と文明開化　☞7-17, 8-5, 8-14

◆**初の女子留学生**　1871（明治4）年，日本初の女子留学生は岩倉使節団にともなわれて米国に派遣された。幼少期の女子を米国に派遣する構想は，北海道を開発する目的で設置された開拓次官，黒田清隆の提案だった。黒田は1871年，開拓事業の視察のため，欧米を訪問したが，視察旅行の過程で，米国の女性の地位の高さに感銘を受け，日本の女性の状況との大きな格差に当惑し，女子教育の重要性を強く認識するにいたった。当時，ワシントンの日本弁務使館で少弁務使を務めていた森有礼も黒田の考えに賛同したので，帰国後，黒田は政府に建議書を提出した❶。

◆**岩倉使節団と女子留学生**　黒田の女子留学生派遣の構想を，岩倉使節団を率いる岩倉具視が支持したので，留学期間は10年とし，留学にともなう経費はすべて政府が負担し，年間800ドルの奨学金を支給するという条件で，急遽，募集が開始された。二度目の急募でようやく吉益亮子（14歳，1857～86），上田貞子（14歳，1855～？），山川捨松（11歳，1860～1919），永井繁子（8歳，1861～1928），津田梅子（6歳，1864～1929）の5人の応募者を獲得できた（年齢は日本出国時点）❷。これら5名のうち，山川，永井，津田の3名がおよそ10年間の留学生活を米国で送ることになる。これら3少女の共通点として，旧幕臣の出身で，欧米の渡航経験があった父や兄たちが応募に積極的であったことがあげられる。長期の留学経験を活かしてエリートとなるこれら3人の少女たちは，明治維新という社会の変革期において，敗者の側から輩出されていた。当時，米国という未知の世界に長期間派遣される彼女たちには，「実験台」になるような要素があった。

◆**留学生とジェンダー**　岩倉使節団には43名の留学生が随行したが，女子留学生と男子留学生に期待された役割には，顕著な違いがあった。男子留学生には近代国家建設に必要な法律を含む政治や社会の制度づくりやさまざまな産業を推進していくための経済分野についての任務を担って，数年間留学するという場合が多く見られたのに対して，女子留学生には「家庭生活（ホームライフ）」の学徒として10年間という長期の留学期間が設定された。また，男子留学生と比べて，年齢も圧倒的に低い少女たちが派遣されることになった❸。（高橋）

8-4 岩倉使節団と初の女子留学生

❶開拓使建議書

建議書のなかで黒田は,開拓使の女学校を設立することと,幼い女子を選んで,学資は開拓使の負担で留学生として欧米に派遣することを提案した。黒田の構想の背景には,女性が母として家庭内ではたす「教導」の役割への着目があった。欧米での経験から,近代国家の建設に必要な人材の育成には,まず,家庭内で,母親がとりわけ男子に適切な影響を与えなければならないと見てとった。そのような目的のために,女子への教育,さらには派遣留学の必要性が正当化された。

❸「家庭生活」を学ぶ意味

米国の「家庭(ホーム)」がなぜそれほど官費留学生の学びの対象となったのだろうか。「家庭(ホーム)」という場も近代国家建設において政治的に重要な役割をはたすという認識が,欧米を経験した明治の男性リーダーにあったからにほかならない。18世紀末,米国の建国期に理念として掲げられた「共和国の母」をへて,さらに19世紀に入ってからは,従順,敬虔,貞節,家庭性の四つの徳目を重視する女性像が称揚された時期に,黒田や森などの明治の男性指導層は米国のジェンダーのありようを羨望し,先進的ととらえていた。ただし,これは日本の男性ばかりでない。19世紀前半の米国を視察して,『アメリカの民主政治(1・2)』(1835, 1840)を著したフランス人,アレクシス・ドゥ・トクヴィルも,米国の女性のはたす家庭内での役割への尊重と地位の高さについて同書のなかで特筆している。

❷5人の女子留学生たち,シカゴにて

(津田塾大学津田梅子資料室所蔵)

津田梅子と女子英学塾(津田塾大学の前身)

「家庭生活」の学徒として約10年間を米国で学んだ女子留学生は,帰国後,三者三様の活躍をすることになる。最年少の津田梅子は女子の高等教育の必要を痛感し,男子と同等の学問をする私塾の創設をめざした。再度の留学をはたした津田は,米国の女性たちの支援を得て,1900(明治33)年に女子英学塾を創立した。大山巌という政府陸軍の要職にあった男性と結婚した山川捨松も,顧問,理事,初代同窓会長の重職を引き受け,津田の私塾を支えた。永井繁子は瓜生外吉という海軍中尉と結婚するも,音楽の教師として東京音楽学校,東京女子高等師範学校で西洋音楽を日本に伝える先駆者の一人となる。トリオと呼ばれた3人の生涯の活動は,当初,政府が意図していた「家庭」の領域をはるかに超え,女性の社会参画の範囲を拡大する足跡を残した点において共通している。初の女子留学生としての絆は人生の最期まで継続し,互いのライフスタイルの違いを乗り越えて支え合った。

女子英学塾・最初の校舎(麹町一番町の中庭)
(津田塾大学津田梅子資料室所蔵)

参考文献　久野明子『鹿鳴館の貴婦人 大山捨松――日本初の女子留学生』中央公論社,1988／高橋裕子『津田梅子の社会史』玉川大学出版部,2002／生田澄江『舞踏への勧誘――日本最初の女子留学生永井繁子の生涯』文芸社,2003

8-5 官営富岡製糸場と工女たち

教科書 富国強兵への道　☞7-12, 8-9, 8-10

◆**難航した工女募集**　1872（明治5）年，明治政府は代表的な輸出品目である蚕糸類の品質向上と，洋式器械製糸法の普及による殖産興業をめざし，群馬県富岡に大規模な模範工場を建設した。開設に先立ち400人余りの工女を募集したが，外国人技術者に対する荒唐無稽なうわさのため応募は進まず，範を示すために各地の区・戸長や，初代製糸場長尾高惇忠は，自ら娘を入場させた。創立翌年に入場し，のちに『富岡日記』を書いた和田英（1857～1929）もその一人であった❶。

◆**「婦道」による工女管理**　初期はとくに工女養成所として技術指導を最優先し，上級士族の入場もあって，英の回想記からは女学校のような趣が感じられる。しかし旧藩同士のライバル意識，言葉や身分の違いなど，廃藩置県からまもない時期の集団生活が内包した固有の過酷さも見てとれる。帰郷後の活躍を期待されて技術修得にはげむ工女がいる一方，厳しい規則や集団生活を嫌って中途退場する工女が続出した。1875（明治8）年の内務省調査は，熟練工女の不足による生産高減少と品質低下，中途退場の要因として工女管理の厳しさを指摘している。その後通勤工女を認め，規則の緩和に努めるが問題は解消しなかった。創立時の「工女寄宿所規則」にあるように，処遇を含めて工女管理の根底にあるのは「婦道」にもとづく規範である❷。この規則は工業化の進展とともに全国に拡大する工場労働において，工女の就業規則や寄宿舎規則の原型となったと思われる。

◆**生産重視と士族救済**　1875年末にフランス人指導者ブリュナが去り，初期の工女が3年の契約満了で退場すると，入れ替わりに多数の滋賀県（大半が彦根）出身者が入場するようになった。最多の1877（明治10）年には，在籍工女の半数近い167人にのぼっている。工女獲得に苦慮する募集担当者韮塚直次郎が，彦根出身の妻峯の協力を得て，困窮する旧彦根藩士族の妻子を入場させたのである（同様の理由による他藩からの入場例は不明）❸。山口，兵庫，長野，大分などの旧藩も，士族授産の方策として器械製糸に着目し，工女を入場させたが，いずれも技術修得が主目的であった。富岡における滋賀県（彦根）出身工女の存在は，募集経緯で明らかなように，経済的困窮による労働者としての集団入場があったことを示している❹。この時期より，富岡製糸場は技術指導優先から次第に生産重視の経営に方向転換をはじめ，1893（明治26）年9月，三井家に払い下げられた。（早田）

8-5 官営富岡製糸場と工女たち

左上，東繭倉庫。木骨煉瓦造り，長さ104.4メートル。左下，繰糸場入り口　右上，フランス人指導者ブリュナの居館

❶和田英『富岡日記』

「信州は養蚕が最も盛んな国であるから，一区に付き何人（たしか一区に付き十六人）十三歳より二十五歳までの女子を富岡製糸場へ出すべしと申す県庁からの達しがありましたが，人身御供(ひとみごくう)にでも上るように思いまして一人も応じる人はありません。父も心配致しまして，段々人民にすすめますが，何の効もありません。やはり血をとられるのあぶらをしぼられるのと大評判になりまして，中には「区長の所に丁度年頃の娘が有るに出さぬのが何よりの証拠だ」と申すようになりました。それで父も決心致しまして，私を出すことに致しました」（みすず書房：2頁）。

❷【史料】創立時の「工女寄宿所規則」（一部抜粋，要約）

・工女二十人を一組とし，組ごとに部屋長を一人ずつ定めること。
・期限中は日曜日以外の外出は禁止。外出の際は二人以上とする。
・外出時はもちろん部屋内でも立ち居振る舞いは謹粛にし，婦道に背いてはならない。
・寄宿所内へは掛り官と賄い方のほか，男女とも立ち入り厳禁 (『富岡製糸場誌』153〜154頁)。

❸彦根と富岡を結んだもう一人の女性

明治8年，募集に応じて入場した工女のなかに，井伊直弼(いいなおすけ)没後禅門に入り，忠君の士として知られた遠城(おんじょう)謙道の妻繁子がいた。謙道出家後の家族の困窮を知った尾高場長は，子ども2人をともなって入場した39歳の繁子を歓迎し，ただちに工女取締役に抜擢した (『新修 彦根市史（3）』228〜229頁参照)。

❹工女の墓碑（富岡市龍光寺）

官営時代に場内で死亡した52人のうち遠隔地の工女は，遺髪を故郷に送り製糸場北側の龍光寺に葬った (右上，官営時代最後の所長が建立した連名墓。そのなかに11人の彦根工女の名がある。右下，最年少の彦根工女清水源の墓［9歳10か月］。1877［明治10］年没）。滋賀へ帰った工女たちの多くは，士族授産施設の性格が強い県営彦根製糸場（明治11年創立）に入場した。

（掲載写真はすべて筆者撮影）

参考資料　富岡製糸場史編さん委員会編『富岡製糸場誌（上）』富岡市教育委員会，1977／早田リツ子『工女への旅──富岡製糸場から近江絹糸へ』かもがわ出版，1997／彦根市史編集委員会『新修 彦根市史3　通史編近代』2009

8-6　民権運動と政治世界のジェンダー化

教科書　民権運動の展開　☞7-18, 8-7, 9-3

◆**民権運動と女性たち**　明治前期の国会開設運動，自由民権運動は，地域の上層農民や商人層を中心として全国化するなかで，女性たちの積極的な参加が見られた。「自由」や「民権」などの新しい概念や思想は，各地で開催された演説会で広められ，聴衆として「女席」も設けられた。明治前期は過渡期の社会でもあり，婚姻後も生家の名字を名乗る女性や財産をもつ女性の戸主が存在した。区町村会議会のなかには，1880（明治13）年，高知県上町区会での楠瀬喜多（くすせきた）（1836〜1920）のような女性戸主からの要求により，選挙権の行使を認める例もあった。

◆**演説する女たち**　各地の民権結社では岡山女子懇親会など女性結社も登場し，演説会を組織した。演説の名手とされた岸田俊子（きしだとしこ）（1863〜1901）は，西日本各地で遊説に招かれ，聴衆に強く訴えかけた。演題「函入り娘」が集会条例違反を問われて収監されたこともあった。俊子の論は，成人女子に向けた政治教育論であるが，その批判の矛先は，男女の能力の違いや社会的地位の優劣を前提とする男性民権家の主張に向けられた。教育や訓練，交際のあり方が男性を想定している点を批判して，社会制度の整備を主張する一方，女性のなかでも財産をもつ階層に注目した❶。

◆**制限選挙と性差**　産業革命をへた同時代のイギリスやドイツでは制限選挙の拡大が議論され，男子普通選挙が課題となる一方，宗主国の有産階級女性の参政権や地位向上が議論された。しかし文明化をめざす段階にあった日本では，民権運動思想においても「国民化」の課題は女性性と結びつけられ❷，男性「国民」を政治主体とする点で政府と同じだった。さらに，政府の民権運動弾圧は次第に政治領域からの女性排除を制度化していった。「改正区町村会法」施行（1884）では地方議会から，衆議院議員選挙法（1989）では国政レベルでの被選挙権・選挙権をそれぞれ男性に限定した。帝国議会開設後の集会及政社法（1890）は，女性の政談演説会への参加，政党への加入を禁止した❸。身分制にかわる，あらたな政治的主体としての「国民」イメージは有産の男性家長におかれ，地方政治の整備過程においても女性の政治的権利や政治参加資格は排除されていった。(長)

8-6 民権運動と政治世界のジェンダー化

❶【史料】岸田俊子「同胞姉妹に告ぐ」

「世の心ひがめる男の論者はかかる縁由より生じたる悪しき習慣なるをも悟らで、只に世のさまを瞥観し何の思慮もなく財産権の多少を論じ、男子に財産権多くして女子に少なきは正しく天理自然の然らしむるものの様に申しなし。強ひて男子を女子の上におかんとするは　かへすがえすも理知らぬ申分にぞはべるなり。且つ今の世にては女にして戸主たるを得ることは華士族平民を問はず一般に許されたることなれば、数万町の田畑を有てる婦人もあり。数千円の公債証書……家土蔵衣服諸道具のたぐひまで数多くはへ蔵めて裕に暮らぬる女戸主のあまたありて、堂々たる鬚眉男子もその下に支配せられぬるもの少なからぬにはあらずや……」（『自由燈』1884年5月）。

岸田俊子　女子演説会の新聞広告（『京都志賀新報』明治16年9月29日）

❷【史料】植木枝盛「男女の同権」

「抑婦女をして権利を把握するを得ざらしむ、則ち無責任的の人と為るべし。無責任なれば自から尊重すること能はず、……婦女にして参政権を得ざるときは其国を愛する者は唯だ男子のみなるべし、即ち半数の人に止るべし。奈んぞ之を以て国光を輝かし、国力を盛んにするの道なりと謂はんや、国家の基礎を強固にし、国家の命運を寿昌にするの法なりと謂はんや」（『土陽新聞』1888年7月）。

❸【史料】「集会及結社法」（1890）

第四条　現役及召集中ニ係ル予備役後備ノ陸海軍軍人警察官官立公立私立学校ノ教員学生生徒未成年者及女子ハ政談集会ニ会同スルコトヲ得ス

第二十五条　現役及召集中ニ係ル予備役後備ノ陸海軍軍人警察官官立公立私立学校ノ教員学生生徒未成年者女子及公権ヲ有セサル男子ハ政社ニ加入スルコトヲ得ス

各地の女性結社　仙台女子自由党、鹿児島婦女同盟党、豊橋婦女協会、愛甲婦女協会等が知られる。影山英子（写真右、1865～1927）は母とともに岡山女子懇親会に参加、演壇で女権論を論じた。政治参加する女性の姿は新しさとともに、弾圧の対象でもあった。新潟の西巻開耶（写真左、1866～1908）は柏崎で訓導を務めた。1882年、17歳だったがその男女同権論の演説が集会条例違反とされた。

五日市憲法草案　全国で90点以上が確認されている民間憲法草案（「私擬憲法」）のなかでも画期的な内容で知られる。旧仙台士族出身で小学校訓導千葉卓三郎（1852～1883）の起草した5篇204条に及ぶ憲法草案「五日市憲法」は、1968年に発見された。豪農細野喜四郎（1854～1924）ほか多摩地域の学習会をへた成果であり、人民主権をはじめ、人びとの権利の項目に多くの条文をさき、人権意識の高さで画期的内容をもつ。しかし「人」とは成人有産男性であり、未成年者、無産者等とともに、成人女性一般には選挙資格を認めていない。

参考文献　色川大吉ほか編『民衆憲法の創造——埋もれた多摩の人脈』評論社、1970／『展示図録　明治の女性』高知県立自由民権記念館、1996／岡山女性史研究会編『近代岡山の女たち』三省堂、1987／高田知波「女権・婚姻・姓表示」『新日本古典文学大系23　女性作家集』岩波書店、2002／大木基子『自由民権運動と女性』ドメス出版、2003／田中和徳「女性民権家西巻開耶の生涯」『新潟県立歴史博物館研究紀要』4、2003

8-7 明治民法の制定と伝統社会

教科書 立憲政治の成立 ☞8-8, 9-3, 10-2

◆**家族と婚姻** 明治政府は，血統主義を明確にした戸籍法の公布 (1871〔明治4〕)，法律婚の制度化 (1875) など，婚姻の届出を義務とする法律婚主義の立場を明確にした。しかし明治前期の画一的な制度や厳格な婚姻の届け出制とはズレがあり，すべての人びとが家や家族に包摂されていたわけではなかった。人びとの暮らし方は，都市部には家族を形成しない単身者層が多く存在した。明治期の離婚率は高く❶，農民夫婦の場合，貧困が離婚の要因であるなど，「家族」の形成と維持は，家業や財産の維持・継承と密接な関係にあった。また幕末維新期以来，政府は「国際結婚」の場合，「国籍」をどう扱うか，あらたな課題にも対応を迫られた❷。

◆**『民事慣例類集』の世界** 司法省（民法課）は，1876（明治9）年から1880年にかけて，民法編纂のために大規模な地方慣例調査をおこなった。その成果である『民事慣例類集』『全国民事慣例類集』からは，近世後期から明治初期にかけての婚姻や家族の多様さがわかる。生家の姓を名乗る「妻」は広く見られ，家産をめぐり夫と妻双方が対等な離婚事例も記されている。「私生の産児は夫方にて養育」（大和国添上郡），「産児の籍は私通の夫に附する」（河内国河内郡）など，男性の認知がない子どもを母親の籍に入れるとした太政官布告 (1873) と対立する事例も多い。親権や相続についても，子どもは父がすべて引き取る明治民法につながる慣習の一方で，性別の違いや相続人の別で分ける（男子は夫方へ・女子は妻方へ・幕府法は男女とも夫方へ）例も多い。婚姻や夫婦，子どもをめぐる，家や家族の維持にかかわる慣行は，地域や階層，生業のあり方によって多様だった❸。

◆**明治民法の家族観** 1898（明治31）年に公布された明治民法は，女性の男性家長に対する従属的な地位を特徴とする❹。家族形成をめぐる慣習は明治民法には反映されなかった。「家族」は「戸主の親族にして其家に在る者及ヒ其配偶者」(732条)とされ，「戸主及び其の家族は其家の氏を称す」(746条)，「子は父の家に入る」(733条)，「妻は婚姻に因りて夫の家に入る」(788条) など夫であり父としての男性戸主に強い権限をもたせるものだった。とくに夫権は強く，「夫は妻の財産を管理す」(801条) ほか，「妻」は法的行為者として「無能力者」(14条〜18条) とされた。また異性婚・一夫一婦といった19世紀西欧型の婚姻制度を規範とするものの，夫には「妾」を認めた。刑法は妻の婚姻外の性愛を「不義」として犯罪とした。婚姻の内

外を問わず、望まない妊娠の堕胎は刑罰の対象（「堕胎罪」）となった。「戸主」である夫は、男性国民としての義務や規範を、その生活水準を問わず求められた❺。（長）

❶婚姻率と離婚率の推移

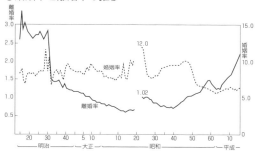

出典）湯沢, 2005。

❷【史料】「内外人婚姻規則設定ニ関スル件（規則案）」(1873)

「（前略）一　外国人ニ嫁シタル日本ノ女ハ日本人タルノ分限ヲ失フベシ。若シ離縁シ或ハ夫死シタル後日本政府ノ允許ヲ受日本ニ帰リタル時ハ日本人タルノ分限ヲ復スベシ／一　日本人ニ嫁シタル外国ノ女ハ日本人タルノ分限ヲ失フベシ／一　外国人ニ嫁シタル日本ノ女ハ其身ニ属シタル者ト雖モ日本ノ不動産ヲ所有スル事ヲ許サズ」

【解説】外務卿副島種臣による最初の案。ただし、条約国からは批判を受け、とくに外国人女性の国籍については「貴決定ノ権ハ国政府ニ非ス（訳文）」等、厳しく指弾された（『大日本外交文書』6巻）。

❸【史料】『全国民事慣例類集』によるさまざまな婚姻の慣習

「婚姻セサル前処女ニシテ出産スル事アレハ、ソノ処女タルモノヽ弟妹トシテ籍ニ入レ或ハ他人ヘ養育料ヲ添テ之ヲ遣シ人別ニ其貰受ルモノヽ実子ト見做シ其籍ニ入ル風習ナリ」（加賀郡河北郡）、「婚姻すれば其町村内に披露す。寺送状を付するのみにて役場への送籍なし」（越前国敦賀郡）、「婦女人に嫁するも夫家を相続し若くは分籍したる場合の外は仍ほ生家の氏を用ふへきものと思考す」。

❹【史料】明治民法

第750条　家族が婚姻又は養子縁組を為すには、戸主の同意を得ることを要す。／第772条　子が婚姻を為すには、其家に在る父母の同意を得ることを要す。但し男が満三十年女が満二十五年に達したる後は此限りに在らず。／第970条　（家督相続人の順序）二　親等の同じき者の間に在りては男を先にす。三　親等の同じき男又は女の間に在りては嫡出子を先にす。／第813条　夫婦の一方は左の場合に限り、離婚の訴を提起することを得。二　妻が姦通を為したるとき。三　夫が姦淫罪に因りて刑に処せられたるとき。／（参考：刑法、1880年公布）第353条　有夫の婦姦通したる者は、六月以上二年以下の重禁固に処す。其姦通する者亦同じ。

❺「家長」──男らしさの重圧

「（父権の強大さは）人物とは関係がなかった。父親は偉いから、能力があるから、あるいは財力があるから威張れたのではない。ただ一家の家長であるから権威を持っていた。……父親が貧乏で長屋に落ち込み、妻に内職をさせていても、失職しても病気で床についても、家長の地位に変りなく、家族は父親の意見に従った。それどころか父親が女遊びして妻子を泣かせるようなことがあっても、なおかつ家長は家長であって、それを無視することはゆるされなかった。法律が家制度を支持し、戸主である家長の権限を保証しているかぎり、家族は父親に従属していたからである」（村上信彦『明治女性史（中巻・前篇）』理論社、1974：298頁）。

参考文献　湯沢雍彦『明治の結婚　明治の離婚──家庭内ジェンダーの原点』角川学芸出版、2005／喜本伊都子『国際結婚論!?──歴史編』法律文化社、2008

8-8 皇室典範の成立と近代家族規範

教科書 立憲政治の成立　☞8-7, 10-2, 10-3

◆「一夫一婦」規範　家族の在り方やパートナー，子どもとの関係は歴史的な変数である。19世紀，文明世界の指標の一つは「一夫一婦」とその実子を中心に愛情あふれるイメージをもつ家族の形成にあった❶。婚姻制度も重視され，法律婚によらない子どもは「私生」「私通」とされ，「文明」世界外部の不道徳な存在とみなされた。社会に影響力をもった雑誌『万朝報』は誌上で反社会的行為として「妾」批判キャンペーンを展開する。1898（明治31）年7月，3か月に及ぶ「蓄妾」批判は，政治家や新興実業家の男性にとどまらず，「妾」とされた女性を反文明的な存在とした。また乳母の存在や養子縁組みは伝統社会が「家」を維持し，家族の貧困をコントロールしてきた慣行であり社会の一般的な慣習だったが，一夫一婦とその実子を理想とする啓蒙知識人は，これらを野蛮な風習と見た。

◆理想の結婚，理想の家族　近代的な家族規範は固定的な性別役割分担を前提とした。女性は「慰めの天使」（妻役割）と産み育てる性としての生き方が自然なものとされた。女性も子どもも働き手となり生計を維持した19世紀日本では，夫を主要な稼ぎ手とする家族像は現実から遠く，モデルイメージを必要とした。19世紀の多くの国でも家族規範は世襲王権に求められ，英国やロシアの王家は「国民」に理想の夫婦像と「正統な婚姻から生じた嫡出子」による家族モデルを示した。これに対し，明治天皇の世代では一夫一婦とその実子による家族実現は困難であり❷，錦絵の題材となった天皇一家像には，異母兄妹が混在した。1900年5月の皇太子「成婚」イベントはこのため，国内外に向けた「一夫一婦」キャンペーンとして期待された。翌年以降，皇太子夫妻には男子皇孫の誕生が続いた。メディアに登場する天皇一家写真は，男子皇孫を中心とした父系3世代の直系家族がはじめて可能となり，一家団らんイメージのモデルとなることができた。

◆皇室典範の成立　民権期の政府憲法案「日本国憲按」（1876年案，1880年案）や「皇室制規」（1885～86）は女性天皇を認め❸，民権側でも嚶鳴社が新聞紙上で論争を発表するなど女性天皇をめぐる議論は拮抗していた。しかし，「帝室典則」（1887）以降，草案作成過程をへ，「大日本帝国憲法」2条は皇位継承者を「皇男子孫」に限定し，「皇室典範」第1条は継承者を「男系の男子」と定めた。また従来，規定のなかった皇位継承順位も直系男系長子を基本とし，女系は皇位継承者から排除さ

れた。皇室典範は当初、家法とも称され、男性「庶子」に皇位継承権を認めるなど明治民法と通底するものがあった。しかし現実を後追いした法令（1900年「皇室婚嫁令」、1902年「皇室誕生令」）制定や3人の男子皇孫誕生（1901、1902、1905）をへて皇室令制定と皇室典範増補（1907）が出され、「国法」とされた❹。皇位継承者を再生産する仕組みも含め、皇室は「国家ノ要素」とされた。（長）

❶【史料】福沢諭吉『新女大学』(1899)
「小児養育は婦人の専任なれば、仮令ひ富貴の身分にても、天然の約束に従て自から乳を授く可し……夫婦同居して、妻たる者が夫に対して誠を尽す可きは云ふまでもなき事にして、両者一身同体、共に苦楽を与にするの契約は、生命を賭して背く可らずと雖も、元来両者の身の有様を云へば、家事経営に内外の別こそあれ、相互に尊卑の階級あるに非ざれば、一切万事対等の心得を以て、自から屈す可らず」。

❷【史料】O.V.モール『ドイツ貴族の明治宮廷記』(1887年4月～1889年3月)
「輝仁親王は（明治天皇の）側室のお子さんで生まれてまもなく亡くなった。日本の新聞はこのことを伝えていた。わたしたちは宮内省の官僚からこのことをヨーロッパ人に対して喜んで話す者はいないが、それは天皇が「身分の低い婦人」を側室とされることがヨーロッパでは偏見をもってみられるからであるということを聞いた。これは概念の混乱を招く発言だ。なぜならこうした側室から生まれた親王でも完全に認知されており、皇位継承権を持つからだ」（金森誠也訳、新人物往来社、1988：108頁）。

『読売新聞』広告（1899年11月30日）

❸【史料】皇室制規
（皇位継承）第一　皇位ハ男系ヲ以テ継承スルモノトス、若シ皇族中男系絶ユルトキハ皇族中女系ヲ以テ継承ス、男女系各嫡ヲ先ニシ、嫡庶各長幼ノ序ニ従フベシ。／第七　皇女若シクハ皇統ノ女系ニシテ皇位継承ノトキハ其皇子ニ伝ヘ、若シ皇子ナキトキハ其皇女ニ伝フ。略
（丁年及結婚ノ事）第十三　女帝ノ夫ハ皇胤ニシテ臣籍ニ入リタル者ノ内皇統ニ近キ者ヲ迎フベシ。

❹【史料】皇室典範と大日本帝国憲法での皇位継承規定と性別
第一条　大日本国皇位ハ祖宗ノ皇統ニシテ男系ノ男子之ヲ継承ス／第二条　皇位ハ皇長子ニ伝フ／第三条　皇長子在ラサルトキハ皇長孫ニ伝フ（皇室典範）
第一条　皇位ハ皇室典範ノ定ムル所ニ依リ皇男子孫之ヲ継承ス（大日本帝国憲法）

参考文献　原武史ほか監修『岩波　天皇・皇室辞典』岩波書店、2005／早川紀代『近代天皇制国家とジェンダー——成立期のひとつのロジック』青木書店、1998／奥平康弘『万世一系の研究——「皇室典範的なるもの」への視座』岩波書店、2005／白石玲子ほか編『国民国家と家族・個人』早稲田大学出版会、2005

2人の男子皇孫出生後の新聞附録の家族写真（1905年元日付『大阪毎日新聞』付録、東京大学明治新聞雑誌文庫所蔵）

8-9　日本資本主義と女工

教科書　産業革命と社会問題　☞8-5、8-10、9-9

◆**日本資本主義の成立**　日本の資本主義は、1880年代後半にはじまった産業革命ののち、日清戦争で巨額の賠償金を獲得した政府の財政的支援によって急速に発達した。その発展を支えた主要産業は、産業革命の中心となった綿糸紡績業や製糸業などの繊維産業であった。

◆**「女工」と呼ばれた女子労働者**　繊維産業の工場で働く労働者の大半は農村出身の女性であった❶。農家にとっての口減らしとともに、小学校を終え家業に従事したり奉公に出たりする若い女性にとって、都会に出て自ら現金収入を得ることのできる機会は大きな魅力でもあった❷。女子労働者たちは、工場に併設された寄宿舎で寝起きし長時間労働に従事することになるが、彼女たちは「女工」や「工女」と呼ばれた。その呼び名には、「良妻賢母」があるべき女性モデルとして推奨されていくなかで、工場で働く女性を娼妓とともに女性モデルから外れたものとみなす蔑視的視線が含まれたことは否めない。親元から離れ寄宿舎で生活する女子労働者を「風紀紊乱」と結びつける言説も多く❸、「女工」たちは、工場労働の苛酷さとともにそうしたまなざしに耐えねばならなかった❹。

◆**工場労働**　雇用契約時に、女工となる娘の親には支度金などの名目で会社から現金が渡されることが通例であったが、これは契約期間の賃金から差し引かれる前借金となって彼女たちを拘束することとなった。工場に寄宿舎が併設されていたことは、長時間労働のためでもあった。紡績工場では、昼業・夜業の2交代制で各12時間とされたが、それを大幅に超えることもまれではなかった。農商務省工場調査にもとづく『職工事情』(1903)には、長時間労働や深夜業、「女工虐待」の実態について、工場主のみならず女工からの訴えを含め詳細に書かれている。

◆**工場法と女子労働者**　日本で最初の労働者保護法である工場法立案過程では、幼年者の労働や「女工」が強いられていた深夜にまで及ぶ長時間労働の問題が焦点となった。1911(明治44)年に成立(施行は1916年)した工場法❺は、保護内容はきわめて限定的で除外例も多く、また猶予期間が設けられた。保護(深夜業禁止、12時間労働制等)の対象とされたのは女子と年少者だけであるが、その背景には、年少者とともに女子を成人男子労働者と区別し、自らの力で労働条件の改善をはかることが困難な者とみなす認識が存在していた❻。(加藤)

❶紡績工場職工数（明治30年紡績連合会調査報告）

年齢	男	女	計
11歳以下	254	813	1,067
11～14歳	1,085	9,559	10,644
14～20歳	4,090	25,805	29,895
20歳以上	9,870	19,826	29,696
合計	15,299	56,003	71,302
百分率（％）	22	78	100

出典）『職工事情』農商務省商工局，1903（明治36）年。

❷『山内みな自伝——十二歳の紡績女工からの生涯』（1975）

「山へ薪を折りにいったとき，叔母は真剣な顔をして「おまえも東京へ出る気はないか。東京には紡績という会社があって，寄宿舎もあり，一日働けば給料がもらえ，仕事が終われば夜学校へかよって勉強もできる。食堂があって御飯を食べさせてくれるのだから，こづかいはなんにもいらない。行くことにきめれば前借金十円だそうだ。」私は叔母の話にすっかり魅せられて，私も東京へ行くから連れていってほしい，と頼みました」（山内：11〜12頁）。

❸農商務省『職工事情』（1903）

「紡績女工の風紀の現状について蒐集せる材料少なからざるも，卑猥これを筆にするに堪えざるものあり。そもそも女工就中地方出稼ぎ女工の風紀正しからざることは世間一般の認むる所たり。（中略）地方細民の子女にして普通教育の素養もなく，倫理の観念をも有せざる者が一旦父母の監督を離れて他郷に来り，工場寄宿舎，職工下宿等において妙齢の子女が幾百の群居をなすに及んで，自己の意志を制することも外部の誘惑に抵抗することもほとんど得て望むべからず」（犬丸『職工事情（上）』210頁）。

❹女工小唄（『女工哀史』1925［大正14］）

「女工々々と軽蔑するな／女工は会社の千両箱。
　紡績職工が人間ならば／電信柱に花が咲く。
　女工々々と見さげてくれな／国へ帰れば箱娘」（細井：406頁）。

❺【史料】工場法（1911［明治44］年公布，1916［大正5］年施行）

第三条　工場主ハ十五歳未満ノ者及女子ヲシテ一日ニ付十二時間ヲ超エテ就業セシムルコトヲ得ス。主務大臣ハ業務ノ種類ニ依リ本法施行後十五年間ヲ限リ前項ノ就業時間ヲ二時間以内延長スルコトヲ得。

第四条　工場主ハ十五歳未満ノ者及女子ヲシテ午後十時ヨリ午前四時ニ至ル間ニ於テ就業セシムルコトヲ得ス。

第五条　左ノ各号ノ一ニ該当スル場合ニ於テハ前条ノ規定ヲ適用セス，但シ本法施行十五年後ハ十四歳未満ノ者及二十歳未満ノ女子ヲシテ午後十時ヨリ午前四時ニ至ル間ニ於テ就業セシムルコトヲ得ス。

❻社会政策学者・金井延の工場法制定論（1907［明治40］）

「今日では企業家と労働者との関係が情誼的よりは寧ろ冷然たる契約関係になつて来て居るからして，是に対して多少の法律に依れる，言はば弱者の保護と云ふものが必要である。殊に況や此弱者の中には到底自己の利益を自ら保護することの出来ない者，自己の真の利益を自分で自ら確認することすらも出来ないところの幼者並に婦女と云ふやうな者が職工労働者の中に随分沢山居るのであるに於ておやです」（社会政策学会編『工場法と労働問題』同文館，1908）。

参考文献　犬丸義一校訂『職工事情（上・中・下）』岩波文庫，1998／細井和喜蔵『女工哀史（改定版）』岩波文庫，1980／山内みな『山内みな自伝——十二歳の紡績女工からの生涯』新宿書房，1975／加藤千香子「近代日本の『女工』観——ジェンダー・セクシュアリティの視点から」歴史学研究会編『歴史学の現在9　性と権力関係の歴史』青木書店，2004

8-10 石炭産業の発展と女性労働

教科書 産業革命と社会問題　☞8-5, 8-9, 9-9

◆石炭産業の発展　日清戦争を契機とした産業革命をへて、日本の近代工業や船舶・鉄道といった近代交通は急激な発展を遂げたが、それらの発達を支えるエネルギー資源として、それまでの木炭・薪炭にかわって重要な役割をはたすようになったのが石炭である。石炭は、1900年代から石油にその位置を譲り渡す1960年代まで、日本国内のエネルギー供給の最大の位置を占めることとなる。産業革命が起こった明治末から大正期にかけての時期には、石炭需要の大幅な増加を受けて、北海道の石狩、東北南部の常磐、九州の三池・筑豊など全国の炭鉱で、資本主義経営による大規模な石炭の採掘が進むようになった。

◆「女坑夫」とその労働　大規模に展開されるようになった石炭産業において注目すべき点は、炭鉱坑内労働にも多くの女性が従事したことである。炭鉱坑内で働く女性は「女坑夫」と呼ばれ、20世紀初めの筑豊炭鉱では、全坑内労働者数の約4分の1を占めていた。炭鉱の坑内労働は、「切羽」と呼ばれる採炭現場で、たがねやつるはしなどを使って石炭を掘る「先山」と、採掘した石炭を坑道にある炭車まで運ぶ「後山」が一組となっておこなうことが通例であり、女性はおもに後山の労働を担った。この一組となった労働は、夫婦もしくは親子といった家族関係で担われることが多く、その賃金は、採掘した石炭を積んだ炭車を単位とする出来高制で、一組の家族労働に対して支払われるという形態をとっていた。

2011年に日本で最初の「世界記憶遺産」に登録された山本作兵衛の記録画には、「ヤマの女」と題する女坑夫が多く登場する❶。女坑夫たちは、坑内で「スラ（函）」を曳き、「セナ（籠荷）」を負い、時には先山の役割である「キリダシ（掘削）」を1人でおこなうといった激しい労働に進んで向かうたくましさをもっていた❷❸。

◆女性の坑内労働禁止　女性の坑内労働は、母性保護の観点から第一次世界大戦後の1919（大正8）年の国際労働会議を契機として国内でも禁止が検討されるようになり、1928（昭和3）年の鉱夫労役扶助規則改正により禁止が決定された（実施は1933年）。ただし薄層の炭鉱は適用除外とされ、また戦時下では労働力不足のため適用緩和もおこなわれ、女坑夫の姿が完全に消えるのは戦後である。女性の坑内労働禁止は、苛酷な労働からの解放を謳うものであったが、女坑夫を賃金の低い坑外労働に追いやることになった❹。（加藤）

❶山本作兵衛（1892〜1984）の記録画

山本作兵衛は，1905（明治32）年に7歳のときから筑豊炭鉱の坑夫となり，閉山までの50数年間を「炭鉱で生きた」。1958（昭和33）年に「ヤマの姿を記録して孫たちに残しておこう」と絵筆をにぎり，多くの炭鉱の記録画を描いた。作兵衛の残した589点の絵画や108点の日記・ノートなどは，2011（平成23）年5月にユネスコの認定する「世界記憶遺産」に日本国内からはじめて登録された。

（©Yamamoto Family　田川市石炭・歴史博物館所蔵）

❷森崎和江と女坑夫

1950年代に筑豊の炭鉱地帯に移り住んだ詩人・森崎和江（1927〜）は，元女坑夫たちの声を集め『まっくら』『奈落の神々』などを刊行した。森崎は，「後山」として働く女坑夫を次のように表現している。「後山たちはもうのっぴきならない捨て身の構えで働き暮していました。それでも子を産みたい欲望をもち，自分を主張したい意地をもっていました。生活のぜんぶが，人間的なものの抹殺であるようなぎりぎりの場で，労働を土台として，その生を積極的に創造しようとしました。（中略）主として労働力の再生産部門を受けもっていた家族制度内の女たちの，そのモラルをふみにじっていく快感が，あんたんとした坑内労働にちりばめられました。その場で愛と労働を同時に生きようとしました。その共感と抵抗が，後山たちを一様に朗々とした女にさせています」（森崎，1977）。

❸「赤不浄」

「赤不浄のときは坑内に入ってはならんという。赤不浄のもんが坑内に入ると，ヤマの神さんが腹立てて非常がある。罰かぶってけがする。みんなそういいよったよ。けど，朝三時の入坑は暗いから都合がいい。坑内はこまか灯りで畳二帖ぐらい，ぼうとみえるだけ，入っても人には知れん。罰かぶるかかぶらんか，食われんとだもの，人に知れんごと入ったよ。赤不浄は入っちゃならんというが，あれは嘘。わたしはかすり傷ひとつせなんだった。赤不浄・黒不浄でけがれるというが，あれは地の上の話たい。入っていいか悪いか，これは信心できめるもんじゃなかよ。意志ばい。人間は，意志ばい」（森崎，1977）。

＊赤不浄：月経・出産を穢れとみなす言葉。＊黒不浄：人の死を穢れとみなす言葉。

❹山本作兵衛の回顧談

「明治から大正にかけての炭鉱は，男と女のもちつもたれつの世界でしたが，（中略）法令で女子の入坑は禁止されました。これによって女は暗闇の中の労働から解放されたわけですが，男一人の稼ぎだけに頼らねばならなくなって，家計の苦しみは深刻となりました。人道的な法律も当事者にとっては悲喜こもごもというより，むしろ稼ぎ場所を奪われた困惑のほうが先に立ったものであります。女坑夫にはわずかに坑外仕事が残されていたものの，当時は大不況の中で，思うような仕事口にもありつけず，それに長らく坑内で働いた者には，太陽の下の労働はかえって苦痛となるものです。坑夫に負わされた業というべきでありましょうか」（山本，2011：103頁）。

参考文献　山本作兵衛『画文集　炭鉱に生きる──地の底の人生記録（新装版）』講談社，2011（初版は1967）／山本作兵衛『筑豊炭鉱絵物語』葦書房，1998／森崎和江『まっくら──女坑夫からの聞き書き』三一書房，1977（初版は1961）／野依智子『近代筑豊炭鉱における女性労働と家族──「家族賃金」観念と「家族イデオロギー」の形成過程』明石書店，2010

8-11　近代公娼制度と廃娼運動

教科書　帝国形成期の社会　☞7-14, 8-12, 9-14

◆**近代公娼制度**　江戸時代には遊廓(遊郭)を幕府や藩が公認し，そこでおこなわれた売買春による利益が幕府と藩の財政に組みこまれていたが，1872(明治5)年，遊廓における人身売買に対する国際的な批判の声を背景に，太政官は，芸娼妓解放令❶を布告した。以後，建前上は人身売買が禁止され，遊廓は正式には貸座敷と呼ばれるようになった❷。しかし娼妓は，親権者が楼主から借りた多額の前借金を肩代わりさせられ，それを貸座敷での売春の稼ぎから返済しなければならなかった。その契約は搾取的であったため，娼妓は一般に長期にわたって前借金を完済できないまま貸座敷に拘束されており，実態としては人身売買であった❸。

蔓延する性病への対策として，1876年，内務省は全国的な黴毒検査の制度化を指示し(検黴制度)，娼妓には定期的な性器の検査が義務づけられた。他方で，警察署の名簿に娼妓として登録されていない娼婦(私娼)の売春は禁圧された。1900(明治33)年，全国統一の娼妓取締規則・貸座敷営業取締規則が制定され，娼妓の年齢下限は16歳から18歳へと引き上げられた。このとき自由廃業の規定も明文化されたが，娼妓が廃業を望んでも楼主関係者によって妨害されることが多く，廃業後も前借金は返済しなければならなかったため，娼妓の廃業は容易なことではなかった❹。

このように，法に定められた娼妓の「自由」と人身売買的な実態とが乖離していたこと，および国家による性病管理がおこなわれたことが，江戸時代とは異なる近代公娼制度の特徴である。この日本「内地」の制度は，植民地台湾，植民地朝鮮，中国本土の日本人居住地域，満州に拡大した。1929(昭和4)年および1930年の調査によれば，貸座敷指定地数は日本「内地」541，朝鮮25，台湾11，貸座敷営業者数は日本「内地」1万1154，朝鮮510，台湾124，娼妓数は日本「内地」5万56人，朝鮮2997人，台湾1128人であった。

◆**廃娼運動**　公娼制度の廃止を求める主張(廃娼論)は1870年代より唱えられ，群馬県では1882年に貸座敷営業および娼妓稼廃止の布達が交付された。婦人矯風会が女性の立場からの廃娼論を展開したほか，1900年頃より，救世軍が娼妓の廃業を手助けし，多くの新聞がこれを報じて廃業手続きの知識を広めた(自由廃業運動)❺。1911(明治44)年，廓清会が結成され，機関誌を発行して公娼制度を批判しつづけたが，公娼制度は1946年にGHQによって廃止されるまで存続した。(林)

❶【史料】芸娼妓解放令（太政官布告二九五号）

一、人身ヲ売買致シ終身又ハ年期ヲ限リ其主人ノ存意ニ任セ虐使致シ候ハ人倫ニ背キ有マシキ事ニ付古来制禁ノ処従来年期奉公等種々ノ名目ヲ以テ奉公住為致其実売買同様ノ所業ニ至リ以ノ外ノ事ニ付自今可為厳禁事

(中略)

一、娼妓芸妓等年季奉公人一切解放可致右ニ付テノ貸借訴訟総テ不取上候事 （『法令全書 明治五年』内閣官報局, 1887）

❷丸山遊廓

長崎の丸山遊廓は，江戸の吉原，京の島原と並び「三場所」（日本三大遊廓）と呼ばれた代表的な遊廓である。江戸時代には丸山の遊女は唐人屋敷や阿蘭陀屋敷（出島）への出入りを許されていたため，丸山遊廓の名前は国際的に知られていた。日本で最初の検黴は，1860年に長崎滞在中のロシア兵を相手とする丸山の遊女に対しておこなわれた （古賀十二郎著，長崎学会編，永島正一校注『新訂丸山遊女と唐紅毛人』長崎文献社，1995）。

（長崎歴史文化博物館所蔵）

❸森光子『光明に芽ぐむ日』（1926年）

「妾等を御覧なさい。出られないのは牢屋と一寸も変りはありませんよ。鎖がついてないだけよ。一寸出るにも，看守人付で，本なんかも隠れて読むんですよ。親兄弟の命日でも休むことも出来ないで，どしどし客を取らせられて，尊い人間性を麻痺させて，殺して了う様なものじゃないの。罪人よりも酷いと思うわ。そんな所で，どんな立派ななりをしたって，チットも嬉しいとは思いませんよ」 （復刻版は『吉原花魁日記──光明に芽ぐむ日』朝日文庫，2010）。

❹遊客数の変遷

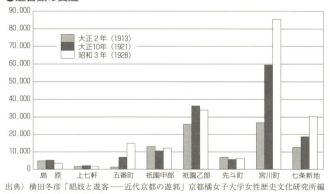

出典）横田冬彦「娼妓と遊客──近代京都の遊客」京都橘女子大学女性歴史文化研究所編『京都の女性史』思文閣出版，2002。

【解説】大正期における遊客の急増は，安価で多くの娼妓を抱える娼妓型遊郭（五番町，七条新地）や，娼妓と芸者の混在型の遊郭（宮川町，祇園乙部）を発展させた。芸者の比率の高い祇園甲部や先斗町は停滞している。

❺救世軍の自由廃業運動

キリスト教団体・救世軍の人びとは遊廓やその周辺へ出向いてビラをまき，廃業を望む娼妓への情報提供と廃業手続のサポートをおこなった。
（『ときのこゑ』1901年9月1日）

参考文献　伊藤秀吉『紅燈下の彼女の生活（復刻版）』不二出版，1995／小野沢あかね『近代日本社会と公娼制度──民衆史と国際関係史の視点から』吉川弘文館，2010／竹村民郎『竹村民郎著作集Ⅰ　廃娼運動』三元社，2011

8-12 「からゆきさん」と植民地公娼制度

教科書 帝国形成期の社会　☞8-11, 9-8, 9-14

◆「からゆきさん」　「からゆきさん」とは，日本から「唐」（＝外国）へ「行き」，渡航先で娼婦や妾として売られた日本人女性のことである❶。1871（明治4）年に日本政府が清国と日清修好条規を締結してから，上海・香港への渡航や，それらの地を経由した世界各地への移動が比較的容易になり，人身売買業者によって海外で売られる日本人女性が増加した。その行き先は東アジアや東南アジアだけでなく，シベリア，オーストラリア，インド，南北アメリカ，アフリカ，ヨーロッパ等，広範にわたった❷。人身売買業者は，詐欺・甘言や誘拐を人集めの手段としており，そのような業者にとくに狙われたのは，貧しさゆえに教育を十分に受けられず，情報が届きにくい僻地に住む若い女性であった。当時の公文書や新聞・雑誌では，この売られた女性たちを「密航婦」「（在外邦人）醜業婦」等と称し，1883年以降，日本政府は各地方長官にたびたび取締の訓令を出したが，実効性をともなうものではなく，1905年の日露戦争終結後には渡航者数が急増した。

◆植民地公娼制度へ　東アジアでは日本が支配領域を広げ，日本人居留地が増えて植民地が拡大されるにつれ，日本からの移住者が増えて公娼制度が導入され，主として欧米諸国に対する「国家の対面」と性病管理という観点から売買春の取締方法が定められた。「からゆきさん」のみならず現地の娼婦もその制度下におかれるようになった。オーストラリア，南北アメリカ，欧米諸国の東南アジアにおける植民地では，国際的な婦人児童売買禁止運動❸や，黄色人種の移民増加を脅威ととらえる黄禍論と結びついた日本人移民排斥運動の流れを受けて，19世紀末以降1920年代前半までに日本人娼婦追放の動きが見られたため，「からゆきさん」の移動は，次第に東アジアの日本帝国領域内へと集中するようになった❹。植民地において娼婦は「内地」より過酷な状況におかれ，たとえば朝鮮全体の統一された規則として発布された1916（大正5）年の「貸座敷娼妓取締規則」では，日本人および朝鮮人娼妓の年齢下限が「内地」より1歳若い17歳に定められ，「自由廃業」を認める条文が入れられていないために娼妓が自らの意思で廃業する法的権利をもたなかったことなど，売春業者が「内地」よりも利益を得やすい規定になっていたために，売買春増加の一因となった。東アジアでの売買春増加にともない拡大した帝国日本の公娼制度は，のちに，日本軍「慰安婦」制度の土台になった。（林）

8-12 「からゆきさん」と植民地公娼制度

❶**娘一名預置証**（「からゆきさん」の売買に関する証文）

「一右者 私ヨリ 口之津中町 永野○十郎方ニ而 (テ) 津弥ト申ス 娘一名顕レ候上 御願預ケ置キ申シ候処 忠 之娘ニ付 若万一カレコレ 難渋之節者 其元殿へ 少モ御難渋懸け申す間敷く候事 私ヨリ急度 万事承り可申候也 依而 証差出置 如件 明治十二年卯八月
（以下略）」。

【解説】 明治・大正期に，口之津港（長崎県・島原半島）からは，貧しい家の娘たちが，石炭船の船底に隠されて上海・香港へ連れ去られ，そこから世界各地へ売られていった。

（口之津歴史民俗資料館所蔵）

❷**1920年代のハイラム通り**（シンガポールの日本人街）

シンガポールのハイラム通り周辺は日本人移民の居住区で，「からゆきさん」の娼家もあった。「からゆきさん」の売春による経済効果は，同地の日本人社会の経済的発展を下支えしていた。シンガポールでは1920年に廃娼が実施され，「からゆきさん」の売春も禁止されることになった

(James Francis Warren, *Ah Ku and Karayuki-san: Prostitution in Singapore* [Singapore University Press, 1993])。

(National Archives of Singapore [シンガポール国立公文書館] 所蔵)

❸**国際的な婦人児童売買禁止運動**（廃娼運動）

国際的な婦人児童売買禁止運動を牽引した人物として知られているのは，イギリスのジョセフィン・バトラー (1828～1906) である。イギリスでは，1864年より「伝染病予防法」による娼婦の登録制度のもとで強制的な性病検査がおこなわれたが (公娼制度)，バトラーらは売買春廃絶をめざす立場から，同国の黒人奴隷制度反対運動の経験を活かすかたちで公娼制度の廃止を求める廃娼運動を展開し，1886年にイギリス本国での「伝染病予防法」廃止を実現した。1899年にロンドンで，1904年と1910年にはパリでも国際会議が開かれ，売春を目的とする婦人児童売買を禁止する国際条約が締結された。こうした流れのなかで，ヨーロッパ諸国とその植民地を中心とする婦人児童売買禁止運動の国際的なネットワークが形成されて，のちに国際連盟による運動へと発展し，日本の廃娼運動にも強い影響を与えた。

❹**「在外本邦醜業婦員数調」**（1920年6月末現在）

支那及び満洲	4,967
シベリア	546
香港	246
ハイフォン	144
バンコク	11
カルカッタ領事館管内	193
ムンバイ	142
バタヴィア	1,083
スラバヤ	47
シンガポール	1,136
マニラ	50
シドニー	41
ブラジル	39
サンフランシスコ	24
ロサンゼルス	30
ハワイ	108
総　計	8,807

出典）外務省「在外本邦醜業婦取締ニ関スル件」。

参考文献　森崎和江『からゆきさん』朝日文庫，1980／清水洋・平川均『からゆきさんと経済進出——世界経済のなかのシンガポール-日本関係史』コモンズ，1998／宋連玉・金栄編『軍隊と性暴力——朝鮮半島の20世紀』現代史料出版，2010

8-13 近代文化とジェンダー・バイアス

教科書 近代文化の諸層 ☞7-16, 9-2, 9-6

◆**近代文化とジェンダー** 教科書のなかの「明治の文化」の項目には樋口一葉(1872～98)や与謝野晶子(1878～1942)ら文学者が占める。女性が登場する数少ない例だが，文学にとどまらず音楽，医学や教育といった専門職分野に参入しようとする女性の動きは明治20年代以降顕著となる。しかし19世紀末，画家や音楽家，作家は男性イメージを付与され，閨秀作家や女流画家，女性音楽家として，女性だけが記号としての性別を表記された。とくに「国民文学」は，男性職業作家や読者共同体による近代読書空間の成立を必要とした❶。近代国民文学の文体としての言文一致体は，「雅文体」や敬語を女性性をまとうとして周辺化した。

◆**書く女** 女性たちは読み手であり書き手であったものの，文体や素材も含め，女性表現者としてその地位を獲得せねばならなかった。ハイカラな都会の女学生気質を描いた『藪の鶯』(金港堂，1888)を出版した田辺花圃(1868～1943)は成功例の一つだろう❷。日本近代初の女性職業作家である一葉の生前の単著は良妻賢母規範に沿った『通俗書簡文』のみだった。明治の特権階級の娘たちが通う私塾「萩之舎」に入門し才覚を現すものの，家父長の死等で17歳で戸主となり，女3人所帯の日々の糧を必要とした一葉は，稿料の入る作家をめざす。借金と転居を繰り返し，執筆と内職の兼ね合いに苦しむなか，女性をあらたな読者層と見た博文館出版というジャーナリズムと出会った一葉は，貧富や性など日清戦後の転換しつつある社会の構造を穿つ新しいテーマを描いた。

◆**描かれる女／表現する女** 官立の美術高等専門学校(東京美術学校，京都市立絵画専門学校)は，男子の学校であり，初の女子美術学校設立は私立で，1900年にずれこむ(女子美術専門学校)。19世紀日本はオリエンタリズムの対象として女性化されていたが，明治の近代洋画界も，公的世界の男たちの世界をほとんど描かなかった。一方で，留学第一世代の黒田清輝(1866～1924)のように，女性の描き方は，読書主題など余暇と文化水準の高さを示すブルジョア家庭の妻像を特徴とする。同時代の西洋画に多い，縫い物編み物に加え，育児も含めた家事を主題とした「主婦」「母親」像は，日本画家の上村松園(1876～1949)を加えても画題としては少数派にとどまった。他方，裁縫や編み物といった手仕事としての手芸等は，女性の内職として低く見られることもあり，美術教育としてとらえられなかった。ジェンダー射程による

美術史は，文学史と同様，描く・見る・表現する女性表現者の存在の掘り起こしや美術教育制度の読み直しが必要とされる❸。（長）

❶公共図書館
職業作家をめざした樋口一葉は，しばしば上野図書館での図書を貸借したが，利用者男性の視線にさらされることを覚悟したという。近代的な公共図書館は男性ジェンダー化された空間であった。

1912年頃の宮城県立図書館内部
（『宮城県立図書館要覧』1913，国立国会図書館所蔵）

❷田辺花圃
元老院議員（田邊太一）を父にもつ田辺（三宅）花圃の21歳の作品『薮の鶯』は，坪内逍遥，中島歌子らの序文をつけて金港堂から出版された。原稿料33円20銭は兄の法事を捻出するためだったという。当時の女流作家志望の熱を女性たちに巻き起こした。

❸女性表現者の再発見
ロシア正教の聖画（イコン）画家として今日知られるようになった山下りん(1857~1939)は，工部美術学校に1877(明治10)年入学を許可された初の女子学生であり，同省雇用のイタリア人，A.ファンタネージに学んだ。1879年にロシアに留学し，イコン画家としての技術を習得して帰国するが，作品によって名声を得ることはなかった。

『薮の鶯』挿絵（国立国会図書館所蔵）

参考文献　飯田祐子『彼らの物語——日本近代文学とジェンダー』名古屋大学出版会，1998／西川祐子『私語り樋口一葉』リブロポート（のち岩波書店現代文庫，2011）／山崎明子『近代日本の「手芸」とジェンダー』世織書房，2005／若桑みどり『隠された視線——浮世絵・洋画の女性裸体像』岩波書店，1997／女子美術大学歴史資料室編『女子美術教育と日本の近代——女子美110年の人物史』女子美術大学，2010／大下智一『山下りん——明治を生きたイコン画家』北海道新聞社，2004

8-14 村の女児にとっての「学ぶ」こと

教科書 都市と農村 ☞7-17, 8-9, 9-5

◆**教育の定着とは？** 10歳前後の子どもは農家では一家に必要な労働力だった。子守りや水汲み，ランプ掃きのほか，子どもの手伝いは家族生活にとどまらない。農作業をはじめ，茶摘みや桑畑での賃稼ぎ，生家を離れて住みこむ丁稚奉公や年季奉公による工場勤めも多かった❶。このため女児も含め，子どもが学校に通うことは，家族にとって，授業料の負担に加え，一家の労働力を手放すことを意味した。検定教科書が記す明治後期の100％近い「就学率」は，入学時や学年初めの数字である。尋常小学校の定着とは，子どもが日々学校に通い，尋常小学校卒業という教育資格が必要となる社会だろう。近年の研究は，その時期を明治末から大正期であり，農村・中都市・大都市の順に広がり，女児は昭和期にずれこんだと見ている❷。

◆**農村の変化と女性たち観察** 綿作はかつて農家の主要な副業であり，村の女たちは家で綿を紡ぎ，糸を染めた。しかし明治後期，農家の副業が綿作から養蚕へと変わると綿畑の景観は桑畑に変わった。農家は気抜き住宅など蚕室をしつらえ，主婦は蚕の世話を日課とし，女児は桑畑を手伝った❸。明治末期になると多くの村の学校では，尋常小学校の補習科や高等小学校の女児向けの教育内容として裁縫科を設置し，学校増築のさいには裁縫室が設けられた。人びとの服装が和装中心だった時代，仕立てや洗い張りは，主婦の家事というよりは，内職としての現金収入や商店での雇用機会につながった。また農村から町の工場へ，製糸工女として女児が労働斡旋されるさいにも，工場に設けられた夜学や裁縫講習が人気を集めた。

◆**教育資格と実学** 学校に通いつづけ，卒業証書を得ることは容易ではなかった。明治末年の様子として京都府下郡部のある小学校の分校願い書では登校に2時間かかる児童など通学距離の遠さや道路の悪さ，積雪・吹雪などの自然環境による通学の困難が訴えられている。また，とくに女児の場合，「女子は結髪の為男子より早く起くる必要ありその為一層苦痛」など，「女児らしさ」を前提にしたもののほか，「裁縫ノ時間アルトキハ帰途夜ニ入リテ誠ニ心配」など，男女別学による実学教育の普及が前提とされた。(長)

8-14 村の女児にとっての「学ぶ」こと

❶生業と女性を撮る

産業革命を迎えた20世紀初頭、農商務省がおこなった大規模な労働者調査『職工事情』全5巻(1903)には、紡績のほか、マッチ工場にも12歳以下の女児が多く記されている。アメリカの地理的報道誌 National Geographic は子どもや女性の労働にたびたびレンズを向けた。(写真は「昆布の仕分け作業」。1905年、漁業国日本を紹介する米国の記事に添えられた。)

❷女児の就学率

就学率の数字は学事統計「学齢簿」によったが、正確な人口統計は国勢調査実施(1920)以前には難しく、現在人口と本籍人口は一致しなかった。そのうえ、就学率の統計も、「現在生徒数+卒業生/学齢児童×100」によるなど正確ではない。1899[明治32]年文部省は、1907年の小学校就学率85%を目標値とする8年計画を構想した。しかし女児は40%弱が中退とされ(1900〜1907)、高い就学率と中退率が並存した。1898年1月で26.96%との記録が残る京都府郡部の上宮津尋常小学校の就学率は、同年10月女児の数値目標62%が掲げられた府令「児童就学の督励に関する訓令」の翌1899年5月には62％に上昇した。

❸桑摘み

『尋常小学読本唱歌』(1910)、文部省唱歌『いなかの四季』は、「道をはさんで畑一面に／麥は穂が出る、菜は花盛／眠る蝶蝶、とび立つひばり／吹くや春風、たもとも軽く／あちらこちらに桑つむ少女／日まし日ましにはるごも太る」と、農村の風景として女児の役割としての桑摘みが詠みこまれている。ただし、政府の推奨するはるご(春蚕)は田植えの農繁期と重なるため、農民には負担となった。

郡立実科女学校での養蚕実習風景（1923）
（『青森県史』資料編）

教育資格と職業 　教育資格を得ても、女性が就ける職業は限られていた。1906[明治39]年、能登生まれの竹島みいは、地域の尋常小学校を卒業後、経済的余裕はあったが進学せず、毛織物工場で工女となった。東京に憧れ、現金収入と技術が得られると励んだが、慣れない集団生活と長時間労働、劣悪な工場の労働環境によって当時の国民病であった結核にかかり、帰郷を余儀なくされた。結核が治癒したみいは、高等小学校卒業をへて、産婆資格取得をめざし、父親の反対を押し切って、都会である金沢の看護婦養成所へと「手に職」を求めた。1922[大正11]年、自立志向をもった16歳のみいは、結婚や出産と両立可能な専門職として産婆は一生続けられると考えたという。

参考文献　大門正克『民衆の教育経験——農村と都市の子ども』青木書店、2000／西川麦子『ある近代産婆の物語——能登・竹島みいの語りより』桂書房、1997／宮津市教育委員会『宮津市史通史編（下）』2004／土方苑子『近代日本の学校と地域社会——村の子どもはどう生きたか』東京大学出版会、1994

8-15　対外戦争とメディア・銃後の社会

教科書　日清戦争と日露戦争　☞9-1, 9-11, 9-12

◆**文明と野蛮の戦争**　日清戦争において新聞は，文明の戦争を自負し，その報道によって飛躍的に部数を伸ばした。またプロパガンダ性の強い「戦争錦絵」が多数描かれ，戦争イメージを形成した❶。そこでは，近代化された身体としての日本および日本軍と伝統社会に拘泥する清国，朝鮮という対比によって，文明と非文明が描かれた。また戦争のテクノロジーと動員規模が拡大した日露戦争段階では，一般兵卒の弾除け祈願もさかんだった。兵士がお守りとした戦争錦絵には従軍看護婦へのレイプを連想させる画も登場した。

◆**戦場空間のジェンダー化**　日清戦争時，朝鮮半島に上陸した日本軍では，半纏(はんてん)で地下足袋(じかたび)姿の内地人夫15万4000人が戦場の輸送労働力を担った。しかし，このような近代軍隊の文明性を揺るがす存在は，従軍兵士の日誌には登場するものの，視覚表象に描かれなかった。「文明」をめざす日本は，近代戦争を通じ戦場と銃後の空間的なジェンダー秩序形成もはかった。日清戦争段階，戦場の女性役割として従軍看護婦も登場したが，陸軍省は男性看護人に限定するなど看護婦の戦地派遣を認めなかった。その一方，上層婦人を中心に，文明戦争の銃後の活動については女性の役割が積極的に求められた。また日露戦後，国民教育として対外戦争教育や愛国心教育は重視され，学校教科書は銃後の女性ジェンダー役割を強調した❷。

◆**軍隊と家族・従軍遺家族**　戦前の徴兵システムは明治民法が求める男系家制度の永続性と対立する。大日本帝国憲法には国民兵役の性別規定はなく，日露戦時には戸主にかえて，未婚の女性兵役を推す議論も存在した❸。出征軍人の家族政策としては1890（明治23）年，軍人恩給法により軍人家族や退役軍人への経済的支援が，職業軍人遺族に限定して制度化された。徴兵令による下士兵卒やその家族に対して政府は1904（明治37）年，一般兵卒を対象に「下士卒家族救助令」を出すが，生業補助や，村での自助努力が推奨された❹。しかも救助申請手続きは煩瑣なうえ，詳細な家庭の状況が必要とされ，留守家族は，同居や法律婚ではないとして対象外とされる例も多かった❺。日露戦争のさなかの，1905年12月東京市の調査によれば，成人男子の働き手が兵士として召集された都市下層の「留守家族」は3割弱が貧困にあえぎ，一家離散や餓死寸前の危機に瀕するものも多くあった。（長）

❶「日清韓談判之図」(1894)

(東京経済大学図書館所蔵)

　日本の軍隊や個々の将兵は断髪に蓄髭，軍装に身を包み，軍艦などの近代兵器など男性ジェンダー化された記号によって描かれた。これに対し，清国兵や韓国兵，東学軍は伝統服をまとい，弱々しい集団として描かれた。

❷【史料】「第二期『尋常小学修身書』巻六，第六「忠君愛国」
　「国民はいづれも勤倹を事として多大なる戦費を負担し，進んで恤兵事業，軍人家族の救護，戦死者遺族の慰藉等に力を尽したり，特に出征者の妻が心を励まして一家の事に当り，夫をして後顧の憂なからしめ，高き身分の婦人が或は手づから包帯を製し，或は篤志看護婦となりて救療の事に当りしが如きは，女子として，戦時の務を尽くしたるものなり」。

❸【史料】木村鷲太郎『東西古今娘子軍──一名・女子兵役論』
　「兵役は必要なりと雖も，人民の生業は又た大いに必要にして軍隊の維持は人民各自の生業より生ずる所の租税に依るものなるを以つて，一方には成らん限り個人の生業を妨ぐるなきを旨とせざる可からず。男子予備役は此に之を言はず，其後備兵年齢三十歳より四十歳の者は大抵一家を有し生業を営み，一家最も中必要の人間たり。又た廷いて国家の経済上最も生産的人物たるなり。故に若し能ふべくんば有事の日には後備兵を召集せんよりも，現役女兵を徴集するを以つて公私経済上の利益なりとす」(日吉丸書房，1909)。

❹【史料】「下士兵卒家族救助令」(1905)
　第1条　戦役ニ際シ召集セラレタル予備役後備役補充兵役国民兵役下士兵卒ノ家族ハ，其召集中本令ノ定ムル所ニ依リ之ヲ救助ス／第2条　本令ニ於テ家族ト称スルハ，召集ノ当初ヨリ引続キ召集者ト同一ノ家ニ在ル祖父母父母妻子兄弟姉妹ヲ謂フ。但シ召集中出生シタル嫡出子ハ召集ノ当初ヨリ其ノ家ニ在ルモノト看做ス／第3条　救助ヲ受クヘキ者ハ下士兵卒召集ノ為生活スル能ハサル者ニ限ル

❺【史料】「出征軍人家族並遺族心得」(1905)
　「寡婦とは死者の正当の妻たる者にして彼の内縁の妻又は妾の如きは寡婦に非ざるなり。仮令父母の之を許し亦公然世間に披露したる妻女といへども，妻として戸籍上の届出なきものは法律上の妻たる能はざるものなるに因り。ここに云ふ寡婦たる資格なし。(中略)寡婦……婦女料を受ける第一順序者……第二……孤児「扶助料は数子あるときは家名継承者に給し非戸主軍人の孤児に在ては長子に給付す……家名継承者を除くの外男子を先にし女子を後にす」(「扶助料」文盛堂編輯所編『出征軍人家族並遺族心得』1905)。

参考文献　小森陽一ほか編『日露戦争スタディーズ』紀伊国屋書店，2004／石塚裕道・成田龍一『東京都の百年』山川出版社，1986／大谷正ほか編『日清戦争の社会史──「文明戦争」と民衆』フォーラム・A，1994

8-16　特論⑤　都市空間とジェンダー

教科書 都市化と国民生活の変化　☞9-2, 9-5, 9-6

　近代日本の都市空間は「文明」の空間として機能し，これまでの農村の共同性とは異なるあらたな共同性の場となった。

　家産や家業をもつ旧中間層は，住みこみの店員や女中を雇い，都市で分厚い階層をなしていた。彼らは，都市空間を生業の場としていた。移動する人びとも，同様に都市空間を生業の場とするが，階層の差異は大きく，前者が「近代家族」や良妻賢母の規範に沿うのに対し，後者はそこから逸脱しているとみなされた。

　1890（明治23）年以降に刊行された多くの都市下層社会のルポルタージュは，横山源之助『日本の下層社会』から，草間八十雄の調査にいたるまで，近代家族や良妻賢母の規範からは程遠い状況として，その様相を報告している。

　また1900年代以降は，新中間層が増え，この階層をモデルとした都市空間のジェンダー規範が形成される。この階層は，消費の場として都市空間を特徴づける役割をはたす❶。

　こうした規範への対抗も，都市空間を舞台におこなわれる。「新しい女」とモダンガール（モガ）❷はその典型である。「新しい女」は，多くは新中間層を出自とした高学歴女性で，個性の開花―自己実現をはかり，あらたな結合―結社を結成する。「新しい女」に見られるのは「欧米とは差異化して日本を美化するようなナショナリズム」であり，彼女たちはときには日本の帝国主義的拡張を賛美するような論評も書いた。

　他方，モガは「コスモポリタンなスタイル」をもつとされ，街角やカフェなど，特定の空間と結びついて把握された。タバコなどモダンな消費文化❸，活動的な行為と結びつく。モガの登場は，いうまでもなく世界的な傾向である（The Modern Girl around the World Research Group *el al.* eds., *The Modern Girl around the World*, 2008）。

　日本で「モダンガール」の語の創始者は，（通説の新居格ではなく）北沢秀一である。モガは性的自由への思考を有し，これまでのジェンダー規範から逸脱する傾向をもつと解釈され，清沢洌は「モダーン・ガールは婦人反逆の第一声である。それは現代に対する婦人の不平と不満とを現わす如実の姿である」と論じた（『モダンガール』1926年）。清沢は，良妻賢母が日本の女性の規範となっているとの考えから，モガをいささか過剰に評価した。

モガ・消費／新しい女・文明とされ，ともに良妻賢母・国家に対置される。しかし，山川菊栄（1890〜1980），平塚らいてう（1886〜1971），与謝野晶子（1878〜1942）らは，モガを批判する。モガに「性的享楽」を見てとり，近代家族を擁護する観点からの批判である。日本においては，モガと「新しい女」は両立しなかった。（成田）

❶ 考現学がとらえた都市の風俗

民俗学者・今和次郎は考現学を提唱し，都市の風俗に関心をよせた。そのときに今が注目したのは，女性の服装や髪型である。この目線は，男性が女性の風俗によせる関心と軌を同じくしている。

❷ モダンガール

モダンガールは都市の付属の最先端としてさまざまに描かれた。これまでの従順な女性像が一転して，自己主張をおこない，はっきりとした内面をもつ女性像として描き出される。洋装と断髪は，その外面的な表現であった。

❸ モダンな消費文化

1920年代には，従来の和風の化粧品と異なり，洋風の化粧品が多く出まわるようになる。男性の趣向の変化が先行するが，女性もすぐに同調していった。

上図は，昭和初期の絵はがき。下図は，「東京小唄」松竹特選ハーモニカ楽譜，1930年（生田誠提供）

右図は，レート化粧料の広告絵葉書。左は，パンフレットの広告（生田誠提供）

参考文献　生田誠『モダンガール大図鑑――大正・昭和のおしゃれ女子』河出書房新社，2012／バーバラ佐藤『日常生活の誕生――戦間期日本の文化変容』柏書房，2007／伊藤るりほか編『モダンガールと植民地近代――東アジアにおける帝国・資本・ジェンダー』岩波書店，2010

第 9 章

二つの世界大戦と日本

9-1　概説⑧　帝国日本とジェンダー

教科書　大日本帝国の展開　☞9-2, 9-3, 9-8

　日本は，近代国家を形成するとともに，日清戦争，日露戦争という二つの戦争をへて，帝国としての地歩を固めていった。植民地を獲得し，ヨーロッパやアメリカの諸帝国と対抗する方向をもつにいたるが，帝国化にともない，ジェンダー編成も，帝国日本に即したものへとなりゆく。

　帝国のジェンダー編成として考慮すべきは，宗主国の男性／女性，植民地の男性／女性という複雑な関係がつくりだされたことである。植民地と戦争によって「日本女性」ということが意識され，女性の主体化が，膨張的なナショナリズムと結合していく。

　一面では，帝国にふさわしい立憲主義の徹底が要求され，女性たちもこの動きに加わる。女性の政治活動禁止条項が修正され，社会主義運動に参画し，労働組合婦人部が結成されるなど，女性の主体の獲得や自己実現をめざす動きが見られる。だが，帝国の女性という特権性のもとでの動きがついてまわり，廃娼運動において，娼妓を「醜業婦」とするなどの心性が疑われていない。

　植民地との関係も，一筋縄ではいかない。植民地・朝鮮で『新女性』という女性の自覚を促す雑誌が発刊されるが，同誌は日本の『青鞜』に影響を受けている。中心人物の一人，羅蕙錫(ナヘソク)は平塚らいてうや与謝野晶子を「理想的婦人」とし，女性にだけ「貞操」が求められることを批

年　表

1911	『青鞜』創刊，工場法公布（施行は16年），菅野スガが処刑
1913	東北帝国大学に3名の女性が入学，石原修「女工と結核」講演および『衛生学上より見たる女工の現況』刊行
1914	『読売新聞』「婦人附録」新設，第一次世界大戦はじまる
1916	『婦人公論』創刊，友愛会婦人部設置
1917	『主婦之友』創刊
1918	米騒動，母性保護論争はじまる（与謝野晶子，平塚らいてう，山川菊栄ら），全国処女会中央部設立
1920	新婦人協会結成（平塚らいてう，奥むめお，市川房枝ら）
1921	羽仁もと子，自由学園設立，社会主義女性団体・赤瀾会結成
1922	治安警察法第5条が改正される，『女性改造』創刊
1923	第1回国際婦人デー，職業婦人社設立（奥むめお），関東大震災，女性団体の救護活動さかん，東京連合婦人会結成
1924	婦人参政権獲得期成同盟会発会，東京市『職業婦人に関する調査』
1925	細井和喜蔵『女工哀史』，奥むめお『婦人問題十六講』，『家の光』創刊，治安維持法・普通選挙法の公布
1927	大日本連合女子青年団の発団，無産党系列の女性団体の結成が続く
1928	婦選獲得共同委員会結成，婦人消費組合協会設立，『女人芸術』
1929	無産婦人同盟結成，ガス値下げ運動が活性化する，「婦人及年少者」の深夜業廃止，世界恐慌はじまる
1930	東洋モスリン亀戸工場争議，婦人セツルメント開設，昭和恐慌，第1回全日本婦選大会の開催，婦人公民権法案がはじめて衆議院で可決
1931	大日本連合婦人会発会，『婦人戦旗』，満洲事変，女性団体の慰問活動が活発化
1932	『働く婦人』創刊，大日本国防婦人会結成，東京地下鉄でスト（「生理休暇」を要求）

判した。だが，朝鮮の家父長制批判をおこないつつ，帝国日本の近代的家父長制には批判がおよばない。

また，黄信徳（ファンシンドク）は，3.1独立運動に共感し，山川菊栄に面会し，槿友会（クヌフェ）という植民地下の朝鮮での女性団体に参加するが，のちに親日団体の幹部を務めるなど，戦時協力をおこなった。女性の近代化，女子教育の普及を望むが，帝国日本と方向性を同じくしてしまうのである。

宗主国の女性たちの動きは，アジア太平洋戦争の時期となると，さらに著しい。「婦選」獲得をめざすために，積極的に時局にかかわり，戦時体制を利用する動きが出てくる。女性側の主体の発揮により，参加をつうじての動員となりゆくこととなった。このなかで，「日本女性」として植民地女性を導こうともしている。

1933	東京婦人市政浄化連盟結成，松竹レヴューガールの争議
1934	母子保護連盟，東北凶作救済運動
1937	日中戦争が全面化する，丸岡秀子『日本農村婦人問題』，豊田正子『綴方教室』
1938	母子保護法施行，高群逸枝『母系制の研究』，パーマネントに対し警告，拓務省「大陸の花嫁」募集，小川正子『小島の春』，国民精神総動員運動
1939	婦人時局研究会，国民精神総動員中央連盟に吉岡弥生，市川房枝ら参加
1940	国民体力法，婦選獲得同盟解散，野沢婦美子『煉瓦女工』
1941	人口政策確立要綱，閣議で決定，アジア太平洋戦争はじまる，家庭雑誌・女性雑誌の整理統合
1942	大日本婦人会発会（愛婦，国婦，連婦の三団体の統合），「妊産婦手帳」，衣料切符制，乳幼児体力検査
1943	防空頭巾，もんぺを常用する
1944	アメリカ軍，サイパン島，グアム島に上陸，学徒勤労令
1945	東京大空襲，沖縄戦，広島・長崎に原爆，敗戦，占領軍による5大改革指令，新日本婦人同盟，内務省によるRAAの設置，治安警察法廃止，選挙法改正で女性参政権の実現

このときの戦争は総力戦であり，宗主国／植民地，占領地，前線／銃後の区別がなくなり，消費が体制化することにともなうことと軌を同じくしている。男らしさ／女らしさが強調され，それを前提とした参加―動員の体制がつくられた。（成田）

社会運動と女性 2　20世紀になり，女性が主体となる社会運動がはじまる。1911［明治44］年の平塚らいてうらによる青鞜社の結成，『青鞜』の創刊はその幕開けであった。1920年代になると，女性運動が活性化し，さまざまな団体がつくられ，多様な要求がなされる。

労働運動のなかで，男性組合員に対する要求がなされ，論争のなかで「婦人部」が設置される。また，新婦人協会は，女性の政治運動への参加を要求するとともに，性病に罹患した男性の結婚制限の請願書を提出した。女性運動は，男性と同等の権利の追求とともに，男性との差異にもとづいた要求を，あわせておこなった。

こうして，女性の「参政権」を要求する婦選獲得運動をはじめ，「消費」に焦点をあてた消費組合運動，「産児調節」を普及させようとした産児調節運動などが展開された。

しかし，1930年代後半になると，おりからの戦時動員体制のもとで，女性運動家たちの体制参加が見られる。体制側は女性の「協力」を必要とし，女性運動の側は女性の力を示すことで権利の獲得や「地位の上昇」を期待したのである。歴史学研究においては，この女性の戦時体制への参加をめぐり，どのように評価したらよいか，議論がなされている。

参考文献　宋連玉『脱帝国のフェミニズムを求めて――朝鮮女性と植民地主義』有志舎，2009

9-2 青鞜と女性たち

[教科書] 社会運動の発展　☞9-3, 9-4, 9-5

◆『青鞜』発刊　大逆事件後の思想弾圧の時代に創刊された『青鞜』全52冊 (1911年9月〜1916年2月) は，女性による女性読者に向けた雑誌である❶。巻頭は与謝野晶子の「そぞろごと」，表紙デザインは長沼智恵による。26歳の平塚らいてうが「感想」欄に掲載した「元始女性は太陽であった」は女性による新しい表現として反響を呼んだ。また，青鞜の誌面では，詩・小説・俳句・戯曲・短歌・翻訳等，近代文学の枠を越えた文芸作品が掲載された。しかし社会に読まれることを意識した書き手たちは，「閨秀作家」による女性ものを踏襲するのではなく，自然主義文学の男性ジェンダー化された文体や語りを用いた。

◆社会問題としてのセクシュアリティ　初期『青鞜』は明確なフェミニズム雑誌ではなかった。しかし社会の耳目を集め，「五色の酒を飲む」「女だてらに吉原登楼」と批判を受けた。日本女子大学など，女子高等教育機関出身者が多くいたことも高等女子教育への偏見と重なり，上京学生が新聞記者を誘惑した，女に学問させると男性化する，性的に堕落する，といった類のバッシングを受ける。このため青鞜社同人であることを危険視し，地方の高等女学校では教職を解く理由とする例もあった。しかしこうした「新しい女」への批判的言説❷を逆手に『青鞜』は，貞操問題や堕胎，廃娼問題などを意識的に取り上げた。また『青鞜』同人自らが他誌の書き手となって，女性の生と性を社会問題として広げていく。女性問題を社会の問題としてとらえる視点を同時代の知的言論空間は求め，『青鞜』同人たちの議論は，明治末から大正期の思潮のなかで，多大なインパクトと影響力をもった。

◆平塚らいてうの思想　禅学に傾倒し，個としての生き方を求めた平塚らいてうは，女子大家政科在学中に恋愛スキャンダルとしてメディアにさらされ，自身のセクシュアリティの発見や個としての性や生から議論を出発させた。さらに『青鞜』時代のらいてうは，堕胎や避妊を「彼女の個人的自由の権利」とするほか，公娼廃止を人権問題ととらえ論陣を張った❸。しかし「新しい女」言説は，女性の貧困を問題視するような社会運動を「旧い女」とする側面ももった。のちの母性保護論争で，出産・育児を社会的国家的な仕事としてとらえ，国家にとっての母役割を強調したらいてうにとって，貧困にあえぎ，家制度という現実社会に縛られた多くの女性たちの生活や要求は，自覚の足りない旧い女に分類される論理ともなった。(長)

❶【史料】青鞜社の「概則」および改正「概則」

青鞜社概則
「第一条　本社は女流文学の発達を測り，各自天賦の特性を発揮せしめ，他日女流の天才を生まむ事を目的とす」(『青鞜』創刊号，1911年9月)。

青鞜社概則(改正)
「第一条　本社は女子の覚醒を促し，各自の天賦の特性を発揮せしめ，他日女流の天才を生まむことを目的とす」(『青鞜』第3巻第10号，1913年10月)。

❷【史料】新しき女への批判

「「新しき女」の造語近時天下の視聴を聳動す。蓋し，一は宗教にはぐくまれたる敬虔の熟語にして，一は文芸より生れたる嘲笑の造語なり。自然主義の絶叫されたる数年前，イプセン劇のノラに冠するに「新しき女」を以てし，自覚せる女性に対する善悪の呼称なるかの観ありしに，最近女性の進歩(?)は此の称呼の品位にすら堕落を来せり」(隣の人「自由奔放の女性」『女学世界』1912年9月)。

『青鞜』広告

❸【史料】平塚らいてうの性・身体論

「私は自分の心に堕胎といふことが浮かんでいたときも，あなたが御感じになつたといふやうな「良心のいたみ」は私にはありませんでした」(「個人としての生活と性としての生活との間の闘争について」『青鞜』5-8，1915年8月)。

「私が公娼廃止に賛成するのは主として人権問題からで(中略)矯風会諸姉が主とする所謂道徳問題や国家問題からではないのであります」(「矢島楫子氏と婦人矯風会の事業を論ず」『新小説』1917年6月)。

「避妊法を用ひたりしても，(中略)彼女の個人的自由の権利であつて，他人はそれに対してかれこれ言ふ権利はありますまい」(「避妊の可否を論ず」『日本評論』3-9，1917年9月)。

青鞜講演会

参考文献　米田佐代子ほか編『『青鞜』を学ぶ人のために』世界思想社，1999／飯田祐子編『『青鞜』という場──文学・ジェンダー・〈新しい女〉』森話社，2002／坂井博美『「愛の争闘」のジェンダー力学──岩野清と泡鳴の同棲・訴訟・思想』ぺりかん社，2012／米田佐代子『平塚らいてう──近代日本のデモクラシーとジェンダー』吉川弘文館，2002／堀場清子『青鞜の時代──平塚らいてうと新しい女たち』岩波新書，1988／新・フェミニズム批評の会編『『青鞜』を読む』学藝書林，1998／江上幸子ほか編『東アジアの国民国家形成とジェンダー──女性像をめぐって』青木書店，2007

9-3 婦人参政権運動と男子「普通」選挙法の成立

教科書 政党政治と大衆文化　☞8-6, 9-5, 10-2

◆**近代と女性参政権運動**　19世紀にはじまる女性の地位向上運動は，男性と同等の政治的権利獲得に向けた女性参政権の実現を課題とした。制限選挙❶が争点となるなか男子普通選挙が実施され，第一次世界大戦後の欧州戦勝国では女性の積極的な銃後役割に応じる論理によって，宗主国女性の参政権を実現させる例があいついだ。日本では，1919（大正8）年，平塚らいてうらによって設立された新婦人協会が，性別選挙の撤廃に向け，第45回帝国議会で，女性の政治結社・政治集会への加入・参加を禁じた治安警察法（1900）第5条の部分的な撤廃運動を推進した。中心的人物の一人，市川房枝は苦学を重ねて小学校の訓導から新聞記者をへて国際労働機関（ILO）に勤め，渡米したさいに全米婦人党のアリス・ボールとも親交を結んだ。女性の政治的権利獲得の必要性を欧米圏の女権運動の高まりのなかで自覚し，婦選運動に専念していった。

◆**男子普選と女性参政権**　1925年3月，第50回帝国議会は護憲三派（立憲政友会・憲政会・革新倶楽部），加藤高明内閣による懸案の男子普通選挙法案を成立させた。普選実現の翌年には，婦人参政権・婦人公民権・婦人の結社権・女子教育振興の4案が衆議院に上程され（1926年3月10日），当日は，国会議事堂の婦人傍聴席は満杯となり，新聞は「婦人デー」と注目した。以後も政党は政治課題としてしばしば婦選案を上程した。「婦選なくして普選なし」をスローガンとした婦選獲得同盟など市民的女性団体は，「政治の浄化」「世界平和」といったスローガンを「国民生活の安定」という生活問題に読み替え，公民権運動としても提言した。婦人運動のこうした動きは，国政参加権ではなく婦人公民権獲得運動の側をあらたな票田ととらえる民政党首相・浜口雄幸の政治課題や，「消費者」の声を女性運動に期待した井上準之助蔵相の思惑とも重なった❷。

◆**婦選運動の展開**　1930年，昭和初期の構造的不況のなか，婦選獲得同盟は第1回日本婦選大会を開いた。女性参政権運動の広がりは，関西の全関西婦人聯合会や山川菊栄ら無産婦人運動（無産婦人同盟）とも一致点を見出すほか，全国各地域での取り組みもはじまった。しかし帝国議会の会期にあわせて開かれる婦選大会は女性の権利獲得運動をロビー活動中心のものとした。同時代の台湾や朝鮮でのあらたな女性運動との関係が認識されることもなかった。また法案は「公民権」の獲得に限

定された。国会での論点は，女性参政権を文明国の証と見る一方，外交や国政にかかわらない「公民権」こそが「台所からの政治」にふさわしいとされた❸。国会への法案上程が度重なり，成立目前とみなされた1932年，政党政治のテロによる崩壊（5.15事件）は，戦前の婦運動の終焉をももたらした。（長）

---

❶制限選挙
　市制町村制下の地方政治では，市会議員も村会議員も選挙の資格は財産をもつ男性の一部に限られ，「公民」は25歳以上，戸主で男性，地租か直接国税2円以上を納付するなど制限があった。選挙権から納税要件を外す案は，1922年，第45回帝国議会で野党普通選挙法案が提出され，さらに海軍大臣等を歴任した加藤友三郎内閣が衆議院普通選挙調査委員会を設置するなど，実現に向けた準備がはじまっていた。

❷【史料】広がる婦選運動

婦選運動の地域や階層の広がりを伝える紙面　　婦選デーの広告

　「議会開会期が近づくにつれて婦人団体の婦選運動がまた活発になって来た。彼女達の動きを見よう。……井上秀子，吉岡弥生，山脇房子三女史を常任幹事とする婦選団体婦人同士会では政党政派を超越してあらゆる階級の婦人を会員としているが……今年は今までの議会運動，議員訪問等の表面的な婦選デモを行うよりも先ず家庭婦人や女子教育界に呼びかけて婦人自身の婦選思想の自覚を喚起する方法を取ることになった。それは最寄会といって幹事や評議員宅で折々に催しては最寄りの会員が集まって時局の講演や感想の発表会を行い一人でも多くの同志を養成しようというのだが，既に実行して非常に好成績をおさめている。現在は会員二千余人，家庭の奥さんたちが主たる会員で政党政派にかたよらぬことを標榜しているので会員中には安達夫人，犬養夫人，鳩山夫人とういった顔触れもあれば，伊藤胡蝶園主の夫人や学者の夫人もあり産婆，美容師等の職業婦人，サラリーマンの奥さんなども交って一団となっている」（『報知新聞』1932年11月4日付，神戸大学新聞雑誌文庫）。

❸【史料】末松偕一郎による提案説明

1933年5月，東京下町でゴミ焼却場の煙公害が問題化し，東京婦人市政浄化連盟有志が深川の処理工場等を見学した（市川房枝記念会）

　「殊に将来の政治は生活に直面して居らねばならぬ，政治に直面して居らねばならぬ，政治に直面することは女子に於て男子よりも其部分が多い……公民権の如き，即ち自治制に携はること，或は衛生，教育，交通其他各般の社会的な事項，即生活に直面した問題に付いては，男子よりも婦人の注意が周到になると云ふことは当然であつて，地方自治制が是等の生活に直面した問題に，十分に力を尽くすことが自治の根源でありまするからして，公民権に付ては仮令参政権に不賛成でも，賛成すべきもの…」（『58回帝国議会衆議院議事速記録』1930年5月9日）。

参考文献　G. フルーグフェルダー『政治と台所——秋田県女子参政権運動史』ドメス出版，1986／原ひろ子ほか編『ライブラリ相関社会学2　ジェンダー』新世社，1994／伊藤康子『草の根の婦人参政権運動史』吉川弘文館，2008

9-4　婦人矯風会とキリスト教

教科書　大正文化と市民生活　☞8-11, 9-5, 10-7

◆**日本婦人矯風会の設立**　1886（明治19）年，アメリカを本拠地として禁酒運動を進めていた世界女性キリスト者禁酒同盟（World's Woman's Christian Temperance Union）の特派員の来日をきっかけに，日本で最初の女性を中心とする社会運動団体・東京婦人矯風会が結成された❶。1893年に全国組織・日本婦人矯風会となり，以後，国内での活動のほか，海外視察や国際会議への参加によって情報を収集し，機関紙を通じて世界各国の女性事情を幅広く紹介した。婦人矯風会は56名の女性による創立以降，規模が徐々に拡大し，日本「内地」，植民地台湾，植民地朝鮮，満州に支部がつくられ，創立50周年の時点での会員数は9104名，186の支部があった。1945年の敗戦直後に会員数が激減し，のちに最大時の半分程度にまで回復した。

◆**「純潔・禁酒・平和」**　婦人矯風会はキリスト教にもとづき，女性の地位向上のため，旧来の封建的な「家」にかわる「家庭」の形成を国民に呼びかけ，一夫一婦制の確立に向けた活動に取り組んだ。「純潔・禁酒・平和」を目標として掲げ，廃娼運動や禁酒運動のなかで中心的な役割を担った。初代会頭の矢島楫子（1833～1925）❷は，酒に酔った夫による暴力に苦しんだ自らの経験をもとに禁酒運動に力を入れたが，「純潔」すなわち売買春問題の解決への取り組みを「禁酒」よりも重視する会員とのあいだで意見の対立があった。婦人矯風会は，売買春を公認する国家と売春を斡旋する業者，および売買春をおこなう男女を批判し，遊廓の新設や再建に反対する運動をおこなう一方で，1894年に慈愛館❸を，1907年には大阪婦人ホームを設立して，売春業をやめようとする貧しい女性たちに一時的な住まいと職業訓練の機会を提供した。1921年，女性を性暴力被害から守るには婦人参政権が必要だと考えた久布白落実（1882～1972）を中心に，婦人矯風会は日本婦人参政権協会を設立し，女性の政治的権利の獲得をめざした。「平和」問題に対しても婦人矯風会は強い関心を示しつづけたが，戦時中の活動の多くは結果的に戦争協力に傾斜したため，敗戦後の平和運動は自らの歴史への反省のうえに再開されることになった。1945年，GHQ本部設置直後から婦人矯風会は公娼制度の廃止と売買春を禁止する法律の制定を求めて活動を開始し，1956年の売春防止法公布後も現在まで売買春や性暴力の問題に取り組みつづけている。1986年，国籍・在留資格を問わない，女性とその子どものための緊急一時保護施設・女性の家HELPを設立した。（林）

❶【史料】浅井柵（さく）「矯風会之目的」(1888)

「娼婦も等しく之れ人なり，われらが姉妹同胞にあらずや，よしや暗に風俗を維持するの功要ある者とするも，同体の人を以て之が犠牲に供するは，なお己れの病を癒さんと欲して他人の心肝を裂くがごとし，不仁もまた甚だしと云べし（中略）今や万国と交際し，各自国の栄誉を輝さんとするに当って，同胞の賤業を営む者あるをも省みず，人間品位の何物たるを問ふを要せず，却って自ら花街柳巷（かがいりゅうこう）に出没して以て風流的の事となす紳士多からば（中略）未だ全く文明を以て名づく可からざるなり」（『東京婦人矯風雑誌』第1号）。

❷世界女性キリスト者禁酒同盟と日本婦人矯風会

世界女性キリスト者禁酒同盟（WWCTU）は，アメリカ合衆国を本部とし，1883年に設立された。ピーク時の1927年には，世界に約76万6000人の会員がいたとされる。東京婦人矯風会は，その日本支部と位置づけられていた。機関誌 *Union Signal* は，禁酒運動関連の情報を中心に，アメリカだけでなく世界各地の多様な社会改良運動の動きを積極的に報じた。日本への関心は高く，来日した特派員や日本から渡米した人びとの情報をもとに，日本についての特集記事も組まれた。右写真は *Union Signal*（1900年6月）の表紙に描かれた矢島楫子（MRS. KAJI YAJIMA）。その背景の白いリボンは，WWCTU のシンボルである。

❸慈愛館（1904年竣工）

（社会福祉法人慈愛会編『慈愛寮百年のあゆみ』ドメス出版，1994：1頁）

性の二重規範と姦通罪（かんつうざい）　1870（明治3）年に全国的に頒布された新律綱領（しんりつこうりょう）では，妻と妾が同様に二等親とされ，妻と妾は，夫以外の男性と性行為をおこなうと罰せられることになった。他方，男性は，妻だけでなく妾をもつことが可能で，妻や妾以外の女性と性行為をおこなっても，相手が未婚であれば罰せられることはなかった。

1880年の刑法では妾名称が廃止され，形式的には一夫一婦制がとられたが，姦通罪は妻だけに適用されたため（353条），既婚男性は，妾を囲っても買春しても罰せられることはなく，事実上，男性のみ，婚姻外の性関係が許されることになった。このように男性の性規範と女性の性規範がまったく異なる姦通罪を定めた条文は，1907年公布の刑法183条に引き継がれた。1927（昭和2）年，大審院で，妻だけでなく夫にも貞操義務があるとする判決が出たが，1933年，刑法が妻の姦通だけを犯罪として夫の姦通を不問に付していることなどを批判した滝川幸辰（ゆきとき）（京都帝大教授）の『刑法読本』は発禁処分となり，滝川は文部省により休職を強行された（滝川事件）。戦後の男女平等を定めた憲法のもと，1947年の刑法改正のさいに，刑法183条は削除された。

瀧川幸辰『刑法読本』表紙

参考文献　日本キリスト教婦人矯風会編『日本キリスト教婦人矯風会百年史』ドメス出版，1986／小檜山ルイ『アメリカ婦人宣教師――来日の背景とその影響』東京大学出版会，1992／高橋喜久江『売買春問題にとりくむ――性搾取と日本社会』明石書店，2004

9-5 女子中等教育の要請と職業婦人

教科書 大正文化と市民生活　☞8-14, 9-6, 9-7

◆**中等教育と性差**　「良妻賢母」育成を掲げる政府は，女子中等教育機関としての高等女学校令（1899［明治32］）で，男子中学校（5年制）とカリキュラムに差を設けた❶。一方，産業革命後は，社会の実学志向と地域の実状に応じ，実科女学校の設置（1910）が進むが，郡部では裁縫関係の私塾や特殊学校の設立が相次ぎ，人びとの要求を吸収した。職業獲得と結びついた正規の学校による女性の教育資格は産婆や教員などにとどまり，福田英子ら社会主義者は，女性が自立して生計を営むための職業教育の必要性を主張した。女性を主要な労働力とする紡績や製糸工場では，読み書きや裁縫などの学習を提供する夜間学校を附設した工場が人気を得た。こうした状況のなか，就業機会に加え内職にも結びつく資格取得やカリキュラムを整えることが女子中等教育の課題となっていった。

◆**職業熱と教育資格**　20世紀になると商業，蚕業，農林，鉱工業，水産など府県立の男子実業学校設置が進み，教育資格は職業に結びついた。都市部では電話交換手やバスガールなどの職域で独身女性の雇用が広がった。「婦人の職業」についての記事は，東京では2000人，全国で6000人にのぼる電話交換手に注目し，高等女学校卒業者の増加にも言及した（『中央新聞』1912年12月21日付）。第一次世界大戦後では逓信省貯金局をはじめ金融関係の会社商店では，事務職に「並の女学校出よりも専門的の課程を修めた婦人」（『満州日日新聞』1919年5月4日付），女子商業学校などが需要をのばした❷。

◆**職業婦人**　第一次世界大戦後の重工業を中心とする産業構造の変化は，女性の職域も広げた。中産階級女性の社会進出を表した新語，「職業婦人」は，少数の専門・技術職にとどまらず，事務職，接客・サービス業をはじめ，1920年代から戦間期をへて厚みをもつ層となった。しかし典型とされた職種の多くは若年独身女性を想定したため，保護者や被扶養者を前提とする雇用であり構造的な低賃金にとどめられた。1920年代から1930年代の大都市圏での公的社会調査によれば女性は多就労状況にあった❸。一方，メディアは，女性の労働が結婚の遅れや家庭の不和をもたらすと危惧する論調の一方で，学卒後の女性たちが家計補助や「花嫁修業」として「職業婦人」をめざすと論じた❹。（長）

❶男女で異なるカリキュラム

男子中学校（5年）の外国語，数学（週にそれぞれ7時間，4時間）に対し，高等女学校はそれらの半分以下で教育年限も4年と短い。東京（1874）に次いで設けられた奈良女子高等師範学校（1908）の開学式辞でも学校長は，女性が職業を得ることを「女子の本分にあらず」とした。

❷教育資格と職業

津田英学塾は英語科中等教員養成を教育目的に掲げ，1905年からは，英語科教員の無試験検定資格を得た。1928年度の就業率は76.5%，卒業生の大多数が中等教員となったが，昭和恐慌直後の就職難時代では20%と下がったことに危機感をもち，外国商館，銀行，旅行会社など実務部門への就職の途を模索するとともに，タイプライターや商業英語を随意科目とする対策をとった。

（『読売新聞』1920年2月20日）

❸【史料】職業婦人が増加することの意味

「第1回国勢調査の結果より見た東京市人口の職業別統計によると人口217万人中，職業を有するもの90万人，職業を有せざるもの126万人，即ち無職の遊民が有職者よりも約36万人多い。そして有業無業の総人口に対する割合は有業41%，……有業者中2割3分（約19万人）は女性である，そして或種の職業の如きは有業婦人の数が有業男子の数を超過しているさえある，例えば日雇その他の有業者の5割8分超過を筆頭に公務自由業（官公吏，教師，看護婦，芸人等）の3割2分，商業の2割1分などがそれである，更にこれを全国的に見るとわが国には約400万人の職業婦人（農家の手助家族をふくまず）がいる訳で女10人（子供をもふくむ）寄ればその中には必ず一人半の職業婦人がいる勘定である，そしてその内の3

明治40年頃，東華高等女学校の裁縫授業風景（青森県女性史編纂委員会『あゆみとくらし──青森県女性史』1999）

割を占むる工業従事婦人の4割7分，商業及び交通業女子の5割，また公務及び自由業女子の4割，鉱業女子の如きは8割までが何いずれも亭主持ちだとすれば（森戸辰男氏の推定による）そこには必然妊娠，出産の問題が横たわる」（『東京日日新聞』1922年6月27日付。数字は算用数字に直した）。

❹堺利彦「職業婦人」

社会主義者の堺利彦は，「職業婦人」の増加が，男性役割を低下させると批判する一方，女性の低賃金が資本家を利するとした。

「中以下の男の生活が苦しくなるに連れて，（中産階級の）職業婦人が次第に増加する。……然し之を雇ふ方の側から見ると，女は給料が安くて済むし，それに柔軟で使ひやすくもあるから，それで婦人の職業を奨励する事になる。……そして其の結果は，男の失業者を益々多くし，或いは男の給料を安くさせて，更に職業婦人の供給を多くする事になる。そして雇主が一人密かに喜ぶ事になる。

（『門司新報』1922年1月11日）

「女は内」などというふ道徳はこんな場合には全く無視されている」（『現代社会生活の不安と疑問』1925）。

参考文献　村上信彦『大正期の職業婦人』ドメス出版，1983／米田佐代子「主婦と職業婦人」『岩波講座日本通史18』岩波書店，1982／真橋美智子『「子育て」の教育論──日本の家庭における女性役割の変化を問う』ドメス出版，2002／土方苑子編『各種学校の歴史的研究──明治東京・私立学校の原風景』東京大学出版会，2008

9-6 主婦の成立と消費文化

教科書 大正文化と市民生活　☞8-16, 9-7, 10-6

◆**消費文化の拡大**　1920年代，阪急電鉄は，沿線に宝塚少女歌劇や映画館，百貨店といった都市郊外型の娯楽施設を配置した。少女歌劇を併設した遊園地はほかにも東京の私鉄沿線（向ヶ岡遊園1927，京王閣1927）など相次いだ。鉄道会社は新中間層をターゲットにした理想の宅地・住宅像を，交通が便利で，日当りと風通しがよく，明るく，清潔と宣伝した。消費の中心としては新しい主婦像が強調された。子どもの育児や教育に関心を向ける，子ども本位の近代的な家族を形成する「主婦」は，男性労働者を中心とした娯楽や盛り場とは異なる，あらたな消費文化の担い手となった。

◆**主婦と雑誌**　都市中間層の女性読者層を獲得した実用派雑誌『主婦之友』は，身の上相談や誌上の情報交換，子どもの教育や住宅情報など具体的な家庭生活の問題に踏みこみ，家事の合理化や住まい設計など新しい生活様式を提案した。「古メリヤスをおしめに」「古タクアンを油でいためて」など新しい知識で「廃物利用」の心がけを説いた。「家の善し悪し得失を知るのは，主として婦人」（1924年9月）とされた主婦は，内職で家計を支え，子どもに高い教育資格を与えるための教育資金をもやりくりする家庭の主宰者とされた❶。

◆**女性の洋装**　明治前期，洋装化は男性の断髪や官吏の洋装（1871）など，文明化の一環として公的世界で推進され男性イメージをまとった。第一次世界大戦後の世界は女性に機能美を求め，ハリウッド女優の断髪をモードとして描いた。日本でも関東大震災後，都市のオフィス空間で働くモダンガール（モガ）の断髪・洋装・化粧は身軽さや新しさを象徴し，『婦人之友』は洋装を生活改善として勧め，和服を非活動的とする批判を掲載した。女性の洋装は新しい世代文化の登場でもあった。1920年代半ばになると多くの女子中等教育では簡素な洋装制服が導入された。また晴れ着としての洋装を中心に，ジェンダー化された子ども服や子ども用品が百貨店の商品としてつくりだされた。洋裁も中産階級の主婦の新しい役割とされ，子ども向けの雑誌ではリボンやタックで装飾された洋服に身をつつんだ女児や男児が表紙を飾った。（長）

❶【史料】羽仁もと子「家庭と能率」(1928)

「時間といふめいめいの大切な持物が，ハッキリと家人各々の思想に上つて来ると，さうしてそれを適当に使ふ工夫をしていると，次に自然に私どもの意識の中に姿を現はして来るのは，私たちめいめいの生活の色合いです。……かくて私たちは，ほんとうに自分を見出すことが出来ると同時に，夫を見出し子供を見出すことが出来るのです。さうして自分の生に対して，苦心経営をしなければならないやうに，夫も子供もまたそのめいめいの生に対して，同じ責任を持っていることを思ひやる所に，妻としての責任も母としての責任も真剣に自覚されるのだと思ひます。夫婦としての情愛も親子としての情愛も，ここから出てくるのが本当のものです……」(『日本婦人問題資料集成7　生活』ドメス出版，1980)。

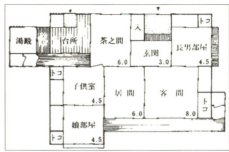

『婦人之友』誌読者「住みよき家の間取図其九」(1914)

「夏の男児洋服の作り方」
(主婦の友社，1920)

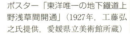

商業デザイナーの草分け杉浦非水

東京銀座の三越百貨店に専属した杉浦非水は商業デザイナーの草分けであり，地下鉄やラジオ，航空機など時代の先端の技術文明をノスタルジックなタッチで描いた。多くのポスターや三越のPR誌の表紙を手がけた。断髪洋装の女性やお出かけ服の子どもは，都市の消費生活を象徴した。

ポスター「東洋唯一の地下鐵道上野浅草間開通」(1927年，工藤弘之氏提供，愛媛県立美術館所蔵)

参考文献　近代女性文化史研究会編『大正期の女性雑誌』大空社，1996／中山千代『日本婦人洋装史』吉川弘文館，1987／久保加津代『女性雑誌に住まいづくりを学ぶ——大正デモクラシー期を中心に』ドメス出版，2002／川崎賢子『宝塚——消費社会のスペクタクル』講談社，1999／沢山美果子『近代家族と子育て』吉川弘文館，2013

9-7 震災と女性

教科書 大戦後の政治と社会　☞9-4, 9-5, 10-16

　近代日本は，いくつもの大地震を経験している。近代的な災害認識が生み出されたのは濃尾地震（1891）とされているが，その後にも，戦時下であったために報道管制が引かれた紀伊地域の地震があった。ここでは1923（大正12）年9月1日に起こった関東大震災をジェンダーの観点から論じてみよう。

　関東大震災は，相模湾を震源地とし，マグニチュード7.9，被害は，1府6県，340万4898人に及び，死者9万1344人を数える。死者のうち，火災によるものが7万5953人を占め，都市災害の様相を呈する大惨事であった（内務省社会局『大正震災志（上・下）』1926）。

　地震といったとき，対策・認識の流れとして，被害─復旧─復興となるが，報道にはジェンダーの観点は希薄である。被害報道は，地域とともに著名人の動向を伝えるが，男女の被害別の統計もなされない❶❷。関東大震災では，吉原遊廓も火災に襲われるが，大門を閉ざしたため女性たちが弁天池で多く死亡し，遊廓の非人間性を示した❸（のちに焼失した遊廓の再建反対運動が展開され，廃娼運動がなされることともなった）。

　震災がおさまると，宮城前広場，上野公園，新宿御苑，浜離宮などに，罹災者が押し寄せる。炊き出しがなされ，救療所を設けて負傷者の治療をおこなった。また，こうしたところにはバラックが建てられた。

　この救援活動の過程において，女性の姿が多く見かけられ，報道もなされた。援助という女性役割が，ここに投影されている。日本基督教婦人矯風会，愛国婦人会，桜楓会をはじめとする女性団体は，それぞれ救援物資やフトン，衣服，また乳幼児のためのミルクを配るなどしていたが，次第に女性団体が連合し，定期的に会合するようになった。

　そして，女性運動のリーダーたちが加わり，「職業婦人」たちの団体─派出婦人会，看護婦会などによって役割分担がなされ，社会部，授産部，労働部，政治部，教育部などをもつ団体として整えられる。これが東京連合婦人会で，同会は以後，さまざまな領域で活動する団体となる。

　皇后もまた，前面に登場する。罹災地や日本赤十字社病院，第一衛戍病院などをはじめとする病院への視察と慰問をおこなうのをはじめ❹，医薬品や米，乳幼児のためのミルクなどを提供した。また，被災各地へ使者を送り，宮内省巡回救療班を

設置し，負傷者とともに，小児科，産婦人科などの患者の診療にあたった。

だが，復旧―復興の段階になると，女性たちは急速に姿を消してしまう。また，多くの手記が刊行され，美談や哀話が氾濫したが，母が子にそそぐ愛情がここぞとばかりに強調された。（成田）

❶関東大震災による被害世帯

震災府県	震災当時の世帯数	被害世帯数							
		全焼	半焼	全潰	半潰	流出	以上計	破損	合計
総　　　数	2,287,500	381,090	517	83,819	91,233	1,390	558,049	136,572	694,621
東 京 府	829,900	311,962	366	16,684	20,122	―	349,134	47,985	397,119
（東京市）	483,000	300,924	239	4,222	6,336	―	311,721	42,732	354,453
（その他）	346,000	11,038	127	12,462	13,786	―	37,413	5,253	42,666
神奈川県	274,300	68,634	146	46,719	52,859	425	168,783	68,555	237,338
（横浜市）	98,900	62,608	―	9,800	10,732	―	83,140	11,743	94,883
（その他）	175,400	6,026	146	36,919	42,127	425	85,643	56,812	142,455
千 葉 県	262,600	―	478	―	12,894	6,204	84	19,660	7,696	27,356
埼 玉 県	244,900	―	―	4,562	4,348	―	8,910	6,451	15,361
静 岡 県	289,100	16	5	2,241	5,216	881	8,359	4,581	12,940
山 梨 県	117,000	―	―	562	2,217	―	2,779	1,263	4,042
茨 城 県	269,700	―	―	157	267	―	424	41	465

出典）内務省社会局編『大正震災志（上）』。

【解説】関東大震災の被害統計は，内務省，東京府，警視庁などによっていく種類も出されている。関東大震災のもたらした衝撃がここに見てとれる。しかし，その統計は，地域別の被害世帯を「全焼」「半焼」，「全潰」「半潰」，「流出」と分類し，死傷者の内訳もまた同様にその原因（焼死，圧死，水死）が記されるが，男女別の統計は示されない。

❷関東大震災による死傷行方不明者数

	死　者	行方不明	重　傷	軽　傷
全　　焼	75,878人	12,076人	9,943人	22,155人
半　　焼	75	14	27	68
全　　潰	8,583	387	3,860	6,733
半　　潰	2,462	179	1,115	2,805
流　　出	2,122	22	63	103
小　　計	87,230	12,678	15,008	31,864
破　　損	2,803	359	1,058	2,629
無 破 損	1,311	238	447	1,067
合　　計	91,344	13,275	16,514	35,560

出典）内務省社会局編『大正震災志（上）』。

❸【史料】哀話「吉原弁天池の惨」

見るく〜弁天池の周囲は、荷物と人間とでギッシリと詰まってしまった。果然火は吉原廓外四方に燃えひろがり、旋風は至る処に渦巻いて火柱は其処此処に立った。驚いて逃げんとするものは五六間と行かぬうちに、火煙に包まれて、バッタリ〜のけぞるまゝに打倒れた。火の玉のやうな火の子は雨の如くふり飛んで来る！　アツ！　荷物に火がついた！　着物に火がついた！　包みが燃える！　振払へども〜雨と飛び来る火の子は荷物に、包みに、着物に、触るゝものすべてを焼尽さんず勢にて忽ちにメラ〜と燃えうつる！

出典）大日本雄弁会講談社編『大正大震災大火災』1923。

【解説】吉原・弁天池は，本所・被服廠跡とならび，多くの人が命を落とした場所だった。「娼婦」たちの逃亡を恐れた遊廓経営者が，地域を封鎖したことが大きな要因となった。同時に，「娼婦」たちへの関心も，メディアのなかに色濃く見られた。

❹被災地を巡回する皇后

（Wikimedia Commons）

罹災者への援助に，多くの女性団体が動いた。負傷者の手当てをはじめ，慰問品を集め罹災者に配り，さまざまな相談にも応じた。女性団体は，救援―救助に自らの役割を見出していた。皇室も援助に乗り出し，皇后は各所を巡回した。背後から支える，という役割意識が共通してうかがえる。

参考文献　成田龍一『近代都市空間の文化経験』岩波書店，2003／北原糸子『関東大震災の社会史』朝日新聞出版，2011

9-8 韓国併合と移住する人びと

教科書 帝国日本と移動する人びと　☞8-12, 9-10, 9-16

◆**家族をつくる**　韓国併合以前，西日本の府県は，政府の奨励によって朝鮮半島に漁場の拠点をおく，移住漁村の設営を進めた。「岡山村」では慶尚南道弥勒島を根拠地とし，1907〜11年度まで，巨額の補助費が投入された。移住者は零細漁民が多かったが，男性戸主となり，移住先では長屋に住み，移住費の支給によって，漁船漁具を保有し妻帯者となった❶。これら移住漁村政策は人びとの生活上昇志向に対応した殖民政策であり，生業や住居の保証をつうじて，日本人の朝鮮移住や定住化に向けて「家族」をつくる政策であった。実質的な植民地支配がはじまる日露戦争下の乙巳条約（1905）をへて韓国併合（1910）段階の日本人在留者は17万余名となった。

◆**植民地の「日本人」家族**　植民地期の在朝日本人人口は都市に集中した（1939年，在朝日本人人口の居住区別の比率は，朝鮮全土では2.9%，都市部では15.5%）。総督府の行政官僚を頂点に，俸給者に占める男性日本人の割合は高かった❷。東洋拓殖株式会社（1908）を介した初期の農業移民事業は朝鮮半島の南西部に集中し，人びとは開港地や道庁・郡庁所在地など，インフラに近接した面（村）に集住した。1920年代，愛媛県西外海村内泊から分村移住した補助移住漁村「愛媛村」（全羅南道，莞島）の第一世代は漁業や大工仕事を出発点に，朝鮮人を雇用しての小売業や旅館業にも進出した。事業が拡大する朝鮮育ちの第二世代は，女児も釜山や麗水の高等女学校に進学し，教育資格を得た息子たちが会社や鉄道に就職すると一家で町に移住していった例が多かったという。1930年代，国策会社は内地から工員を移住させた。工員たちは，「海を渡れば，わしも準社員」と現場責任者となり，植民地での家族の暮らしは底上げされた。妻たちは社宅の主婦という「近代家族」を実現させた❸。

◆**転移する文明のまなざし**　旅行記や絵葉書は朝鮮像を女性ジェンダー化し，人びとの身体や風俗を「文明」から遠い朝鮮人像としてまなざした。他方，朝鮮を保護国とする宗主国意識は，「文明国」「日本人」イメージを必要とする一方，現実の日本人娼妓の存在を批判した❹。韓国併合後，「植民地朝鮮」を描く本土の日本人男性画家や出版メディアは，人びとの生活を，好奇の眼で描いた。結婚前は貞操観念が固く結婚後には性的にだらしなくなる，とする女性像も小説にしばしば登場するほか，両班（ヤンバン）男性の早婚，とくに年上の女性と結婚する風習などが伝統として強調

された。(長)

❶国策の移住漁村・岡山村の創設
1戸が4畳半、建坪5坪ながら5年後で7棟、45戸の暮らしに監督のための県吏員1名がついた。県は補助費で岡山村尋常小学校(開設当初は児童24人)を設立し、総督府と県が運営した。神社(1911)、郵便局(1912)、電話開通、漁協組合の設立、防波堤の築港(1913)など村のインフラ整備も上から進められた(『朝鮮海漁業視察報告書』1912)。

❷朝鮮総督府官吏の民族別・階級別比較(1943年)

出典）水野直樹編『「図録」植民地朝鮮に生きる』岩波書店、2012

❸【史料】植民地での暮らし
「私の家はこんど朝鮮の興南に行くことになりました。むこうに会社の大きな工場があるのです。水俣工場のカーバイト係で働いている父が、てんきんになったのです。……友だちのみっちゃんも茂ちゃんもいっしょに行くので平気です。朝鮮てどんな所かなぁ。父がよっぱらって「海を渡れば、わしもじゅん社員ぞ。おまえたちにもよかくらしをさせてやるばい」といいました。だから、私もきっと新しいズックを買ってもらえると思います。今日、家の前で記念写真をとりました」(山下冨美子、水俣町深川尋常小学校4年、1935年10月『聞書水俣民衆史5 植民地は天国だった』草風館、1990)。

「社宅はどこも冬の間スチームが入っているし、住みよかったですよ。暖かくて真冬に浴衣でよかった。洗濯と風呂が楽ですよ。——買い物はオモニが回って来るし、……。今日は何と何と持って来てちょうだいていえば、米だろうが、マッチだろうが、昼からもう配達しよりました——私共朝鮮に行って、生まれてはじめて、奥さんになったわけです。水俣ではオキクですよ。誰でも呼び捨てですよ。水俣で奥さんと呼ばれる人は、陣内社宅(社員住宅)の奥さん、地主の奥さん、大きな店の奥さんだけでしたなぁ。朝鮮では、日本人であればどんなおかしな人でも奥さんでした(小形キク、1906年生、1980年10月、同前)。

❹【史料】『韓国旅行報告書』(神戸高等商業学校、1906)
「(日本人の信用失墜の理由として)工夫及ビ土方等ノ渡韓——悪商人ノ移住——醜業婦ノ多キコト　軍隊、土方、工夫ノ赴ク所、蔭ノ形ニ副フガ如ク従フモノアリ、之レ日本醜業婦ナリ。韓人曰ク日本ハ韓国ヲ保護シ韓人ヲ教導スト標榜シテ一方ニハ韓国ヲ蹂躙シ他方ニ於テハ醜業ヲ教フ、其保護其教導ハ何ヲ意味スルヤト」。

❺描かれる「植民地朝鮮」

妓生(キーセン)による座興の余儀と説明がある(『旅』1938年11月号)

参考文献　日本コリア協会・愛媛編『植民地朝鮮と愛媛の人びと』愛媛新聞社、2011／高崎宗司『植民地朝鮮の日本人』岩波新書、2002／中根隆行『〈朝鮮〉表象の文化誌——近代日本と他者をめぐる知の植民地化』新曜社、2004／池田忍ほか編『美術とジェンダー2　交差する視線』ブリュッケ、2005／橋谷弘『帝国日本と植民地都市』吉川弘文館、2004

9-9　帝国と女性労働

教科書　第一次世界大戦と日本　☞8-9, 8-10, 9-8

◆**第一次世界大戦後の労働者**　第一次世界大戦が日本に未曾有の好景気（大戦ブーム）をもたらすなかで，各企業は工場の新設や増設とともに大規模な労働力増員をはかった。このときの労働者の男女比を見ると，1920年代までは女子が男子を上回っていた。重工業の発展にともない男子労働者が急増するのは，1931（昭和6）年以降である❶。

◆**女性労働運動とジェンダー**　第一次世界大戦後には，労働者保護政策の進展や労働者の権利を要求する労働運動の高揚が見られた。1918（大正7）年のヴェルサイユ講和条約に挿入された「国際労働規約」に照らしあわせると，1916年に施行された日本の工場法は国際基準を満たさないことが明らかとなり，女子と幼年者を対象にした深夜業撤廃や鉱山坑内労働禁止等の工場法改正が議論にのぼるようになる。当初こうした女子労働者の保護を求める運動を進めたのは，労働組合の男子指導者であった。しかし1920年代後半頃より，男子労働者によらず女子労働者自らが主張し問題を解決していこうとする女性労働運動が起こされるようになる。運動に立ち上がった女子労働者たちは，「女工」という蔑みのこもった言葉に変えて「労働婦人」を名乗り，劣悪な労働条件の改善や賃金格差の問題を訴え，1929年の工場法改正にさいしては解雇や賃金引下げに反対する声をあげていく❷❸。

だがその後大工場では，労働組合の要求に応じて，男子労働者に一家を養うための賃金（家族賃金）を支給する動きが進むようになり，女子労働者を一人前の労働者でなく男子労働者の扶養家族と位置づける見方も広がることとなった。

◆**朝鮮人「女工」**　大戦ブームを機に労働者募集を拡大した工場は，植民地朝鮮にも対象を広げたが，そこには朝鮮人女性たちも含まれていた。朝鮮人「女工」は，劣悪な条件でも不満を表さず低廉な賃金で雇うことができると見られ，阪神地方の紡績工場は大戦後に朝鮮で募集を進めた❹。だが，内地の工場で働く朝鮮人女子労働者は，男女間の賃金格差に加え日本人と朝鮮人とのあいだの序列構造のなかで最も低い地位におかれた❺。昭和恐慌下の解雇や賃金低下問題は男子労働者よりも女子労働者に顕著であったが，とりわけ苦境に立たされたのは朝鮮人女子労働者であったといえる。賃金値下げ撤回を求める多くの朝鮮人女性たちの姿は，1930年の岸和田紡績での労働争議などで見られた❻。（加藤）

9-9 帝国と女性労働

❶男女工場労働者数の推移

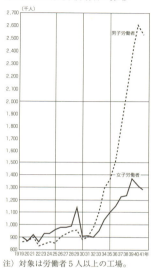

注）対象は労働者5人以上の工場。
出典）農商務省商工局編『工事統計表』各年次より作成。

❷日本縫工・後藤ミツエ「婦人の地位向上は労働組合運動で」（1927）

「私達は女工女工と世間から賤しめられて居ります。然し私達は女工女工と私達を賤しめて居るものに向つて、ほんとに私達の力を見せてやらねばなりません。（中略）
　私達は女工として賤しめられる許りではありません。婦人として、社会一般男子の方から差別をつけられて居ります。家庭に於ても、また工場に於ても、私達は、婦人なるが故に、男子よりも、総ての待遇は悪いのであります。（中略）何としても私達は早く私達の労働婦人として立派な位置を社会から認めさせねばなりません」（『労働』196号、1927年10月）。

❸日本労働総同盟代議員章（1927）

「産業の母なる婦人労働者よ／新しき社会に嬰児を捧ぐる尊き母よ／輝かしき光明にその面をあげよ／鉄鎖はすでに絶たれているではないか？　無限の響が、惻々として胸に迫るのを覚えるではありませんか。若き婦人の戦士よ！　更にその持場を固め、光明に向つて赤旗を守り進みませう」（赤松常子『労働婦人』第2冊、1927年12月）。

❹朝鮮人女工の募集

「欧州大戦の影響を受けて内地工業界の勃興するや、大正七年頃に至り大阪地方の紡績工場に於ては女工の不足を告げ、各会社共其募集難に陥りたる結果、岸和田紡績にては朝鮮女の採用に着眼し、大正七年三月事務員を朝鮮に出張せしめ、五十人の朝鮮女を募集して帰り、女工として就業せしめたのである。この朝鮮人女工は内地人女工に比して能率は遥かに低きも、食事、住宅等に美味佳良を望まず、生活程度至つて低く、内地人女工に比して賃銀も亦低廉で、比較的成績良好であつたので、同年七月更に第二回として百名の朝鮮女を募集し、之を本分社四工場に分布して就業せしむることとした」（朝鮮総督府『阪神・京浜地方の朝鮮人労働者』1924年）。

❺朝鮮人女工・李仁述の証言（1977）

「私が日本に来たのは昭和二年だったと思います。当時、私は十三歳でした。日本にやって来たのは、明石市の大日本紡績の女工として大正十年ごろに応募し、女工として働いていたオモニ〔母親〕に会いたい一心でした。（中略）オモニは私が八歳の時、大日本紡績から来た募集人に連れられ、日本に渡って行きましたが、そのとき従妹たち三人と一緒でした。工場の生活は募集人の話とは違い、ずいぶんひどかったそうです。給料は募集人たちが持ち逃げし、会社側は三年間の契約書をたてに、ほとんどただ働きに近い条件で働かせましたので、ある夜、オモニは従妹たちと一緒にそこを逃げ出し、愛知県の紡績工場につてを求めて働きに行っていました」（金・方：62頁）。

❻「岸和田紡績の朝鮮人女工たち」

（在日韓人歴史資料館提供）

参考文献　法政大学大原社会問題研究所編『日本労働総同盟婦人部機関誌　労働婦人（復刻版）』全6巻、法政大学出版局、1978-85／金賛汀・方鮮姫『風の慟哭——在日朝鮮人女工の生活と歴史』田畑書店、1977／金賛汀『朝鮮人女工のうた——1930年・岸和田紡績争議』岩波新書、1982／加藤千香子『近代日本の国民統合とジェンダー』日本経済評論社、2014

9-10 沖縄と海外移民──差別との闘い

教科書 帝国日本と移動する人びと　☞6-18, 9-15, 10-9

◆「移民県」沖縄　沖縄県から，はじめて農業移民がハワイに送られたのは1899（明治32）年の暮れのことだった。その6年後には，フィリピン，ニューカレドニアに向け女性の移民もはじまり，以降，米国，カナダ，メキシコ，ブラジル，ペルー，アルゼンチンへと，沖縄県民の渡航が続いた。沖縄は土地が狭いうえに暴風や干ばつなどの自然条件に左右されやすく，人口増も相まって農村救済を目的に移民政策がとられていたのだった。ただ，一部には徴兵忌避者も含まれた。

また国策移民として，大正末期から昭和初期にかけサイパン，パラオなど南洋群島へ，昭和10年代には沖縄県の「3万戸10万人分村計画」策定のもと，満州開拓を大義名分に大勢の男女が中国に送り出された。その結果，1940（昭和15）年時点の沖縄県の海外在留者数は人口比にして約10％（うち，女性は4割弱）と，第2位の熊本県の4.8％を大幅に上回り，「移民県」の異名をとるまでになった❶。

◆「写真結婚」　ブラジルやペルーのように，農業の契約移民は当初から夫婦で渡航したが，他の地域には独身男性が多数おり，結婚相手を郷里に求めた。自身の写真を親族に送って女性を探してもらうという，いわゆる写真結婚だった。夫不在の挙式と，戸籍上の手続きをすませた女性たちは，写真だけを頼りに移民地に旅立った。ところが，現地に着いたものの迎えに来た夫の顔が写真とあまりにも違っていたり，年齢差がありすぎる，迎えがないなど，もめごとも生じた。

移民した女性たちの日常は，けっして平坦なものではなかった。乏しい食生活に粗末な住まい，未明にはじまるサトウキビ耕地の農業は1日10時間に及んだ。洗濯屋，レストラン，農場などの経営に乗り出した女性たちも軌道に乗せるまでの苦労は並大抵ではなかった。出産後も休む間はない重労働と，なかには風土病に苦しめられる者もいた。

◆差別される沖縄女性　沖縄移民が最もつらい思いをしたのは，移民地の日本人からの差別だった。とくに女性に蔑みの目が向けられた。当時の沖縄社会では，女性のほとんどが手の甲にハジチ（入れ墨）をし，農村女性は着物の丈はひざ上，裸足という身なりだった。それが移民地でも変わらなかったため，現地の人に日本人女性がすべてそのような装いだと思われたら迷惑だということであった。とりわけターゲットにされたのが，ハジチだった。外務省はブラジルへの沖縄移民に「普通語

（日本語）を理解し女は手の甲に入れ墨なき者」と付帯条件をつけ，またハジチを理由に，沖縄県人会によって帰国させられた女性たちもいた❷。ブラジルでは，沖縄女性の和服の着付けが見苦しいことから和服での外出禁止や子どもを背負っての外出禁止，裸足禁止など，沖縄的生活習慣をすべて禁ずる申し合わせもなされた。差別される側にも責任があるということだった。移民地日本人からの偏見と，邦人社会への融和を急ぐ沖縄県人によって，女性たちは二重の差別の苦痛を味わわせられたのである。（宮城）

❶1940年当時の沖縄移民の分布図

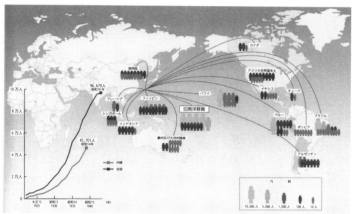

出典）沖縄県文化振興会公文書管理部史料編集室『沖縄県史ビジュアル版　南洋群島と沖縄県人』沖縄県教育委員会，2002。

❷ハジチ女性の沖縄への送還

1916（大正5）年，フィリピンに沖縄県人会が創設された。その目的は，ハジチ（手の甲の入れ墨）をした3人の女性の沖縄への送還だった。第一次世界大戦勃発を機にマニラ麻の価格が上昇したことで，ダバオへの日本人移民の渡航が急増した。それにあわせて沖縄からもフィリピン移民が増えたが，そのなかに3人のハジチをした女性が加わっていたことで，沖縄県人が他県人から嘲笑の目を向けられるようになったという。今後も沖縄から若者がやってくることを考えると，これ以上沖縄県人に恥をかかせるのは忍びないと県人会を設立し，協議のうえ女性たちを沖縄に送還した。記事を掲載した新聞は，「ハジチ女性の渡航の際は厳重に取り締まってもらいたい」と，沖縄県当局に注文を付している（『琉球新報』大正5年7月22日）。

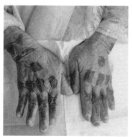

（山城博明撮影）

参考文献　沖縄県海外協会『南鵬　創刊号』沖縄県海外教会事務所，1925／沖縄県教育委員会編『沖縄県史7　移民』図書刊行会，1974／沖縄県婦人連合会編『沖縄移民女性史』同会，1979／屋比久孟清編著『ブラジル沖縄移民誌』在伯沖縄県人会，1987／『アルゼンチンのうちなーんちゅ80年史』在亜沖縄県人連合会，1994／那覇市総務部女性室・那覇女性史編集委員会編『なは・女のあしあと――那覇女性史（近代編）』ドメス出版，1998

9-11　産児調節から産児報国へ

教科書　戦時統制と国民生活　☞9-12, 9-13, 9-17

◆**新マルサス主義から産児調節へ**　マルサス（1766〜1834）の人口論にもとづき，人口過剰や貧困問題の解決のために避妊による出産制限を唱える新マルサス主義は，明治初期に日本に紹介されたが，当時の富国強兵政策のもとでは歓迎されなかった。しかし1920年代に入ると，貧困など社会問題の解決策としての産児調節に関心が高まり，どのような場合になら避妊が許されるかをめぐり，知識人のあいだで議論が展開された。さらに1922（大正11）年，サンガー❶の来日を機に，安部磯雄，石本静枝，馬島僴，山本宣治らによって，避妊知識を普及するための産児調節／産児制限運動が展開されるようになった。各地に相談所が開かれ，女性雑誌に避妊関係の記事が掲載され，店頭販売や通信販売によって避妊具や薬品が流通するなど，運動は1930年代前半まで盛り上がりを見せた。だが産児調節におもに関心を寄せたのは，運動がターゲットとして想定していた無産階級（貧困層）よりも，むしろサラリーマンなどの新興中産階級の人びとだった。

◆**避妊の「正しい」理由と優生思想**　産児調節の是非をめぐる議論のなかで避妊が認められていい場合としてあげられたのは，生活難，人口過剰，母体の健康とともに，悪質な遺伝を防いで国民の質の向上をはかるという優生学的理由だった。つまり避妊が「正しい」のは天下国家の公益につながる場合だけで，たんに子どもがほしくないといった私的な理由は，「享楽主義」「個人主義」として非難されたのである。さらにこの優生学的発想は，戦時期の国民優生法の制定へとつながっていく❷。

◆**「産めよ殖やせよ」の時代**　1931（昭和6）年の満州事変にはじまり日本が戦時体制下に入ると，総力戦に必要な人的資源を量と質の両面から管理するために，国民優生法（1940）と人口政策確立要綱（1941）が策定された。要綱は日本の将来人口1億を目標に，女性は21歳頃までに結婚し，夫婦あたり平均5児を産むことを求め，そのための結婚斡旋や結婚資金の貸し付け，優良多子家庭の表彰など，さまざまな施策を打ち出した❸。戦争で負傷した傷痍軍人との結婚も奨励された。現在も妊娠した女性に交付される母子健康手帳は，流産や死産を防いで出生力を上げるためにこの時期に導入された妊産婦手帳がその前身である。同時に，「不健全者」以外の避妊や中絶，不妊手術は禁じられた。しかし「産児報国」のかけ声にもかかわらず，

これらの人口増強策の効果は限られたものであった。(荻野)

❶初来日時のマーガレット・サンガー，次男のグラント，および石本静枝 (のちの加藤シヅエ，1897～2001)

サンガー (1879～1966，右写真中央) は，女が避妊知識を得て産む産まないを自分で選べるようになることが女性解放の出発点と考えてバース・コントロール運動を起こし，国際的な指導者となった。

その一方でサンガーは次第に優生学的指向を強め，自ら進んで避妊をおこなえない「精神薄弱」者などに対しては，断種措置をとることもやむをえないと主張した。

❷国民優生法

ナチス・ドイツの「遺伝病子孫予防法」(1933) を手本としてつくられた。「悪質なる遺伝性疾患の素質を有する者の増加を防遏すると共に健全なる素質を有する者の増加を図る」ことを目的とし，強制的断種 (不妊手術) の実施を定めたが，実際にはあまり実行されなかった。強制的不妊手術の実行数が増加するのは，戦後，優生保護法 (10-12参照) へと改定されたあとである。

またこうした優生学的理由による断種法は，日本・ドイツに限らず，1910年代から30年代にかけて，アメリカ諸州，スイス，スウェーデンをはじめ，多くの国で制定された。

(久保秀史『日本の家族計画史』社団法人日本家族計画協会，1997：21頁)

❸あの手この手で「産めよ殖やせよ」

1940年，三越デパートに国立優生結婚相談所が開設され，初代所長で軍人の安井洋は次のような「結婚十訓」を発表した。

1. 一生の伴侶として信頼できる人を選べ
2. 心身共に健康な人を選べ
3. お互に健康証明書を交換せよ
4. 悪い遺伝の無い人を選べ
5. 近親結婚は成るべく避けよ
6. 成るべく早く結婚せよ
7. 迷信や因習に捉れるな
8. 父母長上の意見を尊重せよ
9. 式は簡素に届は当日
10. 生めよ育てよ国の為

「明朗子宝部隊」と記された記事 (『写真 同盟特報』1941年8月13日付)

また優良多子家庭とは，父母を同じくする6歳以上の心身健全な子10人以上のいる家族をさし，初年度の1940年には全国で1万622家族が表彰された。その65％は農家である。翌41年からは，表彰家庭の子女に対する育英費補助も開始された。

参考文献 荻野美穂『生殖の政治学——フェミニズムとバース・コントロール』山川出版社，1984／荻野美穂『「家族計画」への道——近代日本の生殖をめぐる政治』岩波書店，2008／荻野美穂・松原洋子・斎藤光編，解説『性と生殖の人権問題資料集成 1875-1953 (編集復刻版)』全35巻・別冊1，不二出版，2000-03／優生手術に対する謝罪を求める会編『優生保護法が犯した罪——子どもをもつことを奪われた人々の証言』現代書館，2003

9-12　銃後の女性たち

教科書 アジア太平洋戦争　☞9-11, 9-13, 9-16

◆**総力戦と銃後の重要性**　普通，戦争は男がすると思われがちだが，近代戦争は総力戦であり，男性だけでは戦えない。前線の兵士を支える銃後，つまり後方支援体制が不可欠となる。1931（昭和6）年の満州事変から1945年まで続く戦争は，男性を根こそぎ前線に動員する一方，女性たちを銃後活動に総動員した。最終段階では軍隊への女性動員がはかられたが，敗戦で実施にいたらなかった❶。

◆**国防婦人会の活躍**　初期の段階での銃後活動は，兵士たちへの精神的支援が中心だった。それを先導したのは1932年，庶民階級の主婦たちを中心に結成された国防婦人会である。白いかっぽう着を制服として出征兵士の見送りや遺骨の出迎え，遺家族や傷痍軍人の世話など活発な活動を展開し，10年後には1000万人近くの大集団になった。それは日本社会の軍国主義化を大きくうながし，内外に大きな犠牲を出すことになったが，女性たちにとっては一種の解放だったという見方もある❷。1942年，愛国婦人会などとともに大日本婦人会に統合される。

◆**軍国の母**　戦争は女性たちに，男子を数多く産み育て，兵士として差し出すことを要求した。息子の戦死を「名誉」とする母たちが「靖国の母」「軍国の母」と称えられたが，とりわけ1941年12月8日，対米開戦にあたってハワイの真珠湾を自爆攻撃した「九軍神」の母は日本女性の鑑とされた。ラングーン攻撃で戦死した息子を誇りとする母の手紙は「姿なき入城」という詩になって国語教科書に入り，次代の「軍国の母」育成に利用された❸。

◆**経済戦の戦士たち**　戦争が拡大するにつれ，戦場に動員された男性にかわって軍需生産も女性の肩にかかってきた。しかし政府は，女は家庭という日本の「美風」に反するとして法的措置をとらず，「自発的」奉仕活動として未婚女性を大量に軍需工場で働かせた。彼女たちは「経済戦の戦士」とおだてられ❹，女子挺身隊❺として劣悪な環境で働いたので，無月経症や髪の毛を機械に巻きこまれるなどの事故が多発した。1944年8月，「家庭の根軸たるもの」を除く12～40歳の女性に1年間の労働を義務づける女子挺身勤労令が発令。1945年には現在の中学生にあたる女学生や国民学校高等科の少女たちも授業を中止して軍需工場で働いた。1930年に約100万人だった女子労働者は，敗戦時には600万人近くに増えていたが，戦後は戦場から戻った男性に「職場を明け渡せ」と家庭へ戻された女性が多かった。（加納）

❶軍隊への女性動員

兵員不足が極まった1945年6月，本土決戦のために結成された国民義勇隊には17歳から40歳の女性も編成された。それ以外にも，1943年，敵機来襲の情報を司令部に伝える女子通信隊が軍隊内に設置されたことが最近の研究で明らかになっている。1945年段階で，500人以上の女性が全国の司令部で働いていたようだ。

❷国防婦人会と女性解放

女性参政権獲得運動など女性解放に尽くした市川房枝は，たまたま郷里で国防婦人会の発会式を目撃し，「かつて自分の時間というものを持ったことのない農村の大衆婦人が，半日家から解放されて講演をきくことだけでも，これは婦人解放である」と書いている（『市川房枝自伝・戦前編』新宿書房，1974）。

国道沿いに並んで遺骨を出迎える国防婦人会員（毛利静子提供）

❸「姿なき入城」

1943年改訂の第5期国定教科書5年生用国語には，41年12月にラングーン（現ミャンマーの首都ヤンゴン）攻撃で戦死した息子に呼びかける母の詩「姿なき入城」が載った。「いとし子よ／ラングーンは落ちたり／いざ，汝も勇ましく入城せよ／姿なく声なき汝なれども」。そして最後は「いとし子よ／汝，ますらをなれば／大君の御楯と起ちて／たくましく，ををしく生きぬ／いざ今日よりは，母のふところに帰りて／安らかに眠れ，幼かりし時／わが乳房にすがりて／すやすやと眠りしごとく」と母性愛を強調している。

❹軍需工場で働く女性

政府刊行物『写真週報』の表紙にも，1943年頃から軍需工場で働く女性の姿が多くなった。

（『写真週報』1943年11月10日号，表紙）

❺女子挺身隊

1. 女子勤労挺身隊結成ならびに出動状況

区　分	1944年3月までの結成数累計	1944年3月までの出動数累計
新卒挺身隊	121,563	106,275
旧卒挺身隊	23,581	15,510
地区別挺身隊	146,966	79,702
計	292,110	201,487

2. 女子勤労挺身隊産業別受入状況（1944年3月）

産業別	出動別
軍作業庁	45,881
国作業庁	10,477
航空機および部品	46,237
造船	4,129
機械	47,636
軽金属	3,143
金属	8,537
化学	7,711
紡織	2,315
其の他	25,421
計	201,487

参考文献　加納実紀代『女たちの〈銃後〉（増補新版）』インパクト出版会，1995／鈴木裕子『フェミニズムと戦争――婦人運動家の戦争協力（新版）』マルジュ社，1997／早川紀代編『戦争・暴力と女性2　軍国の女たち』吉川弘文館，2005／早川紀代編『戦争・暴力と女性3　植民地と戦争責任』吉川弘文館，2005

9-13 本土女性と農業

教科書 アジア太平洋戦争　☞8-14, 9-12, 10-11

◆**農業労働力としての女性**　農家の「嫁」に対して，しばしば「角のない牛」「手間」という言葉が使われたことからもわかるとおり，近代日本において農村女性は第一に農業労働力として期待されており❶，農村では近代日本のジェンダー再編の基本理念である「良妻賢母」規範は実現が困難な状況にあった。1937年，丸岡秀子は，全国の農村実態調査の成果として『日本農村婦人問題』❷を著したが，そこでは，農業労働力として期待され慢性的過労状態になっている農村女性の状況や，恐慌や凶作時には現金収入を得るべく，性産業に従事するために前借金というかたちで実質的に人身売買されていく若年層農村女性たちの姿が明らかにされた。その一方，農村は大日本帝国の兵力源泉としても期待されており，農村女性たちの出産負担もまた大きく，妊娠出産前後に十分な休息が保障されていない女性たちの身体的過労状態は慢性化していた。この農村女性の妊娠出産の実態について調査が入ったのは，戦時体制＝1940年代に入ってからであり，農村女性の母体保護の必要性がようやく議論にのぼるようになったのである。

◆**農村家族の「近代化」の「失敗」**　農村における女性軽視の風潮に対して，すでに1930年代半ばには，家族の「近代化」＝女性の地位向上の取り組みも産業組合などをつうじておこなわれようとしていた。産業組合機関紙『家の光』誌上において，農家経営や生活改善に積極的な農村女性による座談会形式の記事が登場し，そこでは，経営についての情報公開と夫婦協力が強調され，農業経営改善のため女性が意見を表明するなど，農村家族の「近代化」の兆しは見受けられた。しかし現実には，本土の農村家族の「近代化」はほとんど進まず，一方，満州農業移民家族については，夫婦の情愛や紐帯を強調した豊かな家族像が喧伝されたのである。

◆**敗戦後の農村**　敗戦後，日本国憲法で男女平等が謳われ，農地改革により多くの小作農は自作化し，農業経営の改善がなされたが，農家の「嫁」の地位に大きな変化があったとはいいがたかった。生産労働と再生産労働の両方について，自己主張することなく，また対価を求めることなく働くことが期待されつづけたのである❸。加えて高度経済成長期には，現金収入の必要による男性の農業外労働への流出にともない，農業労働力として農家の「嫁」の役割はいっそう拡大する。このような現状をふまえ，1961年農業基本法の制定とともに「農村における婦人労働の合理

化」の必要性が農村女性の福祉向上を目的として謳われた。また1960年代以降，農村家族の近代化を進めるため，家族経営におけるルールをつくろうとする「家族協定」の取り組みも先駆的にはなされたが，現実には過重労働と「嫁」の不自由な生活実態は長らく変わることがなく，若年女性が結婚相手として農家長男を忌避する風潮を強め，農家の後継者の「嫁」不足が長期的に続くこととなった。(古久保)

❶稲刈りの合間に赤ん坊の面倒をみる若い母親

若い母親は農作業の合間に育児をおこなっていたため，十分な子どもへのケアができないことも多く，事故などにより戦前の農村における乳幼児死亡率は高かった(スミス，ウィスウェル，1987)。

❸農村の「嫁」たちの変革への動き

　戦後も農家の「嫁」の地位はなかなか改善されなかったが，1950年代中頃には，各地方において農家の「嫁」たちがグループをつくり，生活記録文集をつうじて自分たちの思いを表明するようになっていく。とはいえ，同時期，たとえば東北地方で「若妻文集」をつくるさいに，地域にまわってくる「投書箱」に匿名で原稿を入れるというかたちをとっている事例が見られ，当時の農家の「嫁」たちには，書いた文章への地域住民からの非難に対する不安や，生活の感想や希望を書くことについて姑たちへの気兼ねがあったことがうかがえる。これらの生活記録文集からは，当時の農家の「嫁」たちのおかれていた，自由になるお金もなく，自由にできる時間ももてず，子育てへの自分の意見も表明できない状況が見えてくるのである (北河賢三「戦後農村女性の生活と生活記録」『年報　日本現代史』第18号，2013)。

❷丸岡秀子『日本農村婦人問題』

日本の農村婦人のおかれている状況を社会問題として扱ったはじめての著作(高陽書房，1937：表紙)。

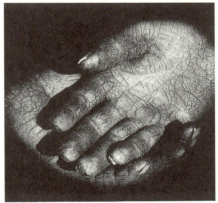

南良和(1961)「農家の若妻(21歳)の手」。関東・秩父地方で撮影された若い「農家の嫁」の手。厳しい農業労働に従事していたことが一目でわかる。

参考文献　一条ふみ『東北のおなごたち――境北巡礼者の幻想』ドメス出版，1979／丸岡秀子『日本農村婦人問題(復刻版)』ドメス出版，1980／R.J. スミス，E.L. ウィスウェル (河村・斉藤訳)『須恵村の女たち』御茶の水書房，1987／大金義昭『風のなかのアリア――戦後農村女性史』ドメス出版，2005

9-14 日本軍「慰安婦」とアジアの女たち

教科書 アジア太平洋戦争　☞8-12, 9-15, 10-7

◆**日本軍慰安所**　日本軍は，中国への侵略を本格化させた1930年代のはじめから，アジア太平洋戦争に敗れるまでの約15年間にわたって，軍人たちの性的欲求を解消するために慰安所を設置した。その地域は，日本軍が侵攻・占領したほぼ全域に及ぶ❶。慰安所には軍直営のほかに，軍専用に業者が経営したものや民間の売春宿を利用したものもあった。公娼制度類似のシステムが利用されたが，法制度はなかった。慰安所のない前線では，後方の慰安所から女性を送ったり，民間女性を軍の陣地や洞窟などに拉致して強姦したりするケースもあった。

◆**「慰安婦」は性奴隷**　「慰安婦」として働かされた女性たちは，日本人，朝鮮人，中国人，台湾人はじめ，東南アジア諸国，太平洋諸島の住民，さらにはオランダ人もいた。動員方法はさまざまで，植民地だった朝鮮や台湾では詐欺や甘言，脅迫，人身売買などの手法が使われた。日本からは娼妓出身者が多く連れてこられ，東南アジアなどでは現地女性を暴力的に動員することもあった。「慰安婦」は軍の統制と管理のもとにおかれ，兵士の性欲のはけ口を強要された"性奴隷"である。

◆**沈黙を破る**　1991年に韓国の金学順（キム・ハクスン）さんが名乗り出たのをきっかけに，アジアの各地でサバイバーたちが声をあげはじめた。その背景には，この問題を女性の側の"恥"ではなく，女性たちの被害としてとらえなおすフェミニズム運動の進展がある。軍の関与を示す資料も多数発見され，サバイバーの証言集も刊行されている❷。各地域のサバイバーたちは，日本政府に対して謝罪と賠償を求めて訴訟を起こしたが，国内法の不備のため敗訴した。国連，ILOや国際的な女性運動から国際法違反の女性人権問題として注目され，2000年には女性国際戦犯法廷が開かれた❸。

◆**日本政府の対応**　日本政府は河野談話を発表し（1993年8月），「慰安所」制度は軍の関与のもとで，女性の意に反しておこなわれたとの見解を示した。1995年に「女性のためのアジア平和国民基金」を立ち上げたが，国の責任を求める一部の支援団体や被害者から強い反発を招いた。日本の政界やメディアのなかには，いまだに「慰安婦」の性奴隷的実態を否認する傾向があり，国際的な批判を受けつづけている。こうした状況を打開するためには，被害者たちの声を真摯にうけとめ，政府と民間が「慰安婦」問題の真相究明努力を続けること，歴史的教訓を次世代に伝えるための教育を積極的におこなうことが求められる。（山下）

❶慰安所があった場所

これまでに発見された関連資料や証言をもとに「慰安所」があった場所を記した地図（歴史教育者協議会・全国歴史教師の会編『向かいあう日本と韓国・朝鮮の歴史　近現代編』大月書店，2015）。

❷証言集の写真

韓国では，名乗り出た被害者の聞き取り調査を地道に続け，現在，計11冊の証言集に約120名の証言が収録されている。10年以上に及んだ聞き取り作業のなかで，調査の方法や記述の仕方，証言の解釈などをめぐって多くの議論と研究がおこなわれた。被害者にとって性的被害の経験を語ることは容易なことではない。写真は1993年から2004年まで韓国で出版された証言集の一部（下写真，筆者撮影）。このうちの２冊が日本語に翻訳された。

❸女性国際戦犯法廷

2000年12月，日本軍「慰安所」制度の法的責任を明らかにし，責任者の処罰を求めるために，女性国際戦犯法廷が開かれた。主催は国際実行委員会（共同代表：松井やより，尹貞玉（ユン・ジョンオク），インダイ・サホール）。会議には，８か国の被害女性64人と，世界30か国からの約400人を含め，連日1200人が参加した。旧ユーゴ戦犯法廷の判事や国際法教授，ルワンダ戦犯法廷でのジェンダー犯罪の法律顧問など，国際法の専門家たちが３日間審理をおこない，被告全員に有罪判決を下した。（写真は，「戦争と女性への暴力」リサーチ・アクションセンター提供）

参考文献　韓国挺身隊問題対策協議会・挺身隊研究会編（従軍慰安婦問題ウリヨソンネットワーク訳）『証言――強制連行された朝鮮人軍慰安婦たち』明石書店，1993／石田米子・内田知行『黄土の村の性暴力――大娘たちの戦争は終わらない』創土社，2004／城田すず子『マリヤの賛歌（改訂２版）』かにた出版部，1985／吉見義明『日本軍「慰安婦」制度とは何か』岩波ブックレット，2010

9-15 沖縄戦とジェンダー──戦場の女性たち

教科書 大日本帝国の崩壊　☞6-18, 9-10, 10-9

◆**日本軍の駐屯・慰安所設置**　アジア太平洋戦争末期の1944（昭和19）年3月，沖縄に日本本土防衛のための第32軍が創設された。当初は大規模な飛行場建設を目的としたが，7月のサイパンにおける日本軍全滅で沖縄への米軍上陸が想定され，日本本土や中国にいる日本軍地上戦闘部隊が次々と沖縄に送りこまれた。やがて，日本軍兵士による沖縄女性への強姦事件が多発する。その対策の一つとして，日本軍は朝鮮半島から連れてきた女性たちと，地元の遊廓の女性たちを「慰安婦」にし，県内各地に慰安所を設置して兵士の性の処理にあたらせた❶。

◆**戦場に送られた女性たち**　1945年の年明けとともに，沖縄駐留の日本軍の一部が台湾に移動したことで，その穴埋めとして，沖縄住民の「根こそぎ動員」が実施された。17歳から45歳までの一般男性はもちろんのこと，師範・中学校の男子学生（14〜19歳）1400人余りが軍人として，また500人余りの女子学生（15〜19歳）が補助看護婦として動員されていった。3月末，米軍は那覇に近い慶良間諸島に上陸を開始，4月1日には沖縄本島に上陸し，住民を巻きこんだ激しい地上戦を繰り広げた。圧倒的物量の米軍に対して，日本軍は女子青年にも兵士の役割を課し，敵の陣地視察や弾薬運び，日本軍の道案内，あるいは爆雷を背負わせて米軍戦車に体当たりさせた部隊もあった。日本軍の野戦病院に動員された女子学生は，負傷兵の食事の世話や汚物処理，麻酔のない手術でのたうち回る兵士の押さえこみ，砲弾の飛び交うなかの死体処理などにあたった。6月中旬，敗退する日本軍の突然の解散命令で戦場に放り出された学生の約半数が死亡した。

◆**「集団自決」の発生**　日本軍は南北アメリカへの移民の多い沖縄県民を信用せず，スパイ行為を恐れて住民虐殺を繰り返した。また，敵に捕まると女性は強姦されてから殺される，あるいは米兵の「慰安婦」にされるなどと女性たちを脅し，その前に自ら死ぬよう命じた。「集団自決」は日本軍と住民が混在する地域で起こった。「鬼畜米英」と教わった米兵が眼前に現れ，投降を許さない日本軍との板挟みにあった住民は，死を急いだ。親族の力のある者が幼い子ども，女性に手をかけていった。日本軍から手渡された手榴弾，農機具，ロープ，カミソリなどの生活用品が武器となった。男手のある家族ほど犠牲者数が多かった。敵に犯されるより"自害"するほうが美挙とされた日本人女性の性道徳の結末だった❷。（宮城）

❶沖縄の慰安所

これまでの調査で，沖縄には慰安所が延べ140か所余りあったことがわかっている。日本兵による強姦の多発や，沖縄唯一の公娼地帯である「辻遊廓」に将兵が押し寄せたことから，日本軍は沖縄県知事に対し慰安所の設置を求めた。しかし知事が拒否したため，軍は独自に慰安所を建築する一方で民家や集会所，病院，旅館などを強制接収し，「慰安婦」を配置した。とりわけ朝鮮の女性たちのほとんどがだまされて連行されたうえ，源氏名で呼ばれたことからその実数はわかっていない。「石兵団会報」，「山部隊内務規定」など沖縄守備軍の陣中日誌には，兵士による地元女性への強姦対策や慰安所の設置・利用方法等についての記述が多数見られる。

慰安所にされた民家（筆者撮影）

❷沖縄における「集団自決」

米軍上陸の最も早い座間味村，渡嘉敷村，そして沖縄本島の上陸地である読谷村というように，米軍に追われた日本軍が敗走していく過程で起こっている。住民証言は金城重明『「集団自決」を心に刻んで』（高文研，1995），宮城晴美『母の遺したもの——沖縄・座間味島「集団自決」の新しい事実』（高文研，2008），林博史『沖縄戦 強制された「集団自決」』（吉川弘文館，2009），下嶋哲朗『非業の生者たち——集団自決サイパンから満州へ』（岩波書店，2012）に詳しい。

朝鮮から連行された女性たち（沖縄公文書館所蔵）

> **戦時下の沖縄女性の貞操観** 1944年3月の第32軍創設まで，沖縄に軍隊の組織はなく，徴兵業務をおこなう沖縄連隊区司令部がおかれただけだった。沖縄人の徴兵検査の成績は悪く，連隊区司令官のいらだちが極秘文書として残されている。「沖縄県の歴史・人情・風俗」（1922），「沖縄防備対策」（1934）には，沖縄県民の怠惰ぶりや女性の「早婚・早熟」，貞操観念のなさが書き連ねられた。沖縄の農村地帯には古くから「モウ遊び」と呼ばれる，若い男女の交流の場があった。野良仕事を終えた若者たちがサンシン（三味線）を片手に広場に集まり，歌って踊って夜更けまで楽しむというものだ。そのなかからカップルが誕生し，結婚へとつながった。司令官から「ふしだら」と批判されたのは女性たちだった。15年戦争下の戦意高揚のなか，沖縄の指導者層は沖縄女性の「純潔」を強調し，汚名返上に努めた。「敵に捕まって犯されるより「集団自決」を」は，その延長線上にあった。

参考文献　ひめゆり平和祈念資料館編『ひめゆり平和祈念資料館　資料集4　沖縄戦の全学徒隊』同館，2011／沖縄県教育庁文化財課史料編集班『沖縄県史　資料編23　沖縄戦日本軍史料　沖縄戦6』沖縄県教育委員会，2012／『軍隊は女性を守らない』女たちの戦争と平和資料館，2012／林博史『沖縄戦が問うもの』大月書店，2010

9-16 満州移民と引き揚げ経験

教科書 大日本帝国の崩壊　☞9-8, 9-9, 9-13

◆**国策としての満州農業移民**　満州国❶建国を契機として、農家の次三男対策としての耕地拡大の企図と、中国東北部の軍事戦略上の重要性から、1932（昭和7）年満州への農業開拓移民団の送出がはじまった。1937年から「二十ヵ年百万戸送出計画」が実施されるようになり、満州への農業移民政策は本格化していき、1932年から1945年8月までに27万6人の農業移民が満州に送り出されたのである❷。この農業移民政策において、多くの女性もまた農業移民の妻として渡満した。

◆**「大陸の花嫁」をめぐる表象と現実**　1930年代末期をピークとして「満州ブーム」が起こり、女性向けの大衆雑誌『主婦之友』などにも、さかんに「大陸の花嫁」という表現で満州への農業移民の妻の暮らしぶりが記事になり、またグラビアを飾った❸。そこでは、「大陸の花嫁」たちが自らの意思で満州に渡ったことや、満州での夫婦仲のよい豊かな暮らしぶりが喧伝された。しかしながら、現実には、農村共同体などからの圧力により、渡満や結婚を強要された女性も存在し、必ずしも「自由意志」で「大陸の花嫁」となったとはいえない実態があった。また、戦争の長期化のなかで関東軍兵力の南方への移動という軍事的戦略にともない、農業移民には国境警備としての役割が期待されるようになり、農業移民送出先は年々奥地になり、生活環境の厳しい場所での開拓移民が主流となっていったのである。

◆**敗戦後の経験**　1945年8月9日、ソ連軍の満州地域への侵攻がはじまり、「大陸の花嫁」たちの逃避行がはじまった。当時、すでに健康な青壮年男性たちは根こそぎ動員され、よりソ連との国境に近いところに配備されており、女性と乳幼児がほとんどである状況での逃避行は苦難を極めた。ソ連軍に攻撃され、現地中国人に襲撃され、所有物を奪われ、着の身着のままで、地理不案内ななか徒歩で逃避行を続けるうえに、ソ連軍兵士らによるレイプの危険性もきわめて高く、襲撃や不衛生、栄養失調などのため、多くの子どもや女性たちが死亡した。この混乱のなかで、現地の中国人に預けられた子どもたちや、中国人の妻として生活をすることによって生き延びた女性たちも多かった。極限的逃避行の末の中国残留ではあったが、長らく日本においては、当時13歳以上で中国に残留した女性たちに対し、「自らの意思によって残留した」として十分な帰国支援をおこなってこなかった。1990年代に入り中国残留婦人が行き先を定めず帰国し、中国残留婦人問題はようやく社会問題・

解決すべき政治課題として認知されるようになったのである。(古久保)

❶日本・満州位置図

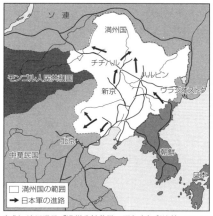

出典）渡辺雅子『満州分村移民の昭和史』彩流社，2011：15頁。

❷満州農業移民数の推移

年度	移民数	各期の合計
昭和7年	1,557	
8年	1,715	
9年	945	
10年	3,539	
11年	7,707	小計 15,463
12年	7,788	
13年	30,196	
14年	40,423	
15年	50,889	
16年	35,774	小計 165,070
17年	27,149	
18年	25,129	
19年	23,650	
20年	13,545	小計 89,473
	総計	270,006

出典）外務省移民局『海外移住統計』1964（蘭信三，1994：47頁）。

❸満洲農業移民

豊かで幸せな暮らしぶりが表象されている（右は，寺内万治郎「大陸の若き母」『主婦之友』グラビア，1940年4月号，左は，同「大陸のみのり」『主婦之友』グラビア，1940年10月号）。

> **被害者の語りの困難** 満州農業移民らの逃避行における性暴力の問題は，各満洲開拓団史のなかでも語られつづけてきた問題であったが，直接的な被害者の声が登場することはほとんどなかった。ここには，性暴力被害を語る／聴くことを困難にしてきた当時の，そして現在の私たちの社会のあり方が現れているように思われる。

参考文献　小川津根子『祖国よ──「中国残留婦人」の半世紀』岩波新書，1995／相庭和彦ほか『満州「大陸の花嫁」はどうつくられたか──戦時期教育史の空白にせまる』明石書店，1996／蘭信三『「満州移民」の歴史社会学』行路社，1994／杉山春『満州女塾』新潮社，1996

9-17　特論⑥　性と生殖
☞8-11, 9-11, 10-7

　性や生殖の問題は人生の最もプライベートな部分とかかわるだけに，私事（わたくしごと）と考えられやすい。だが，近代国民国家にとっても，国民の性と生殖をいかに管理するかは重要な課題でありつづけてきた。

　◆**一夫一婦論と公娼制度**　明治初期，福沢諭吉や森有礼（ありのり）らは妾制度を批判し，日本が「文明国」として認められるためには西洋キリスト教社会のような一夫一婦制の確立が必要だと主張した。だが，妾は男の欲望の対象であると同時に，男子を産むことで家の存続を保証する「生殖装置」としての役割を担うこともあり，たとえ法的に廃止されても簡単にはなくならなかった。1898（明治31）年，『万朝報（よろずちょうほう）』連載の「蓄妾の実例」では，政府高官や富裕層の男たちの「妾囲い」510事例が暴かれている。明治天皇も大正天皇も皇后ではなく側室の子であった事実が示すように，一夫多妻制は近代天皇制国家にとっても重要な要素だったのである。

　一方，江戸時代からの公娼制度は，1872（明治5）年に西洋諸国への対外的配慮として「芸娼妓解放令」が出されたものの売買春自体が禁止されることはなく，「貸座敷」の名のもとに復興した遊廓であらためて国家公認の近代的公娼制度として発展した。軍隊駐屯地や人の多く集まるところにも，新たに公娼地域が設けられた。そこで繰り返された，一般女性の貞節や純潔を守るためには男の性欲の「防波堤」としての売買春制度が必要だとする論理は，その後太平洋戦争中の日本軍「慰安婦」や，敗戦後の占領軍兵士向け慰安施設RAA，さらには赤線の設置へと引き継がれていく。

　◆**性意識の変化と女たちの論争**　文明開化とともに，性についての新しい知識が西洋から日本社会に流れこんだ。「造化機（＝生殖器）」とそのはたらきについて詳細に述べた西洋の性科学書・医学書が大量に翻訳・翻案され，それまでの養生書や春本とは異なる性の言説として「造化機論」ブームを巻き起こした。

　造化機本では女性の処女膜の存在が強調されたが，一般にも次第に，各地方でおこなわれていた夜ばいや若者組，足入れ婚などの性風俗が悪習として批判されるようになり，女は結婚まで処女性を守らねばならないとする規範が強まった。1918（大正7）年には文部・内務省により全国の未婚女性組織をまとめた「処女会」中央部がつくられ，若い娘たちは自ら誇らしげに「処女」を名乗るようになった。

一方,『青鞜』に集まった「新しい女」たちのあいだでは,「貞操論争」「堕胎論争」「廃娼論争」など,家制度のもとでの厳しい性道徳と女性の自我の対立をめぐって活発な議論がなされた。さらにその後,恋愛や結婚,出産を経験した彼女たちは,女性の生殖役割と経済的自立をいかに両立させうるかという今日にもつうじる問題について,「母性保護論争」と呼ばれる論争も展開している。そこでは2人の子をもつ平塚らいてう(1886〜1971)が母性の社会的重要性を根拠に国家による保護を求めたのに対し,生涯に12人の子を産んだ与謝野晶子(1878〜1942)はそれを依存主義と批判し,女性の経済的独立こそ重要と主張した。

◆**国家による生殖の管理** 江戸時代の人口は3000万人前後で停滞していたとされるが,明治以降は急速に人口増加が進んだ。刑法堕胎罪の制定(1880[明治13]年)により,江戸時代の出生抑制手段だった堕胎(中絶)・間引きは犯罪とされたが,未婚での妊娠や子だくさんなどからおこなわれる水面下での堕胎はなくならなかった。1920年代から30年代前半の不況期には,避妊知識を広めることで生活難の緩和を主張する産児調節運動がさかんになるが,戦時体制下に入るに従い,兵力増強のために「産めよ殖やせよ」が国策となり,避妊・堕胎は「非国民」のふるまいとされ,10人以上の子をもつ「優良多子家庭」が表彰された。

だが敗戦後は一転して人口過剰が問題になると,1948(昭和23)年制定の優生保護法(現・母体保護法の前身)によって人工妊娠中絶が合法化され,急速な出生率低下をもたらした。さらに1950〜60年代には国策として避妊による家族計画が奨励され,大企業の社員家庭の主婦を対象に避妊法や合理的生活設計を教える新生活運動が展開された。そこから規範として全国に波及したのが,夫婦あたり子どもは2人,夫は「企業戦士」で妻は専業主婦という戦後家族の理想像である。

しかし高度経済成長をへてさらに出生率低下が進行し,人口置換水準である2.1を大きく下回るようになると,今度は「少子高齢化社会の危機」がさかんにいわれるようになった。だが,国は出生率を向上させようと少子化社会対策基本法(2003)制定をはじめ,さまざまな少子化対策を打ち出しているものの,国民の側には子どもを産むか産まないかは「お国のため」ではなく個人が決めるべきことという意識が一般化しており,晩婚化や女性の就労と出産育児の両立の難しさもあって,さしたる効果はあがっていないのが現状である。(荻野)

参考文献 黒岩涙香『弊風一斑——蓄妾の実例』社会思想社,1992/赤川学『セクシュアリティの歴史社会学』勁草書房,1999/折井美耶子編『資料 性と愛をめぐる論争』ドメス出版,1991/香内信子編『資料 母性保護論争』ドメス出版,1984/荻野美穂『「家族計画」への道——近代日本の生殖をめぐる政治』岩波書店,2008

第10章

現代日本と世界

10-1　概説⑨　現代日本とジェンダー

教科書　現代日本と新しい文化　☞1-4, 10-6, 10-12

◆**前進と反動と**　ここに示した年表は，第二次世界大戦の終戦から21世紀初頭までの日本社会を男女平等の進展や女性の自由度という観点から振り返ったものだ。簡単ではあるが，それでも改善の進んだ部分と，それへの反発や揺り戻しの両側面が見えてくる。戦後，新憲法制定や民法改正によって，参政権や教育の機会均等，家制度の廃止など男女平等の法的基礎が築かれ，中絶合法化と家族計画の普及により，女性にとって大きな負担だった生殖のコントロールもかなり可能になった。だが高度成長期には経済的安定とともにふたたび男女の性質や役割の違いを強調する性別分業論が主流化し，高学歴化が進んだにもかかわらず結婚後の女性の居場所は家庭と考えられた。

◆**ジェンダーという考え方**　1970年以降に出てきたウーマン・リブや女性学，フェミニズムは，こうした保守化の流れに抗して，女にも男にも性別規範に縛られない個人としての生き方の自由と平等を実現しようとする運動だった。そのなかで使われるようになった「ジェンダー」は，性差や性別を固定的で所与のものではなく，歴史的に変化しうる社会的・文化的構築物として理解することを可能にした重要な概念である。

しかし，たとえば男女雇用機会均等法のもとでの「平等」が総合職女性の男並み過重労働を意味して「女女格差」につながったり，育児休業法の対象に男性も含まれていても現実には取得が困難だったりするように，政財界を中心に既存のジェンダー意識は依然として根強く存在している。そのため，女性にとってのキ

年表

1945	GHQ，婦人解放を含む民主5大改革。女性参政権実現。RAA設置
1946	GHQ，公娼廃止・RAA閉鎖指示。赤線誕生。第1回選挙で女性議員39名。男女平等・戦争放棄を謳う日本国憲法公布
1947	教育基本法公布（男女共学，633制，女子への高等教育機関開放など）。民法改正，家制度廃止
1948	優生保護法による中絶の合法化（49年，52年の改定でさらに条件緩和）
1949	ボーヴォワール『第二の性』邦訳
1952	日米安保下で日本の主権回復。沖縄は米の統治が続く（復帰は1972年）
1954	家族計画普及運動の開始
1955	「主婦論争」はじまる。家庭電化時代幕開け，「三種の神器」が流行語に
1956	売春防止法成立（施行は1958年）
1960	米で経口避妊薬ピル発売（日本での正式認可は1999年）
1961	生理用品「アンネ・ナプキン」発売
1962	中学新指導要領，男子は技術・女子は家庭科の別修に。女に大学教育は不要とする女子学生亡国論さかん
1963	米でB. フリーダン『女らしさの神話』刊行，女性解放運動の端緒
1967	国連で「女性に対する差別撤廃宣言」採択。ミニスカート流行
1968	全国の116大学で学園紛争
1969	女子の高校進学率79.5％ではじめて男子を上回る
1970	ウーマン・リブ登場。女性雇用者中の既婚者，5割を超す

ャリアと結婚・出産育児の両立の難しさは容易に解消されず，むしろ増大している観さえある。

◆増えた選択肢 一方，若い世代のなかには「女のほうが得」「差別など感じたことがない」という声があるように，この半世紀で女性の自由度と選択肢が増えたことも事実である。快適な生理用品やピルの登場は，女であることの生物学的ハンディを意識せずに生きることを可能にし，いまや女性が参加できないスポーツはほとんどなくなった。かつてのように女のみに処女性や貞操が要求されることも減り，離婚したり，結婚や出産をしない生き方を選ぶこともかなり認められるようになった。とはいえ未婚での出産の難しさやシングルマザーの貧困，性的マイノリティに対する無視や差別など，問題は依然として多くあるが，少しずつ，だが確実に時代とともにジェンダー秩序も変化しつづけている。（荻野）

1972	沖縄返還。優生保護法改定案に女性・障害者の反対運動（～1974）
1975	ハウス食品の「わたし作る人，ぼく食べる人」CM，性別役割の固定化と抗議受け，放映中止
1977	この頃から「女性学」がさかんに
1979	第1回東京国際女子マラソン開催，初の公式女子マラソン。国連，「女性差別撤廃条約」採択
1982	大卒女子の就職難，上場企業の8割が採用ゼロ。再度，優生保護法改定反対運動（～1983）
1983	日本初の体外受精児が誕生。以後，生殖技術の利用が進む
1985	男女雇用機会均等法成立。日本，女性差別撤廃条約を批准
1989	選択的夫婦別姓を求める動き活発化。「セクハラ」が問題化，流行語に
1990	出生率史上最低で，「1.57ショック」。少子高齢化社会の問題化
1991	育児休業法成立，男性も対象。韓国の元日本軍「慰安婦」3人，日本に補償・謝罪を求め提訴
1995	ドメスティック・バイオレンス（DV）の問題化。沖縄で米兵による女児強姦事件
1997	介護保険法成立，2000年から開始
1998	女子の大学・短大進学率49.4%で，男子の47.1%を上回る
1999	男女共同参画社会基本法成立
2000	選択的夫婦別姓を認める民法改正案，国会に提出されるが廃案に。ストーカー行為規制法成立。「慰安婦」問題をめぐる女性国際戦犯法廷を東京で開催
2001	DV防止法成立施行。皇太子夫妻に女児誕生，のちに女性天皇と皇室典範改正をめぐる議論に
2003	性同一性障害特例法成立。少子化社会対策基本法成立
2004	各地に男女共同参画に反対する「反ジェンダーフリー」の動き
2005	衆院選で女性当選者，43人と史上最多
2006	出生率，5年連続で過去最低を記録
2007	改正男女雇用機会均等法施行。柳沢厚労相の「女性は産む機械」発言問題化
2009	最高裁，兼松賃金訴訟で男女格差は違法との判決
2010	改正育児・介護休業法施行，男性の育休取得を後押し

参考文献　井上輝子・江原由美子編『女性のデータブック——性・からだから政治参加まで（第1版～第4版）』有斐閣，1991～2005／鹿野政直『現代日本女性史——フェミニズムを軸として』有斐閣，2004／上野千鶴子編『主婦論争を読む（Ⅰ・Ⅱ）』勁草書房，1982／加藤秀一ほか『図解雑学 ジェンダー』ナツメ社，2005／若桑みどりほか編著『「ジェンダー」の危機を超える！——徹底討論！バックラッシュ』青弓社，2006

10-2　ベアテ・シロタと日本国憲法24条

教科書　占領と国内改革　☞8-7, 9-3, 10-1

◆**日本国憲法24条**　1946年11月3日，日本国憲法（全103条）が公布された。今日，13条（個人の尊重），14条（法の下の平等），24条（男女の本質的平等），44条（参政権の平等）が，ジェンダー平等を実現するための憲法上の根拠とされる。とくに24条は，当時の国際社会のなかでもきわめて先進的な内容をもっていた。同条は，直接的には家制度を否定して「近代家族」の創設をめざしたが，同時に「個人の尊厳と両性の本質的平等」を明記していわゆる近代的家父長制も否定したからである。たとえば，西ドイツの場合，ワイマール憲法（1919）に回帰した基本法（1949）が一般的な男女平等原則を掲げたものの，民法から家父長制規定が完全に消えるのは1976年であった。

◆**女性参政権の付与**　1945年10月，GHQ総司令官マッカーサーは，日本政府に対して民主化に関する5大改革指令（女性参政権の付与・労働組合の結成奨励・教育の自由主義的改革・秘密警察などの廃止・経済機構の民主化）を示し，憲法改正の検討を求めた。治安警察法廃止（1945年11月）によって女性の政党加入が可能となった。男女平等の選挙権が認められ（同年12月），39名の女性議員が誕生した（1946年4月）。日本政府が早々と女性参政権を認めたのは，憲法改正を避けるためであった。1946年2月1日，毎日新聞が日本政府案（松本案）をスクープする。松本案は天皇主権に固執しており，女性や家庭という文言は皆無であった。危機感を募らせたマッカーサーは，GHQ民政局による憲法草案起草を決断する。2月4日から2月13日にかけて，日本の民間草案❶や諸外国の憲法が参考にされて，草案がまとめられた。そのさい，男女平等や女性の権利を草案に盛りこんだのが，GHQ民間人要員ベアテ・シロタである。

◆**ベアテ・シロタ草案**　1946年2月4日，GHQ民政局ホイットニー准将は，民政局員25人に憲法草案の作成を指令した。ベアテ・シロタ草案では，家族保護規定は社会保障とともに社会権として位置づけられていた❷。それは，彼女がおもに参考にしたワイマール憲法，北欧諸国の法制，旧ソ連憲法を反映している。しかし，社会国家型の家族保護を志向したベアテ草案はGHQ内部で拒否され，総論にあたる第18条だけが残されてGHQ草案23条❸となった。家制度を醇風美俗とする日本政府は女性の権利保障には非常に消極的で，GHQ草案23条を拒もうとした。同条は，GHQの説得によりかろうじて維持され，日本国憲法24条となる。（三成）

❶【史料】民間草案
(1)憲法研究会「憲法草案要綱」:「男女ハ公的並私的二完全二平等ノ権利ヲ享有ス。」
(2)日本社会党案:「国民の家庭生活は保護せらる,婚姻は男女の同等の権利を有することを基本とす。」

❷【史料】ベアテ・シロタ草案

第18条 家庭は,人類社会の基礎であり,その伝統は善きにつけ悪しきにつけ,国全体に浸透する。それ故,婚姻と家庭とは法の保護を受ける。親の強制ではなく相互の合意にもとづき,かつ男性の支配ではなく両性の合意にもとづくべきことをここに定める。これらの原理に反する法律は廃止され,それにかわって配偶者の選択,財産権,相続,住居の選択,離婚並びに婚姻及び家庭に関するその他の事項を,個人の尊厳と両性の本質的平等の見地に立って定める法律が制定されるべきである。

ベアテ・シロタ・ゴードン(1923〜2013) ベアテの父レオ・シロタは,ロシアでユダヤ人として生まれた。ピアニストとして成功したレオは,1929年,山田耕作に請われて東京音楽学校(現・東京芸大)の教授として家族とともに来日した。1941年,太平洋戦争がはじまると,1939年からアメリカに留学していたベアテと日本に残った両親の連絡は途絶えた。1945年10月,ベアテは両親の無事を知る。12月24日,GHQ民間人要員として再来日したベアテは,人権小委員会に属して男女平等に関する条文案を作成し,また,GHQと日本政府の交渉の通訳を務めるなど,日本国憲法成立に重要な役割をはたした。

第19条 妊婦と乳児の保育にあたっている母親は,既婚,未婚を問わず国から守られる。彼女たちが必要とする援助を受けられるものとする。嫡出でない子供は法的に差別を受けず,法的に認められた子供同様に身体的,知的,社会的に成長することにおいて機会を与えられる。

第20条 養子にする場合にはその夫と妻の合意なしで家族にすることはできない。養子になった子供によって,家族の他の者たちが不利な立場になるような特別扱いをしてはならない。長子の権利は廃止する。

第21条 すべての子供は,生まれた環境にかかわらず均等にチャンスが与えられる。そのために,無料で万人共通の義務教育を,八年制の公立小学校を通じて与えられる。中級,それ以上の教育は,資格に合格した生徒は無料で受けることができる。学用品は無料である。国は才能ある生徒に対して援助することができる。

第24条 公立・私立を問わず,児童は,医療・歯科・眼科の治療を無料で受けられる。成長のために休暇と娯楽および適当な運動の機会が与えられる。

第25条 学齢の児童,並びに子供を,賃金のためにフルタイムの雇用をすることはできない。児童の搾取は,いかなる形であれ,これを禁止する。国際連合ならびに国際労働機関の基準によって,日本は最低賃金を満たさなければならない。

第26条 すべての日本の成人は,生活のために仕事につく権利がある。その人にあった仕事がなければ,その人の生活に必要な最低の生活保護が与えられる。女性は専門職業および公職を含むどのような職業にもつく権利を持つ。その権利には,政治的な地位につくことも含まれる。同じ仕事に対して,男性と同じ賃金を受ける権利がある。

❹【史料】GHQ草案

第23条 家族ハ人類社会ノ基底ニシテ其ノ伝統ハ善カレ悪シカレ国民ニ浸透ス婚姻ハ男女両性ノ法律上及社会上ノ争フ可カラサル平等ノ上ニ存シ両親ノ強要ノ代リニ相互同意ノ上ニ基礎ツケラレ且男性支配ノ代リニ協力ニヨリ維持セラルヘシ此等ノ原則ニ反スル諸法律ハ廃止セラレ配偶ノ選択,財産権,相続,住所ノ選定,離婚並ニ婚姻及家族ニ関スル其ノ他ノ事項ヲ個人ノ威厳及両性ノ本質ニ立脚スル他ノ法律ヲ以テ之ニ代フヘシ。

参考文献 B. S. ゴードン『1945年のクリスマス——日本国憲法に「男女平等」を書いた女性の自伝』柏書房,1995/B. S. ゴードンほか『ベアテと語る「女性の幸福」と憲法』晶文社,2006/辻村みよ子『ジェンダーと人権——歴史と理論から学ぶ』日本評論社,2008

10-3　民法・刑法改正とジェンダー・バイアスの残存

教科書　占領と国内改革　☞8-7, 8-8, 10-2

◆**民法改正**　日本国憲法24条が「個人の尊厳と両性の本質的平等」を掲げたのに従い，民法家族法は抜本的に改正された（1947）。家制度廃止には保守派からの抵抗が強く，改正は難航した。しかし，全体としては，婚姻によって新しい夫婦家族が形成されるという家族理念に変化した❶。家制度と戸主権の廃止，妻の無能力制度の廃止，夫婦別産制度の新設，夫婦の離婚原因の平等化，離婚財産分与制度の新設，父母共同親権，相続における男女平等，妻の相続上の地位の向上がおもな改正内容である❷。1950年代，家制度復活論が台頭したが家族法学者たちによって家制度復活は封じられた❸。そのさい公表された「仮決定及び留保事項」（1954）には，特別養子制度（1987新設）や夫婦別氏制度（1996民法改正要綱）など，後世につながる提言も盛りこまれていた。しかし，いまなお民法にはジェンダー・バイアスをもつ条文が残存し❹，それらの改正提案を含む民法改正要綱（1996）❺は国会を通っていない。

◆**戸籍制度**　本人のすべての身分変動と家族情報を一枚の紙に記す戸籍制度は近代日本独特の制度で，日本・韓国（2005廃止）・台湾（現停止）にしか存在しない。戸籍制度は戦後も維持された。新戸籍法は三代戸籍を禁止して単位を夫婦家族に改めたが，同氏同戸籍を原則とし，国籍証明として利用されている。夫婦の共通氏として選択された側が戸籍筆頭者（旧法の戸主欄に相当）になる。「日本人男女の法律婚＋嫡出親子関係」を単位とする戦後戸籍制度は，「家族の一体性」を表現し，選択別氏制導入を阻み，事実婚カップルや婚外子を差別し，離婚を抑制する仕組みとして機能してきた。今日急増する国際結婚にも対応できない。

◆**刑法改正**　刑法改正では，姦通罪が廃止された（1947）。尊属殺重罰違憲判決（1973）を受け，尊属殺人規定も廃止された（1995）。しかし，性犯罪については，強姦罪規定や性犯罪を裁く司法に強いジェンダー・バイアスが残存する。（三成）

強姦罪　諸外国と比べ，日本の強姦罪はきわめて限定的である。男性被害者や性交類似行為は強姦罪の対象とならず，強制わいせつ罪（6か月以上10年以下の懲役）にしか問えない。「暴行又は脅迫を用いて」を要件とするため，恐怖のあまり無抵抗になった場合や，顔見知りで明確な拒否を示せなかった場合，強姦罪は成立しにくい。検挙件数では「面識なし」が6割近くにのぼるが，被害調査によると「面識あり」が8割を超える。強姦罪が親告罪であるため，面識ある加害者を訴えにくい。裁判やマスコミによるセカンド・レイプも深刻である。しばしば被害者の「落ち度」が探されて，加害者が無罪になりやすい。また，強姦罪が3年以上，強盗罪が5年以上の有期懲役であるのは，刑のバランスを欠く。

❶【史料】民法起草委員・我妻栄の夫婦家族論（1946）

「国家が，夫婦をもって真に自由であり平等である男女の結合協力体となし，国家発展の基礎とするつもりなら，そのために進んで経済的，文化的施策を講じなければならない」。

❷【史料】「民法改正要綱の理由と改正民法について」（1947）

「要綱第一　民法の戸主及家族に関する規定を削除し親族共同生活を現実に即して規律すること。

（一）旧民法は第四編第二章戸主及び家族として，家に関する規定を設けているが，民法の定める家は現実の親族共同生活と必ずしも一致しない。むしろ甚だしく喰い違っているといっても過言ではない。しかるに，民法は戸主に家族を統率するための権利即ち戸主権として各種の権能を与えているために，戸主権の濫用その他多くの弊害のあることは従来一般に指摘されたのである。改正憲法第二十四條は婚姻及び家族に関する規定を個人の尊厳と両性の本質的平等に立脚して制定しなければならない旨を定めた結果，戸主権として認められているものの大部分は憲法上その存続が許されぬこととなった」（『史料民法典』：1290頁）。

❸【史料】家制度復活論に対する批判『朝日新聞』社説（1954年7月22日）

「……特に警戒をしなければならないのは，保守派議員の間にしばしば聞かれる民法改正論である。すでに一部保守系議員からは，「家」の廃止による道義の退廃が嘆かれており，共同相続による農地の零細化を理由に「長男単独相続」が主張され，さらに「扶養の義務」についても「戸主権」の回復すら唱えられている。これらの主張には，国情に適合させるという理由によって，むかしの「家族制度」を世界に比類のない美俗とし，その復活を急ごうとするかの風が見える」（樋口・大須賀『日本国憲法資料集』55頁以下）。

❹【史料】ジェンダー・バイアスが残る現行規定

民法第731条（婚姻適齢）　男は，十八歳に，女は，十六歳にならなければ，婚姻をすることができない。

民法第733条（再婚禁止期間）　女は，前婚の解消又は取消しの日から六箇月を経過した後でなければ，再婚をすることができない。

刑法第177条（強姦罪）　暴行又は脅迫を用いて十三歳以上の女子を姦淫した者は，強姦の罪とし，三年以上の有期懲役に処する。十三歳未満の女子を姦淫した者も，同様とする。

❺【史料】民法改正要綱（1996）

第一　婚姻の成立
一　婚姻適齢　婚姻は，満十八歳にならなければ，これをすることができないものとする。
二　再婚禁止期間
　1　女は，前婚の解消又は取消しの日から起算して百日を経過した後でなければ，再婚をすることができないものとする。
第三　夫婦の氏
一　夫婦は，婚姻の際に定めるところに従い，夫若しくは妻の氏を称し，又は各自の婚姻前の氏を称するものとする。

戦後日本の養子縁組　戦後の法改正により，婿養子制度もまた廃止された。現行民法のもとで妻姓を共通姓として選ぶことは，夫が婿養子になったことを意味しない。今日，養子縁組には，戦前から存続する普通養子縁組と1987年新設の特別養子縁組の二種がある。後者は，フランス法を参考に導入された「子のための養子縁組」である。一方，前者は，同世代の成人間でも縁組可能であり，同性カップルに活用されることがある。カミングアウトせずに家族形成が可能なためプライバシーを守りやすいが，同性カップルの家族形成権を積極的に認めたものとはいえない。

参考文献　前田達明編『史料民法典』成文堂，2004／ジェンダー法学会編『講座ジェンダーと法』全4巻，日本加除出版，2012／二宮周平『家族と法——個人化と多様化のなかで』岩波新書，2007

10-4　占領と性・地域

教科書　戦後世界と日本　☞9-14, 10-7, 10-9

◆**占領軍「慰安所」**　ポツダム宣言受諾から4日後の1945年8月18日，内務省警保局長は全国都道府県へ，占領軍の進駐に備えて性的慰安施設をつくるように通達した。第二次世界大戦中，兵士のレイプを防ぐという名目で日本軍「慰安所」が設けられたが，同様の発想で占領軍「慰安所」がつくられたのである。東京では，大蔵省の融資を受けた貸座敷業者などが特殊慰安施設協会（RAA）を結成し，8月28日，米軍の先遣部隊の到着に合わせて慰安所第1号を開設した。RAAの募集広告には「衣食住及高給支給」などという文言がおどっている❶。全国の占領軍の進駐先にも急ごしらえの「特殊慰安所」がつくられた。これを主動した警察は戦前からの芸娼妓へ集中的に募集をかけ，躊躇する者には「女の特攻だ」などという「説得」もなされた。性病の蔓延により，米軍（米太平洋陸軍司令部）は兵士の立ち入り禁止（オフリミッツ）を指令し，慰安所は約半年で閉鎖された。以後大量の女性たちが街頭へ流れ出し，「パンパン」「闇の女」と呼ばれる街娼となった。

◆**占領軍の性政策**　米陸軍省の基本姿勢は一貫して売春禁止であったが，海外や占領地では有名無実化しており，各司令官はいかにして兵士の性病を予防するかに腐心した。したがって日本政府が用意した「慰安所」は米軍にとっても好都合で，売春女性たちに定期性病検診を受けさせ，パスした者に保健所を通じてライセンスを与えるという方策をとった❷。街娼たちに対しては，米憲兵と日本警察が路上で「狩り込み」と呼ばれる拘束と強制性病検査をおこなった❸。女性解放策としてGHQ／SCAP（連合国軍最高司令官総司令部）は1946年1月，公娼廃止指令を出したが，同時に，米兵の「安全な買春」のために売春女性を登録し，性病をコントロール下におくという性暴力的政策が展開されたのである。

◆**占領軍と地域**　占領軍の進駐を受けた地域には瞬く間に集娼地帯が形成された。米軍が軍事調達した東富士演習場周辺では，農地の接収によって生業を失った地元民が，パンパンたちを下宿させ，軒先にはハウスナンバーが掲げられた。地元の新制富士岡中学は米軍施設と売春街が取り囲む「基地のなかの中学校」となり，村民から寄付金を募って他の地区へ移転した。1950年6月，朝鮮戦争が勃発すると，米軍は朝鮮からの帰還兵へ「休養と回復」を与えるとして小倉・奈良・朝霞などにR&Rセンター（Rest&Recuperation Center）を設置した。それにともない奈良の平城京跡

は一大売春街に変貌した。「本土」だけでも86か所の米軍基地周辺の市町村は、このような問題をかかえることとなった。（平井）

❶ RAA（Recreation and Amusement Association）募集広告

（『毎日新聞』1945年9月3日）

（『静岡新聞』1946年1月26日）

❷ 売春女性のライセンス

性病検診用カード（藤原道子「売春婦のパスポート」『改造』1953年3月25日）

検診カードを腹に挟む女性（横須賀。神崎清『夜の基地』河出書房1953年）

❸「狩り込み」と呼ばれた街娼への取締

（『大阪府警察史』第3巻, 1973）

| 英連邦占領軍（BCOF）の性政策 | 1946年2月から中国・四国地方は米軍にかわって英連邦占領軍（British Commonwealth Occupation Force, BCOF）が占領した。BCOFは兵士に日本女性との交際を禁止する政策をとっていたものの、中心となったオーストラリア兵の性病感染率は米軍と比べても非常に高かった。司令部は、性病感染源を日本人の売春女性と見て、「おとり作戦」と呼ばれるパンパン狩りを呉や広島などの街頭で実施した。また、「風俗取締班」をつくって性病にかかった兵士への接触者調査をおこない、その相手方の女性を突き止めようとした。このような暴力的方策は米軍のVD（性病）コントロール方式にならったものと考えられる。

英連邦占領軍兵士用の新聞BCONのBCOF占領地地図（1946年12月）（国会図書館憲政資料室所蔵）

参考文献　恵泉女学園大学平和文化研究所編『占領と性──政策・実態・表象』インパクト出版会、2007／平井和子『日本占領とジェンダー──米軍・売買春と日本女性たち』有志舎、2014

10-5 戦後復興と在日朝鮮人

教科書 戦後世界と日本　☞9-8, 9-16, 10-2

◆**敗戦後の日本社会と在日朝鮮人**　戦時下内地の工場や鉱山では，労働動員計画にもとづき植民地から多くの者が動員されていたが，敗戦後ただちに引揚げが開始された。しかし，さまざまな理由から日本にとどまる者も多く，1950年時点での在日朝鮮人の数は約60万人に及んだ。植民地帝国解体後の日本で在日朝鮮人の処遇は大きく変わったが，そのなかで権利の剥奪も生じている。1945年12月の衆議院選挙法改正では，日本人女性への参政権付与の一方で，戸籍法の適用の有無を理由に在日朝鮮人・台湾人男性の参政権が停止されることになった。

日本人の復員や引揚げによって職を追われた在日朝鮮人の失業率は高く，なかでも女性の有業率の低さは顕著であった❶。どぶろくや焼酎の製造，廃品回収，養豚等に生活の糧を見出さざるをえない状況が生まれたが，生活を守るための生活権擁護運動や解散命令が出された朝鮮人学校の存続を求める運動も，GHQや日本政府の厳重な監視や取締のもとで激しく展開されるようになる。そこには多くの在日朝鮮人女性たちの姿もあった。

◆**「主権回復」と在日朝鮮人**　日本の「主権回復」を意味する1952年4月28日の対日講和条約発効により，旧植民地と沖縄・奄美・小笠原を除く日本領土の再画定がなされたが，同時に日本政府は，選択権を与えずに在日朝鮮人・台湾人からの日本国籍の剥奪を断行した。1950年代には，国民健康保険法（1956年）や国民年金法（1959年）をはじめとする社会福祉のあらたな法制度の整備が進んだが，日本国籍の剥奪は，主権者である「国民」からの排除を意味した。朝鮮戦争による特需ブームをへて日本経済は復興を遂げたが，それと対照的に在日朝鮮人は福祉から外され，生活はさらに困窮の度を強めることになったのである❷。

◆**北朝鮮帰国事業**　日本社会での生活に行き詰まりを感じた多くの在日朝鮮人が希望を見出したのは，祖国への「帰国」であった❸。朝鮮民主主義人民共和国（北朝鮮）の受け入れ表明とともに，日本赤十字社は在日朝鮮人の送り出しを企図し❹，1959年8月に日本政府の承認のもと日朝赤十字間で帰還協定を締結した。「帰国事業」は，同年12月に新潟から帰国第一船が出港して以後，中断を挟み1984年まで続き，帰国者総数は9万3340人に及んだ。今日，北朝鮮での人権侵害が明るみに出るなかで，在日朝鮮人を送り出した帰国事業が問われるようになっている。　（加藤）

❶在日朝鮮人男女別人口の推移

年	総人口（人）	男		女	
		総数	有業者数（％）	総数	有業者数（％）
1920	40,755	36,043	34,115 (94)	4,712	2,540 (54)
1930	419,009	297,501	242,073 (82)	121,508	23,894 (20)
1940	1241,315	744,296	470,405 (63)	497,019	52,888 (11)
1952	535,766	302,235	189,853 (63)	233,531	45,752 (20)

出典）朴在一『在日朝鮮人に関する綜合調査研究』新紀元出版社，1957。

❷生活窮乏に追いこまれる在日朝鮮人（1957）

「現在日本には約65万人の朝鮮人と準朝鮮人が居る。そしてこれらの人達の大半が朝鮮人の日本での生活で甞（か）って見ることのできなかった程の窮乏に追い込まれている。朝鮮人は自分で商売をするか事業を起すか又はそういう朝鮮人企業に使われるかの外はこの社会から職が与えられない。更にはその結果として朝鮮人の6割以上を占めるに至っている失業者に，社会政策的な生活の最低保障も与えられていない。斯くして一部の朝鮮人は日本の留置場と監獄に溢れ，大半の朝鮮人はその飢餓的な生活条件下に呻吟している。そして問題は窮乏が益々ひどくなってゆくにも拘らず在日朝鮮人はかかる境遇から脱け出す何等の条件も自らとしては持ち合わせていないことである。」（朴在一『在日朝鮮人に関する綜合調査研究』新紀元出版社，1957：164頁）。

❸在日朝鮮人の「帰国」への希望（1959）

「1945年8月15日——／民族のうたは／大きなうねりと共に響きわたった／隷属のくさりは断たれ／"解放"の喜びは巷にこだまし／"独立"を宣言し／ああ わが祖国——朝鮮／無知と貧困の 衣をぬぎすて／真赤な 太陽に照らしだされた／栄光に輝く祖国へ いま／私たちは隊伍を組んで行く」（金藤千代子，兵庫県西脇市，19歳「こだま！祖国へひびけ」）

❹北朝鮮人帰国事業を進める日本赤十字社の認識（1956）

「ここ当分の間は日本に関する限り，日本の政治殊に経済状態が安定し繁栄して行き，日本人にとっては生活が楽になっていつても，在日朝鮮人にとっては——その全部ではないにしても，少くもその相当部分にとっては——生活は反って苦しくなって行き，これが改善される見透しはない。（中略）日本政府は，はつきり云えば，厄介な朝鮮人を日本から一掃することに利益を持つ。もしポーランド政府が東プロイセンから一切のドイツ人を追払ってしまったように，日本政府が第二次大戦後の領土変更に関する新らしい国際慣例に従い，日本に居る朝鮮人を全部朝鮮に強制送還できたならば，日本の人口過剰の点からみて利益があるかどうかは暫く別とし，将来長い眼で見た場合，日本と朝鮮との間に起り得べき紛争の種子を予め除去したことになり，日本としては理想的なのであると思われる」（井上益次郎『在日朝鮮人帰国問題の真相』日本赤十字社，1956）。

「かぞくのくに」　大阪生まれの在日コリアン2世ヤン・ヨンヒ（1964~）は，自身の家族をモデルにして脚本を書き，監督として映画『かぞくのくに』（2011）を撮った。映画では，帰国事業で北朝鮮に渡った兄が25年ぶりに日本に一時帰国したときの数日間が，妹のまなざしを通して描かれる。そこからは，国境を隔てて生きる兄と妹それぞれが背負っているものの相違，家族のうえに覆いかぶさる「国」の重さが浮かび上がってくる。映画のなかで，妹リエと兄に付き添う北朝鮮の監視員・ヤンとの次のような会話がある。
　　リエ「あなたもあの国もだいっきらい！」
　　ヤン「あなたがきらいなあの国で，お兄さんも，私も生きているんです。死ぬまで生きるんです」
　帰国事業の影が決して過去のものでないことは，ヤンの本や映画からも明らかである。

参考文献　金富子『継続する植民地主義とジェンダー——「国民」概念・女性の身体・記憶と責任』世織書房，2011／T. モーリス-スズキ（田代訳）『北朝鮮へのエクソダス——「帰国事業」の影をたどる』朝日新聞社，2007／文京洙『在日朝鮮人問題の起源』クレイン，2007／ヤン・ヨンヒ『兄～かぞくのくに』小学館，2012

10-6 高度経済成長と国民生活の変化——大衆消費社会の成立

教科書 高度経済成長と国民生活　☞9-6, 10-8, 10-13

◆「もはや戦後ではない」　戦後日本はドッジ・ラインの実施によって生じた不況を，1950年勃発の朝鮮戦争を背景とする特殊需要（朝鮮特需）によって乗り切っていく。1956年の経済白書（経済企画庁：現内閣府）は，日本経済が戦後復興の段階を脱して飛躍的な成長を遂げはじめていることを示し，その結びの言葉「もはや戦後ではない」は流行語ともなった。その後の約20年間，日本は年平均10％を超える成長率を記録しつづけた❶。1950年代後半から1970年代にかけての高度経済成長は，人びとの生活を大きく変えていく。

◆大量生産・大量消費　高度経済成長期は，大量生産と大量消費の時代であった。電気釜・掃除機・洗濯機など主婦の家事負担を軽減する家電製品や，テレビ・自動車など新しいレジャーを生み出す耐久消費財が，急速な勢いで各家庭に普及していく。1953年のテレビ放送開始後は白黒テレビ・洗濯機・冷蔵庫が「三種の神器」，1960年代後半以降はカラーテレビ・自動車・クーラーが「新・三種の神器（3C）」と呼ばれ，憧れの家電として人気を集めた。生活消費財や食品についても，新しい商品が次々と開発され，その内容は年々豊かになった❷❸。収入の上昇とともに，人びとの消費行動は活発化していき，高度経済成長は消費革命というにふさわしい社会変化をもたらしたのである。

◆主婦の立場から消費者運動　大衆消費社会において，食品をはじめとする生活必需品を日々購入する役割を主として担ったのは，主婦をはじめとする女性たちだった。戦後まもない1948年に，不良マッチの撲滅運動から主婦連合会（略称：主婦連，会長奥むめお，1895～1997）が結成され，主婦連はエプロンとおしゃもじをシンボルに，消費者としての権利を女性の立場から主張した。主婦連による米価・電気料金などの値上げ反対運動は全国に広がり❹，有害食品追放や不当表示取締の要求といった消費者運動を牽引していく。

◆高度経済成長が生み出す歪みと市民運動　高度経済成長期は，池田内閣の所得倍増計画に代表される経済成長重視の政策のもとで，イタイイタイ病・水俣病・四日市ぜんそくなどの公害や，急速な産業化・都市化による既存のコミュニティと生活環境の破壊など，さまざまな問題が生じた時期でもある。それに対して，人びとは消費者・生活者としての権利を行使するために，生活協同組合運動や環境保全を

求める住民運動を活発化していったのである。(木村)

❶ GNP（GDP）の推移

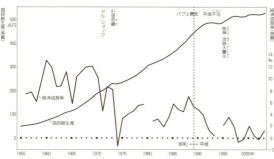

注）経済成長率は，統計をとる方法が異なるため，数値を示せない年がある。
出典）内閣府資料ほか（東京書籍『新編 新しい歴史』より作成。

❸ あこがれの家電製品
たらいと洗濯板での手洗いから洗濯機へ。

（『朝日新聞』1955年）

❷ 耐久消費財の普及

高度経済成長とともに，さまざまな耐久消費財が各家庭に普及し，文化的な生活を実現していく。

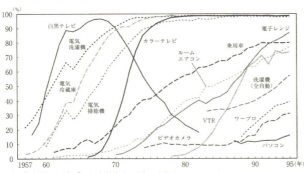

出所）経済企画庁『国民生活白書 平成7年版』1995：23頁。

❹ 主婦連の値上げ反対運動
主婦連が取り組んだ物価引き下げ，公的性格の高い料金の値上げ反対運動は，幅広い支持を集めていった。下写真は，1951年8月におこなわれた主婦たちのデモ（『朝日新聞』）。

参考文献　J.ボードリヤール（今村・塚原訳）『消費社会の神話と構造（普及版）』紀伊国屋書店，1995／原山浩介『消費者の戦後史――闇市から主婦の時代へ』日本経済評論社，2011／奥むめお『あけくれ　人間の記録51巻』日本図書センター，1997

10-7　売春防止法の成立と性売買の多様化

教科書　高度経済成長の光と影　☞9-14, 10-4, 10-9

◆**占領軍とRAA**　1945年8月の敗戦直後，日本の内務省は，占領軍による日本人女性の強姦事件の発生を危惧して，日本国内に占領軍のための売春施設としてRAA（Recreation and Amusement Association）設置の指令を出した。1946年3月，RAAは性病蔓延のため閉鎖されたが，その急な廃業により，元従業員の多くは街娼（がいしょう）になった。占領期には，空襲や旧植民地からの引き揚げによって財産や仕事を失った人びとや，夫が戦死した「戦争未亡人」の母子家庭や，戦災孤児の貧困が深刻だったため，貧しさゆえの売春が多かった。とくに占領軍兵士相手の日本人娼婦はパンパンと呼ばれて注目され，小説や映画の題材にもされた。

◆**売春防止法の成立**　1946年1月，連合国軍最高司令官総司令部（GHQ）の公娼（こうしょう）制度廃止命令により，娼妓（しょうぎ）取締規則等は廃止されたが，同年11月の次官会議決定では「特殊飲食店」に限って売春を黙認することになり，旧公娼地域を中心として，赤線（あかせん）と呼ばれる売春街が形成された。1952年，女性に売春させることを禁じた昭和22年勅令第9号が公娼制度復活反対協議会の署名活動等により国内法として存置されることになったが，人身売買事件は頻発し，1955年には，女子高校生に土建会社が贈賄目的で売春を強要した売春汚職事件（松元事件）が国会で取り上げられた。この間，戦後にはじめて被選挙権を得た女性議員が中心となり，売春の背景としての貧困問題の解決の必要性が議論され，女性の人権擁護を目的とする売春禁止の法案が複数回にわたって国会に提出されて，1956年，売春防止法❶が制定された（1958年全面施行）。このことにより国家の売春禁止の方針が明確に示され，戦前の売買春公認政策からの大きな転換がはたされたが，売春防止法が「買春（かいしゅん）防止」ではなく売春する女性のみを問題化した点が批判された。

◆**性売買の多様化**　売春防止法施行後は，表向きは売春以外の業種に見せかけた売春業者が増え，なかでもトルコ風呂と呼ばれる特殊浴場（のちのソープランド）が急増した。また，性器を用いない疑似売春や，画像や映像を用いた性売買も増加した。「主婦売春」やアジア諸国から来た「じゃぱゆきさん」，女子学生の「援助交際」など，日本で売春をおこなう人びとの社会階層や年齢，国籍も多様化した。日本人男性による買春の問題は日本国内にとどまらず，買春目的でアジア諸国へ出かける日本人男性が，海外でも批判されている❷。（林）

❶売春防止法 （昭和31年5月24日法律第118号）

第一条　この法律は，売春が人としての尊厳を害し，性道徳に反し，社会の善良の風俗をみだすものであることにかんがみ，売春を助長する行為等を処罰するとともに，性行又は環境に照して売春を行うおそれのある女子に対する補導処分及び保護更生の措置を講ずることによつて，売春の防止を図ることを目的とする。

第二条　この法律で「売春」とは，対償を受け，又は受ける約束で，不特定の相手方と性交することをいう。

第三条　何人も，売春をし，又はその相手方となつてはならない。

第四条　この法律の適用にあたつては，国民の権利を不当に侵害しないように留意しなければならない。

❷買春ツアー問題

売買春は性を売る側（「売春」）でなく買う側にこそ問題があるという考えにもとづく「買春」という言葉が広く知られる契機となったのは，1973年に表面化した妓生観光（日本人男性の韓国への買春ツアー）に反対する女性運動であった。1960年代後半には，台湾で日本人男性の買春がおこなわれていたが，1972年に日本と中国の国交が回復し，一時台湾との航空路が中断したことから，買春ツアーの多くが台湾から韓国へと行き先を移した。1974年に韓国で反日運動が起こると，韓国への観光客が減少し，かわって東南アジアへ向かう日本人男性が増え，1980年代には，フィリピンやタイへの買春ツアーが問題化して，日本人男性によるアジア諸国の人びとに対する「性侵略」であるとして国際的に批判された。児童買春（少年を含む）の影響が，とくに深刻である。

「恥を知れ　民族差別は常に性の侵略を伴う」と書かれた妓生観光反対のプラカードと抗議行動参加者の子ども（1973年12月8日，松本路子撮影）

「噫従軍慰安婦」と刻まれた石碑（筆者撮影）

婦人保護施設の設置と「かにた婦人の村」　1958年，売春防止法の施行にともない，それまで売春によって生計を立てていた女性たちの「更生」をうながす場として全国に婦人保護施設が設置された。赤線（戦前からの集娼地域）で働いていた女性たち自身も「更生対策」を求めていたが，設置当初の婦人保護施設は規則が厳しく，その共同生活に拒否感をもつ利用者も多かった。他方で，婦人保護施設を新たな居場所とする人びともいた。1965年に全国で唯一の婦人保護長期収容施設として創設された「かにた婦人の村」には障がいをもつ女性が入所したが，入所前の社会生活において性暴力を経験した人が少なくなかった。その村で後半生を過ごした城田すず子（仮名）が，自らの従軍経験をもとに「従軍慰安婦」の慰霊の必要性を訴え，1985年，村内に鎮魂碑が設置された。2014年現在も「かにた婦人の村」には多くの人びとが暮らしている（深津春子『かにた物語』かにた後援会，1998，城田すず子『マリヤの賛歌（改訂2版）』かにた出版部，1985参照）。

参考文献　兼松左知子『閉じられた履歴書──新宿・性を売る女たちの30年』朝日文庫，1990／松井やより『グローバル化と女性への暴力──市場から戦場まで』インパクト出版会，2000／林千代『「婦人保護事業」五〇年』ドメス出版，2008

10-8　最初の公害病＝水俣病

教科書　高度経済成長の光と影　☞9-9, 10-6, 10-10

◆**水俣病とは**　1956年，原因不明の中枢神経疾患の患者発生が熊本県水俣保健所に届け出された。これが日本最初の公害病「水俣病」であり，不知火湾沿岸のさまざまな地域で患者発生を見た❶。水俣病の原因物質は，チッソ水俣工場でのアセトアルデヒド製造過程における副生物の有機水銀であり，これが工場排水として水俣湾に廃棄され，食物連鎖をつうじて魚介類に蓄積し，それを摂取した人間に有機水銀中毒を引き起こしたのである❷。1962年には小児マヒに似た症状をもつ小児について，有機水銀が母体を通じて胎児に蓄積され発症した胎児性水俣病と確認された。1965年新潟県阿賀野川流域でも，昭和電工の廃液を原因として水俣病と同様の症状をもつ患者が発見され，第二水俣病と認定された。

◆**水俣病被害者の苦悩**　石牟礼道子の『苦海浄土』(1969)などをつうじ，水俣病患者の生活の実態やかかえる苦悩について広く知られるようになり，水俣病は社会問題・公害問題として認知されるようになっていく。発見当時は原因が明らかではなかったため「伝染病」「奇病」とみなされ，被害者とその家族が地域社会のなかで忌避されるという事態が生じた。水俣病への恐れから，水俣産の魚介類の消費は落ちこみ，漁民たちは貧困を強いられることにもなった。一方，水俣におけるチッソの産業上の重要性を背景として，水俣病を告発することの困難も存在し，水俣病をかかえながらも，チッソを告発することなく街を出ていくことを選択した住民も多かった。水俣病は，地域社会の共同性・紐帯をも崩壊させたのである。

　水俣病による苦難には性別による差異もあった。有機水銀中毒となった女性たちは高い割合で流産死産を経験することになったほか，胎児性水俣病患者の子どもに対し母親が葛藤をかかえることにもなった。また，水俣病患者であることを理由として結婚差別や理不尽な離婚を経験する人もおり，差別から逃れるために水俣から

> **水俣病の多様な症状**　水俣病の発見当時には，けいれんや意識障害，発語不能，四肢の硬直・変形，失明などの症状をもつ急性／劇症型水俣病の症状に注目が集まった。しかしながら，水俣病はチッソ工場廃液を原因とした環境汚染によって生じた広範地域における有機水銀中毒であるため，さまざまな程度の障害や多彩な障害が存在する。胎児性患者や急性／劇症型水俣病患者が報道される一方，視野狭窄や知覚障害といったまわりからはわかりにくい水俣病の典型的症状についての理解が深まったとはいえず，このことが「にせ患者」などの中傷を生むことにもつながり，患者の苦しみをいっそう深刻化させた。

転居したとしても女性労働市場が未発達な状況のなかで就職に苦労するなど,女性であるがゆえの苦難に直面することも多かったのである。

◆**行政関与と救済措置の遅れ**　1968年,ようやく政府は水俣病をチッソ工場の排水に起因する公害病として認定した。この間,行政は原因が明確でないとして,チッソ工場からの排水停止や水俣湾での漁業禁止などの行政措置をおこなわなかった。このことが,被害のいっそうの拡大をもたらす結果となった。

1973年,第一次水俣病訴訟に対する判決によりチッソの加害責任が認定され,損害賠償もおこなわれはじめ,それ以降数度の訴訟により認定患者は増加していったが,水俣病の認定基準について急性劇症型などの重篤な病態を基準とする状況が長く続いた。この結果,水俣病患者認定を求めて多くの裁判が続けられてきた。現在でも,多くの患者が水俣病に苦しんでいるのである。(古久保)

❶不知火海周辺における初期の被害地図

注)（　）内は1960（昭和35）年の人口。
出典)原田正純『水俣病に学ぶ旅——水俣病の前に水俣病はなかった』日本評論社,1985:11頁。

❷水俣病患者の自由がきかない曲がった手

(1970年6月,毎日新聞社)

参考文献　石牟礼道子『苦界浄土——わが水俣病』講談社文庫,1972／W.E.スミス,A.M.スミス(中尾訳)『写真集　水俣』三一書房,1980／色川大吉編『水俣の啓示——不知火海総合調査報告(上・下)』筑摩書房,1983／丸山和彦・板井八重子編著『女たちのミナマタ——証言　愛のかがやき,生命の叫び』新日本出版社,1988／栗原彬編『証言　水俣病』岩波新書,2000

10-9　米軍基地と性暴力──沖縄における犯罪をとおして

教科書　冷戦と日米安保体制　☞9-10, 9-14, 9-15

◆**女性にとっての新たな"戦争"**　1945（昭和20）年3月末の慶良間諸島を皮切りに沖縄本島に上陸した米軍は、日本軍との銃撃戦を繰り広げながら、進攻する先々に収容所を設置し、住民を「保護」していった❶。戦闘に巻きこまれて傷ついた住民は米軍医の治療を受け、収容された人びとには食糧が与えられた。その一方で、米兵は女性を捕まえてはレイプ事件を繰り返した。日々なだれこんでくる難民の数に配給される食糧の絶対量が不足し、女性たちは収容所近くの畑で芋を掘ったり、野草を摘み、また海岸に流れ着く缶詰類を拾って住民の食糧調達をしなければならなかった。その最中にら致され、あるいは家族の面前でレイプ事件は起こった。さらに、野戦病院に入院中の重傷女性や沖縄人看護婦も襲われた。戦闘から逃れられたものの、女性たちにとって、新たな"戦争"がはじまっていた。米軍上陸から10か月後、沖縄各地で米兵を父親とする子どもが誕生しはじめた。

◆**慰安所設置の懇請**　居住地に帰ってからも米兵による性犯罪は続いた。農作業や井戸での洗濯中、歩行中、自宅で等々、場所、時間帯、女性の年齢など関係なかった。地元男性たちは集落ごとに見張りを立て、米兵が来れば半鐘を鳴らして女性をかくまった。相手は銃をもっており、抵抗しようものなら射殺される。目にあまる米兵の犯罪に、沖縄民政府知事は、米兵による犯罪の件数データ（❷の民警察調査被害件数）を示して、米軍政官あてに米兵専用のダンスホールを兼ねた慰安所設置を懇請した。「一般女性」を米兵から守るため、"売春"女性に「防波堤」の役割を課すというもので、戦時下の慰安所と同じ発想だった。そして1950年、米軍基地の集中する沖縄本島中部地区に「歓楽街」が設置された。

　その年、朝鮮戦争が勃発し、朝鮮半島への出撃基地となった中部地区は米兵であふれ、「歓楽街」はにぎわった。ところが、レイプ事件はむしろ増えていった。無法地帯の沖縄で、被害女性たちはただ泣き寝入りするだけだった。

◆**子どもまで犠牲に**　1952年4月28日、サンフランシスコ講和条約が発効し、日本の独立と引き換えに沖縄の施政権（司法・行政・立法）は、米軍の支配下におかれた。住民の土地は米軍のほしいままに取り上げられ、基地建設は拡大した。米兵による性犯罪は減ることはなく、子どもたちまでもがねらわれた。1955年、幼女が拉致されレイプされたうえ殺害された「由美子ちゃん事件」、その1週間後の9歳女児の

レイプ事件，なかには生後9か月の乳児も含まれるなど多くの幼児，中高生の犠牲があった。米兵による性犯罪は，ベトナム戦争勃発後はさらに凶悪・残忍化し，米兵を前に沖縄住民に人権はなかった。

◆**沖縄は「戦利品」** 1972年，沖縄の施政権は日本に返還された。しかし，今日なお米兵による性犯罪は止むことはない。いったい何が問題なのだろうか。ベトナム戦争後，アメリカは徴兵制から志願制に変わり，「プーバティ・ドラフト（貧困徴兵）」を手段に若い海兵隊員を多数沖縄に送りこんだ。日常的に殺人訓練をする彼らは，身体そのものを武器に街中に繰り出す。元海兵隊員は，沖縄は日本軍と戦った結果，米軍が奪い取った「戦利品」であり，そのなかには女性が入っていることやアジア人に対する差別的なイメージを教えこまれたと証言する。したがって，沖縄の女性を襲うことに何らためらいはなく，レイプするのはむしろ「軍隊の文化の一部」でさえあるという（『けーし風 第61号』新沖縄フォーラム刊行会議，2008）。

米軍人が公務中に事件・事故を起こした場合，裁判権は米軍にあるが，公務外の場合は日本にある。ところが，容疑者が基地内に逃げこむと公務外でも日本側は起訴するまで身柄を拘束できない。1960年の日米安全保障条約にもとづいて制定された日米地位協定によって米軍人は保護されているのだ。「親告罪」という日本の国内法の限界を含め，被害者が訴えにくい社会環境の改善策が求められる。（宮城）

❶収容所で炊事をする女性たち
有刺鉄線のまわりには米兵の姿がある

（沖縄県公文書館所蔵）

❷米兵による女性にまつわる犯罪

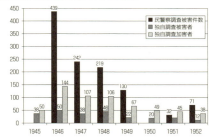

注）1946〜49年の民警察調査は，女性にまつわる犯罪件数（強姦・未遂，殺人，放火等）すべてを含み，50年は調査資料なし，51・52年は全体の犯罪数から強姦，強姦未遂，わいせつ，強制わいせつ，住宅侵入，拉致を抽出した数である。
出典）基地・軍隊を許さない行動する女たちの会，2014

参考文献 基地・軍隊を許さない行動する女たちの会『沖縄・米兵による女性への性犯罪（第11版）』2014／『沖縄の米軍基地』沖縄県知事公室基地対策課，2013／高里鈴代『沖縄の女たち——女性の人権と基地・軍隊』明石書店，1996／中野敏男ほか編『沖縄の占領と日本の復興——植民地主義はいかに継続したか』青弓社，2006

10-10　反核運動とジェンダー

教科書 高度経済成長の光と影　☞10-6, 10-8, 10-16

◆**「空白の10年」と女性作家の活動**　1945年8月の広島・長崎の原爆で，年末までに約20万人が死亡，生き延びた人びともケロイドや白血病などに苦しんだ。しかし占領政策により原爆報道は規制され，1950年代半ばまでは「空白の10年」といわれる。そのなかで大田洋子，栗原貞子，正田篠枝らは検閲に抗して作品を発表，原爆の惨状を訴えた❶。画家赤松（丸木）俊は夫とともに，被爆直後の凄惨な人びとの姿を巨大な「原爆の図」に描き，各地を巡回展示した。

◆**ビキニ被曝と原水禁運動**　1954年3月，アメリカは西太平洋ビキニ環礁において巨大な水爆実験を実施，現地の島民はもちろん日本の漁船にも大きな被害を出した。とくに第5福竜丸では，放射能障害で乗組員が死亡している。それを契機に女性たちを中心とする原水爆禁止署名運動が盛り上がり，1年間で3200万の署名が集まった。こうした女性たちの動きを受けて，1955年6月，初の母親大会が東京で開かれ❷，翌年より「生命を生み出す母親は，生命を守り生命を育てることを望みます」をスローガンに掲げ，いまも続いている。

◆**原発反対運動と女性**　原水爆禁止運動の盛り上がりの一方，原発は「原子力の平和利用」として導入され，1960年代後半から過疎化する沿岸地域に建設されていった。柏崎刈羽などでは住民による反対運動が起こったが，そのなかには多くの女性の姿があった。山口県祝島では女性を中心に，30年以上も上関原発反対運動が続けられている。1986年のチェルノブイリ原発事故後は，都市の女性のあいだにも危機感が広がり，1988年2月，小原良子らが呼びかけた四国電力伊方原発の出力調整反対行動に全国から5000人がかけつけた。その多くは幼い子どもをもつ母親だったが，「母性」の強調には批判が出された。

◆**3.11と脱原発運動**　2011年3月，福島第一原発事故により，脱原発の動きは一挙に高まった。その最前線に立つのは福島の女性たちである。彼女たちは放射能汚染で家族離散を強いられながら，屈することなく武藤類子を団長に裁判に訴え❸，経産省前のテント村に泊まりこみ，デモや集会で声をあげつづけている。福島以外でも女性の脱原発志向は男性より強く，原発再稼動に対する世論調査ではつねに女性の反対は男性を大きく上回っている❹。歴史的に家事育児を担うなかで，生命の連なりへの想像力を養われているせいだろうか。（加納）

❶原爆を描いた女性作家たち

広島の実家で被爆した作家大田洋子（1906〜63）は、「作家の責任」としてちり紙等に惨状を書きつけ、『屍の街』を仕上げたが、出版できたのは3年後だった。詩人栗原貞子（1913〜2005）は被爆直後に詩集『黒い卵』をまとめたが、占領軍の検閲により削除。残った1篇「生ましめんかな」は被爆当夜の地下壕における赤児の誕生と産婆の死をうたい、原爆詩の代表となった。正田篠枝（1910〜65）は歌人。1947年、歌集『さんげ』を刑務所内の印刷機を使って秘密出版した。

❷日本母親大会

東京・豊島公会堂で開かれた第1回大会（東京・豊島公会堂）には全国から2000人の母親が参加。涙ながらの発言が相次いだため、「涙の母親大会」といわれた。

❸【史料】「福島原発告訴団」告訴声明

「今日、私たち1324人の福島県民は、福島地方裁判所に「福島原発事故の責任を問う」告訴を行いました。（中略）告訴へと一歩踏み出すことはとても勇気のいることでした。人に罪を問うことは、私たち自身の生き方を問うことでありました。

（婦人民主クラブ提供）

しかしこの意味は深いと思うのです。
- この国に生きる一人一人が大切にされず、誰かの犠牲を強いる社会を問うこと
- 事故により分断され、引き裂かれた私たちが、再びつながり、そして輪を広げること
- 傷つき、絶望のなかにある被害者が力と尊厳を取り戻すこと

それが、子どもたちに、若い人びとへの責任を果たすことだと思うのです。声を出せない人々や生き物たちとともに在りながら、世界を変えるのは私たち一人一人。決してバラバラにされずつながりあうことを力とし、ひるむことなくこの自己の責任を問いつづけていきます。

　　2012年6月11日　　　　「福島原発告訴団」告訴人一同」

❹原発再稼動の賛否に見る男女の違い

2014年3月の朝日新聞の調査によれば、原発再稼動に、男性は賛成39％、反対51％だったのに対し、女性は18％対66％と反対が圧倒的。日本経済新聞の2014年8月の調査でも、女性は賛成20％に対して反対は65％となっている。

参考文献　M. ガムバロフほか（グルッペGAU訳）『チェルノブイリは女たちを変えた』社会思想社，1989／丸浜江里子『原水禁署名運動の誕生——東京・杉並の住民パワーと水脈』凱風社，2011／加納実紀代『ヒロシマとフクシマのあいだ——ジェンダーの視点から』インパクト出版会，2013

10-11 三ちゃん農業

教科書 高度経済成長の光と影　☞9-13, 10-6, 10-13

◆**兼業化の進展と三ちゃん農業**　日本の農業は家族労働力による経営（家族経営）がほとんどであったが，高度経済成長がはじまっていく時期に，新卒者男性における新規農業従事率は際立って減少していく。1955〜60年には次三男の農外流出が主流であったが，近畿・中国地方では後継者の立場にある新卒農家子弟の半数以上が農業に従事することなく他産業に就職するようになっていた。この背景には，高度経済成長期における農業収入と勤労者世帯の平均所得の格差拡大があった。

　1960年代，地方に工場が誘致されて新しい職場ができると，この動きは全国的に広がり，農業の中枢を担うと期待されていた農家の長男（後継者）たちの脱農・兼業化がはじまり，1960〜65年の5年間で専業農家は半減した❶。この結果，女性（農家長男の妻）や高齢者によって農業が担われるようになった状態を「かあちゃん・じいちゃん・ばあちゃん」による農業という意味で，三ちゃん農業と呼んだ❷。

◆**農家女性（長男の妻）の負担の増加**　同時期に機械化の進展と農薬・化学肥料の普及により農業労働は軽減されていったが，そのことは，いっそうの現金収入を必要とすることにつながり，兼業化とそれにともなう三ちゃん農業化を推し進めることになった。三ちゃん農業により，生産，生活両面の責任が女性（農家長男の妻）に背負わされることになった。

　農家から通勤で兼業就労が可能であった地域と，長期出稼ぎによる兼業就労が主流であった地域のあいだには，農家女性（長男の妻）の負担に格差が存在した。農閑期におこなわれていた出稼ぎが農繁期にまで延長されることもあり，出稼ぎによる夫の長期不在は，女性（長男の妻）にとって農作業負担の増加を招く一方，家庭生活における子育てなどの悩みも深かった。また，夫が出稼ぎに行った先で新しい家族をつくるなどにより，家庭崩壊を招くことも少なくはなかったのである。

◆**二ちゃん農業へ**　このような農家女性（長男の妻）たちの生活を忌避して，農村若年層女子の新規農業従事者は激減していく。1960年代末には，兼業農家の農作業の主力となっている女性の半数近くが農業以外の収入のある仕事に就くようになっていき，1960年代末期には「二ちゃん農業」という言葉も新聞をにぎわすようになっていく❸。（古久保）

❶ 専兼業別農家数の推移

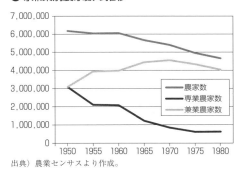

出典）農業センサスより作成。

【解説】 高度経済成長期をつうじて兼業農家は増えていくが、高齢化のため、1970年以降は兼業農家もまた減少していく。

❸「農家の嫁」を忌避させたもの

1960年代末には、「農業を継いでくれと願うのは父親、それをうちから砕くのが農家に嫁いで苦労ばかりしてきた母親だった」（安達生恒『岐路に立つ日本農業』有斐閣選書、1993）という事態が各地で生じていた。このことは女性たちが農業労働の過重負担を嫌悪したとのみ理解するべきではない。それ以上に、農業労働による家族経営への貢献ならびに家事育児といった家庭内役割に対する正当な評価の欠如こそが、「農家の嫁」の「苦労」の本質であり、若年女性たちの農村男性との結婚忌避を生み出したのである。

❷ かあちゃんと一緒に借り入れに汗だくのじいちゃん、ばあちゃん

（『朝日新聞』1964年9月17日夕刊）

「三ちゃん農業」という表現に見る女性労働力の軽視　「かあちゃん」「じいちゃん」「ばあちゃん」という呼称は、家庭の子どもの目から見た関係性を表現した呼称であり、家族内役割を前提にしている。この呼称を前提に生み出された「三ちゃん農業」という言葉には、本来正当な労働者となるべき者の不在が含意されている。家庭内でその人は「とうちゃん」と呼ばれる役割を担っていただろうが、その人が従事して家族経営が成り立っていたときに「四ちゃん農業」とは言われなかったことをかんがみるとき、正当性の欠如した農業労働力配置であるという認識を前提としてこの言葉があると考えられるのであり、逆にいえば農業労働に従事している女性たちの労働を正当に評価しようとするまなざしの欠如を想起させる言葉なのである。

参考文献　並木正吉『農村は変わる』岩波新書、1960／岸康彦『食と農の戦後史』日本経済新聞社、1996／暉峻衆三編著『日本の農業150年——1850年〜2000年』有斐閣、2003

10-12　ウーマン・リブとフェミニズム

教科書　冷戦の終焉と日本　☞1-4, 9-2, 10-14

◆**リブの誕生**　1960年代末，日本を含む多くの先進国でベトナム戦争反対や学園紛争など，若者たちの政治運動が同時多発的に燃え広がった。だが，反体制を叫ぶ新左翼（ニューレフト）のなかにも厳然とある女性差別に失望した若い世代の女性たちは，女性解放（ウィメンズ・リベレーション）をめざす独自の運動を立ち上げ，日本ではそれが「ウーマン・リブ」という和製英語で呼ばれた。1970年は，国際反戦デー（10月21日）にはじめて女だけのデモがおこなわれたことから，日本のウーマン・リブ元年とされる。リブ合宿やリブ大会，ミニコミなどをつうじて運動は全国に波及し，1972年には活動拠点として東京にリブ新宿センターが開設された❶。そこでは田中美津らの女性たちが共同生活をしながら，「女」という性の側から既存の社会を批判し，女が生きやすい社会をつくるための活動を精力的に展開した。

◆**優生保護法をめぐる対立**　リブがとくに力を注いだのは，女の性とからだをめぐる問題である。なかでも合法的中絶の権利を守ろうとする優生保護法改定反対運動は，1972〜74年に大きな盛り上がりを見せた。明治以来，人工妊娠中絶は刑法堕胎罪によって犯罪とされる一方で，敗戦後の人口過剰問題の緩和のために1948年に制定された優生保護法のもとで，実質的に自由化されてきた。しかし高度成長とともに出生率低下が問題になると，同法の「経済的理由」を削除して中絶を事実上禁止しようとする政治的動きが生じた。女たちは反対集会やデモ，座りこみなどをおこない，「改悪」阻止に成功した。だがその過程では，同法のもつ優生政策としての側面❷に反発した障害者運動から，「もし胎児に障害があれば中絶するのも女の権利なのか」との批判が浴びせられ，リブの女たちは，障害者差別や優生思想の問題にどう向きあうのかという重い問いに直面することになった。なお優生保護法は1996年，長年の批判を受けて優生条項が削除され，母体保護法に改定された。

◆**フェミニズムと女性学**　運動としてのリブは1970年代半ば以降退潮期に入るが，その後を受けて1980〜90年代には，欧米からの影響のもと，リブの提起した諸問題をさらに理論的に追究しようとするフェミニズムがさかんになった。アカデミズムの世界でも，従来欠けていた女性の視点から既成概念の問い直しや新たな問題提起をおこなう女性学が次第に各分野に波及し，「ジェンダー」という新しい概念をテコに，少しずつ学問研究のあり方を変えつつある。（荻野）

❶リブの息吹きを伝える資料集

インターネットがまだ存在しない当時，全国の女たちが熱い思いを表現し，互いに語りあうためのメディアとして大きな役割をはたしたのが，手づくりのミニコミやビラ，パンフレットだった。近年，これらの貴重資料の散逸を防ぎ，リブを知らない世代への伝達を目的に，『資料日本ウーマン・リブ史』や『リブ新宿センター資料集成』など，リブ関係資料の復刻・出版が進んでいる。

❷優生保護法

同法第1条には「優生上の見地から不良な子孫の出生を防止するとともに，母性の生命健康を保護することを目的とする」とあり，遺伝性の心身障害・疾患をもつ人びととハンセン病患者やその配偶者に対し，強制も含めた不妊手術や中絶手術をおこなうことが規定されていた。1972年の改定案では，さらに胎児に心身障害の可能性がある場合の中絶を認める「胎児条項」の新設が提案されて，こうした障害＝悪とする考え方に反発した障害者たちの反対運動が起きた。

1973年5月15日，優生保護法改悪に反対して厚生省で座りこみをおこない，排除されるリブの女たち（松本路子撮影）

リブとピルとの複雑な関係　経口避妊薬のピルは1960年，アメリカで発売され，またたく間に先進国の女性たちに広まったが，日本では副作用の恐れを理由に認可されなかった。リブ運動のなかでは中ピ連（中絶禁止法に反対しピル解禁を要求する女性解放連合）というグループがピル解禁を求めて派手な活動を展開し，マスコミの注目を集めた。だが多くのリブの女たちは，避妊の選択肢の一つとしてのピルの意義は認めながらも，副作用の問題に加え，そもそも女が男に避妊への協力を要求できない状況があるかぎり，ピルを単純に女性解放と同一視することはできないと，慎重な立場をとった。

1972年10月14日，中ピ連のデモ（松本路子撮影）

参考文献　田中美津『いのちの女たちへ——とり乱しウーマン・リブ論』田畑書店，1972／女たちの現在を問う会編『全共闘からリブへ』インパクト出版会，1996／溝口明代ほか編『資料日本ウーマン・リブ史（Ⅰ〜Ⅲ）』松香堂，1992〜1995／リブ新宿センター資料保存会編『リブ新宿センター資料集成』リブニュース篇，パンフレット篇，ビラ篇，インパクト出版会，2008／荻野美穂『女のからだ——フェミニズム以後』岩波新書，2014

10-13 核家族と専業主婦

教科書 高度経済成長の時代　☞1-4, 10-6, 10-15

◆**家族制度の解体**　戦後の民法改正によって、戸主制度の廃止、夫婦関係や相続権における男女平等が確立され、男性の家父長を頂点とする家族制度の法制度的基盤は崩壊した。とはいえ、家族制度は人びとの意識のみならず経済構造にも深く根をおろしていたため、生活の実態はすぐには変わらなかった。しかし、高度経済成長は、農村から都市への人口移動を促進し、工場や会社で雇用されて働く人びとを増やすことによって、家族のあり方を変えていくことになる。都市化と産業構造の変化を背景に、都市を中心に、夫婦とその子どもで構成される核家族が増加していく❶。核家族の増加は、家族制度を基盤とした見合い結婚ではなく、個人同士の選択による恋愛結婚の増加とも歩みを同じくしていた。

◆**核家族と性別役割分業**　核家族の増加とともに、家庭の「外」で働く夫と家庭の「内」で家事育児を担う妻という性別役割分担も広がっていく❷。農業を中心とした第一次産業においては、女性も男性とならぶ働き手であったが、戦後増加した第二次産業、第三次産業では男性が基幹労働力として求められ、女性に対しては稼ぎ手である男性を支える主婦役割が期待されることになった。その結果、高度経済成長期には、家事育児に専念することによって、男性世帯主の現役労働力としての日常の再生産と、子どもの出産・養育など次世代労働力の世代間再生産を担う、専業主婦という女性の新しいライフスタイルが普及していくことになる。ただ、女性のライフスタイルが専業主婦に限定されてしまうわけではなく、子育てが一段落したのちにパートタイマーとして職場復帰する女性や、結婚・出産後も働きつづける共働き❸家族も徐々に増加していく。パート労働や共働きをする場合も、家事育児は女性がおもに担い、性別役割分業が維持されている世帯は多かった。女性は家事育児と仕事をいかに両立するのかという課題を背負うことになったのである。

◆**子ども中心主義と出生率の低下**　戦前、一人暮らしを含めてすべての家族の平均構成人数は約5人と、それほど多くはなかったが、子だくさんの複数世代同居家族が、家族イメージの中心をなしていた。戦後、家族構成人数は徐々に減少していく。家族数減少の最も大きな理由は、出生率の低下による子ども数の減少であった❹。核家族の増加とともに、標準的な家族数は夫婦に子どもが2人から3人というイメージが広がった。少なく産んで大事に育てようという、子どもを中心に家族団

らんを大事にするマイホーム主義は，人びとの意識をとらえていったのである。それはやがて，学校教育の拡大を背景とする教育熱の高まりにもつながっていく。
（木村）

❶ 核家族の増加

夫婦もしくはひとり親と子ども，または夫婦だけで構成される，いわゆる「核家族」世帯数は年々増加し，家族像の標準的なイメージを形成していった。

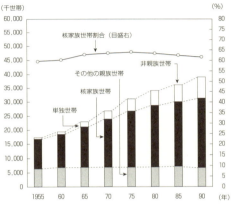

資料）総務庁統計局「国勢調査」。
出典）経済企画庁『国民生活白書（平成6年版）』第Ⅰ-3-15図より作成（落合，2004：81頁）。

❷ 性別役割分担意識の変化

政府が1975年に実施した「男女平等に関する世論調査」（現内閣府政府広報室：全国20歳以上の者，5000人対象）では，「女性の多くは結婚や出産を機会に勤めをやめてしまいます。このことについて，あなたは，どう思いますか」という質問をしている。この問いに対し，「当然だ」という回答が19.2％，「やむを得ない」が60.0％と，当時，8割近い人びとが，子どもをもった女性は「家庭に入る」すなわち専業主婦になることが自然であると考えていた。

❸「共働き」のお母さん

高度経済成長期に性別役割分担意識が広がり，専業主婦が女性の標準的なライフスタイルとされるなかで，「共働き」と呼ばれる世帯のお母さんたちは家事育児と仕事の両立に苦労をした。両立のために保育所設置の要求も起こる。

❹ 出生率の低下

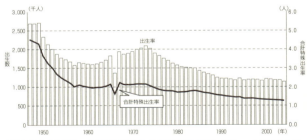

出典）国立社会保障・人口問題研究所『人口の動向 日本と世界――人口統計資料集―2005』より作成（『男女共同参画統計データブック2006』）。

参考文献　A.オークレー（岡島訳）『主婦の誕生』三省堂，1986／落合恵美子『21世紀家族へ――家族の戦後体制の見かた・超えかた（第3版）』有斐閣，2004／久武綾子・若尾典子・戒能民江・吉田あけみ『家族データブック――年表と図表で読む戦後家族1945〜96』有斐閣，1997

保育園に向かう母子（『写真集　女たちの昭和史』大月書店，1986：113頁）。

10-14 大学の「マスプロ化」と女子大生

教科書 高度経済成長の時代 ☞9-5, 10-13, 10-15

◆**戦後の教育における男女平等**　1947年，新憲法の精神をふまえて教育基本法が制定された。戦前の学校教育は，男女別学・男女別の学校体系など性差別が公的に制度化されたものであった。教育基本法下での「六三三四制」単線型の新教育システムは，男女平等・男女共学を基本として設計され，高等教育の門戸は女性に開放，男女ともに学ぶ教科としての家庭科の理念もあらたに提唱された。

◆**進学率の上昇**　高度経済成長を背景に，義務教育以上の学校段階への進学率は男女ともに順調に上昇した。高等学校進学率は1970年代には90％を超え，短期大学と4年制大学を合わせた進学率は1980年代には40％を超えるにいたる❶。とりわけ女子進学率の伸びはめざましく，高等学校に関しては1970年前後に，短大・4大に関しては1980年代に，女子の進学率が男子のそれを追い越すことになった❷。大学進学者の増加は大学の「マスプロ化」という言葉を生み，高等教育のレベル維持に社会的関心が集まるようになる。その当時は，女子の大学進学は社会資源の浪費であるとの主張や，教育政策の転換によって恒久化されることになった短期大学を揶揄する「花嫁学校」という言葉など，高等教育を受ける女子への差別的な言説がマスメディアを賑わせた時代でもあった。

◆**就学経路上の性別格差**　男女ともに教育機会が拡大されていったが，性別の格差はなくなったわけではない。制度が平等になって以降も，進学に関する本人の志向性や達成意欲，周囲の期待は男女で異なってきた。男子が4年制大学をめざすのに対して女子は短期大学をめざすことが多く，「浪人」をしても志望の大学に進学しようとする傾向は男子の場合に強い。大学院への進学率も男子のほうが高い状態が続いている。社会に出るまでの就学年数（予備校通学も含め）は，女子よりも男子のほうが長いのである。

◆**「女子向き」「男子向き」の分野**　就学経路にかかわる性差は，たんに就学年数だけでなく，選択する専攻分野にも表れる。1950年代から60年代にかけて，家庭科の女子向き教科化と高等学校の多様化が進められ，工業・農業関係の学科は男子にふさわしく，看護・商業関係の学科は女子にふさわしいという性別の進路分けが生まれた。短期大学・4年制大学に進学する場合は，人文科学・教育・保健・家政・芸術などでは女子が，社会科学（とくに法・経）・理学・工学・農学・医歯学など

では男子が優位の，男女比率の不均衡が見られる。こうした男女比率の不均衡は徐々に縮小しているが，現在も残っており，学校教育における男女平等確立に向けての課題の一つとなっている。(木村)

❶進学率の上昇

戦後の男女平等を基本とする教育制度のもと，女子の進学率はめざましい伸びを示し，男子に追いつき，追い越す勢いで上昇してきた。

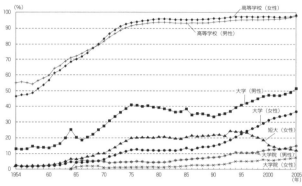

出典）文部科学省『学校基本調査』より作成（『男女共同参画統計データブック2006』）。

❷高等教育進学率（短大含む）の男女逆転

男女逆転が社会に与えた衝撃の大きさは，当時の新聞の一面トップ記事となったことからもうかがえる。

(『朝日新聞』1989年8月4日朝刊1頁)

> **女子大学無用論と女子学生亡国論** 戦後の教育制度において，高等教育の門戸を女性に開放するにあたり，男子大学は厳しく制限される一方で（基本的に廃止，防衛大学や商船大学など一部の大学のみ），女子大学は認められていった。戦前の女子専門学校が新制の大学や短期大学になったものもあれば，新設されたものも多い。1950年代後半より，そうした女子大学には存在意義がないと主張する「女子大学無用論」がジャーナリズムの世界で折々に取り上げられるようになっていった。「女子大学無用論」に加えて，高等教育を受ける女性への批判的な意見が爆発するきっかけとなったのが，1962年に早稲田大学教授・暉峻康隆が書いた「女子学生世にはばかる」（『婦人公論』1962年3月号）という記事であったとされる。その後数年間，女子が男子と肩を並べて高等教育を受けることが，日本という国にいかに害悪を及ぼすかをさまざまに論じた「女子学生亡国論／女子大生亡国論」が流行した。

参考文献　小山静子『戦後教育のジェンダー秩序』勁草書房，2009／天野正子編『新編日本のフェミニズム8　ジェンダーと教育』岩波書店，2009／橋本紀子『男女共学制の史的研究』大月書店，1992

10-15　女性の職場進出と差別

教科書　低成長から経済大国へ　☞1-1, 1-4, 9-5

◆**高度経済成長と女性の職場進出**　女性は戦前から働いていた。戦前の働く女性といえば、「女工」や「職業婦人」が思い浮かぶが、女性が最も多く働いていたのは農林水産業の分野であり、実はそれらを合わせた労働力率は戦前と戦後で大きな違いはない（戦前から労働力率は50％台）。戦後は、高度経済成長を背景に、工場や会社で雇用されて働く女性が年々増えていき、敗戦直後の1950年代初頭には400万人程度であった女性雇用者数が、1967年には1000万人を超え、1993年には2000万人を突破した❶。こうした女性雇用者の著しい増加をさして、女性の職場進出という表現が生まれた。

◆**雇用における性差別**　女性の職場進出が進んだ結果として、雇用者全体に占める女性比率は1950年代の20％台から、1960年代に30％を超え、現在では40％にも達している。だが、女性が職場に欠かせない存在として定着するにつれ、雇用における性差別がさまざまに再編成されていく。戦後日本では、終身雇用制・年功序列賃金制・労使協調主義の三つを柱とする日本独自の経営・雇用システム（「日本的経営」）が生まれたとされるが、女性のほとんどがそのシステムの埒外におかれた。まず、女性雇用者の増大のかなりの部分は、「パートタイマー」という低賃金かつ不安定な身分での雇用であったし、学卒後男性とともに「正規雇用」で就職した女性たちも、男性のような昇進や昇給とは無縁で、結婚・出産退職を前提とする短期雇用者扱いを受けることになる。世界を驚かせる経済成長を実現した日本の企業社会は、募集、採用、昇進、賃金、退職・定年、社会保障など、あらゆる面で女性に対する差別が横行する場であったのだ❷。

◆**差別定年制・結婚退職制との闘い**　そうした差別はなぜ許されていたのだろうか。それは、「男は仕事、女は家庭」という性別役割分業の広がりを背景に、女性が「二流の労働者」の位置づけを与えられたからだといえよう。女性の雇用労働は、女性本来の役割である家事育児を妨げない範囲に限らねばならないという論理が、差別を正当化するはたらきをした。結婚まで「若年 OL」として低賃金で働いて、子育て後に劣悪な労働条件の「主婦パート」として復帰する女性が多いため、日本では、女性の年齢別労働力率のグラフは M 字型曲線❸を描き、男女間の賃金格差も大きい。こうした差別に対して、女性たちは労働組合で婦人部を結成し女性独自

10-15 女性の職場進出と差別

の課題を掲げたり、裁判をとおして性差別撤廃を求めつづけた。その努力によって、差別定年制や差別賃金の違法性が徐々に認められ、1980年代以降雇用における男女平等がめざされるようになっていくのである。（木村）

❶女性雇用者の増加

1960年代以降女性雇用者数は増えつづけ、それとともに、雇用者全体に占める女性の割合も1960年代の3割程度から4割近くまで増大している。ただし、増加している女性雇用者の多くは「パートタイマー」と呼ばれる短期雇用労働者であることを忘れてはならない。

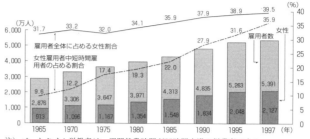

注) パートタイム労働者は、週間就業時間が35時間未満の従業者である。
出典) 井上輝子・江原由美子編『女性のデータブック（第3版）』（有斐閣、1999：91頁、『労働力調査』）。

❷差別定年制

女性であるという理由で男性よりも定年年齢が低く設定されている制度をさす。結婚や出産を機に仕事を辞めることを定めた退職制度や雇用慣行も、差別定年制と同じく女性差別であるとの認識が1970年代から1980年代にかけて高まっていった。

1969年、長男の出産を理由に解雇され撤回を訴える東洋鋼板の立中修子さんと、彼女の出勤を拒む男性同僚の姿（『写真集 女たちの昭和史』大月書店、1986）

❸M字型雇用

1970年には結婚・出産をきっかけに退職せざるをえない女性が多かったため、20歳代後半を底とするM字型カーブが大きかったが、現在では徐々にカーブがゆるやかになりつつある。また、他の国では女性が子育て期に離職せず、台形型と呼ばれる曲線を描いていることも少なくない。

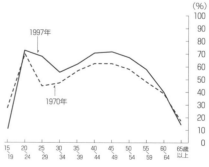

出典) 井上輝子・江原由美子編『女性のデータブック（第3版）』93頁。

参考文献　竹中恵美子『戦後女子労働史論――竹中恵美子著作集（Ⅱ）』明石書店、2012／竹中恵美子・久場嬉子編『労働力の女性化――21世紀へのパラダイム』有斐閣、1994／『日本女性差別事件資料集成2　結婚・出産退職制、若年停年制、差別定年制等資料　別冊（解題・資料）』すいれん舎、2009

10-16 特論⑦ 大震災と女性

教科書 現代の日本と世界 ☞9-7, 9-16, 10-10

　大震災とは、日常的な秩序が一挙に揺らぐ出来事である。このとき、日常には隠されていたものが一挙に噴出する局面と、あらたに非日常的な事態が生ずる面とが複合的に生起する。「災害ユートピア」と呼ばれる事態は後者の局面だが、大震災時においては、日頃の関係性から切断されるとともに、つねの関係性が基盤となり強化される面とがある。

　加えて、地震という自然災害を引き金としているが、人的被害はむろん、火災の被害やライフラインの切断などは、空間や社会施設の設計・配置に深く関係しており、さまざまな意味で人災の側面をあわせもつことを考えておく必要がある。

　関東大震災をはじめこれまで歴史的に生起した大震災は、被害―復旧―復興の過程を考察するとき、ジェンダーの観点は希薄であった。被害者としてひとくくりにされる傾向が強く、復旧―復興を議論するさいも性差に着目されることはなかった。

　大震災にかかわって、意識的にジェンダーが取り上げられるのは、1995年以降の阪神・淡路大震災以降❶であるといってよかろう。また、この頃から、性差を軸にして過去の震災を検証しようとする動きも出されることとなった。

　阪神淡路大震災に対しては、猪熊弘子編著『女たちの阪神大震災』(朝日新聞社、1995)、ウィメンズネット・こうべ編『女たちが語る阪神大震災』(1995)などによって、女性たちの声が書きとめられた❷。とくに、復旧段階での女性たちの経験がつづられ、暮らしの次元――地震直後の様相、水くみや買い出し、片づけ、避難所での暮らしを、「こころ」と「からだ」への影響、風呂やトイレのようす、化粧の可否などから報告し、議論している。とくに「家族」に対する言及が多いが、どのような家族関係を営むかにより大震災後の生活環境が変わるとともに、大震災によって家族関係が変化もする❸。

　また、近年では、妊産婦への関心が集中的に議論されるようになった。大震災のもとでの妊産婦の保護と支援体制、防災・復興体制における妊産婦の位置づけがようやく視野に収められた。

　しかし、罹災者に居住地域の差異が影響していることは認識されているが、いまだ被害のなかの性差は検討されていない。性暴力に対しても公表されていない。統計の取り方など、あらためて検討される必要があろう。復興過程の性差の追求とと

もにこれからの課題である。大震災の歴史的な考察をおこなうときにも、この視点が求められている。(成田)

❶阪神・淡路大震災

罹災をした人びとを報道するとき、しばしば「家族」が主語となり、人びとが「家族単位」で扱われている。しかし、1人暮らしの人も、少なくなかった。東日本大震災後には、『地震と独身』(酒井順子)という本も出された。

阪急三宮駅北口前 (松岡昭芳撮影)

❷女性たちが語る阪神・淡路大震災

「震災時、妊婦さんはどのように行動したのでしょうか。

兵庫区、長田区を中心に聞いてみました。地震直後は親戚、避難所などに非難した人が多かったようです。一部壊れた家やマンションで生活する人は、水汲みや後片づけなど、子どもを抱えて苦労しています。妊婦なのにと、びっくりするようなことがありました。

A：マンションの五階まで、両手にバケツで水を運んだ(妊娠七カ月)。

B：実家が気になり、地震の直後に兵庫から須磨まで歩いて行った(妊娠三カ月)。

C：夫が仕事に行っている間にも余震があり、一人ではとても不安で誰かと一緒にいたかった。

D：夫が帰られないのでパニックになり、自分がわからなくなった」(伊丹ルリ子「乳幼児を持つお母さんの悩み」より、ウィメンズネット・こうべ編、1995)

❸井上きみどり『ふくしまノート』

1995年1月17日の阪神・淡路大震災は、都市直下型の大地震であった。これに対し、2011年3月11日の東日本大震災は、地震による津波と、それによって引き起こされた福島第一原子力発電所の事故(原発事故)とが重なりあう「複合災害」であった。津波により町全体が流されるなどの被害を受けたところもある。また、原発事故は、これまでの災害とは異なり、被害の範囲、被害の様相はいまだ全容は見えていない。現在進行形の災害である。

こうしたなかで、東日本大震災は、どこに居住するか、どのような暮らし方をするか、ということを問うことになった。井上きみどり自身は宮城県に居住しているが、「隣の県の住人として……子どもを持つ母として」福島県の家庭を取材し、震災後の「いま」を描く(井上きみどり『ふくしまノート(1)』竹書房、2014)。そのことは、ジェンダー抜きには語れない。

参考文献　ウィメンズネット・こうべ編『女たちが語る阪神大震災』木馬書館、1995／萩原久美子・皆川満寿美・大沢真理編『復興を取り戻す――発信する東北の女たち』岩波書店、2013／酒井順子『地震と独身』新潮社、2014／R.ソルニット(高月訳)『災害ユートピア――なぜそのとき特別な共同体が立ち上がるのか』亜紀書房、2010

主要参考文献

◆事典・叢書・講座・入門書等

秋澤亙・川村裕子編『王朝文化を学ぶ人のために』世界思想社，2010
阿部恒久・大日方純夫・天野正子編『男性史』全3巻，日本経済評論社，2006
天野正子ほか編『新編日本のフェミニズム』全12巻，岩波書店，2009-11
井上輝子ほか編『岩波女性学事典』岩波書店，2002
市古夏生・菅聡子編『日本女性文学大事典』日本図書センター，2006
石月静恵・藪田貫編『女性史を学ぶ人のために』世界思想社，1999
井上輝子・江原由美子編『女性のデータブック──性・からだから政治参加まで（第1版～第4版）』有斐閣，1991-2005
円地文子監修『人物日本の女性史』全12巻，1977-78
大口勇次郎・成田龍一・服藤早苗編『ジェンダー史』山川出版社，2014
金子幸子ほか編『日本女性史大辞典』吉川弘文館，2008
黒田弘子・長野ひろ子編『エスニシティ・ジェンダーからみる日本の歴史』吉川弘文館，2002
河野信子代表編『女と男の時空──日本女性史再考』全7巻，1995-98，藤原書店
香内信子編『資料母性保護論争』ドメス出版，1984
後藤祥子ほか編『はじめて学ぶ日本女性文学史　古典編』ミネルヴァ書房，2003
佐々木潤之介ほか編『日本家族史論集』全13巻，2002-03
ジェンダー法学会編『講座ジェンダーと法』全4巻，日本加除出版，2012
柴桂子『近世の女旅日記事典』東京堂出版，2005
女性史総合研究会編『日本女性史』全5巻，東京大学出版会，1982
女性史総合研究会編『日本女性生活史』全5巻，東京大学出版会，1990-91
鈴木みどり編『Study guide メディア・リテラシー　ジェンダー編』リベルタ出版，2003
総合女性史研究会編『日本女性史論集』全10巻，吉川弘文館，1997-98
総合女性史研究会編『日本女性の歴史』全3巻，吉川弘文館，1992-93
総合女性史研究会編『史料にみる日本女性のあゆみ』吉川弘文館，2000
総合女性史研究会編『女性史と出会う』吉川弘文館，2001
総合女性史研究会編『時代を生きた女たち─新・日本女性通史』朝日新聞出版，2010
タトル，L（渡辺監訳）『新版フェミニズム事典』明石書店，1998
台湾女性史入門編纂委員会編『台湾女性史入門』人文書院，2008
長野ひろ子『ジェンダー史を学ぶ』吉川弘文館，2006
長野ひろ子・姫岡とし子編『歴史教育とジェンダー──教科書からサブカルチャーまで』青弓社，2011
西村汎子・早川紀代編『戦争・暴力と女性』全3巻，吉川弘文館，2004-05
西村汎子・関口裕子・菅野則子・江刺昭子編『文学にみる日本女性の歴史』吉川弘文館，2000
芳賀登ほか監修『日本女性人名辞典』日本図書センター，1993
ハム，M.（木本・高橋監訳）『フェミニズム理論事典』明石書店，1999
原武史ほか編『岩波　天皇・皇室辞典』岩波書店，2005
原ひろ子ほか編『ライブラリ相関社会学2　ジェンダー』新世社，1994
比較家族史学会編『事典家族』弘文堂，1996
久武綾子・若尾典子・戒能民江・吉田あけみ『家族データブック──年表と図表で読む戦後家族　1945-96』有斐閣，1997
服藤早苗ほか編『ジェンダー史叢書』全8巻，明石書店，2009-11
法政大学大原社会問題研究所編『労働婦人──日本労働総同盟婦人部機関誌』全6巻，法政大学出版局，1978-85

ボールズ，J.K.，ホーヴェラー，D.L（水田・安川監訳）『フェミニズム歴史事典』明石書店，2000
溝口明代ほか編『資料日本ウーマン・リブ史』全3巻，松香堂，1992-95
義江明子『古代女性史への招待――〈妹の力〉を超えて』吉川弘文館，2004
米田佐代子ほか編『『青鞜』を学ぶ人のために』世界思想社，1999
歴史科学協議会編『女性史研究入門』三省堂，1991
歴史学研究会・日本史研究会編『「慰安婦」問題を／から考える――軍事性暴力と日常世界』岩波書店，2014
脇田晴子・林玲子・永原和子編『日本女性史』吉川弘文館，1987
脇田晴子編『母性を問う――歴史的変遷（上・下）』人文書院，1985
脇田晴子，ハンレー，S.編『ジェンダーの日本史（上・下）』東京大学出版会，1994-95

◆啓蒙書・研究書
相庭和彦ほか『満州「大陸の花嫁」はどうつくられたか――戦時期教育史の空白にせまる』明石書店，1996
赤川学『セクシュアリティの歴史社会学』勁草書房，1999
阿木津英編『短歌のジェンダー』本阿弥書房，2003
浅倉むつ子『均等法の新世界――二重基準から共通基準へ』有斐閣，1999
朝日新聞社編『日本美術に描かれた女性たち――絵巻物・屏風絵・肖像画・浮世絵』朝日新聞社，1985
朝日新聞社編『週刊朝日百科日本の歴史3　中世Ⅰ-③　遊女・傀儡・白拍子』朝日新聞社，1986
阿部泰郎『湯屋の皇后――中世の性と聖なるもの』名古屋大学出版会，1998
天野正子・桜井厚『「モノと女」の戦後史――身体性・家庭性・社会性を軸に』有信堂，1992
網野善彦『中世の非人と遊女』講談社学術文庫，2005
網野善彦『職人歌合』平凡社，2012
蘭信三『「満州移民」の歴史社会学』行路社，1994
飯田祐子編『『青鞜』という場――文学・ジェンダー・〈新しい女〉』森話社，2002
飯田祐子『彼らの物語――日本近代文学とジェンダー』名古屋大学出版会，1998
生田澄江『舞踏への勧誘――日本最初の女子留学生永井繁子の生涯』文芸社，2003
生田誠『モダンガール大図鑑――大正・昭和のおしゃれ女子』河出書房新社，2012
池田忍『日本絵画の女性像――ジェンダー美術史の視点から』筑摩書房，1998
池田忍ほか編『美術とジェンダー2　交差する視線』ブリュッケ，2005
石井進『中世武士団』小学館，1974
石川九楊『ひらがなの美学』新潮社，2007
石田米子・内田知行『黄土の村の性暴力――大娘たちの戦争は終わらない』創土社，2004
石塚裕道・成田龍一『東京都の百年』山川出版社，1986
石牟礼道子『苦界浄土――わが水俣病』講談社文庫版，1972
一条ふみ『東北のおなごたち――境北巡礼者の幻想』ドメス出版，1979
伊藤康子『草の根の婦人参政権運動史』吉川弘文館，2008
伊藤るりほか編『モダンガールと植民地的近代』岩波書店，2010
乾淑子編『図説着物柄にみる戦争』インパクト出版会，2007
今谷明『室町の王権――足利義満の王権簒奪計画』中公新書，1990
色川大吉ほか編『民衆憲法の創造――埋もれた多摩の人脈』評論社，1970
色川大吉『水俣の啓示――不知火海総合調査報告（上・下）』筑摩書房，1983
岩崎佳枝『職人歌合――中世の職人群像』平凡社，1987

ウィメンズネット・こうべ編『女たちが語る阪神大震災』木馬書館，1995
ウォルソール，A.（菅原・田崎・高橋訳）『たをやめと明治維新——松尾多勢子の反伝記的生涯』ぺりかん社，2005
氏家幹人『武士道とエロス』講談社現代新書，1995
氏家幹人ほか編『日本近代国家の成立とジェンダー』柏書房，2003
内田雅克『大日本帝国の「少年」と「男性性」——少年少女雑誌に見る「ウィークネス・フォビア」』明石書店，2010
梅村恵子『家族の古代史——恋愛・結婚・子育て』吉川弘文館，2007
江上幸子ほか編『東アジアの国民国家形成とジェンダー——女性像をめぐって』青木書店，2007
エーレンバーグ，M.（河合訳）『先史時代の女性——ジェンダー考古学事始め』河出書房新社，1997
大門正克『民衆の教育経験——農村と都市の子ども』青木書店，2000
大金義昭『風のなかのアリア——戦後農村女性史』ドメス出版，2005
大木基子『自由民権運動と女性』ドメス出版，2003
大口勇次郎『女性のいる近世』勁草書房，1995
大口勇次郎編『女の社会史 17-20世紀——「家」とジェンダーを考える』山川出版社，2001
大沢真理編『21世紀の女性政策と男女共同参画社会基本法（改訂版）』ぎょうせい，2002
大下智一『山下りん——明治を生きたイコン画家』北海道新聞社，2004
大庭みな子『津田梅子』朝日新聞社，1990
大藤修『近世農民と家・村・国家——生活史・社会史の視座から』吉川弘文館，1996
小笠原恭子『出雲のおくに——その時代と芸能』中公新書，1984
岡山女性史研究会編『近代岡山の女たち』三省堂，1987
小川津根子『祖国よ——「中国残留婦人」の半世紀』岩波新書，1995
荻野美穂『生殖の政治学——フェミニズムとバース・コントロール』山川出版社，1994
荻野美穂『女のからだ——フェミニズム以後』岩波新書，2014
オークレー，A.（岡島訳）『主婦の誕生』三省堂，1986
長志珠絵『占領期・占領空間と戦争の記憶』有志舎，2013
小澤毅『日本古代宮都構造の研究』青木書店，2003
小沢朝江・水沼淑子『日本住居史』吉川弘文館，2006
落合恵美子『21世紀家族へ——家族の戦後体制の見かた・超えかた（第3版）』有斐閣，2004
小野沢あかね『近代日本社会と公娼制度——民衆史と国際関係史の視点から』吉川弘文館，2010
女たちの現在を問う会編『銃後史ノート戦後編8 全共闘からリブへ』インパクト出版会，1996
海妻径子『近代日本の父性論とジェンダー・ポリティクス』作品社，2004
海保洋子『近代北方史——アイヌ民族と女性と』三一書房，1992
片野真佐子『皇后の近代』講談社選書メチエ，2003
勝浦令子『女の信心——妻が出家した時代』平凡社，1995
勝浦令子『日本古代の僧尼と社会』吉川弘文館，2000
勝浦令子『古代・中世の女性と仏教』山川出版社，2003
加藤千香子『近代日本の国民統合とジェンダー』日本経済評論社，2014
加藤千香子・細谷実編『暴力と戦争』明石書店，2009
加藤周一ほか編『日本近代思想大系23 風俗・性』岩波書店，1990
兼松左知子『閉じられた履歴書——新宿・性を売る女たちの30年』朝日文庫，1990
鹿野政直『現代日本女性史——フェミニズムを軸として』有斐閣，2004
加納実紀代『女たちの〈銃後〉（増補新版）』インパクト出版会，1995
鎌田浩『幕藩体制における武士家族法』成文堂，1970

ガムバロフ，M. ほか（グルッペGAU 訳）『チェルノブイリは女たちを変えた』社会思想社，1989
河合蘭『未妊――「産む」と決められない』NHK 出版，2006
河上麻由子『古代アジア世界の対外交渉と仏教』山川出版社，2011
河添房江『性と文化の源氏物語――書く女の誕生』筑摩書房，1998
岸康彦『食と農の戦後史』日本経済新聞社，1996
北河賢三『戦後の出発――文化運動・青年団・戦争未亡人』青木書店，2000
金賛汀『朝鮮人女工のうた――1930年・岸和田紡績争議』岩波新書，1982
金富子『植民地期朝鮮の教育とジェンダー――就学・不就学をめぐる権力関係』世織書房，2005
木村茂光編『平安京くらしと風景』東京堂出版，1994
京都YWCA・ART 編『人身売買と受入大国ニッポン――その実態と法的課題』明石書店，2001
近世女性史研究会編『論集近世女性史』吉川弘文館，1986
近世女性史研究会編『江戸時代の女性たち』吉川弘文館，1990
近代女性文化史研究会編『大正期の女性雑誌』大空社，1996
国広陽子，東京女子大学女性学研究所編『メディアとジェンダー』勁草書房，2012
久野明子『鹿鳴館の貴婦人大山捨松――日本初の女子留学生』中央公論社，1988
久場嬉子編著『介護・家事労働者の国際移動――エスニシティ・ジェンダー・ケア労働の交差』日本評論社，2007
久保貴子『徳川和子』吉川弘文館，2008
栗原彬編『証言水俣病』岩波新書，2000
久留島典子『日本の歴史13　一揆と戦国大名』講談社，2001
黒田弘子『ミミヲキリハナヲソギ――片仮名書百姓申状』吉川弘文館，1995
黒田弘子『女性からみた中世社会と法』校倉書房，2002
恵泉女学園大学平和文化研究所編『占領と性――政策・実態・表象』インパクト出版会，2007
芸能史研究会編『日本芸能史4　中世 – 近世』法政大学出版局，1985
児島恭子『アイヌ民族史の研究――蝦夷・アイヌ観の歴史的変遷』吉川弘文館，2003
後藤みち子『中世公家の家と女性』吉川弘文館，2002
後藤みち子『戦国を生きた公家の妻たち』吉川弘文館，2009
ゴードン，B.S.『1945年のクリスマス――日本国憲法に「男女平等」を書いた女性の自伝』柏書房，1995
小林達雄『縄文人の世界』朝日新聞，1996
小林茂文『周縁の古代史――王権と性・子ども・境界』有精堂出版，1994
小檜山ルイ『アメリカ婦人宣教師――来日の背景とその影響』東京大学出版会，1992
五味文彦『院政期社会の研究』山川出版社，1984
小山静子『家庭の生成と女性の国民化』勁草書房，1999
小山静子『戦後教育のジェンダー秩序』勁草書房，2009
小山修三『縄文学への道』日本放送出版協会，1996
佐伯有清『魏志倭人伝を読む（上・下）』吉川弘文館，2000
坂井博美『「愛の争闘」のジェンダー力学――岩野清と泡鳴の同棲・訴訟・思想』ぺりかん社，2012
酒井順子『地震と独身』新潮社，2014
坂田聡『日本中世の氏・家・村』校倉書房，1997
坂田聡『苗字と名前の歴史』吉川弘文館，2006
桜井由幾・菅野則子・長野ひろ子『ジェンダーで読み解く江戸時代』三省堂，2001
佐藤文香『軍事組織とジェンダー――自衛隊の女性たち』慶應義塾大学出版会，2004
沢山美果子『近代家族と子育て』吉川弘文館，2013
山陽新聞社編『ねねと木下家文書』山陽新聞社，1982

塩川京子『描かれた女たち――絵巻の主婦から昭和の美人画まで』朝日新聞社，1999
澁澤敬三・神奈川大学常民文化研究所編『絵巻物による日本常民生活絵引（新版）』全5巻，平凡社，1984
澁谷知美『立身出世と下半身――男子学生の性的身体の管理の歴史』洛北書店，2013
白石玲子ほか編『国民国家と家族・個人』早稲田大学出版会，2005
新・フェミニズム批評の会編『『青鞜』を読む』学藝書林，1998
杉山春『満州女塾』新潮社，1996
鈴木裕子『フェミニズムと戦争――婦人運動化の戦争協力（新版）』マルジュ社，1997
須田春子『律令制女性史研究』千代田書房，1978
スミス，R.J.，ウィスウェル，E.L.（河村・斉藤訳）『須恵村の女たち――暮しの民俗学』御茶の水書房，1987
清家章『古墳時代の埋葬原理と親族構造』大阪大学出版会，2010
瀬川清子『若者と娘をめぐる民俗』未来社，1972
関口すみ子『御一新とジェンダー――荻生徂徠から教育勅語まで』東京大学出版会，2005
関民子『江戸後期の女性たち』亜紀書房，1980
関民子『恋愛かわらばん――江戸の男女の人生模様』はまの出版，1996
前近代女性研究会編『家族と女性の歴史古代中世』吉川弘文館，1989
総合女性史学会編『女性官僚の歴史―古代女官から現代キャリアまで』吉川弘文館，2013
宋連玉『脱帝国のフェミニズムを求めて――朝鮮女性と植民地主義』有志舎，2009
宋連玉・金栄編『軍隊と性暴力――朝鮮半島の20世紀』現代史料出版，2010
曽根ひろみ『娼婦と近世社会』吉川弘文館，2003
高木侃『三くだり半――江戸の離婚と女性たち』平凡社，1987
高里鈴代『沖縄の女たち――女性の人権と基地・軍隊』明石書店，1996
高田倭男『服装の歴史』中央公論社，1995
高橋秀樹『中世の家と性』山川出版社，2004
高橋博『近世の朝廷と女官制度』吉川弘文館，2009
髙橋裕子『津田梅子の社会史』玉川大学出版部，2002
高橋喜久江『売買春問題にとりくむ――性搾取と日本社会』明石書店，2004
武田佐知子『衣服で読み直す日本史――男装と王権』朝日新聞社，1998
竹中恵美子『戦後女子労働史論――竹中恵美子著作集（Ⅱ）』明石書店，2012
竹中恵美子・久場嬉子編『労働力の女性化――21世紀へのパラダイム』有斐閣，1994
田代和生『新・倭館――鎖国時代の日本人町』ゆまに書房，2011
高橋博『近世の朝廷と女官制度』吉川弘文館，2009
田中東子『メディア文化とジェンダーの政治学――第三波フェミニズムの視点から』世界思想社，2012
田中貴子『性愛の日本中世』ちくま学芸文庫，2004
田中美津『いのちの女たちへ――とり乱しウーマン・リブ論』田畑書店，1972
田端泰子『日本中世の社会と女性』吉川弘文館，1998
田端泰子『乳母の力――歴史を支えた女たち』吉川弘文館，2005
田端泰子『山内一豊と千代――戦国武士の家族像』岩波新書，2005
丹野清人『越境する雇用システムと外国人労働者』東京大学出版会，2007
千野香織『千野香織著作集』ブリュッケ，2010
塚田良道『人物埴輪の文化史的研究』雄山閣，2007
辻ミチ子『和宮――後世まで清き名を残したく候』ミネルヴァ書房，2008
辻村みよ子『ジェンダーと人権――歴史と理論から学ぶ』日本評論社，2008

辻村みよ子『代理母問題を考える』岩波ジュニア新書, 2012
辻村みよ子編『世界のポジティブ・アクションと男女共同参画』東北大学出版会, 2004
土谷恵『中世寺院の社会と芸能』吉川弘文館, 2001
都出比呂志・佐原眞編『古代史の論点2　女と男, 家と村』小学館, 2000
暉峻衆三編著『日本の農業150年――1850年～2000年』有斐閣, 2003
所京子『斎王和歌文学の史的研究』国書刊行会, 1989
所京子『平安朝「所・後院・俗別当」の研究』勉誠出版, 2004
豊見山和行編『琉球・沖縄史の世界』吉川弘文館, 2003
長島淳子『幕藩制社会のジェンダー構造』校倉書房, 2006
中野等『立花宗茂』吉川弘文館, 2001
長野ひろ子『日本近世ジェンダー論――「家」経営体・身分・国家』吉川弘文館, 2003
中山千代『日本婦人洋装史』吉川弘文館, 1987
那覇市総務部女性室編『なは・女のあしあと――那覇女性史（前近代編, 戦後編）』琉球新報社事業局出版部, 2001
那覇市総務部女性室・那覇女性史編集委員会編『なは・女のあしあと――那覇女性史（近代編）』ドメス出版, 1998
西川麦子『ある近代産婆の物語――能登・竹島みいの語りより』桂書房, 1997
西川祐子『私語り樋口一葉』岩波現代文庫, 2011
西川祐子『住まいと家族をめぐる物語』集英社新書, 2004
西川祐子・荻野美穂編『共同研究　男性論』人文書院, 1999
西口順子『中世の女性と仏教』法蔵館, 2006
西坂靖『三井越後屋奉公人の研究』東京大学出版会, 2006
仁藤敦史『女帝の世紀――皇位継承と政争』角川学芸出版, 2006
二宮周平『家族と法――個人化と多様化のなかで』岩波新書, 2007
日本キリスト教婦人矯風会編『日本キリスト教婦人矯風会百年史』ドメス出版, 1986
能登健『列島の考古学　縄文時代』河出書房新社, 2011
野村育世『北条政子――尼将軍の時代』吉川弘文館, 2000
野村育世『仏教と女の精神史』吉川弘文館, 2004
野村育世『家族史としての女院論』校倉書房, 2006
萩原久美子・皆川満寿美・大沢真理編『復興を取り戻す――発信する東北の女たち』岩波書店, 2013
橋本紀子『男女共学制の史的研究』大月書店, 1992
畑尚子『徳川政権下の大奥と奥女中』岩波書店, 2009
早川紀代『近代天皇制国家とジェンダー――成立期のひとつのロジック』青木書店, 1998
林玲子『江戸と上方――人・モノ・カネ・情報』吉川弘文館, 2001
林千代『「婦人保護事業」五〇年』ドメス出版, 2008
早田リツ子『工女への旅――富岡製糸場から近江絹糸へ』かもがわ出版, 1997
ハンター, J.（阿部・谷本監訳）『日本の工業化と女性労働―戦前期の繊維産業』有斐閣, 2008
東村純子『考古学からみた古代日本の紡織』六一書房, 2011
土方苑子編『各種学校の歴史的研究――明治東京・私立学校の原風景』東京大学出版会, 2008
平井和子『日本占領とジェンダー』有志舎, 2014
平田由美『女性表現の明治史――樋口一葉以前』岩波人文セレクション, 2011
フィスター, P.『近世の女性画家たち――美術とジェンダー』思文閣出版, 1994
藤目ゆき『性の歴史学』不二出版, 1997
服藤早苗『平安朝　女性のライフサイクル』吉川弘文館, 1998

服藤早苗『平安王朝社会のジェンダー——家・王権・性愛』校倉書房，2005
服藤早苗『古代・中世の芸能と買売春——遊行女婦から傾城へ』明石書店，2012
服藤早苗編『歴史のなかの皇女たち』小学館，2002
服藤早苗編『「平家物語」の時代を生きた女性たち』小径社，2013
仁藤敦史『卑弥呼と台与——倭国の女王たち』山川出版社，2009
藤木久志『飢餓と戦争の戦国を行く』朝日新聞社，2001
フリューシュトゥック，S.，ウォルソール，A.（長野監訳）『日本人の「男らしさ」——サムライからオタクまで「男性性」の変遷を追う』明石書店，2013
フルーグフェルダー，G.『政治と台所——秋田県女子参政権運動史』ドメス出版，1986
細川涼一『逸脱の日本中世』ちくま学芸文庫，2000
保立道久『中世の愛と従属——絵巻の中の肉体』平凡社，1986
保立道久『中世の女の一生——貴族・領主・百姓・下人の女たちの運命と人生』洋泉社，2010
ボードリヤール，J.（今村・塚原訳）『消費社会の神話と構造（普及版）』紀伊国屋書店，1995
堀場清子『青鞜の時代——平塚らいてうと新しい女たち』岩波新書，1988
増田美子編『日本衣服史』吉川弘文館，2010
松井やより『アジアの観光開発と日本』新幹社，1993
真橋美智子『「子育て」の教育論——日本の家庭における女性役割の変化を問う』ドメス出版，2002
丸浜江里子『原水禁署名運動の誕生——東京・杉並の住民パワーと水脈』凱風社，2011
丸山和彦・板井八重子編著『女たちのミナマタ——証言愛のかがやき，生命の叫び』新日本出版社，1988
水野直樹ほか『「図録」植民地朝鮮に生きる——韓国・民族問題研究所所蔵資料から』岩波書店，2012
宮西香穂里『沖縄軍人妻の研究』京都大学学術出版会，2013
村井章介ほか編『日本の対外関係4　倭寇と「日本国王」』吉川弘文館，2010
目黒依子・西岡八郎編『少子化のジェンダー分析』勁草書房，2004
森崎和江『からゆきさん』朝日文庫，1980
諸橋泰樹『メディアリテラシーとジェンダー——構成された情報とつくられる性のイメージ』現代書館，2009
柳谷慶子『近世の女性相続と介護』吉川弘文館，2007
山内みな『山内みな自伝——十二歳の紡績女工からの生涯』新宿書房，1975
山崎明子『近代日本の「手芸」とジェンダー』世織書房，2005
ユージン・スミス，W.，スミス，A.M.（中尾訳）『写真集水俣』三一書房，1980
優生手術に対する謝罪を求める会編『優生保護法が犯した罪——子どもをもつことを奪われた人々の証言』現代書館，2003
湯沢雍彦『明治の結婚　明治の離婚——家庭内ジェンダーの原点』角川学芸出版，角川選書，2005
横山文野『戦後日本の女性政策』勁草書房，2002
義江明子『日本古代系譜様式論』吉川弘文館，2000
義江明子『つくられた卑弥呼——〈女〉の創出と国家』ちくま新書，2005
義江明子『日本古代女性史論』吉川弘文館，2007
義江明子『県犬養橘三千代』吉川弘文館，2009
義江明子『古代王権論——神話・歴史感覚・ジェンダー』岩波書店，2011
吉見義明『日本軍「慰安婦」制度とは何か』岩波ブックレット，2010
米田佐代子『平塚らいてう——近代日本のデモクラシーとジェンダー』吉川弘文館，2002
フロイス，L.（岡田訳注）『ヨーロッパ文化と日本文化』岩波文庫，1991
歴史学研究会編『性と権力関係の歴史』青木書店，2004
若桑みどり『隠された視線——浮世絵・洋画の女性裸体像』岩波書店，1997

若桑みどり『皇后の肖像――昭憲皇太后の表象と女性の国民化』筑摩書房，2001
脇田晴子『日本中世女性史の研究――性別役割分担と母性・家政・性愛』東京大学出版会，1992
脇田晴子『中世に生きる女たち』岩波新書，1995

索　引

あ

愛国婦人会　204, 214
アイヌ文化振興法　155
アイヌ民族　154, 155
赤線　244
赤染衛門　66, 67
県犬養橘三千代　48, 49
赤不浄　177
赤松（丸木）俊　246
商場知行制　154
浅井柞　199
浅井長政夫人　57
アジアからの花嫁　20, 21
阿修羅像　49
足弱　108, 109
新しい女　188, 189, 194, 225
安部磯雄　212
尼　44, 54, 55, 86, 92, 93, 103, 104, 111
尼寺　54, 55, 81, 91, 93
尼天皇　48
有栖川宮熾仁親王　153
RAA　224, 225, 234, 235, 240
慰安所　218-221, 234, 244
「慰安婦」　21, 24, 180, 218-221, 224
家　12, 60, 64, 66, 70, 80-82, 86-88, 90, 91, 93, 104, 108, 118, 124-127, 134, 135, 159, 170, 172, 187, 198, 233
家経営体　12, 118, 126, 134, 136
家継承　81
家刀自　53
「家の永続性」　118, 127, 134, 135
『家の光』　216
衣冠　76
違式詿違条例　161
石田梅岩　124
石本静枝　212, 213
移住漁村　206, 207
李仁述　209
和泉式部　66
出雲のおくに　112, 113
伊勢　66, 67, 93
井関隆子　148
『伊勢集』　66, 67
市川房枝　192, 193, 196, 215

1.57ショック　22, 23
一門　80, 94
一揆　130, 131, 149
一期分　80, 90, 91
一揆物語　131
一生扶持　122, 123
一生奉公　122
一夫一婦制　170, 172, 198, 199, 224
一夫多妻　64, 224
井上伝　119, 140, 141
今出絣　140, 141
今様　74, 75
移民の女性化　20
伊予絣　140, 141
衣料生産　100, 134, 140, 141
岩倉使節団　164, 165
岩倉具視　153, 164
姻族　80, 88, 90, 91, 94
ウィメンズ・アクション・ネットワーク　19
上田貞子　164
浮世絵　119, 142, 143
牛飼　76
有智子内親王　53, 64, 65
打ちこわし　121, 130
采女　39, 47
乳母　53, 70, 71, 89, 172
ウーマン・リブ　18, 19, 228, 250, 251
『栄花物語』　67, 73
江口遊女　75
絵系図　98, 99
蝦夷地　13, 154, 155
江戸城　120-122, 131, 142, 143, 153
M字型雇用（就労）　16, 17, 257
縁切寺　91, 129
縁友／縁共　86
桜楓会　204
往来物　125
お江与　121
大奥　120-122, 142, 143, 153
大奥老女　119, 121
大田洋子　246, 247
大原幽学　124
岡山女子懇親会　168, 169
興子内親王　119, 121

沖縄女性　210, 211, 220, 221
沖縄戦　220
奥　120, 122
奥方条目　120
お国替絵巻　149
阿国歌舞伎　112, 113, 119
奥向き女中　122
奥向きの女性　120
奥村喜三郎　151
乳人　71
落穂拾い　100
「夫日本・妻外国」　20, 21
男歌　66
男絵　73
男手　64-66
御年寄　122, 123
乙前　74
小野小町　66
お歯黒　132, 160
『男衾三郎絵巻』　72, 73
御目見　122
表　120, 122
オリエンタリズム　13, 182
遠城繁子　167
女今川　124, 125, 150, 151
女歌　66
女絵　72, 73
女鏡秘伝書　135
女方　113
女歌舞伎　112, 144, 145
女髪結　138
女曲舞　112
女孝経　150, 151
女坑夫　176, 177
女猿楽　112, 145
女浄瑠璃　145
女大学　124, 125, 150, 151
女手　52, 64-66
女庭訓　150
女手形　129
女名前人　128
女能　144
女舞　144, 145
女らしさ　72, 160, 193

か
外戚　60-62, 70

貝輪　31, 37
蠣崎氏　154
鍵谷カナ　119, 140, 141
家業　60, 70, 71, 104, 118, 127, 134-136, 141, 143, 162, 170, 174, 188
廓清会　178
景山英子　158
『蜻蛉日記』　66, 67
駕籠訴　130, 131
貸座敷／貸座敷業者　178, 224, 234
貸座敷営業取締規則　178
下士卒家族救助令　186, 187
和宮　118, 119, 149, 153
家族
　核家族　252, 253
　近代家族　159, 188, 189, 206, 230
　直系家族　118, 126, 134, 172
家族賃金　208
家長　46, 70, 86, 88, 94, 126, 127, 168, 170, 171
葛飾北斎　143
家庭科教育　16, 17
家庭生活　164, 165, 202, 231, 248
仮名／仮名文字　52, 64, 65
金井延　175
かにた婦人の村　241
寡婦　46, 100, 187
歌舞伎　119, 142, 144, 145
　歌舞伎踊り　144, 145
　若衆歌舞伎　112, 113
家父長制　12, 118, 131, 193, 230
髪長姫　39
亀菊　74
柄井川柳　143
唐衣　76
からゆきさん　180, 181
川井小梅　149
宦官　46
観心十界曼荼羅　97
寛政改革　119, 124, 138, 151
姦通罪　199, 232
官僚制支配　40
管理労働　118, 134
祇王　74
企業戦士　225
聞得大君　114, 115
帰国事業　236, 237
キサキ　38, 44, 46, 52, 53, 62-64, 85

索引　271

岸田俊子　158, 168, 169
祇女　74
岸和田紡績　208, 209
妓生　207
喜多川歌麿　142, 143
北沢秀一　188
北政所→正妻
北政所ねね　108
「基地のなかの中学校」　234
金学順　218
給金　122, 123, 136
旧ユーゴ戦犯法廷　219
教育基本法　17, 228, 254
教育資格　184, 185, 200-202
行儀見習い　122
卿二位（藤原兼子）　84
儀礼　30, 34, 36, 77, 95, 99, 105, 112, 114, 115, 118, 120, 132, 142
悔返し権　88
『苦海浄土』　242
傀儡子　74, 75
薬子／薬子の変　61
楠瀬喜多　158, 168
クナシリ・メナシの戦い　154
権友会　193
久布白落実　198
熊野比丘尼　93, 97
栗原貞子　246, 247
久留米絣　140, 141
グローバル化　20
蔵人所　53, 60, 61
軍国の母　214
軍服　57, 160
ケア労働　20
芸娼妓解放令　178, 179, 224
傾城　74
傾城屋　74
『刑法読本』　199
穢れ観　96
下女／下女奉公人　132, 133, 139, 147
血穢　96, 97
月経　96, 97, 177
結婚／婚姻　17, 21, 22, 50, 51, 60, 65, 66, 68, 69, 76, 77, 80, 82, 86-88, 90, 91, 104-106, 110, 114, 118, 120, 121, 124, 126, 128, 133, 140, 141, 146, 148, 153, 168, 170-173, 185, 193, 199, 200, 206, 212, 213, 221, 222, 224, 225, 231-233

通い婚　50
ツマドヒ婚　50, 51
　法律婚／法律婚主義　170, 172, 186
　婿取婚　68, 86
　嫁入婚　80, 86, 87
　嫁取婚　126
血盆経　96, 97
下男　147
下人　61, 71, 76, 88, 126
ゲリラガールズ　19
原始女子シャーマン説　37
『源氏物語』　55, 61, 64, 65, 67, 72, 105
元正天皇　44, 45
原水爆禁止運動　246
「原爆の図」　246
元服　76, 77, 95, 132, 133
憲法制定　228
元明天皇　44, 45, 49
建礼門院徳子　63, 69, 71
広義門院　81, 85
後宮　46, 62, 66, 71
後宮十二司　46, 47, 52
皇極（斉明）天皇　40, 44, 45
孝謙（称徳）天皇　44, 45, 48
皇后　46, 48, 52, 57, 62, 63, 104, 140, 204, 205, 224
皇后朝賀儀　62
皇室制規　172, 173
皇室典範　49, 172, 173
工女　166, 167, 174, 184, 185
公娼制度　112, 119, 144, 145, 178, 180, 181, 218, 224, 240
公娼制度廃止命令　240
工場法　174, 175, 208
皇太后　62, 63
公的儀礼→儀礼
公的存在　118, 120
高等女学校令　159, 200
豪農／豪農経営　118, 122, 136, 137, 152, 153
貢布　114, 115
鉱夫労役扶助規則改正　176
公民男女　46
『小梅日記』　149
孝明天皇　119, 153
高利貸し　52, 102
公（的）領域　12, 118, 131, 134, 135
国際反戦デー　250
国籍法の改正　16, 17

索引

国内行動計画　16
国分尼寺　48, 49, 54
国防婦人会　214, 215
国民皆兵　162
国民健康保険法　236
国民年金法　236
国民優生法　212, 213
国母　52, 60, 62, 63, 68, 71, 121
国母女院　70
後家　71, 80, 82, 84, 86, 88, 98, 126, 127, 131, 132
御家人　82-84, 87, 88, 90, 91, 139, 142
コシャマインの戦い　154
戸主　41, 47, 162, 168-171, 182, 186, 187, 197, 206, 232, 233, 252
御成敗式目　80-83, 86
戸籍　45-47, 187, 210, 232
戸籍制度　232
戸籍法　170, 232, 236
小袖　56, 57
後藤ミツエ　209
子ども中心主義　252
後水尾天皇　119-121
米騒動　130
雇用労働　136, 256
婚姻→結婚／婚姻
婚姻居住形態　69
今和次郎　189

さ

斎院　65
斎王　53, 65
災害ユートピア　258
再生産労働　118, 134, 135, 216
在日朝鮮人　236, 237
斉明天皇→皇極天皇
早乙女　100
相模　66
相模下女　139
佐倉惣五郎　131
酒造り　52, 53
里長　52
里刀自　52, 53
差別定年制　256, 257
寒川尼　89
産穢　96, 97
サンガー, マーガレット　212, 213
産児制限　212

「産児報国」　212
三従　92, 124, 125
三種の神器　228, 238
三ちゃん農業　248, 249
サンフランシスコ講和条約　244
慈愛館　198, 199
ジェンダー記号　46
ジェンダー構造　60, 65, 76
ジェンダー史　10, 11, 18
ジェンダー史学会　11
ジェンダー主流化　16
ジェンダー秩序　12, 13, 18, 76, 158, 159, 162, 186, 229
ジェンダーの再編成　158
ジェンダー平等　16, 18, 230
ジェンダー分業　134, 135, 140
ジェンダー分析　13, 72
ジェンダー編成　158, 159, 192
ジェンダー役割　60, 62, 140, 186
視覚文化　13, 19
静　74
士族授産　166, 167
七去　124, 125
仕丁　46, 47
地頭　61, 80, 82, 88, 89, 98, 99
持統天皇　44, 45, 48, 49
信濃者　139
士農工商　118
褶　76
社会的分業　118, 126
シャクシャインの戦い　119, 154
若年OL　256
写真結婚　210
集会及政社法　159, 168, 169
「醜業婦」　180, 181, 192, 207
従軍遺家族　186
「集団自決」　220, 221
衆道　94
儒学　124
儒教／儒教思想　40, 92, 96, 114, 115, 119, 124, 140, 148, 149
寿桂尼　81, 85
朱子学　124
出産　22, 23, 29, 86, 96, 97, 118, 120, 171, 177, 185, 194, 201, 212, 216, 225, 229, 252, 253, 256, 257
出産コスト　22
出征軍人家族並遺族心得　187

索引　273

出生率　22, 23, 224, 225, 250, 252, 253
主婦　87, 148-150, 184, 202, 206, 214, 225, 238, 239, 252, 253
『主婦之友』　192, 202, 222, 223
主婦連合会　238
順子皇太后　53
小家族経営　46
将軍／将軍家　80, 82, 84, 85, 93, 118, 120-122, 131, 143, 149
将軍の妻　34, 40, 41
昭憲皇太后（皇后美子）　57, 140
少子高齢化社会　20, 22, 25, 225
少女歌劇　202
『成尋母集』　67
正田篠枝　246, 247
称徳天皇→孝謙天皇
証人制　108
小農自立　126
消費社会／消費文化　188, 189, 202, 238
浄瑠璃　119, 142, 144, 145
女学校　150, 151, 165, 166, 184, 200, 201, 206
職業婦人　192, 197, 200, 201, 204
植民地主義　13
女訓書　119, 124, 125, 135, 140, 148
女系排除　60
女権論　169
女工　100, 159, 174, 175, 192, 208, 209
女児の就学率　185
女子英学塾　165
女子学生亡国論　228, 255
女子大学無用論　255
女子挺身隊　214, 215
女女格差　228
女子留学生　164, 165
女子労働者／女性労働者　16, 20, 174, 208, 209, 214
女性開墾主　68
女性学　228, 229, 250
女性芸能者　74, 75, 112
女性国際戦犯法廷　218, 219
女性雇用者数　256, 257
女性差別撤廃委員会（CEDAW）　24
女性差別撤廃条約　16, 17, 24, 229
女性史　10, 11
　解放史的女性史　10
　生活史的女性史　10
　地域女性史　10
　日本女性史　10, 11

女性首長　36-38, 155
女性の職場進出　256
「女性のためのアジア平和国民基金」　218
女性排除　40, 168
女性労働　34, 100, 176, 208
女中　118, 120, 122, 123
　大奥女中　121, 122, 142, 143
　女中法度　120
『職工事情』　159, 174, 175, 185
女帝　44, 45, 48, 62, 173
女流志士　152, 153
白拍子　74, 75, 102, 112
私領域　12, 158
ZINE　18
新女大学　173
親権　70, 80, 170, 232
新国内行動計画　16
『新猿楽記』　61
新・三種の神器（3C）　238
人身売買　12, 20, 21, 24, 25, 178, 180, 216, 218, 240
新中間層　188
神女　114, 115
新婦人協会　192, 193, 196
人物埴輪　39, 56
新マルサス主義　212
『人倫訓蒙図彙』　138
推古天皇　44, 45, 56
随性院　123
末松偕一郎　197
杉浦非水　203
鈴木春信　119, 142, 143
皇祖母尊　44, 48
生活協同組合運動　238
静寛院宮　153
正規雇用　17, 256
正妻　60-62, 72, 76, 87, 108
生産労働　118, 134, 135, 216
清少納言　52, 64, 65, 67
生殖　12, 23, 224, 225, 228
生殖儀礼→儀礼
生殖補助医療　23
性的嫌がらせ→セクシュアル・ハラスメント
性的マイノリティ　12, 229
『青鞜』　18, 19, 192-195, 225
性と生殖　224
性奴隷　218
成年式　132, 133

青年団　133
性別分業　17, 100, 228
性別役割意識　22
性別役割分担　10, 172, 252, 253
性犯罪　189, 222, 229, 232, 244, 245, 260, 261
性暴力　106, 137, 198, 223, 234, 241, 258
世界行動計画　16
世界女性キリスト者禁酒同盟　198, 199
石炭産業　176
セクシュアリティ　12, 132, 136, 143, 160, 194
セクシュアル・ハラスメント　24, 118, 136, 137
積極的改善措置（ポジティブ・アクション）　24, 25
専業主婦／専業主婦世帯　16, 17, 225, 252, 253
先住民族　155
善信尼　35, 45, 54
戦争未亡人　240
洗濯　100, 101, 207
川柳　139, 142, 143
双系　50
雑仕女　64, 70
相続
　　家産相続　128
　　家督相続　118, 120, 128, 171
　　均分相続　88
　　相続財産　50
　　長男子単独相続　128
　　嫡子単独相続　80, 91
　　分割相続　82, 86, 88, 90, 128
　　養子相続　128
惣村　80, 98, 99
騒動　130, 131, 149
惣領制　82, 88
束帯　76, 77
染め　100, 104, 184
尊攘運動　119, 152, 153
尊属殺重罪違憲判決　232
村落共同体　126

た
待賢門院　69
太皇太后　63
「台所からの政治」　197
大日本婦人会　193, 214
大名／大名家　108, 109, 118, 120, 128, 144
大陸の花嫁　222
高子　60
高岳　121

滝川　121
滝川幸辰　199
竹御所　84
堕胎罪　171, 225
只野真葛　119, 148, 149
立花宗茂・誾千代夫妻　109
田沼意次　119, 121
太夫→遊女
男官　46, 47, 53, 60
短期大学　254, 255
男系　49, 134, 172, 173, 186
男耕女職　34
男子普通選挙法　196
男女共同参画社会基本法　16, 24, 25
男女共同参画2000年プラン　16
男女雇用機会均等法　16, 24, 228, 229
男色　71, 94, 95, 112, 113
男女の分業　28, 34
男女の法　50
男子労働者　208, 209
男性官人　62, 114
男性芸能者　81
男性史　11, 13
男性支配原理　46
男性性→マスキュリニティ（男性性）
男性労働　34, 134
男装　74, 112, 113, 146
男尊女卑　40, 119, 124, 125
断髪　159-161, 187, 189, 202, 203
治安警察法　192, 193, 196, 230
チェルノブイリ原発事故　246
稚児　74, 94, 95
稚児物語　95
地政学　13, 139
嫡子　82, 88, 90
嫡女　88
着裳　77
中宮　62-64, 104, 105, 121
中国残留婦人　222
中絶　12, 22, 212, 225, 228, 250, 251
中ピ連　251
逃散　99
朝鮮特需　238
朝廷　40, 56, 60, 64, 68, 70, 72, 74, 76, 82, 118, 120, 121
徴兵制　40, 162, 245
『塵塚日記』　149

通過儀礼→儀礼
春女　100
津田梅子　164, 165
津田英学塾　201
妻鏡　96, 97
帝国主義　13
定子　63, 64
媞子内親王　62, 63
出女　129
出島　119, 145, 179
貞操／貞操観念／貞操義務　115, 192, 194, 199, 206, 221, 225, 229
手習所　150, 151
DV 防止法　24, 25
寺子屋　150, 151
寺刀自　53
天璋院　153
天保改革　138, 148
電話交換手　159, 200
東慶寺　91, 129
同氏同戸籍　232
同族経営　138
東福門院（和子）　118-121
「同胞姉妹に告ぐ」　169
土偶　30, 31
徳川家斉　121
徳川家光　121
徳川家茂　119, 153
徳川家康　108, 109, 119, 121, 124, 145, 154
徳川秀忠　119-121
特殊慰安施設協会→ RAA
特殊飲食店　244
富岡製糸場　158, 159, 166, 167
『富岡日記』　166, 167
ドメスティック・バイオレンス　24
巴　89
共働き／共働き世帯　16, 17, 252, 253

な

尚侍／掌侍／典侍／内侍司　47, 53, 60, 65, 71
永井繁子　164, 165
長沼智恵　194
中山みき　160
名子　126
名づけ親　132
羅蕙錫　192
納戸　76

日米地位協定　245
二ちゃん農業　248
『日知録』　149
二宮尊徳　124
日本型福祉社会　16, 17
日本基督教婦人矯風会　159, 178, 195, 198, 199, 204
日本軍慰安所→慰安所
日本軍「慰安婦」→「慰安婦」
日本国憲法24条　230, 232
「日本女性」　192, 193
日本赤十字社　204, 236, 237
『日本農村婦人問題』　216, 217
日本母親大会　247
『日本婦人論』　160, 161
日本労働総同盟　209
女院御所　112
女院領　68
女御　53, 67, 76, 121
女房　52, 61, 64-68, 70, 73, 74, 76, 77, 84, 93, 104, 105, 107
女房狂言　112
女房座　98, 99
女房桟敷　98
女房装束　77
女官／女官衆　46, 47, 51, 52, 60, 62, 64, 70, 76, 114
女孺　47
女丁　46, 47
女人入眼　84
女人養子　83, 128
縫い　100
沼野みね　149
塗籠　76, 88
農家の嫁　217, 223, 249
農閑稼ぎ　134, 135, 140
農業移民　210, 216, 222, 223
農業基本法　216
農耕儀礼→儀礼
農書　127, 140
野村望東尼　119, 153, 158
ノロ　114

は

売春／買春／売買春　74, 102, 119, 142, 144, 178, 180, 181, 198, 199, 234, 235, 240, 241
買春ツアー問題　241
売春防止法　198, 240, 241
廃娼運動　178, 181

袴　56, 57
幕藩権力　118-120, 126, 144, 146, 147
幕藩制国家　118, 120, 126, 129
幕藩政治システム　118, 120
幕藩体制　118, 120, 124, 150
幕府
　　江戸幕府　108, 119-122, 124, 128, 129, 133, 138, 144, 146, 150, 151, 153, 178
　　鎌倉幕府　68, 80, 83, 84, 88, 90, 91
　　室町幕府　93, 104, 106, 112, 113
函入り娘　168
ハジチ　210, 211
箸墓　36, 37
場所請負制　154
機織り　34, 35, 40, 41, 100, 102, 140, 141
八条院（暲子内親王）　61, 71
パートタイマー　252, 256, 257
パートタイム労働法　16
羽鳥一紅　149
花嫁学校　254
羽仁もと子　192, 203
林羅山　124
速津媛　38, 39
藩　122, 124, 128-130, 150
板額　89
阪神・淡路大震災　258, 259
パンパン／闇の女　234, 235
被害のなかの性差　258
東三条院詮子　62
東日本大震災　13, 259
被官　126
樋口一葉　159, 182
比企尼　89
美人画　142
非正規雇用　16, 17
一橋治済　121
『独考』　148, 149
日野富子　81, 85, 91
卑弥呼　35-37
百姓一揆　130, 131
百人一首　66, 67, 150
百官男女　46
平田派　119, 152, 153
平塚らいてう　19, 189, 192-196, 225
ピル　228, 229, 251
黄信徳　193
夫婦別財　80

夫婦別姓　86, 229
風流踊　112, 113
フェミニズム　12, 218, 228, 250
福島原発告訴団　247
福島第一原発事故　246
父系／父系制　44, 45, 50, 60, 61, 80, 81, 90, 91, 114, 128, 172
　　父系継承／父子継承　60, 66
　　父系系譜　50
　　父系血統主義　17
父権　49, 62, 70, 171
富士講　160
不浄　81, 94, 96, 97
婦女四徳　140
藤原明子　60, 62
藤原穏子　61, 62
藤原薬子　60
藤原光明子（光明皇后）　45, 48, 49
藤原彰子　61-64, 105
藤原親子　71
藤原惺窩　124
婦人矯風会→日本基督教婦人矯風会
婦人児童売買禁止運動　180, 181
婦人デー　196
『婦人之友』　202, 203
『婦人民主新聞』　19
婦人問題企画推進本部　16
婦選　192, 193, 196, 197
婦選獲得同盟　192, 193, 196
扶持　122, 123
仏教　35, 40, 44, 48, 54, 55, 81, 96
プーバティ・ドラフト（貧困徴兵）　245
『文月浅間記』　149
褌祝い　132
ベアテ・シロタ　230, 231
ベアテ草案　230
平城太上天皇の変　61
北京会議　16
奉公人　107, 118, 127, 134-139
　　子飼奉公人　138
　　年季奉公人　136
　　日割奉公人　136, 137
傍系親族　126
北条政子　81-85, 88, 108
褒美金　122, 123
母性　30, 215, 246, 251
母性保護論争　192, 194, 225

北海道旧土人保護法　155
法華寺　49, 93
仏御前　74
ホモソーシャル　91, 142
本院侍従集　66

ま
舞女　75
マイノリティ　132, 155
『枕草子』　64, 65, 67
馬島働　212
マスキュリニティ（男性性）　11, 13, 73, 127, 132, 162
マスプロ化　254
まつ（芳春院）　109
松尾多勢子　119, 152, 153, 158
松平定信　119, 121, 124
松前藩　154
摩摩尼　89
丸岡秀子　216, 217
マルクス主義歴史学　10
丸山遊廓　145, 179
満州開拓団　223
満州農業移民　216, 222, 223
満徳寺　129
ミアヒ　50, 51
三下り半　129
巫女／神子　37, 39, 54, 113
水汲み　100, 184
御台所　84, 85, 121, 143
三井越後屋　138, 139
密通　146, 147
水俣病　238, 242, 243
　　第一次水俣病訴訟　243
　　胎児性水俣病患者　242
身分　36, 56, 65, 73, 76, 104, 107, 118, 126, 147, 151, 152
　　身分集団　126
　　身分主体　126
　　身分制　118, 126, 128
民法改正要綱　232, 233
無宿人／無宿者　133, 146
娘組　133
娘仲間　133
娘の頭　98
村請制　126
紫式部　52, 63-65, 67, 105

村寄合　126, 134
明治維新　56, 57, 152, 153
明治民法　170, 171, 173, 186
女神　30, 51
飯盛女　133
メディアのジェンダー研究　18
メディア・リテラシー　19
乳父　70, 71
乳母子　71, 89
裳　56, 57, 76, 77
裳着　77
モダンガール　188, 189, 202
「もはや戦後ではない」　238
森有礼　158, 162, 164, 224
森光子　179
森崎和江　177

や
矢島楫子　195, 198, 199
康資王母　66
山内みな　175
山川菊栄　150, 189
山川捨松　164, 165
山田音羽子　149
ヤマトトトヒモモソヒメ　37
山内尼　89
山内一豊の妻　109
山本作兵衛　176, 177
山本宣治　212
山本滝之助　133
闇の女→パンパン／闇の女
ややこ踊　112, 113
遊廓　114, 119, 142-145, 178, 179, 204, 205, 220, 221, 222, 224
　　三大遊廓　119, 144
遊客　179
遊女　74, 75, 110-112, 114, 119, 142-145, 179
遊所　119, 144
遊女歌舞伎　112, 113
遊女屋　112
優生保護法　22, 213, 225, 228, 229, 250
優生保護法改定反対運動　229, 250
遊里　112, 142
優良多子家庭　212, 213, 225
由美子ちゃん事件　244
養子　60, 62, 80, 83, 90, 91, 109, 122, 128, 231
横山源之助　188

横田筑後守　121
与謝野晶子　182, 189, 192, 194, 225
吉益亮子　164
吉原弁天池　204, 205
ヨバヒ　50, 51
『万朝報』　172, 224

ら

離縁状　129
離婚　50, 64, 91, 107, 128, 129, 170, 171, 229, 231, 232, 242
琉球　13, 114, 115
良妻賢母　174, 182, 188, 189, 200, 216
良妻賢母主義　159
『梁塵秘抄』　74, 75
ルワンダ戦犯法廷　219
レイプ→性犯罪

労働省婦人少年局　16
労働心性　118, 134, 135
「労働婦人」　208, 209

わ

ワイマール憲法　230
若衆中　132
若者組　132, 133
若者集団　132, 133
若者条目　132, 133
若連中　132
ワーク・ライフ・バランス　24
和人　154, 155
和田英　166, 167
童姿　76
童名　76

執筆者

遠藤珠紀（えんどう　たまき）
1977 年生まれ
東京大学史料編纂所助教
主な著作：『中世朝廷の官司制度』（吉川弘文館，2011 年），「足守木下家文書に残る三通の位記の再検討」（『日本歴史』第 778 号，2013 年）

荻野美穂（おぎの　みほ）
1945 年生まれ
元・同志社大学大学院グローバル・スタディーズ研究科教授
主な著作：『「家族計画」への道——近代日本の生殖をめぐる政治』（岩波書店，2008 年），『女のからだ——フェミニズム以後』（岩波新書，2014 年）

勝浦令子（かつうら　のりこ）
1951 年生まれ
東京女子大学現代教養学部教授
主な著作：『日本古代の僧尼と社会』（吉川弘文館，2000 年），『孝謙・称徳天皇』（ミネルヴァ書房，2014 年）

加藤千香子（かとう　ちかこ）
1957 年生まれ
横浜国立大学教育人間科学部教授
主な著作：『東アジアの国民国家形成とジェンダー——女性像をめぐって』（共編著，青木書店，2007 年），『近代日本の国民統合とジェンダー』（日本経済評論社，2014 年）

加納実紀代（かのう　みきよ）
1940〜2019 年
女性史研究者
主な著作：『女たちの〈銃後〉』（インパクト出版会，1995 年），『ヒロシマとフクシマのあいだ——ジェンダーの視点から』（インパクト出版会，2013 年）

木村涼子（きむら　りょうこ）
1961 年生まれ
大阪大学大学院人間科学研究科教授
主な著作：『学校文化とジェンダー』（勁草書房，1999 年），『〈主婦〉の誕生——婦人雑誌と女性たちの近代』（吉川弘文館，2010 年）

児島恭子（こじま　きょうこ）
1954 年生まれ
札幌学院大学人文学部教授
主な著作：『アイヌ民族史の研究——蝦夷・アイヌ観の歴史的変遷』（吉川弘文館，2003 年），「アイヌ女性の生活」（菊池勇夫編『日本の時代史 19　蝦夷島と北方世界』吉川弘文館，2003 年）

菅野則子（すがの　のりこ）
1939 年生まれ
元・帝京大学文学部教授
主な著作：『村と改革──近世村落史・女性史研究』（三省堂，1992 年），『文字・文・ことばの近代化』（同成社，2011 年）

須田牧子（すだ　まきこ）
1977 年生まれ
東京大学史料編纂所助教
主な著作：『中世日朝関係と大内氏』（東京大学出版会，2011 年），「倭寇図巻研究の現状と課題」（『東京大学史料編纂所研究紀要』第 24 号，2014 年）

曽根ひろみ（そね　ひろみ）
1949 年生まれ
神戸大学名誉教（国際文化学部）
主な著作：『娼婦と近世社会』（吉川弘文館，2003 年），「女性と刑罰」（藪田貫・柳谷慶子編『〈江戸〉の人と身分 4　身分の中の女性』吉川弘文館，2010 年）

髙橋裕子（たかはし　ゆうこ）
1957 年生まれ
津田塾大学学長・学芸学部教授
主な著作：『津田梅子の社会史』（玉川大学出版部，2002 年），『ジェンダー史叢書 2　家族と教育』（共編著，明石書店，2011 年）

成田龍一（なりた　りゅういち）
1951 年生まれ
日本女子大学名誉教授
主な著作：『「戦争経験」の戦後史──語られた体験／証言／記憶』（岩波書店，2010 年），『近現代日本史と歴史学──書き替えられてきた過去』（中央公論新社，2012 年）

野村育世（のむら　いくよ）
1960 年生まれ
日本中世史・女性史研究者，女子美術大学付属高等学校・中学校教諭
主な著作：『北条政子──尼将軍の時代』（吉川弘文館，2000 年），『仏教と女の精神史』（吉川弘文館，2004 年）

羽場久美子（はば　くみこ）
1952 年生まれ
青山学院大学国際政治経済学部教授
主な著作：『国際政治から見た東アジア共同体』（共編，ミネルヴァ書房，2012 年），『拡大ヨーロッパの挑戦──グローバルパワーとしての EU（増補版）』（中央公論新社，2014 年）

林　葉子（はやし　ようこ）
1973 年生まれ
同志社大学人文科学研究所助教
主な著作：『性を管理する帝国──公娼制度下の「衛生」問題と廃娼運動』（大阪大学出版会，2017 年），「自由廃業運動と救世軍の日英関係」（『キリスト教社会問題研究』第 68 号，2019 年 12 月），『キリスト教信仰に基づく女性支援の歴史──かにた婦人の村の半世紀』（共著，同志社大学人文科学研究所，2020 年 2 月）

早田リツ子（はやた　りつこ）
1945 年生まれ
女性史研究者
主な著作：『工女への旅──富岡製糸場から近江絹糸へ』（かもがわ出版，1997 年），『農業を支えた女たち──明るい農村をめざして』（かもがわ出版，2013 年）

菱田淳子（ひしだ　じゅんこ）
1959 年生まれ
兵庫県立考古博物館学芸員
主な著作：「男女の分業の起源」『古代史の論点 2　女と男，家と村』（小学館，2000 年），「ジェンダーと考古学」（『季刊　考古学』第 100 号，2007 年）

平井和子（ひらい　かずこ）
1955 年生まれ
一橋大学非常勤講師
主な著作：「RAA と赤線──熱海における展開」（恵泉女学園大学平和文化研究所編『占領と性──政策・実態・表象』インパクト出版会，2007 年），『日本占領とジェンダー──米軍・売買春と日本女性たち』（有志舎，2014 年）

服藤早苗（ふくとう　さなえ）
1948 年生まれ
埼玉学園大学名誉教授
主な著作：『平安王朝社会のジェンダー──家・王権・性愛』（校倉書房，2005 年），『古代・中世の芸能と買売春──遊行女婦から傾城へ』（明石書店，2012 年）

古久保さくら（ふるくぼ　さくら）
1962 年生まれ
大阪市立大学人権問題研究センター・大阪市立大学大学院創造都市研究科准教授
主な著作：「『近代家族』としての満洲農業移民像」（大日方純夫編『日本家族史論集 13　民族・戦争と家族』吉川弘文館，2003 年），「満州における日本人女性の経験」（天野正子ほか編『新編日本のフェミニズム 10　女性史・ジェンダー史』（岩波書店，2009）

三成美保（みつなり　みほ）
1956 年生まれ
奈良女子大学研究院生活環境科学系教授
主な著作：『ジェンダーの法史学──近代ドイツの家族とセクシュアリティ』（勁草書房，2005 年），『ジェンダー史叢書 1　権力と身体』（共編著，明石書店，2011 年）

宮城晴美（みやぎ　はるみ）
1949 年生まれ
琉球大学・沖縄国際大学・沖縄大学非常勤講師
主な著作：「沖縄のアメリカ軍基地と性暴力」（中野敏男ほか編『沖縄の占領と日本の復興——植民地主義はいかに継続したか』青弓社，2006 年），『母の遺したもの——沖縄・座間味島「集団自決」の新しい事実』（高文研，2008 年）

山崎明子（やまさき　あきこ）
1967 年生まれ
奈良女子大学研究院生活環境科学系教授
主な著作：『近代日本の「手芸」とジェンダー』（世織書房，2005 年），「美術教育をめぐるジェンダー・システム」（池田忍・小林忍編『ジェンダー史叢書 4　視覚表象と音楽』明石書店，2010 年）

山下英愛（やました　よんえ）
1959 年生まれ
文教大学文学部教授
主な著作：『ナショナリズムの狭間から——「慰安婦」問題へのもう一つの視座』（明石書店，2008 年），『女たちの韓流——韓国ドラマを読み解く』（岩波新書，2013 年）

義江明子（よしえ　あきこ）
1948 年生まれ
帝京大学名誉教授（文学部）
主な著作：『つくられた卑弥呼——〈女〉の創出と国家』（ちくま新書，2005 年），『古代王権論——神話・歴史感覚・ジェンダー』（岩波書店，2011 年）

渡辺美季（わたなべ　みき）
1975 年生まれ
東京大学大学院総合文化研究科准教授
主な著作：『近世琉球と中日関係』（吉川弘文館，2012 年），「近世琉球の『地方官』と現地妻帯——両先島を例として」（山本英史編『近世の海域世界と地方統治』汲古書院，2010 年）

編者

久留島典子（くるしま　のりこ）
1955 年生まれ
東京大学史料編纂所教授
主な著作：『日本の歴史 13　一揆と戦国大名』（講談社，2001 年），『史料を読み解く 1　中世文書の流れ』（共著，山川出版社，2006 年），『一揆の世界と法』（山川出版社，2011 年）

長野ひろ子（ながの　ひろこ）
1949 年生まれ
中央大学名誉教授
主な著作：『幕藩制国家の経済構造』（吉川弘文館，1987 年），『日本近世ジェンダー論——「家」経営体・身分・国家』（吉川弘文館，2003 年），『ジェンダー史叢書 6　経済と消費社会』（共編著，明石書店，2009 年）

長志珠絵（おさ　しずえ）
1962 年生まれ
神戸大学大学院国際文化学研究科教授
主な著作：『近代日本と国語ナショナリズム』（吉川弘文館，1998 年），『ジェンダー史叢書 5　暴力・戦争』（共著，明石書店，2009 年），『占領期・占領空間と戦争の記憶』（有志舎，2013 年）

◎本書に掲載した写真・図版につきましては，できるかぎり著作権等を確認し必要な手続きをとりましたが，不明なものもあります。お気づきの点がありましたら，小社編集部あてにご連絡ください。

装幀　金子眞枝

歴史を読み替える　ジェンダーから見た日本史

2015 年 1 月 9 日　第 1 刷発行　　　　　　　　　　定価はカバーに
2021 年 3 月 25 日　第 5 刷発行　　　　　　　　　　表示してあります

編　者　久留島　典子
　　　　長野　ひろ子
　　　　長　志　珠　絵

発行者　中　川　　　進

〒113-0033　東京都文京区本郷 2-27-16

発行所　株式会社　大月書店　　印刷　太平印刷社
　　　　　　　　　　　　　　　　製本　中永製本

電話（代表）03-3813-4651　FAX 03-3813-4656　振替 00130-7-16387
http://www.otsukishoten.co.jp/

©Kurushima, Nagano, Osa 2015

本書の内容の一部あるいは全部を無断で複写複製（コピー）することは法律で認められた場合を除き、著作者および出版社の権利の侵害となりますので、その場合にはあらかじめ小社あて許諾を求めてください

ISBN978-4-272-50182-3　C0020　Printed in Japan

歴史を読み替える　ジェンダーから見た世界史
三成美保・姫岡とし子・小浜正子　編
Ａ５判三二〇頁　本体二八〇〇円

戦後沖縄の生殖をめぐるポリティクス
米軍統治下の出生力転換と女たちの交渉
澤田佳世　著
Ａ５判四〇〇頁　本体六五〇〇円

働く女性とマタニティ・ハラスメント
「労働する身体」と「産む身体」を生きる
杉浦浩美　著
四六判二五六頁　本体二六〇〇円

性的支配と歴史
植民地主義から民族浄化まで
宮地尚子　編著
四六判三四四頁　本体二八〇〇円

――大月書店刊――
価格税別

「慰安婦」バッシングを越えて
「河野談話」と日本の責任
「戦争と女性への暴力」リサーチ・アクション・センター編
四六判二八八頁
本体二二〇〇円

「従軍慰安婦」をめぐる30のウソと真実
吉見義明
川田文子 編著
A5判九六頁
本体九〇〇円

共同研究 日本軍慰安婦
吉見義明
林博史 編著
四六判二四八頁
本体二五二四円

従軍慰安婦資料集
吉見義明 編集・解説
四六判六〇八頁
本体六五〇〇円

大月書店刊
価格税別